生态圈视角下
P2P网络借贷信用风险研究

谭中明　王书斌　谢　坤　等著

江苏大学出版社
JIANGSU UNIVERSITY PRESS

镇　江

图书在版编目(CIP)数据

生态圈视角下 P2P 网络借贷信用风险研究 / 谭中明等
著. — 镇江 ：江苏大学出版社，2021.5
ISBN 978-7-5684-1569-9

Ⅰ. ①生… Ⅱ. ①谭… Ⅲ. ①互联网络－应用－借贷
－风险管理－研究－中国 Ⅳ. ①F832.4－39

中国版本图书馆 CIP 数据核字(2021)第 102254 号

生态圈视角下 P2P 网络借贷信用风险研究
Shengtaiquan Shijiao Xia P2P Wangluo Jiedai Xinyong Fengxian Yanjiu

著　　者/	谭中明　王书斌　谢　坤　等
责任编辑/	李经晶
出版发行/	江苏大学出版社
地　　址/	江苏省镇江市梦溪园巷 30 号(邮编：212003)
电　　话/	0511-84446464(传真)
网　　址/	http：//press.ujs.edu.cn
排　　版/	镇江市江东印刷有限责任公司
印　　刷/	广东虎彩云印刷有限公司
开　　本/	710 mm×1 000 mm　1/16
印　　张/	20.25
字　　数/	397 千字
版　　次/	2021 年 5 月第 1 版
印　　次/	2021 年 5 月第 1 次印刷
书　　号/	ISBN 978-7-5684-1569-9
定　　价/	68.00 元

如有印装质量问题请与本社营销部联系(电话：0511-84440882)

前言

我国 P2P 网络借贷（简称为"P2P 网贷"或"网贷"）自诞生以来,便乘着互联网快速发展及"互联网+"战略实施的强劲东风,在互联网与新兴科技、传统信贷模式的深度融合、交互渗透中逐渐发展为结构、功能和运作方式独特的金融新模式和新业态,吸引各类主体纷纷加入,一个以资本为纽带、P2P 网贷平台为中心、互联网为依托、融资工具为载体的网贷生态圈已然形成,成为金融大生态圈的有机组成部分。但由于 P2P 网贷并未改变传统信贷融资的跨期配置属性,其内在产生的信用风险因特殊的运作模式而变得更为突出和复杂。P2P 网贷市场的创新催生了网贷行业生态圈及其信用链条的形成,在这一信用链条中,信用风险与其他风险交错叠加、相互影响,循着信用链条中的某种路径进行传导,逐渐演化为系统性风险。当前,P2P 网贷正处于合规整顿与转型分化的关口,剖析 P2P 网贷生态圈信用链系统内在的耦合关系,建立契合网贷生态圈的信用风险评测体系,提出改进网贷风险监管的策略、手段与技术方法,对促进网贷生态圈的良性运行、网贷行业的安全稳健发展、打好防范重大风险攻坚战、营造良好互联网金融生态环境,具有重要的理论和实践意义。

本书从我国 P2P 网贷行业生态圈角度切入,刻画了由网贷市场主体所形成的生态圈及其内在信用关系链条,分析了 P2P 网贷信用风险的影响机理和传导路径,构建了基于 P2P 网贷借款人与平台的信用风险评测体系,并进行实证分析,探讨了网贷征信共享机制建设,结合现行网贷监管政策体系,对网贷信用风险管控现状进行了全面检视,提出了多主体、多环节和多层面的 P2P 网贷信用风险防控策略。

本书共分 12 章,分别为:(1)导论;(2)P2P 网络借贷概览。对 P2P 网贷发展背景与动因、市场特征与作用、网贷业务运作结构与风控、网贷运行模式、网贷行业现状进行分析;(3)P2P 网络借贷发展的理论与环境分析。(4)P2P 网络借贷生态圈的刻画。运用金融生态观理论对网贷生态圈进行科学刻画:描述网贷生态圈的内涵、系统结构与内在特征,建构网贷生态圈的信用结构和信用链条,定义 P2P 网贷生态圈的功能、稳态与恢复力。(5)P2P 网络借贷生态圈信用风险生成机理。从生态圈运行的视角分析网贷信用风险的生成原因;基于平台与借款人的双边博弈演化和多边博弈仿真分析网贷信用风险的生成机理,并进行实证研究。(6)P2P 网络借贷生态圈信用风险的传导机制。运用结构方程模型(SEM)分析网贷借款人信用风险内在因素的影响与传导路径;基于羊群行为等理论分析网贷生态圈信用风险的传导机制,并以债权转让为例,构建违约舆情的传染病模型,对网贷信用风险传导机制进行实证分析。(7)P2P 网络借贷信用风险评测指标体系构建。借鉴现有的相关研究与评价体系,运用 Logistic 逐步向后条件回归与指标相关关系分析法对信用风险评测指标体系进行筛选优化,构建契合网贷借款人和平台两类主体的信用风险评测指标体系。(8)P2P 网络借贷信用风险评测方法和模型。(9)P2P 网络借贷信用风险动态评测。重点运用神经网络模型、梯度提升决策树模型等,分别对单一网贷平台借款人、多网贷平台借款人的信用风险进行实证测评,同时嵌入社会网络因素后评测网贷借款人的信用风险;运用因子分析法和梯度提升决策树模型实证评测网贷平台信用风险,最后对网贷综合信用风险进行评测。(10)P2P 网络借贷生态圈信用风险防控的征信环境建设。从网贷行业征信现状出发,借鉴国外网贷征信建设经验,探讨数据驱动下我国网贷征信系统共享制度建设的模式、定价和实现条件,最后以"人人贷"为例,对网贷信用信息接入社会征信系统的效果进行实证评估。(11)我国 P2P 网络借贷监管政策解析与信用风险管控现状检视。解析"1+1+3"网贷监管政策体系内容,探讨相关监管政策,检视我国网贷风险管控现状,归纳总结英、美等国网贷监管经验。(12)我国 P2P 网络借贷生态圈信用风险的防控策略。针对当前我国网贷风险管控中存在的问题,结合现行"1+1+3"网贷监管政策体系,从网贷生态圈内核心主体、圈外监管主体、信用风险传导环节和网贷生态恢复力等多主体、环节、层面地提出网贷信用风险的协同防控机制和多重防控策略。

本书具有以下特色与创新:(1)理论研究框架上,本书将自然生态理论与金融生态观运用到 P2P 网贷这一金融新业态中,合乎逻辑地将 P2P 网贷刻画为一个特定的新的信用生态圈,进而将圈内各主体之间复杂的信用关系和独特的信用结构视为一个有机的信用链系统,构建起基于网贷生态圈信用风险生成、传导和防控的理论分析框架,是对 P2P 网贷这一金融新业态信用风险理论的凝练和深化。(2)研究视角上,本书从网贷生态圈视角来揭示网贷信用风险与其他风险之间的交互影响和网贷信用风险的生成机理,形成网贷信用风险动态演化过程与传导路径研究的新视角,从网贷生态圈内到圈外、从线上到线下、从静态平台到动态信用链来揭示网贷信用风险内在演变规律。(3)研究内容上,本书以网贷生态圈这一特定信用链中的借款人与平台信用风险为对象,关于嵌入借贷网络和生态圈信用链条系统的信用风险生成、演化机制与传导路径,以及借款人、平台信用风险评测指标体系的构建及其综合信用风险测度的研究,实现了从个体到整体、从局部到系统的研究转变,体现出研究对象内容上的创新性。(4)研究方法上,运用逻辑演绎方法构建 P2P 网贷生态圈信用风险理论分析框架,采用结构方程模型(SEM)分析网贷借款人信用风险内生因素的影响与传导路径,构建违约舆情的传染病模型对网贷信用风险传导机制实证,对网贷信用风险传导描述了清晰可测的演化路径,这在研究思路上有一定的开创性意义;运用实证效果较好的自组织竞争型神经网络模型、梯度提升决策树模型等方法构建风险评测模型,拓展了网贷信用风险度量方面的方法应用,能有效评测网贷信用风险。

本书内容体系由谭中明教授总体构思设计,各章的撰写分工是:第 1 章 谭中明;第 2 章 谭璇;第 3 章 王书斌、谭璇;第 4 章 谢坤、谭璇;第 5 章 谭璇、刘媛媛、马庆;第 6 章 谭中明、王书斌、师家慧;第 7 章 谭中明、谢坤;第 8 章谭璇、谢坤;第 9 章 谢坤、谭中明;第 10 章 王书斌;第 11 章 谭中明、陈文书、钱珍;第 12 章 谭中明、钱珍。全书由谭中明教授负责统稿、修改,王书斌博士协助校改部分书稿。在成书过程中,文学舟教授、宋新平教授、李昕副教授、江红莉副教授应邀参与研讨,对本书的思路框架提出了许多宝贵的建设性意见建议。姜苏航、刘倩、夏琦、张钰超、金晶、马雪文、刘静云、赵广、周盼、倪雅梅等硕士研究生全程参与了研究方案研讨、实地调研、数据搜集、资料整理、书稿校对等工作,本书的出版也凝聚了她们的智慧和劳动。

感谢江苏大学为我们营造的浓厚学术氛围、提供的良好学术条件以及为本书出版所提供的资助,感谢江苏大学出版社杨海濒、史珍珍编辑对本书出版付出的辛劳,感谢本书所列参考文献的中外作者,是他们为本书的研究提供了深刻的启迪和有益的参考。

回望过去,在强监管政策下,P2P 网贷或退出市场或转型其他持牌网贷金融机构,市场出清已成必然。展望未来,随着国家数字中国建设目标的提出和逐步实现,数字经济将成为我国现代经济体系的重要形态,包括网络借贷在内的数字金融亦必将在更高起点进一步发展,因此本书的出版对于推动网贷行业风险管理理论的研究和网贷风险管理水平的提升仍然具有积极的意义和重要的参考价值。

谭中明

2020 年 12 月 1 日

目　录

第 1 章 导 论

1.1 研究背景

现代经济系统中,资金盈余方和短缺方是资金融通的两类主体,由于金融资源的有限性和资金供求规模、结构和期限的差异性,以及资金供给者对资金需求者信用的较高要求,使这两类主体之间的投融资存在着天然障碍。作为重要信贷资金供给者的传统商业银行,长期以来按照"二八定律"来配置信贷资源,而以"短、小、急、频"为特征的80%"长尾"中小微企业群体的融资需求无法从传统正规金融模式中得到满足。由民营经济、个体经济快速发展催生出的民间借贷,虽然解决了一部分中小微企业群体的融资需求,但民间借贷等传统金融模式的信息传递比较封闭,受众群体范围有限,不能有效对接资金盈余方与短缺方,更无法满足公众多样化的投融资需求,资金供需缺口仍在不断增大。

作为民间借贷、银行信贷与互联网相融合的产物,P2P 网络借贷(本书中也简称为"P2P 网贷"或"网贷")乘着互联网快速发展及我国"互联网+"战略实施的强劲东风,依托高效便捷的信息处理技术和电子商务技术,不断融合、渗透互联网元素,逐渐形成了具有一定外部发展规律、内在主体规模,具有群体性特征的网络金融新秩序、新结构和新模式。作为互联网金融模式的典型代表,全球首家 P2P 网贷平台 Zopa 自 2005 年在英国诞生以来,其借贷模式迅速获得市场认可,表现出极强的成长性,在完善传统金融体系、打破金融资源垄断格局、创新借贷模式、满足民间投资需求,以及弥补中小微企业、个体工商户、低层消费者等小额资本主体融资缺口等方面发挥着重要作用。

我国 P2P 网贷平台自 2007 年诞生以来,至 2019 年,短短的 12 年间,经历了探索、扩张、野蛮生长、规范整顿等一系列波澜跌宕的发展历程,累计上线的正常运营平台数量从 2007 年末的 1 家(拍拍贷)发展到 2012 年末的近 200 家,再到 2013 年末的 800 家,2015 年末暴增到 3576 家,是 2012 年末的近 20 倍、2013 年末的 4.5 倍。2016—2018 年累计平台数虽然分别达到 4888 家、6546 家、6617 家,但正常运营平台数开始出现逐年下降的趋势,至 2019 年 7 月底正常运营平台数仅为 772 家。伴随着正常运营的 P2P 网贷平台数量持续减少,投资者、借款人及借贷成交规模均呈现放缓趋势,2018 年 12 月,投资者和借款人规模分别为 235.17 万和 267.96 万,借贷成交金额为 1060.16 亿元。2018 年 8 月至 2019 年 7 月无新增平台。这种状况表明,2014—2015 年 P2P 网贷行业产生的大量泡沫被逐渐挤出,这是市场出清的正常表现,也是监管环境、市场竞争以及网贷行业内生信用风险等因素影响的结果。可以预见,P2P 网贷行业必将进入到一个理性、规范、有序、健康发展的轨道。

经过十多年的发展、扩张和积累,我国网贷行业已然成为一个新兴行业,吸引了实体金融机构及其他相关服务机构纷纷加入。近几年在合规整改的环境下,行业资产端或通过集团化剥离 P2P 业务,继续开展大额借贷业务;或向小额消费信贷、汽车金融、供应链金融、"三农"金融拓展,参与主体的多元化和业务的多样化,使 P2P 网贷形成了一个以资本为纽带、以 P2P 网贷平台为中心、以互联网为载体的新型行业生态圈。作为互联网与实体金融融合创新的产物,从表层看,P2P 网贷是新金融业态,实质上则是实体金融的延伸,并未改变金融的信用创造和资金跨期配置的本质属性,再加上网络借贷的自发性、草根性以及网络借贷运行的时空突破性、相关主体之间的信息不对称性等特征因素的存在,P2P 网贷行业叠加了传统金融与互联网金融的各类风险,其中信用风险依然是 P2P 网贷行业的最主要风险之一。自网贷行业诞生以来,部分网贷平台从提现困难、非法集资、自融,逐渐演变成诈骗跑路、破产等一系列问题,从根本上讲,都与 P2P 网贷平台的信用问题密切相关,凸显了网贷行业的乱象及其所滋生的信用风险。面对日益频发的网贷行业乱象和风险,政府监管部门和互联网金融行业自律组织出台了监管法规加以整治和规范。2015 年 7 月,十部委联合发布《关于促进互联网金融健康发展的指导意见》,互联网金融风险控制引起我国监管部门的重视。特别是以 2016 年 8 月 24 日颁布实施的《网贷信息中介机构业务活动管理暂行办法》(简称《暂行办法》)划出监管 P2P 的 13 条红线为标志,开启了 P2P 行业监管法规密集、快速跟进的序幕,之后陆续出台了《网贷信息中介机构备案登记管理指引》(简称《备案指引》)、《网络借贷资金存管业务指引》(简称《存管指引》)、《网贷信息中介机构业务活动信息披露指引》(简称《信息披露指引》)和《关于开展网贷资金存管测评工作的通知》,"1+1+3"新监管体系初步形成,网贷行业监管主体、备案登记制度、借贷资金存管、信息披露要求、银行存管测评等各项工作得以明确,标志着我国 P2P 网贷行业步入有法可依、有章可循的新阶段。与此同时,中国互联网金融协会相继发布了《中国互联网金融协会团体标准管理办法》《互联网金融信息披露个体网络借贷》标准(T/NIFA1-2016)和《中国互联网金融协会信息披露自律管理规范》等标准,与政府的"1+1+3"监管体系一起,共同推动着网贷行业的规范发展。

经过近 3 年的合规监管和整饬,P2P 网贷市场逐渐出清,网贷行业生态圈呈现良性发展态势。然而,由于前期野蛮式发展过程中积累的问题和急剧聚集的风险尚未得到根本性的扭转和化解,P2P 网贷平台爆雷事件集中爆发,仅 2018 年 6—7 月,集中爆雷的 P2P 网贷平台就高达 308 家,其中提现困难和停业占比较高,问题平台涉及的投资者超过 110 万人,占总投资人数的 6.2%,涉及的贷款余额约为 777.6 亿元,占行业贷款余额的近 8%。截至 2018 年 10 月,问题平台数量高达 2547 家,占平台总数的 40%。P2P 网贷行业的连环信用风险凸显出来,给投资者、P2P 网贷行业形象乃至社会造成极大的损害,引发投资者、存管银行对 P2P 网贷行业的恐慌,严重影响 P2P 网贷这一新兴生态系统的良性循环和稳健发展。因此,加强网贷行业及其市场主体行为的监管,维护投资者权益,营造良好的 P2P 网贷金融生态,既是监管部门的应有之责,也是网贷行业自身发展的内在要求。而立足于生态圈视角,系统地研究 P2P 网贷信用风险的生成、传导机理,构建科学的信用风险动态评测机制,及时准确地跟踪和识别风险,有效防控风险,促进 P2P 网贷行业健康规范发展,是实现上述目标的关键所在,切合 P2P 网贷行业风险管控的主题。

1.2 国内外研究梳理

1.2.1 国内外研究现状

P2P 网贷从其诞生至今的短短十多年里,一直受到理论界的高度关注。梳理有关文献可以发现,中外学界对 P2P 网贷平台的作用、模式、管理以及对网贷的政策引导与监管等方面的研究思路逐渐清晰,共识点不断增多。与本节课题有关的研究亦引起了许多学者的兴趣,形成了一系列成果,归纳起来,相关研究集中在以下几方面。

1.2.1.1 P2P 网贷生态圈研究

生物学上的生态是由生物群落与非生物环境构成的,依靠信息传递、能量流动以及物质循环,维持生态圈内物种的协调共存与演进。穆尔(Moore)(1993)研究发现,社会组织运转与生物学领域的生态系统有相似之处,他首次提出了"商业生态系统"的概念,由此引起学界关注,不少学者开始运用生态学理论研究金融生态问题。

周小川(2004)率先将生态学概念引入经济系统,提出金融生态范畴,开创了我国金融生态学研究新起点。徐诺金(2005)认为,金融生态是以金融组织为基础、外部运营环境为支撑,存在分工与协作的动态平衡体系。林永军(2005)通过分析金融生态中各子系统间的互动关系,指出我国金融生态存在金融机构免疫能力不足、各子系统关联性不高以及金融生态链断裂等突出问题,完善金融体制机制是解决金融生态问题的根本途径。郑胜华等(2015)提出了互联网金融生态系统理论的基本构架,认为互联网金融生态系统是具有一定结构特征、执行一定功能作用的动态平衡系统。李东荣(2016)指出,现代网络空间的多维开放性与多向互动性使互联网金融风险的传染性、隐蔽性与外溢性更强,应建设兼具包容性与竞争性的互联网金融生态圈和产业链。刘曦子等(2017)基于商业生态系统视角,分析了互联网金融生态圈与金融生态圈、电子商务生态系统的相互关系。陆岷峰等(2017)运用价值系统理论,分析了互联网金融生态系统,并提出了互联网金融生态发展战略。

近年来,P2P 网贷以其独特的运作模式、创新的业态形式以及显著的外部效应,受到学术界的广泛关注。如王长江(2015)指出,P2P 网贷助推了普惠金融发展,是传统金融模式的有效补充。常振芳(2017)认为,P2P 网贷作为互联网金融的一种创新模式,有助于实现金融业务的"去中介化"与"去中心化"服务。同时,一些学者将分析重点集中于 P2P 网贷风险的来源及其防控。如王继晖等(2011)指出,由于征信信息共享机制的缺失,P2P 网贷的资金安全性没有得到很好的保障。艾金娣(2012)认为,P2P 网贷具有明显的跨行业与跨区域特点,加上网贷平台片面追求收益、盲目扩张、野蛮生长,引发了大量的信用风险。潘锡泉(2015)认为,P2P 网贷信用风险防控,需加快社会信用体系建设,实现基础信用信息共享。

1.2.1.2 P2P 网络借贷风险分类与信用风险界定研究

国外学者大多认为 P2P 风险包括借款者的信用风险、道德风险和逆向选择风险。Pope 和 Sydnor(2011)指出,P2P 网贷与线下小微借贷有很多相似的特征,但在 P2P 网贷中,投资者只能根据网站提供的信息对借款者信用进行评估,难以避免信息的不对称,面临较大的行业信用风险;Magee(2011)指出,P2P 网贷中投资者获得的预期收益更高,而借款人无需提供担保或抵押便可获得所需资金,这是建立在完善的征信体系基础上的,否则会引发极高的信用风险。国外学者普遍认为 P2P 贷款比传统银行贷款的违约风险高,其原因在于 P2P 网贷主要是一些无担保的贷款且 P2P 网贷平台必须外包的诉讼程序导致借款人贷款违约的惩罚较低,进而滋生出借款人"跑路"现象(Roberto Botticelli,2016)。

国内学者从不同角度对 P2P 借贷风险种类进行分析,认为 P2P 网贷既存在信用风险、政策法律风险、破产跑路风险、流动性风险、洗钱风险、操作风险等(黄国平、伍旭川、卢馨,2015),也存在刚性兑付风险、监管风险、声誉风险及其他风险等(零壹研究院,2015)。所谓网贷违约风险是指借款人因种种原因,不愿或无力履行合同条件而构成违约,致使出借人或者中介平台等遭受损失。

1.2.1.3 P2P 网贷信用风险成因的研究

广义上讲,违约风险形成的原因受到经济环境、政治法律制度、经营管理水平的影响。就 P2P 网贷而言,违约风险形成的直接原因是借款人的违约行为,深层次原因是参与者交易信息不对称和中介平台信用管理水平有限等。现有文献中从以下几个方面解释了网贷信用风险成因:

(1) 借款人的违约行为。借款人违约行为是导致 P2P 网贷违约风险的直接原因,具体包括主观违约行为和客观违约行为。主观违约行为是指借款人不愿意偿还债务,恶意拖欠债务;客观违约行为是指偿付额超过了借款人的偿付能力,使得借款人无力继续。李爱君(2012)指出,网贷平台具有匿名性和隐蔽性特点,仅依靠借款人自身提供的信用信息决定是否对其贷款,这种缺乏担保的信贷机制,增加了债权人的资金损失风险。李渊琦等(2015)认为网络借贷的虚拟性使借款人可能为获得贷款而故意隐瞒对其成功借款具有重大影响的信息,甚至会虚构部分信用信息,使优质借款人逐步被驱逐出借贷市场,降低了网贷市场上借款人的平均信用水平。张黎等(2015)指出,信息不对称以及贷后高昂的监督成本,使借款主体可能出于私利角度,不履行合同约定,将贷款用于合同所禁止的高风险性投机活动,导致网贷资金损失风险较大。Duarte 等(2012)指出借款个体的外貌特征与网贷成功率具有正向相关性,相貌表现更为“诚实”的借款人更容易获得贷款。Iyer 等(2009)指出 P2P 网贷平台贷款人除了能够依据借款人的财务状况等基本“硬信息”进行贷款决策外,借款人的工作、教育经历以及职务特征等相关“软信息”也是其做出决策的重要参考。Larrimore 等(2011)发现描述性信息经过证实后能有效减少贷后违约行为。Herzenstein 等(2011)指出个人描述中的成功经历以及值得被信任等信息会提高贷款的成功率。Michal(2012)研究发现信用等级虽然较差但信息披露较全面的借款人,更有可能获得借款,即使这些信息未被认证也能增加其贷款的成功率。此外,特殊的“软信息”——社交网络关系也被视为衡量网贷违约风险的重要因素。Greiner 等(2009)认为当网贷平台借款人的信用等级较低时,投资者将更多依据借款人的社交资本来决定是否对其贷款。Lin 等(2013)认为借款人的社交网络圈能释放出借款者的部分真实信息,有助于投资者评判借款人的信用风险。Emekter 和 Tu(2015)认为高信用等级的借款人可以以较低的利率借到资金,而低信用等级的借款人则需要较高的利率才能得到融资,但若低信用等级借款人的利差增加可能导致更严重的逆向选择,进而产生更高的信用风险。Everett(2015)通过对社群关系中的道德风险与逆向选择问题的研究,表明由社群资本构成的关系网络提升了借款人贷后的违约成本,从而对借款人的还款行为具有一定约束力。此外,人口特征、竞拍方式等指标也被认为对主体的还款行为具有一定的影响。

（2）参与者交易信息不对称。Klafft（2008）认为 P2P 网贷中信息不对称的问题比传统借贷市场更为严重，因为 P2P 网贷出借人缺乏投资经验，且贷款发生在匿名的互联网环境中，而匿名环境增大了信息不对称问题，出借人很难找到合适的借款人。Lee 等（2012）通过研究韩国 Popfunding 平台，发现由于存在信息不对称问题，投资者往往会模仿他人选择借款对象。McIntyre J F 和 Smith Sorensen B（2015）认为在信息不对称的 P2P 网贷市场上，投资者会跟风其他投资者的行为，产生羊群行为，导致信用风险爆发。莫易娴（2014）提出我国 P2P 借贷平台主要风险来源于参与方之间的信息不对称问题。谈超等（2014）通过构建 P2P 借贷平台下的"柠檬模型"提出参与者之间的信息不对称使得交易中缺乏有效的担保，会导致 P2P 交易过程中存在道德风险。陈清等（2017）指出借款人逾期风险本质上是由信息不对称问题引发的。张致宁和张哉（2018）将信用风险产生机制归纳为交易前征信体系不完善、交易中贷款双方信息不对称和整个交易过程中法律监管缺失三个方面。古定威和丁岚等（2018）指出征信体系的不完善、平台的不合规经营及缺乏有效监管会使得借款人违约的成本降低，进而滋生信用风险。

（3）P2P 网贷平台信用风险管理存在问题。Daniela Briola，Daniela Micucci，Leonardo Mariani（2019）和 Yu Gao，Shih-Heng Yu，Yih-Chearng Shiue（2018）均认为 P2P 贷款违约风险之所以比传统银行贷款高，主要是因为存在无担保贷款，而且 P2P 网贷平台必须外包的诉讼程序导致借款人贷款违约的惩罚较低，以至于发生借款人"跑路"现象。Hildebr（2010）却对网贷平台的定位提出了质疑，认为网贷平台只作为单纯信用中介平台，以收取服务费为主要收益来源的运营模式，可能会促使平台以追求更高收益而引入高风险的项目，使投资者处于高风险之中。Krumme（2009）采用 Prosper 平台数据研究后发现，出借人的投资偏好是按照借款人不同的风险类型分布的，出借人之间存在着巨大的异质性。王嵩青等（2014）认为征信系统的不完善导致借款人违约的成本低，P2P 网贷平台创建者信誉危机及跨区域的集中性资金流动风险都是造成我国 P2P 网贷违约风险的原因。杨立（2015）认为逆向选择是事前投资者的个体行为，应该作为违约风险分析的基础，道德风险贯穿于网贷交易的事前和事中，由于我国 P2P 网贷平台信用管理水平有限、法律制度不健全，违约行为约束机制尚未明确，投资者对借款人的信用直接监管成本较高，这就导致违约成本较低。

1.2.1.4　P2P 网贷信用风险的影响因素与生成机理研究

国外学者认为财务状况、人口统计特征、社会特征对网贷信用风险具有显著影响（Pope&Sydnor，2011）。Pope 和 Syndor（2011）通过对 Prosper 的数据进行研究，发现借款人的种族、性别、外貌等特征都会对违约率产生影响，且黑人比白人的违约概率高。Avery 等（2004），Iyer 等（2009），Herzenstein 等（2008）研究消费者借贷，认为借款人的财务实力至关重要，财务实力决定借款人是否有能力从金融机构获得担保。Everett（2011）认为 P2P 网络借贷是一种在线社会贷款，他采用 Prosper 平台数据建立 Probit 模型的研究表明，网络借贷社区的小组成员身份与低违约风险显著相关，只有小组成员拥有现实生活中的人际关系才能降低违约可能性。Freedman（2010）发现网络借贷社区的贷款回报率明显低于非社区贷款。虽然网络借贷社区可以帮助出借人减轻逆向选择，但网络借贷社区对资金借款人的贷款成功率产生负面影响。Herzenstein（2008）通过对 Proper 平台的研究，发现借款人融资成功的一个必不可少的条件是信用评分。Emekter（2015）利用债务收入比率、FICO 评分和循环授信金额对借款人进行信用评级，结果表明信用评级在减少贷款人的违约方面发挥着重要作用。Iyer（2009）发现 Proper 平台借款人的信用评分与其信誉和预测违约率紧密相关。Duarte 等（2012）和 Ravina（2012）研究发现长相较好和有魅力的借款人更容易借款成功。Barasinska（2009）从投资者的性别与风险偏好方面展开研究，认为女性投资者具有利他主义倾向，更有可能将资金投资给信用较低、风险更大的借款人。Riza Emekter，Yanbin Tu，Benjamas Jirasakuldech 等（2015）提出信用等级、债务收入比、FICO 分数和循环利用这四个要素在贷款违约中发挥着重要的作用。Mild A，Waitz M，Wöckl J（2015）认为"大"的借款金额会提高借款利率，并增加违约风险。Everett C R（2015）通过实证分析，指出人际关系可以降低道德风险，并提出借贷成本与违约风险之间存在着一种正相关关系，即借贷成本越高，相应的违约风险一般也会增加。Enrichetta Ravine（2017）认为长相、种族、年龄等个人特征会影响银行的信贷政策，即在相同条件下，黑人贷款者比白人贷款者的违约可能性更大一些，长相姣好的贷款人相比长相普通的贷款人而言有较低的违约率。

　　国内学者则有不同的结论：个人特征、信用变量、历史表现等对网贷信用风险具有正向影响，而网站提供的信息对投资者避免信用风险没有实质作用（肖曼君，2015）。李淑锦等（2016）根据"人人贷"平台用户登记信息，选取借款人性别、年龄、婚姻状况、身份认证、工作、收入、学历、房产、车产、房贷、车贷等基本因素分析其对网贷违约风险的影响。于晓虹、楼文高（2015）基于给定的非均衡有限样本，研究出网贷借款人的历史违约期数、单位性质、住房条件、文化程度、婚姻状况以及年龄等特征指标对违约行为依次存在递减效应。傅彦铭等（2014）通过实证探究了借款金额、借款利率、信用等级以及房产、年收入等指标对网贷借款人违约行为的影响，研究结果发现网贷违约行为由为数不多的关键性因素决定。谈超等（2014）基于羊群行为与从众心理角度，从标的特征、往期借款、借款主体信用特征以及个体特征等维度，测评网贷信用风险。熊建宇（2017）借助 Logistic 模型实证分析，得出性别、借入、借出信用等对借款人是否违约影响显著。唐艺军(2015)分析得出借款人教育水平、利率、期限等对是否违约呈正相关,而信用积分、居住地、收入等与借款人是否违约呈负相关。李思瑶等(2016)基于借款人偿付压力以及还款效力角度将影响网贷违约行为的指标划分为:借款列表信息、借款人基本信息以及借款主体财务特征等信息,通过实证探究出网贷利率、网贷期限、借款人居住地以及学历、收入等指标对还贷行为的影响显著。周菁、赵子健等(2016)通过建立回归模型,得出了借贷利率与借款人违约风险之间存在正相关关系、借款人信用等级与借款人违约风险之间存在负相关关系的结论。廖理等(2017)基于文献研究,得出有关借款人认证或非认证信息的数量与借款人信用风险成正比,即与借款人有关信息越多,平台或投资者对借款人信用水平的了解程度越多,资金借贷交易越透明,借款人的信用风险产生的概率越小。魏明侠和赵艳(2018)认为借款人的信誉成本、利率和手续费的高低及监管方惩罚力度的强弱都会影响信用风险。此外,徐淑一、张卫国等(2018)认为借款人违约风险与借款人的年龄、学历、房产情况成负相关。

1.2.1.5 P2P 网贷信用风险的影响因素及评价指标研究

在国外,网贷平台一般通过借款人的社会保险号来获得借款人的基本信用信息,并依据贷款金额和借款人的基本偿付效力对其进行选择性贷款。Stein(2002)将影响贷款行为的信息划分为"硬信息"和"软信息"。"硬信息"是能被客观证实的信息,包括借款人的婚姻状况、学历水平、信用等级和收入、负债等。Riza Emekter(2014)研究发现信用等级、收入负债比是影响网贷信用违约的重要因素,对高风险借款人制定的高利率并没有显著减少贷款违约的概率。Puro 等(2010)基于 Prosper 平台数据,研究发现借款人信用等级和历史逾期记录对贷款行为具有重要影响。Klafft(2008)研究指出网贷借款人的信用等级和银行账户信息等会显著影响贷款成功率,而社群关系在借贷成功率方面的作用并不显著。Ravina(2007)进一步探究了种族、性别以及外貌等个体性特征指标对贷款违约行为的影响。Pope 和 Sydnor(2008)研究发现网贷借款行为受种族因素影响,与相同信用状况的白人相比,黑人贷款的成功率更低,支付的利率与违约概率更高。Barasinska(2009)指出性别因素会显著影响贷款风险,相比于男性,女性投资者的风险规避意识较差,贷款损失率更高。Duarte 等(2012)研究发现借款人信用评分受其外貌因素影响,长相更诚实可信的借款人,获得贷款的成功率更高,并且违约的可能性更小。

其次,借款人的"软信息"对 P2P 网贷信用行为也具有重要影响,"软信息"是一些不能被直接证实的信息,主要指贷款过程中的一些描述性语言等信息。Iyer 等(2009)指出 P2P 网贷平台除了依据借款人的财务状况等相关"硬信息"进行授信决策外,借款个体的工作、教育经历以及职务特征等相关"软信息"也是其参考的重要依据。Larrimore 等(2011)研究证实了描述性信息能显著减少借款人的贷后违约行为。Dorfleitner 等(2016)选取了欧洲 Smava 和 Auxmoney 网贷平台数据,研究发现借款人贷款的成功率受借款人描述性语言等相关"软信息"影响,但贷后违约率与借款过程中的描述性信息间并不存在直接相关性。Gao 和 Lin 等(2013)研究也发现网贷借款过程中语言描述等特征会显著影响贷款成功率。Herzenstein 等(2011)研究发现网贷借款人的贷款行为受身份声明数量与内容的影响,增加值得信任的相关身份信息,贷款成功率会随之提高。

特殊的"软信息"——社交网络关系也是影响 P2P 网贷信用行为的重要因素。Viswanathan(2009)研究发现借款人的信用质量与借款人的社交网络关系间存在较强的相关性,网贷借款人的社交网络资本能显著提高贷款成功率,降低借款利率和贷后违约概率。Greiner 等(2010)研究指出社交资本会显著影响 P2P 借贷市场信任机制的建立,而信任机制可以减少因交易过程中信息不对称导致的不确定性行为。Collier(2010)研究发现个人声誉资本能显著减少贷款过程中的逆向选择和道德风险等问题。Everett(2015)研究指出由社群资本构成的关系网络能有效提升借款个体的贷后违约成本,因而对网贷借款人的还款行为具有一定约束力。

国内学者对 P2P 网贷借款人违约因素的研究主要基于借款者的个体性因素以及贷后偿付压力等角度。肖会敏等(2018)研究了网贷借款人收入、学历、年龄、婚姻以及工作年限等指标对贷款违约的影响。张卫国等(2018)从网贷借款者个体性特征、借款信息、信用特征、个人资产以及宏观经济特征等角度,分析了 P2P 网贷借款人的信用风险。刘鹏翔(2017)运用多元线性回归模型,实证分析了网贷借款人年龄、性别、信用等级、借款金额、贷款期限以及流标次数等指标对贷款信用违约的作用,结果显示随着借款人年龄和流标次数的增加,贷款损失风险会显著降低,但性别和信用等级等指标与贷款风险间则呈显著正相关。王海峰等(2017)将模糊聚类与模糊识别方法进行结合,研究发现网贷借款人的个体性特征、借款信息、个人资产、工作状况以及信用特征等因素对贷后违约行为依次存在显著递增效应。李思瑶等(2016)基于网贷借款人偿付压力和还款效力角度,研究发现借款人的贷后行为受借款利率、贷款期限、学历、收入等因素影响。曾江洪等(2016)研究发现,网贷借款人的信用行为与其贷款金额、工作、年龄、性别和还款比例等因素有关,而认证信息等信用评级类指标与贷款风险间并不存在显著相关性。唐艺军等(2015)以网贷借款人的历史贷款记录、信用等级以及人口因素等指标作为解释变量,实证研究它们对网贷信用违约的作用。陈冬宇等(2014)依据特征变量属性特点,将影响网贷信用风险的指标划分为两类:一类是与借贷合约相关的指标,如借款金额、初始利率、当前投标额等,这部分信息侧重反映个体的贷后偿付压力;另一类是与借款人相关的指标,如借款人收入、信用等级、年龄等,这部分指标是基于借款人还款效力角度,研究借款者个体性特征因素对其贷后还款行为的影响。

在研究 P2P 网贷平台信用风险时,国内学者重点从平台运营稳健性与安全性等角度,探究影响网贷平台信用风险的特征因子。赵礼强等(2018)基于第三方机构网贷之家数据,研究网贷平台信用评级与平台资金流动性、运营规模、综合实力、活跃度等指标的关联性,研究结果显示平台借款标数、月投资人数和月借款人数等因素会显著影响平台信用评级,同时指出,平台应当注重提升自身运营实力,重视投资者与借款人的参与。南洋等(2018)考察了网贷平台运营效率与信息验证机制之间存在的关系,研究结果发现,加强信息的公开和验证能显著减少信息不对称问题对平台经营效率的影响,对于提升平台交易量和人气聚集等方面具有显著积极作用。单鹏等(2017)基于网贷平台和平台用户层面,选取了注册资金、累计待还余额、成交量、投资人数、运营时间、标的期限、贷款利率、担保方式、充值费、借款人所在地人均 GDP 等指标对网贷平台综合竞争实力进行评级,研究发现平台综合运营规模中的平台注册资本、成交量等指标对平台综合竞争力的影响最大,借款利率与投资人数等指标影响居中,而充值费和担保方式等指标的影响最小。邵蔚(2017)通过决策树分类方法,研究发现资金托管方式、平台背景和贷款利率对平台运营稳定性具有重要影响。刘巧莉等(2017)研究指出网贷平台认证机制、审核流程和对借款人历史行为的监测等方面的完善,有助于提升平台的风控实力。王伟等(2017)运用改进的 CRITIC 模型对网贷平台运营风险展开量化研究,实证结果显示平台运营时间、注册资本、股东背景等指标与平台经营稳健性之间呈显著正相关,但平均收益率的提高会显著增大平台的运营风险。王重润等(2017)基于 DEA-Tobit 分析方法,研究发现网贷平台运营效率与平台注册资本、信用等级、运营时间,投资人数、借款人数和贷款期限等指标有关。徐荣贞等(2016)从平台满标时间、注册资本、平台背景、平均贷款期限、运营时间等角度探究网贷平台信用风险,研究发现满标时间对平台运营稳健性的影响最大,而运营时间与平台经营稳定性之间并不存在很强的相关性。

1.2.1.6 P2P 网贷信用风险评价与度量的研究

国外有关信用风险评测的研究起源于银行信贷决策,从较早的经验模型到后来的多变量信用模型再到现代的神经网络模型,不断演进成熟。国外对 P2P 网贷信用风险评测模型与评测方法的研究不多,对信用风险的评测分析主要是运用多元判别分析、决策树、随机森林、BP 神经网络、支持向量机以及贝叶斯网络等模型。Puro 等(2010)根据与借款人成功借款高度相关的关键变量建立了 DDS 模型,Vedala 和 Kumar(2012)使用贝叶斯分类法来预测借款人的违约概率。Mild 等

（2015）采用丹麦网贷平台 Myc4. com 的借款用户贷款数据，运用线性判别回归模型评估网贷借款人的信用风险，并进一步验证了该模型的有效性。Serrano-Cinc 等（2016）采用多元回归构建利润评分决策模型预测网贷借款人的违约概率，研究发现基于利润评分模型获得的结果比传统信用评分模型得到的结果更精确。Male-kipirbazari 和 Aksakalli（2015）运用随机森林方法评估网贷信用风险，并将该方法与支持向量机、Logistic 回归和 k-最近邻分类器等机器学习方法进行对比分析，研究结果表明，与其他几种机器分类方法相比，随机森林法的预测效果最优。Kumar（2012）构建了贝叶斯分类模型评估网贷借款人的信用风险。Bekhet 等（2014）对比了神经网络模型与 Logistic 回归模型在信用风险评估中的作用，研究结果发现在评估准确率方面 Logistics 回归模型更高，但神经网络模型在识别潜在风险借款人方面效果更好。Hossein（2013）运用贝叶斯方法构建声誉模型，实证评估网贷借款人的信用风险。A. Byanjankar 等（2015）利用 Lending Club 网贷平台借款用户数据，通过构建 BP 神经网络模型对网贷借款人的信用风险展开实证评估，研究结果显示该评测方法在评估网贷信用风险方面具有较高准确率。Danenas 和 Garsva（2015）构建了支持向量机模型评估信用风险，并验证了该预测方法具有较高准确率，但模型的稳定性欠佳。另一方面，银行和评级机构将风险评估模型（如 JP 摩根的 Credit Metrics 方法、Mckinsey 的 Credit PortfolioView 模型等）用于个人信用风险评测。Bekhet 和 Eletter（2014）运用数据挖掘方法建立 Logistic 回归模型和径向基函数模型，对商业银行进行信用评分。Mazzu 等（2015）构建了基于"软信息"的多准则信用风险评估模型，对中小企业信用风险进行评估，实证结果表明该方法对信用风险的评估具有较高准确率。Harris（2015）将支持向量机模型进行改进，构建集群支持向量机（CSVM）模型，对借款人信用风险进行评测，实证研究分析发现改进后的集群支持向量机模型的分类效果比支持向量机更精确。Danenas 和 Garsva（2015）提出一种利用粒子群优化技术选择最优线性支持向量机（SVM）分类器的方法进行信用风险评估，并将该方法与 Logistic 回归和 RBF 神经网络模型进行对比分析，认为该法在评测信用风险方面有着更高的精确度，但模型的稳定性不够强。Tomczak J M, Zięba M 等（2015）采用几何平均准则构建了 ClassRBM 评分模型，认为该模型可行性和解释能力较优，预测能力强大。

国内理论界对 P2P 网贷信用风险评测方法的运用主要是以传统金融风险度量模型为基础，并对模型做进一步模仿和改进，对多种评测方法进行组合应用。此外，国内学者对 P2P 风险评级体系和评价模型进行了有益探讨（黄国平、伍旭川，2015；杨立，2015；罗长青等，2014）。彭业辉（2016）采用转换数据最大似然估计法，将传统 KMV 模型加以扩展，并将其运用于 P2P 小额借贷市场，对 P2P 网贷平台信用风险进行评级和预测。王伟等（2017）运用改进的 CRITIC 模型对我国网贷行业风险进行实证研究,研究结果表明改进的 CRITIC 方法在延续熵权法优点外,还考虑了指标变异对权重的影响以及与指标间的冲突性,因而该种方法有更高的评测精度。沈霞(2017)通过运用因子分析法和定性专家打分方法,构建了定量指标与定性指标相结合的信用风险评级指标体系,并对我国 60 家具有代表性的 P2P 网贷平台进行信用风险评级。窦新华等(2018)使用 Logistic 回归模型量化分析了影响样本平台风险的主要因子,计算风险得分并排序。都红雯等(2018)结合支持向量机模型与逻辑回归方法构建 SVM-Logistic 组合分类模型,对网贷借款人信用风险进行实证评估。朱传进等(2017)将层次分析法与模糊数学方法进行组合应用,构建模糊综合评价模型,实证评估网贷借款人的信用风险。王丹和张洪朝(2016)运用层次分析法,构建基于模糊数学综合评价方法的定量指标评测模型和基于专家评分表的定性指标评测模型,对我国网贷行业的信用风险进行量化评估。霍江林等(2016)运用人工神经网络模型评测 P2P 网贷信用风险,结果表明该模型具有较好的训练效果。肖曼君等(2015)通过排序选择模型,研究得出借款人信用评分并没有对信用风险管理起到实质性作用,评分高的主体仍具有较高的违约风险。张成虎等(2017)构建基于借款人"软信息"的 P2P 网贷信用风险评级指标体系,综合层次分析法和实验室决策法对网贷借款人进行信用风险评级,该种方法的提出有效解决了当前网贷平台信用风险的测量困境。裴平和郭永济(2017)则应用贝叶斯网络模型评估网贷借款人信用风险,并对模型的稳健性进行检验,表明该评测模型对网贷借款人违约行为的评估具有较强适用性。

1.2.1.7 P2P 网贷信用风险传染性的研究

P2P 网贷信用风险不同于传统的借贷信用风险。由于网络信息技术的复杂性和特殊性,P2P 信用风险日益呈现出多样性和传递性的特点。储雪俭等(2017)从生态系统角度出发,指出供应链金融信用风险扩散的机理是信用风险在供应链金融网络中的传播性与传染性。谢人强(2016)通过分析以"拍拍贷"和"红岭创投"为代表的典型 P2P 网贷模式,将信用风险源归为投资者、贷款者和网贷平台这三个方面,并针对网贷参与各方和借贷平台的特点指出信用风险在这三者之间存在一定的传导机制。

(1)羊群行为是违约风险传染性的主要表现。Duan(2009)指出羊群行为主要发生在投资建议、IPO 价格行为、时尚与风俗和投资组合管理上。吴佳哲(2015)基于 Kiva 数据,发现缺乏专业投资水平的出借人出于规避风险的心理在选择出借资金时会出现"跟风"行为而产生羊群效应。

(2)违约风险传染性产生的原因。Brynjolfsson 和 Smith(2000)认为羊群行为由于以下两个原因在互联网行业尤其突出:一是信息过载,网络上有大量的信息,在线用户很难理解和使用所有的信息;二是选择透明,人们很容易观察到别人在互联网上的选择。当市场上存在不完善信息时,人们倾向于从众。出借人寻找合适的借款人时,相关的信用信息十分有限,进行出借决策更多依赖于传递信号。网贷市场羊群行为发生时,受到出借人青睐的项目标的更有可能获得投标。袁义炜(2016)通过对比传统金融与互联网金融的资金流向和流量,认为 P2P 网贷信用风险往往会由于风险准备金不足和资本约束设置缺乏而引起贷款者"跑路"现象。这将会直接导致合作者的损失,信用风险则会由于薄弱的信用核查机制加大违约的可能性,从而产生声誉风险,造成投资者、衔接企业的直接损失。

(3) 违约风险传染性的理论研究。国内外有关违约风险传染性的研究文献并不多。陈冬宇(2013)发现当信息不对称时投资者倾向于根据借款人的社会资本做出投资决策。刘志明(2014)通过研究发现,信息的启发式和系统式线索对投资者行为具有决定性影响。曾江洪等(2014)、廖理等(2015)和吴佳哲(2015)利用不同的平台数据从不同角度论证了 P2P 网贷平台投资者羊群行为的表现特征。陈新岗等(2017)认为网络信用风险的传导路径主要来源于互联网金融机构、用户和外部经济环境。李琪等(2016)认为 P2P 网贷信用风险通过风险缓释合约的作用使投资者在信用事件发生时可以获得约定的补偿金额,但是一旦信用事件集中爆发,风险缓释合约的保护功能会降低,投资者信用保护受损,平台也会遭受损失,标的信用风险最终传递给平台。滕磊(2016)发现在担保机制下,信用风险在担保机构与投资者之间不断配置,最终达到风险均衡点,这一反复配置的过程就是信用风险在担保合作下的传导机制。胡强等(2015)指出,P2P 网贷风险依托特定的载体,按照一定的路径传导到平台各项经营活动及与业务关联的其他企业,给平台及利益相关者带来损失的过程就是 P2P 信用风险的主要传导机制,网贷市场参与方及利益关联方是信用风险传导的关键节点。

1.2.1.8　P2P 网贷信用风险防范的研究

国外学者集中讨论了如何通过增加透明度、增信、加强监管等来防范 P2P 信用风险:一是主张建立基于社交网络关系的信用识别法,采用联保贷款方式(Klafft,Freedman,2008;Assadi&Ashta,2009)来缓解信息不对称;二是建立"团贷"机制(Everett,2015;Michaels,2012)或成员内部监督机制(Hamphire,2010)来控制信用风险;三是主张将 P2P 网贷纳入金融监管范围(Jack R. Magee,2011)。Freedman(2008)认为一些软性指标可以反映出借款人的风险,并可以有效解决"硬信息"匮乏的问题。Emekter 等(2015)认为出借人最好的违约风险管理措施是只贷款给信用评级最高的、最安全的借款人。

国内学者的观点大致有四种:一是主张制定更严格的监管措施来规范约束

P2P 网贷平台行为(李扬,2015);二是主张加强信息披露,保证信息的透明性和真实性(刘洪彬、郑超丹,2017;谢平,王锦虹,2015);三是认为关键是要控制平台的自身风险(王珍义,2015);四是主张从政府(外部)、P2P 网贷平台和借贷者等多层面构建风险防控体系(廖天虎,2018;李玺、李应博、马一为,2018;闫春英、卢馨、王法,2015)。同时,卜小龙(2017)认为引导投资者培养理性的投资习惯,对第三方支付加强实时监控,建立健全 P2P 网贷金融征信评价制度和法律政策,可以有效缓解P2P 网贷风险。鲁钊阳(2017)认为通过中国互联网金融协会充分引导投资者和政府部门完善相关的法律法规,能够确保 P2P 网贷行业健康有序地持续发展。杨建辉和林焰(2017)指出,首先要看清 P2P 网贷在整个信贷市场中的精准定位,形成独具特色的行业自律制度;其次要建立健全我国的征信体系和法律规章制度;最后要重视贷款管理中每一阶段的风控环节,强化平台的风险管理能力。关于违约风险的监管,卢馨和李慧敏(2015)提出应建立行业内部通报、罚款、封杀等惩罚机制,加强行业内监督,完善黑名单公示机制。

1.2.2　研究述评

随着"互联网+"国家战略的实施和 P2P 网贷监管法规政策的贯彻实施,我国 P2P 网贷行业面临合规整改、市场出清和转型升级的巨大监管压力,但是风雨之后是彩虹,网贷行业的发展前景仍然可期。未来行业发展中最大的问题,也是亟待研究的一个核心课题便是 P2P 网贷信用风险防控。如上所述,近年来,国内外学者们立足于不同的视角,采用不同的分析方法对 P2P 网贷风险给予了较多关注和研究,取得了一批较有价值的研究成果,对监管机构制定和完善 P2P 网贷平台监管政策制度、网贷平台改进网贷风险管理有着重要的指导意义,尤其为本书研究提供了有益启迪,奠定了良好基础。从既有文献来看,学者们主要关注P2P 网贷模式、监管方式和规范发展等方面,在有关 P2P 风险研究上,主要从传统金融风险管理的角度对 P2P 网贷风险类别及其含义、风险成因及影响因素、风险评价方法及防范对策进行分析。就网贷行业发展趋势来看,以下几方面尚有较大的研究空间:在网贷生态圈方面,国内一些学者对互联网金融生态予以关注,而未见国外的相关文献研究;在网贷信用风险生成机理方面,国内外学者都将信用风险与其他网贷风险结合在一起,从总体上研究网贷风险的成因及影响因素,鲜见对信用风险进行专门的研究,而且国外主要是从"硬信息"和"软信息"来探究对违约行为的影响,而国内则主要是基于借款人还款效力和还款压力来研究两者网贷还款行为的影响;在网贷信用风险传导方面,国内学者很少关注,国外学者则运用羊群行为理论对违约风险传染性进行研究,但对二级市场(P2P 债权市场)羊群行为以及网络舆情与网贷违约风险传染性的研究较少;在网贷信用风险评测方面,国内外学者借鉴传统金融风险度量方法,结合网贷运营特点,对借款人信用评级、违约风险模型、履约借款人特征等进行了有益探讨,并且信用评级已在网贷行业开始应用,但有更强应用价值的信用风险评测模型却很稀缺;在网贷信用风险防控策略上,国内大多数学者从监管的角度提出了网贷风险防范对策,但鲜见从网贷信用风险产生传导的重要主体、关键环节节点、网络舆情、生态圈净化与恢复等方面的系统性防御对策。

总之,理论研究未能将 P2P 网贷信用风险与 P2P 网贷这一新兴行业生态圈有机联系起来进行深入系统地研究,主要体现在:一是国外学者主要集中于借款者信用风险的影响因素和违约模型等方面的研究,很少涉及 P2P 生态圈中其他主体及环节的信用风险问题;二是国内学者仅将信用风险作为 P2P 网贷平台若干风险中的一种加以分析,鲜见对网贷信用风险进行专门系统地研究,更鲜见从生态圈视角对 P2P 网贷市场各关联主体环节信用风险的生成机理及与其他风险之间的关联影响、传递路径等方面的研究;三是网贷风险评价主要针对 P2P 网贷借款人,忽略对网贷平台这一重要网贷主体信用风险的评价,也忽视了生态圈内其他关键信用主体因素的考量,尤其缺乏对网贷生态圈综合信用风险的评测研究,更没有形成一套科学实用的网贷综合信用风险动态评测体系和评测方法模型;四是有关 P2P 网贷信用风险影响因素的论证还不够充分,有关风险防控策略的系统性、全面性、针对性研究不足,从而可操作性不强。

本书将立足于我国 P2P 网贷行业生态圈视角,通过梳理网贷市场各参与主体所形成的生态圈信用关系,剖析 P2P 网贷信用风险特征,分析风险影响机理,勾勒风险传导路径,把握网贷行业发展规律及网贷信用风险变动趋势。通过对影响网贷借款人和网贷平台信用风险的内在因素分析及对若干信用风险度量方法模型的比较研究,融入"大数据"风控思维,构建基于 P2P 网贷生态圈的信用风险评测指标体系和评测方法模型,进行实证分析和实证检验,建立契合网贷综合信用风险的评测方法模型。在此基础上,进一步检视我国网贷行业发展的征信环境、监管环境和风控现状,借鉴国外网贷监管的先进经验,提出多主体、多环节、多层面的 P2P 网贷信用风险的协调防控机制和多重防控策略。

1.3　研究目的和意义

1.3.1　研究目的

本书的总研究目的:采用 P2P 网贷信用生态圈理论分析框架,立足于 P2P 网贷运营模式,通过逻辑演绎方法,刻画出网贷生态圈内复杂信用关系和独特信用结构,把握信用风险的内生机理、变化规律及传导路径,进而构建网贷信用风险的动态评测体系与评级模型,解析现行的网贷监管政策体系,检视网贷发展的征信环境和风险管控现状,提出契合 P2P 网贷信用风险的协同防控机制和多重防控策略,最终形成生态圈视角下 P2P 网贷信用风险管理的系统理论与方法,为创新我国 P2P 网贷风险管理理论添砖加瓦,为促进网贷行业稳健发展提供理论依据和决策参考。

　　具体的研究目的有五个:(1)通过对不同 P2P 模式下的借贷活动、信用关系、信用结构分析,构建网贷生态圈信用理论分析框架。(2)揭示网贷生态圈内各主体行为对信用风险的影响机理、产生节点和传导的逻辑路径。(3)构建网贷生态圈信用风险评测体系与评级模型,实现对信用风险的有效预警。(4)评估网贷行业发展的征信与监管环境及风险管控现状。(5)制定有效防控网贷生态圈内信用风险的协同机制和多重策略,为金融监管部门和网贷行业提供理论依据和决策参考。上述各目的是相互联系的,体现出网贷信用生态圈刻画、信用风险传导、风险动态测评和管控的依次递进关系,使该理论方法具有完整性、科学性和适应性,从而成为促进我国 P2P 网贷行业健康发展的有效理论工具和实践依据。

1.3.2　研究意义

1.3.2.1　理论意义

　　P2P 网贷作为互联网金融的重要组成部分,将小额信贷与网络信息技术进行有机融合,顺应了我国经济新常态环境和新治理理念下普惠金融发展的客观要求,为小微型资金需求者提供了全新的融资渠道和金融服务。由于 P2P 网贷是在传统小微金融基础上发展起来的,二者之间既有共性也有差异,P2P 网贷面临的风险也叠加了传统金融与互联网金融两种模式所包含的风险类型,既有信息不对称条件下的逆向选择和道德风险,又有网络环境下的信息安全风险,还有信用风险、流动性风险、欺诈风险、操作风险等传统金融风险;既有借款人风险,又有平台自身风险。各种不同种类风险最终通过平台和借款人的信用行为演化为信用风险。因此,P2P 网贷信用风险比传统借贷信用风险更具复杂性和多变性,也更值得关注和监测:一方面,信用风险的高低影响 P2P 网贷平台的生存发展,由于平台处于 P2P 网贷行业生态系统信用链条的中心环节,它的发展状况自然成为 P2P 网贷行业的发展根基,其健康发展与否决定着整个行业发展质量的高低;另一方面,P2P 网贷行业信用风险过高,会严重损害投资者的利益,由于 P2P 网贷投资者大多是具有少量闲散资金的个体或中小微企业,信用风险爆发会对其造成较大冲击,甚至危害整个金融系统和社会的稳定。同时,将信用风险限定在可控范围内,不仅有助于降低 P2P 网贷市场其他风险,而且有利于互联网金融乃至金融系统的稳定,更能实现 P2P 网贷行业生态圈的可持续循环。

本书运用信息经济学、信用理论和风险管理理论等基本原理,从我国 P2P 网贷行业生态圈系统角度切入,通过梳理投资者与平台、平台与借款人、投资者与借款人以及平台与增信机构等参与主体所形成的生态圈信用关系,揭示 P2P 网贷信用风险特征、影响机理及传导路径,把握 P2P 网贷信用风险的变动趋势,构建基于P2P 网贷生态圈信用风险动态评测体系,并提出有效防控 P2P 网贷信用风险的具体策略。相比于已有仅限于对 P2P 信用风险的定义、成因的一般性分析研究,本书独到的学术价值在于:构建了 P2P 网贷生态圈的信用风险理论分析框架,将 P2P网贷信用风险的生成传导置于网贷这一新型信用链系统中进行研究,丰富了金融新形态信用风险理论,完善了 P2P 网贷风险管理体系;构建了基于网贷生态圈的信用风险评测体系和模型,拓展了网贷信用风险度量方法的应用,对改进网贷信用风险评测效果有一定的创新性贡献。

1.3.2.2 现实意义

P2P 网贷是金融与互联网自发融合的产物,借助于互联网大数据以及高效的信息处理能力,有效地满足了借贷双方的投融资需求,弥补了传统金融体系的服务盲区,以融资平台化、规模化和便捷化的优势,满足了最广大长尾群体(中小微企业、个体工商户、居民个人等)的融资需求,同时也为资金冗余者提供了多样化的投资理财选择,大大提高了弱势群体的金融可获得性,使共享经济的理念通过普惠金融的发展得以践行,市场金融资源得到更加合理的配置。但是,P2P 网贷行业发展过程中也暴露出诸多短板甚至乱象,如平台进入门槛低以致平台良莠不齐,不法平台和不合规平台混迹其中,平台运作模式和经营方式异化,信息不对称问题明显比传统金融突出,行业风险交错丛生,风险易发、频发,监管法规体系不够完善,网贷平台市场信用风险评测体系尚未建立,监管力度缺乏针对性和穿透性,整个网贷市场的不确定性增大,行业生态圈极不稳定。在这种背景下,本身就是低收入群体的广大参与者,其风险甄别能力、承受能力极为有限,一旦发生风险,平台资金链断裂,就会导致大量投资者权益受损,极易引起投资者的恐慌,引发系统性互联网金融风险甚至触发群体性事件,危及社会稳定。因此,现行监管体系下,P2P 网贷风险尤其是聚集各类风险于一体的信用风险切不可小觑。建立科学的信用风险动态评测体系,有效防控信用风险,是我国监管部门、P2P 网贷行业贯穿始终的根本任务和重要课题。本书经过深入研究所构建的 P2P 网贷信用风险评测体系和信用风险管理对策、方法,可为金融监管部门及 P2P 网贷行业协会制定和完善监管政策法规,增强监管的有效性,P2P 网贷平台完善内部风控机制、提高风控水平以及投资者增强风险意识、风险判断能力、进行投资决策等提供重要参考。

1.4　研究内容

1.4.1　研究对象

P2P 网贷行业在发展过程中不断创新衍生,形成了以互联网为依托、P2P 网贷平台为中心、资本为纽带、借贷工具为载体的完整信用链条,信用链条中的各个环节与各个主体彼此相互连接、相互依存、相互影响,构成了一个新型金融生态圈。该生态圈内潜藏着多种风险,它们叠加交错、交互作用,在信用链中的各个主体、节点间产生传染效应,最终演化为信用风险。因此,本书的研究对象就是 P2P 网贷生态圈信用风险。围绕这一研究对象,通过厘清投资者与平台、平台与借款人、投资者与借款人,以及平台与其他关联主体之间所形成的生态圈信用关系和信用结构,揭示 P2P 网贷信用风险特征、生成机理和传导路径,分析 P2P 网贷信用风险的影响因素,把握网贷信用风险的特征及内在演变规律,构建风险动态评测体系,制定 P2P 网贷信用风险的协同防控机制和多重防控策略。

1.4.2　研究框架和内容

P2P 网贷作为互联网与传统信贷融资模式融合的金融新模式和新业态,并未改变传统金融的跨期配置属性。当前,P2P 网贷正处于合规整顿和转型换挡的关口,作为互联网金融生态系统的子系统,其运行机制的特殊性,使得生态圈内的种群(参与主体)具有多样性和复杂性,由此所结成的信用链条具有更大的不确定性和脆弱性,因而信用风险也更加突出。有效防控风险,促进网贷行业健康可持续发展是网贷行业和监管机构的根本任务。本书基于网贷生态圈视角,以网贷信用风险为研究对象,立足于互联网金融背景,将网贷主体作为特定信用群体,以网贷生态圈信用风险的协同防控机制和多重防控策略为目标来构建总体研究框架。重点在 P2P 网贷生态圈刻画、P2P 网贷生态圈信用风险生成机理、风险传导机制、网贷信用风险评测指标体系构建、网贷信用风险评测、网贷征信环境建设、我国网贷监管政策解析与信用风险管控现状检视以及网贷生态圈信用风险防控对策等方面展开了深入系统的研究。本书共分为 12 章。

第 1 章　导论。阐述本书研究的背景、国内外研究现状、研究目的和意义、研究内容、研究思路与方法及成果的创新、特色和贡献。

第 2 章　P2P 网络借贷概览。从 P2P 网贷概念出发,通过对 P2P 网贷发展的背景与动因、市场特征与作用、网贷业务运作的基本结构与风控手段及网贷运行典型模式的系统阐述,对我国 P2P 网贷行业发展现状进行描述分析,奠定本书的宏观和微观认识基础。

第 3 章   P2P 网络借贷发展的理论与环境分析。梳理国内外研究文献,借鉴有价值的研究成果,同时研究网贷发展的相关理论,分析国内外网贷发展所处的经济环境、征信环境和监管环境,对我国网贷平台股东背景与投资者行为进行实证分析,奠定研究的理论基础。

第 4 章   P2P 网络借贷生态圈刻画。运用金融生态观理论对网贷生态圈进行科学刻画:描述网贷生态圈的内涵、系统结构与内在特征,构建网贷生态圈的信用结构和信用链条,定义 P2P 网贷生态圈的功能、稳态与恢复力。

第 5 章   P2P 网络借贷生态圈信用风险生成机理。基于生态圈运行的视角分析网贷信用风险生成原因,基于平台与借款人的双边博弈演化和多边博弈仿真分析网贷信用风险的生成机理,运用面板数据对网贷平台信用风险的生成机理进行实证分析。

第 6 章   P2P 网络借贷生态圈信用风险的传导机制。首先运用结构方程模型(SEM)分析网贷借款人信用风险内在因素的影响与传导路径;其次基于羊群理论和挤兑理论分析网贷生态圈信用风险的传导机制,进而研究网贷信用链内外部信用风险传导过程;最后以债权转让为例,构建违约舆情的传染病模型,对网贷生态圈信用风险传导机制进行实证。

第 7 章   P2P 网络借贷信用风险评测指标体系构建。针对网贷市场借款人与平台两类主体信用风险的影响因素,确立网贷信用风险评测指标体系构建的原则、思路,借鉴现有的相关研究与评价体系,运用 Logistic 逐步向后条件回归与指标相关关系分析法对信用风险评测指标体系进行筛选优化,构建科学实用的针对网贷借款人和平台两类主体的信用风险评测指标体系。

第 8 章   P2P 网络借贷信用风险评测方法和模型。首先对信用风险评测方法与模型的研究演进进行回顾,然后从多元判别分析、统计方法和机器学习方法三个方面对重要的信用风险评测方法及度量模型的原理、特点、运用条件及优缺点进行系统梳理、比较分析,为网贷信用风险评测模型构建和实证分析奠定技术方法基础。

第 9 章   P2P 网络借贷信用风险动态评测。首先,实证评测网贷借款人信用风险,重点研究包括:基于神经网络模型,对单一网贷平台借款人信用风险进行评测;基于梯度提升决策树模型,对多网贷平台借款人信用风险进行测评,对嵌入社会网络因素后的网贷借款人信用风险评测;其次,运用因子分析法和梯度提升决策树方法实证评测网贷平台信用风险;最后,对网贷综合信用风险进行评测。

第 10 章   P2P 网络借贷生态圈信用风险防控的征信环境建设。从网贷行业征信环境建设现状出发,借鉴国外网贷征信建设经验,探讨数据驱动下我国网贷征信系统共享制度建设的运行模式、征信产品定价、实现条件,最后以人人贷为例,对我国网贷信用信息介入社会征信系统的效果进行了实证评估。

第 11 章　我国 P2P 网络借贷监管政策解析与信用风险管控现状检视。通过解析"1+1+3"网贷监管政策体系内容,探讨相关监管政策,通过进一步检视我国网贷风险管控现状,借鉴英、美等国网贷监管经验,为健全我国网贷监管提供思路。

第 12 章　我国 P2P 网络借贷生态圈信用风险的防控策略。针对当前我国网贷风险管控中存在的问题,结合已出台的 P2P 网贷监管政策体系,从网贷生态圈内核心主体、圈外监管主体、信用风险传导环节和网贷生态恢复力等多主体、多环节、多层面提出了网贷信用风险的协同防控机制和多重防控对策。

1.5　研究思路与方法

1.5.1　研究思路

本书基于一个背景(互联网金融)、一条主线(P2P 网贷生态圈信用风险)、一个特定信用群体(P2P 网贷平台、网贷借款人、网贷投资者及其他关联主体)、一个特定信用链(P2P 网贷生态圈)来构建基本研究思路。通过文献分析和现实考察,运用互联网金融理论、金融中介理论、生态理论、信贷理论、信息经济学理论等科学理论,以 P2P 网贷信用机制为逻辑起点,通过逻辑演绎方法,刻画 P2P 网贷行业独特的生态圈及其构成的信用链系统,构建基于网贷生态圈的 P2P 运行机理和信用风险生成机理、传导路径的分析框架,搭建本书的理论基础。运用定量分析法和数据处理技术,建立科学的 P2P 网贷信用风险评测体系和评级模型,收集、挖掘数据,进行实证分析,优化信用风险评测模型,形成基于 P2P 网贷生态圈的信用风险传导、评测和防控的理论描述,最后通过对网贷发展的征信环境、监管法规及风险现状的梳理分析和系统检视,提出网贷信用风险的协同防控机制和多重防控策略。

1.5.2　研究方法

(1)文献研究方法。梳理国内外有关 P2P 风险管理的研究成果,融合信息经济学、信用与风险管理及系统论等相关理论,刻画 P2P 网贷生态圈信用链,构建基于 P2P 网贷生态圈的信用理论基础,提出信用风险生成、传导和防控的理论分析框架。

(2)逻辑演绎方法。运用逻辑演绎法探讨 P2P 生态圈内借贷活动对信用风险的影响,从理论上厘清平台、借贷者、增信机构等主体信用活动之间的逻辑关系,形成规范分析的理论框架,揭示生态圈信用风险生成与传导的内在机理和传导路径。在此过程中,运用验证性因子法和结构方程模型(SEM),分析勾勒网贷借款人信用风险内在影响因素之间的特定联系,演绎得出网贷生态圈信用链系统的基本特征。

（3）实证分析方法。采用传染病模型和仿真的方法，研究网络舆情传染和P2P 网贷风险的传导机制，运用 Logistic 逐步向后条件回归与指标相关关系分析法对信用风险评测指标体系进行筛选优化，运用自组织竞争型神经网络模型和 BP 神经网络模型对单一网贷平台借款人的信用风险进行评测，运用梯度提升决策树模型（GBDT）对多网贷平台借款人的信用风险进行测评，运用因子分析法和 GBDT 实证评测网贷平台的信用风险，采用非参数检验方法检验接入社会征信系统对 P2P 网贷平台运营效果的影响。

（4）理论抽象法。通过上述"理论分析—模型构建—实证检验"后，识别出影响信用风险的关键主体、因素和节点，通过理论抽象提出 P2P 信用风险防控机制和策略。

第 2 章　P2P 网络借贷概览

2.1　P2P 网络借贷概念界定

P2P 网络借贷(简称为"P2P 网贷"或"网贷")是一种基于互联网的借贷模式,其英文名为 Peer to Peer Lending,意为个人对个人的借贷。从本质上讲,P2P 网贷是传统民间借贷在互联网上的延伸。传统的民间借贷模式由于受众面小、需求匹配难、运作不透明等特点,局限于熟人圈,且规模有限。互联网时代的到来,使传统民间借贷的瓶颈问题迎刃而解,互联网的介入使面广、量大的借款人与投资者突破地域和时间的限制,实现了资金借贷的有效对接。因此,P2P 网贷是互联网与传统民间借贷模式融合的产物,是互联网金融中最具代表性的新型金融组织形式之一,科学界定和理解这一核心概念是本书的基础和前提。

P2P 网贷是指资金需求者——借款人,以信用为基础,借助于 P2P 网贷平台(简称为"P2P 网贷平台"或"网贷平台"),同有资金盈余且有理财需求者——投资者,参与竞标,P2P 网贷平台是撮合双方完成资金交易并收取中介服务费的网络中介机构。P2P 网贷自 2005 年问世以来,随着整个网贷市场的快速发展,借贷主体已从最初的个人对个人衍生到个人对中小企业、个人对政府等多元主体。

作为一种新型的直接融资模式,P2P 网贷与传统借贷模式有显著的不同,在此模式下,借款人要与投资者签订包括借款金额、借款利率、借款期限等条款的借款合同,因而,每位借款人都知晓所借资金的来源,每位投资者都知晓投贷资金的去向。而 P2P 网贷平台不进行资金归集、不进行资金期限搭配、不直接介入资金运营,只进行信息审核发布、信用认证、融资需求匹配与撮合、资金中转等服务。

P2P 网贷模式突破了传统借贷模式中的融资规模、交易方式和时空的限制,使得资金借贷可从双方绕过传统金融中介,依托互联网和移动通信技术的支撑,直接通过网贷平台来实现小额资金融通,因而 P2P 网贷既是融资技术手段的创新,也是借贷融资模式的创新,还是金融理念和融资手段的提升和改进。

从上述分析可知,借款人、P2P 网贷平台和投资者构成 P2P 网贷市场的三大核心主体,其中,P2P 网贷平台以互联网为运营基础,依靠通信网络技术为资金借贷双方提供信息归集、审核与发布、需求匹配、信用认证、工具支持和资金中转等中介服务,以撮合并协助借贷双方实现线上资金交易。P2P 平台在网贷市场处于中心地位,投资者和借款人借助于 P2P 网贷平台进行各自的投融资活动。同时,P2P 网贷市场的发展吸引了许多其他主体的参与,这些主体包括为网贷行业发展增信和增流的担保公司、小贷公司、金融租赁公司、保理公司、银行、第三方支付机构等,它们与三大核心主体一起,逐渐形成了一个以资本为纽带、互联网为载体,共生共荣的新型网贷生态圈。

　　P2P 网贷的基本运作流程(图 2-1)是:首先,资金借贷双方在网贷平台进行实名注册,借款人提供借款申请、身份证明、资产收入等信息,P2P 网贷平台对借款人提供的信息资料进行完整性审核;其次,借款人提交借款金额、期限、利率等借款信息,并由 P2P 网贷平台进行发布、展示;再次,投资者根据平台发布的借款信息判断是否投标以及投标金额的多少,若投标,则由投资者将资金转入平台指定的第三方资金托管账户,若全部意向投资者的总投资金额超过借款总额,则按照约定利率进行借贷,否则流标;然后,满标后,由 P2P 网贷平台生成相应电子债权债务合同,并将投资者资金转给借款人;最后,借贷到期时,借款人按照约定将借款本息和信息服务费等资金总额转给平台指定的第三方资金托管账户,平台扣除相应的信息服务费用后将借贷本息转给投资者。在这一过程中,先有借款人,后有投资者,P2P 网贷平台主要为 P2P 借贷双方提供信息交互、信息价值认定和其他促成交易完成的服务,因而 P2P 网贷平台是信息中介而非借贷资金的债权债务方。P2P 网贷平台的服务形式包括借贷信息发布、信用审核、法律手续、投资咨询、逾期贷款追偿以及其他增值服务等。

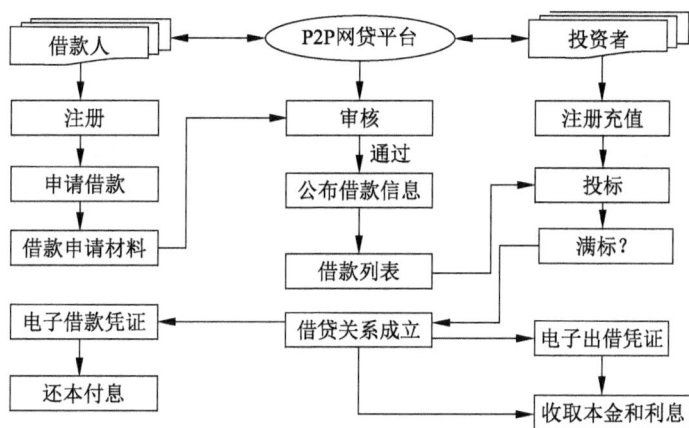

图 2-1　P2P 网贷运作流程

2.2 P2P 网贷发展的背景和动因

2.2.1 P2P 网贷发展的背景

国际上,P2P 网贷模式的起源可追溯到孟加拉国的默罕默德·尤努斯教授在 20 世纪 70 年代首创的专为贫困妇女提供小额贷款的"乡村银行"。只是随着网络时代的到来,乡村银行的媒介逐渐由实体金融机构演变成互联网融资平台。

2005 年是 P2P 网贷发端之年。该年 3 月,全球第一家专注于个人贷款业务的 P2P 网贷平台 Zopa 在伦敦成立,标志着 P2P 网贷模式的诞生;9 月,韩国第一家个人借贷平台 Donjoy 上线;10 月,美国第一家公益性借贷平台 Kiva 上线。自此,P2P 借贷模式开始向全世界传播。作为 P2P 网贷的诞生地,10 多年来,英国 P2P 网贷行业一直保持着稳定有序的发展态势。究其原因有二:一是它作为解决中小企业融资难题的重要渠道,得到了英国政府的大力支持,如 2012 年英国政府向 Zopa 发放了 9 万英镑以支持其运营,英国政府通过"金融合作"计划于 2013 年和 2014 年先后向 Funding Circle 平台提供 2000 万英镑和 4000 万英镑的投资,并在 Funding Circle 平台为 2000 多家小微企业发放 2000 万英镑的贷款,目前,Funding Circle 是全球最大的中小企业贷款平台;二是 P2P 网贷平台在发展过程中,形成了差异化的业务发展模式,加上完备的监管制度,网贷市场逐渐成熟。继英国之后,美国、意大利、德国、瑞典、韩国、日本等国的 P2P 网贷平台迅速发展起来。目前,全球具有代表性的 P2P 网贷平台,除英国的 Zopa、Funding Circle 和 Rate Setter 三大平台外,还有美国的 Prosper、Lending Club,德国的 Auxmoney,瑞典的 Trus Buddy,韩国的 Donjoy 及日本的 Aqush 等。其中,2007 年 10 月上线的美国 Lending Club 已经发展成为全球最大的 P2P 网贷平台。

从国内看,2006 年 5 月,宜信公司成立,首次将 P2P 借贷模式引入中国。2007 年 8 月,P2P 网贷平台"拍拍贷"在上海上线,中国 P2P 网贷模式就此开启。12 年来,我国 P2P 网贷行业经历了探索发展、快速发展、爆炸式增长和整顿规范等几个阶段。

我国 P2P 网贷行业之所以能在极短时间内强劲生长,并被赋予浓厚的中国特色和中国模式,其直接背景是 2008 年金融危机后,我国开始紧缩信用杠杆,信贷规模收缩,商业银行惜贷行为增强,金融服务可获得性难度提高。在金融抑制和金融垄断背景下,原本就面临融资困难的广大中小企业融资难的问题越发突出,成为制约经济提振的突出问题。依托互联网低成本和广覆盖的优势,P2P 网贷在迎合市场多样化投资需求的同时,为解决中小企业融资困境提供了一种有效途径,因此得以快速发展。

具体分析,我国 P2P 网贷快速发展的背景主要有以下几个方面:

(1) 民间借贷规范化的必然结果

民间借贷是民间个体(主要是小微企业与居民个人)之间的货币资金或实物借贷,是实现民间资金融通的一种特殊形式。民间借贷古已有之,主要是为了解决生产生活费用支出产生的资金短缺问题。随着市场经济体制改革的推进,个体经济和民营经济迅速发展,而金融体制改革相对滞后,正规金融机构门槛高、倾向性明显、流程繁杂,而中小微企业融资需求越来越大,融资难度却越来越高,因而导致民间借贷异常活跃,规模不断扩大,目前已接近 10 万亿元规模。

民间借贷具有借贷额度小、期限短、手续简单、方便快捷等特点,成为商业银行信贷融资的必要补充,解决了很多小微企业的临时性资金需求,在一定程度上缓解了小微企业的难题,受到广大小微企业主的青睐。但与此同时,民间借贷存在运作不透明、利率过高、风险大等问题,比如一些机构、个人高息揽储放贷吃息差(民间借贷的年化利率达到 40%~50%,有的年息甚至高达 180% 以上),层层放贷,资金链很长,借贷关系形成的信用链条十分脆弱,以致一些借贷机构要么因资金收不回来而导致资金链断裂跑路,要么使用非法手段催收,将借款人逼入困境。尤其是一些地区民间借贷盛行,致使地方经济空心化,经济达到崩盘边缘。

作为互联网与传统民间借贷融合的产物,P2P 网贷正好顺应了小微企业和个人这一信贷市场的长尾客户群体对于融资门槛、融资期限、融资成本、融资便利性与可得性等方面的要求,既一定程度上缓解了民间借贷市场的信息不对称问题,使借贷关系透明度增强,较好地满足了小微企业和个人的资金需求以及公众的理财需求,也为普惠金融的发展提供了更为可资实现的路径,从根本上有助于缓解小微企业融资难、融资贵的问题,有助于促进我国实体经济的高质量发展。

(2) 普惠金融兴起是契机

普惠金融是联合国在全球小额信贷年(2005 年)提出并推广的一个概念,其核心内涵是共享与普惠,旨在建立有效的全方位为社会所有阶层和群体提供服务的金融体系,尤其为微型经济体提供一种与其他客户平等享受现代金融服务的机会和权利。普惠金融强调通过加强政策扶持和完善市场机制,使小微企业、社会低收入人群等信用相对不足的群体能够获得价格合理、方便快捷的金融服务,不断提高金融服务的可获得性。中共十八届三中全会明确提出普惠金融发展理念,这不仅标志着我国普惠金融进入一个新的发展阶段,更让金融发展成果可以更多、更公平地惠及广大民众,其意义是重大而深远的。

普惠金融倡导人人平等享有金融服务的理念,颠覆了过去大中型金融机构以资本逐利且主要为富人服务的传统理念,将处于大型金融机构服务断层中的小微群体作为普惠金融服务的主要对象,让所有有金融服务需求的小微群体享受到平等的金融服务,使现代金融更多惠及广大民众和经济社会发展的薄弱环节。普惠金融还倡导金融服务主体为小微群体提供价值优惠的信贷融资、金融理财及更方便的征信服务。

本质上讲,普惠金融是发展问题,是对传统金融服务对象和领域的延伸,也是金融服务方式和理念的升级,其目标在于提高金融资源的配置效率,促进社会公平和谐。作为发展中的大国,中国拥有规模庞大的长尾金融群体,普惠金融具有极为广阔的发展前景。P2P 网贷几乎与普惠金融发展同步,其所坚持的小额借贷理念与普惠金融思想高度契合,两者互为需求,互为支撑,普惠金融顺理成章地成了 P2P 网贷发展的契机。

(3)互联网金融的带动

互联网金融作为互联网等现代信息科学技术与金融业融合的新金融业态或模式,涵盖紧密关联的两个方面的内容:一是互联网企业利用电子商务、社交网络等互联网技术开展金融业务;二是传统金融机构利用互联网技术开展金融业务。相较于传统金融,互联网金融所具有的轻应用、碎片化、及时性等属性,使得它更易受到小微企业群体的青睐,因而也更契合小微企业群体的金融服务需求。以 P2P 网贷平台为代表的互联网金融企业以小微企业群体作为服务的突破口,吸引了更为广大的客户群,其网贷融资市场的长尾效应日益凸显出来,进一步激发了普惠金融的市场潜力。

互联网金融以其独特的运作方式和经营模式突破了时空限制,使资金能够无障碍地依据市场法则从一、二线高地向三、四线洼地流动,既能满足资金高地的投资需求,又能满足资金洼地的融资需求,一定程度上冲破了传统金融的瓶颈,有效地弥补了小微企业及其他长尾人群的投融资缺口。传统金融不愿涉足信用较差的客户或偏远落后区域,由于有互联网等现代信息技术和征信系统的支持,小微企业群体与金融机构的直接沟通、资金融通从不可能变得简单快捷,自然成为 P2P 网贷市场的主要客户群体。P2P 网贷行业正是在互联网金融蓬勃发展的大背景下,抓住这一历史机遇,依靠互联网金融的带动,成为互联网金融的主力军。

(4)理财需求和投资结构的助推

我国 40 多年持续的改革开放政策,带来经济的快速增长,国民收入水平显著提高,财富迅速积累,通过金融理财和财富管理实现财富的保值增值成为公众的普遍需求。而在传统投资渠道中(表 2-1),银行的投资门槛较高,且收益性偏低,而股票和基金市场又由于专业门槛的限制,风险大且投机性强,这就导致拥有闲置资金的大众投资者另辟蹊径,更多地考虑其他的投资增值渠道。同时,金融的包容性增长和创新发展,在投资范围、投资门槛以及相关限制等方面均打破了证券、期货、基金、银行、保险、信托以及第三方理财和互联网金融之间的竞争壁垒,金融混业经营加速,开始步入大资管时代,促使各类金融机构以投资管理人的身份将资金投向实体企业或项目,有助于促进实体经济发展。另一方面,有助于改善国内社会融资结构,促进大众投资直接转为对企业的融资支持,并有助于调整直接融资和间接融资的比例。更为重要的是,金融创新尤其是互联网金融的发展和理财渠道的多元化、多样化,进一步激发了显性的和潜在的投融资需求,为 P2P 网贷提供了更多的客户资源、更多样的金融产品和更广阔的市场,有力地助推了 P2P 网贷行业的形成和发展。

表 2-1　国内各种投资理财工具的特点

投资工具	风险	潜在收益	交易成本	投资门槛	变现能力	对投资者要求
银行理财	较低	2%~5.5%	低	5 万	适中	低
信托理财	较低	6%~20%	低	10 万	偏差	适中
房地产	较低	适中	高	高	差	较高
储蓄	低	0.35%~4.0%	低	1 元	极强	低
股票	中等	近年普遍亏损	较高	最高	较强	较高
基金	中等	低	较高	100 元	适中	适中
债券	低	低	适中	100 元	适中	低
期货	高	较高	较高	千元	较强	高
黄金	中等	较高	较低	千元	适中	较高
P2P 网贷	中等	10%~20%	适中	50 元	较强	低

2.2.2　P2P 网贷发展的动因

P2P 网贷是互联网时代金融发展的必然产物,是金融演化变迁的必由之路,是金融系统内部、外部环境,制度变迁和市场需求等多种因素交互融合影响的结果。从根本上讲,是金融创新使然。从 20 世纪 90 年代开始,随着经济全球化进程的加快、各国金融管制的放松、信息技术的高速发展、金融创新的加快推进,金融业得到了极大的发展。进入 21 世纪以来,以互联网技术为代表的现代科学技术的普及和广泛应用,使金融创新如虎添翼。金融与互联网之所以能够快速融合并快速发展,根本在于以下两个方面因素的推动:一是信息技术尤其是互联网技术的发展和普及为 P2P 网贷发展提供了充分的技术基础;二是 P2P 网贷在融资制度挤压、外部需求引导及自身内在生存发展需求等综合作用下产生了强烈的创新动力。

中外学界在探讨金融创新动因时形成了不同的理论流派,具有代表性的理论有技术发展说、货币促成说、财富增长说、约束诱导论、规避管制说、制度改革说、需求推动说、交易成本论、结构变化说等。由此,可以将金融创新归结为由转嫁金融风险、规避管制、节约成本、技术推动、需求拉动、制度改革等六大动因驱动的结果(图 2-2)。P2P 网贷作为互联网金融新业态,其产生也不外乎这六个方面的因素,其中需求拉动和技术推动是两大主要动因。

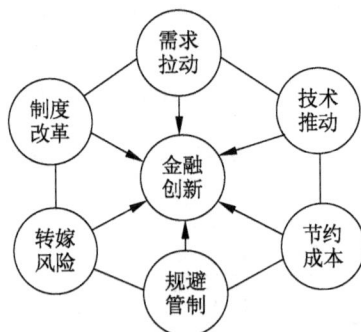

图 2-2　金融创新的六大动因

2.2.2.1　互联网拥有海量活跃用户群

随着搜索引擎、电子商务、社交网络、移动互联网、智能手机等大量商务、生活应用的发展,互联网用户群体的活跃程度不断提高,互联网已成为人们生产生活中不可分割的一部分。据中国互联网络信息中心(CNNIC)发布的《中国互联网发展报告(2019)》(表 2-2),截至 2018 年底,我国网民规模高达 8.29 亿,普及率为59.6%。其中,手机网民规模已达 8.17 亿,网民通过手机接入互联网的比例高达98.6%,网络购物用户和使用网上支付的用户规模达 6.1 亿,占总体网民的比例为73.0%,网络购物与互联网支付已成为网民使用比例较高的应用;网站数量达 523万个,域名总数为 3792.8 万个,其中".CN"域名总数为 2124.3 万个,网页数量为2816 亿个,IPv4 地址数量为 3.39 亿个,IPv6 地址为 4179 块/32。互联网已基本渗透全国所有城市和大多数农村地区,国民经济中各行各业已经广泛应用互联网。网民的互联网应用不断深化,以网络购物、网络支付为代表的个人商务交易应用快速增长。从最初简单的信息浏览、电子邮件,到信息搜索、远程办公、视频会议、电子银行、影音娱乐、购物、社交等,发展到越来越多的信息流和资金流都通过互联网来完成。上述情况充分表明,我国互联网用户的活跃程度在不断深入。

表 2-2　中国网民各类互联网应用的使用率(截至 2018 年 12 月)

应用	即时通信	搜索引擎	网上支付	网络购物	网络新闻	网络视频
用户规模(亿)	7.92	6.81	6.10	6.10	6.75	6.12
网民使用率(%)	95.6	82.2	72.5	73.6	81.4	73.9

此外,随着互联网的发展,70 后、80 后、90 后的网民主体已成为社会财富的主要创造者,网民群体的财富不断积累,极大的潜在金融需求正在被创造并逐渐释放出来。因此,规模不断增长、应用持续活跃的互联网用户群是当前我国 P2P 网贷乃至互联网金融发展的最大动力来源,不断增长的互联网用户的金融需求网络化,是 P2P 网贷行业发展的动力基础。

2.2.2.2　传统金融服务需求的"互联网化"

互联网正在深刻影响和改变着用户的行为习惯。随着电子邮箱、即时通信、搜索引擎、社交网络等互联网应用的出现和普及,传统的线下行为习惯正在转为线上,或者被注入强烈的互联网元素。例如,消费的时候会通过互联网搜索相关信息,了解其他人的购物经历;社交活动的时候会在社交网络中发布照片,通过互联网进行互动;等等。这种用户行为习惯转变所呈现出的"互联网化"说明互联网已不仅仅是获取信息的工具,而且已成为工作、生活的一部分。不仅个人用户,企业用户的"互联网化"程度也在不断提高。客户需求的快速互联网化迫使传统金融服务必须依托互联网做出变革和创新,以适应和满足客户的需求。

2.2.2.3　新商业模式催生新金融形态

以互联网技术、信息技术为核心的现代科技与商业的结合催生出许多新商业模式,引领互联网应用和商务活动的发展,并催生了基于互联网的新金融需求和新金融形态。特别是以 Amazon、eBay、阿里巴巴、天猫商城、京东商城、淘宝等为代表的电子商务的快速发展,使互联网支付和跨境支付需求激增,拉动了第三方支付的发展,改变着传统信息流、物质流、资金流的交换方式,衍生出大量新的金融服务需求,进而促进了新金融模式和新金融业态的快速发展。

2.2.2.4　个性化、碎片化金融需求强劲增长

在互联网的开放、平等、去中心化环境中,经济个体的个性化、碎片化需求得到充分释放和满足。互联网用户群体的规模优势和交易成本优势,为降低个体的个性化和碎片化需求成本提供了可能,在满足海量的个性化和碎片化金融需求方面具有独特的作用。传统金融制度框架下,长期得不到满足的中小微企业融资、个人小额信贷等金融需求借助于互联网媒介,使资金供求双方能及时精准地进行点对点配对,达成资金交易。这种以"普惠金融""自金融"为特点的互联网金融需求成为众多非金融企业涉足传统银行甚至传统金融机构所不能触及的市场的重要动力,倒逼传统金融机构进行变革。P2P 网贷与商业银行等金融机构的传统业务相互重叠、相互补充,更大程度上满足了中小微企业和个人的多样化、个性化和碎片化的金融需求。

2.2.2.5 现代科学技术的支撑

金融与现代科技尤其信息技术具有天然的契合性。信息技术的发展及应用使金融业如虎添翼,不断获得创新的动力。20 世纪 50 年代开始的信息技术革命,对全球的各行各业产生了深远影响,尤其是金融业实现了质的飞跃,各种新型金融产品不断涌现,服务方式更加多元化,信息技术与金融业的融合日益加深(表 2-3)。金融产品的定价、风险控制、服务方式,金融机构运营管理及金融监管等都依赖于信息技术。

从互联网及相关信息技术的发展趋势来看,云计算技术、物联网技术、大数据技术、移动互联网技术等,给金融创新带来了强劲推动力,如基于云计算技术的"云"金融服务,基于物联网和移动互联网的移动支付,基于大数据技术的智慧金融服务,基于人工智能技术的智能机器人服务等。

表 2-3 银行业务创新与信息技术发展

时间	业务创新	市场划分	所用核心技术
20 世纪 50 年代	信用卡	零售业务	磁条
20 世纪 60 年代	自动转 ATM 机	零售业务 零售业务	电话 机电一体化技术
20 世纪 70 年代	POS 机 信用打分模型 自动付款技术(ACH) SWIFT 系统	零售业务 零售业务 批发业务 零售批发	计算机、通信 数据库技术 计算机、通信 计算机、通信
20 世纪 80 年代	家庭银行 企业银行 EDI	零售业务 批发业务 批发业	计算机、通信、安全机制 计算机、通信、安全机制 通信、安全机制
20 世纪 90 年代以后	网上银行	全方位	互联网络、信息技术、安全机制
21 世纪初	手机银行	零售业务	移动互联网、智能手机
21 世纪 10 年代	智能银行	零售批发	移动互联网、大数据、智能技术

2.2.2.6 规避金融管制

金融管制是现代金融体系的重要组成部分,是维持金融体系稳定、防范金融系统风险的主要措施。尽管从 20 世纪 80 年代开始,金融自由化趋势明显增强,但金融管制仍不可或缺,各国依据本国国情,建立不同的金融监管体制和模式。金融管制在一定程度上限制了金融活动,却也在不同程度上激发了市场主体金融创新的积极性。互联网由于其开放、动态特征,成为规避金融管制的有利场所,大量非金融企业利用互联网从事金融活动,P2P 网贷等互联网金融形态顺势而生。

2.2.2.7　降低交易成本

降低交易成本、提高金融效率是金融创新的基本动因。相较于传统借贷,P2P 网贷的最大优势在于降低信息搜寻成本和合约成本。传统金融机构基于对交易成本的考量,往往排斥小额或短期贷款。P2P 网贷借助于互联网平台无界、跨时、便捷等特征提供线上融资撮合服务,能显著降低相关成本,弥补传统借贷市场不足,使资金供给方与大量缺乏借贷信用的中小微企业融资需求直接匹配,甚至通过平台可以进行多方联合贷款,以较低成本、高效率地获得信贷支持,有效地解决了其融资难的问题(表 2-4)。

表 2-4　小微企业各阶段面临的困难

阶段	新创期	成长期	成熟期
定义	<5 年	持续有盈利	>5 年,>10 名员工
困难点	1. 缺乏借贷信用 2. 无法吸引顾客 3. 现金流不稳定	1. 现金流不稳定 2. 缺乏借贷信用 3. 招聘及挽留员工困难	1. 现金流不稳定 2. 运营成本升高 3. 缺乏借贷信用

总之,在深化金融供给侧结构性改革,鼓励创新创业创造的制度环境下,以 P2P 网贷为代表的互联网金融创新具有内在与外在、根本与显性的发展动因,多种动因交织叠加在一起,推动了 P2P 网贷市场的强劲生长。

2.3　P2P 网贷的市场特征与作用

2.3.1　P2P 网贷的市场特征

P2P 网贷之所以能在极短时间里迅速发展为拥有相当规模的新兴资金借贷市场,直接原因在于其采用现代网络技术、信息技术手段与去中心化思维改变了传统金融中介的固化融资方式和风险传播模式,使资金供求双方在一个更为开放包容的环境中方便快捷地实现各自的资金融通目标,融资契合度得以增强,融资效率得以提高,衍生出“自金融”和“普惠金融”的价值。P2P 网贷的市场特征表现在以下几个方面:

(1) 先进的网络科技支撑

在 P2P 借贷中,参与者极其广泛,借贷关系错综复杂。互联网技术为高效率地整合与审核这种海量的信息提供了有利条件。事实上,P2P 网贷的产生得益于信息技术,尤其是信息整合技术和数据挖掘技术的发展。互联网技术一方面消除了时空限制,为扩大用户数量、直接匹配借贷需求奠定了技术基础,使新型交易结构的优势得到充分发挥;另一方面,它所带来的低成本信息生成及所呈现的运作优势,降低了借贷双方信息不对称的问题,为改进风险传播模式和风控手段提供了技术方法。事实上,网贷市场环境中风险转嫁表现为风险的分散化,风险控制则是数字化、自动化审贷技术所带来的低成本风险管理。而数字化、自动化审贷技术的实现,依赖于完善的数字化征信体系和良好的信用环境,以及先进的数据分析、数据挖掘和风控模型。

（2）典型的信息中介属性

P2P 网贷平台在借贷信用链条中居于中心地位,在网贷市场中起着纽带作用。平台通常以网站形式存在,平台通过网站展示有关的借款信息,投资者据此选择出借对象,借款需求达成后,借贷双方彼此了解资金的来源与去向,双方信息基本对等。因此,P2P 网贷平台作为信息中介,与商业银行吸收存款、发放贷款、"借者的集中"和"贷者的集中"的信用中介身份不同,它只从用户审核、借款需求审核和融资定价的角度间接控制借贷风险,而不介入单笔借贷风险的经营。既不事先归集资金,也不进行资金规模与期限的错配。

P2P 网贷市场具有明显的规模经济特征,随着借贷规模的扩大,借贷边际成本会显著降低。P2P 网贷平台作为信息中介,充当了撮合借款人与投资者的角色,发挥以信息中介服务为纽带的平台效应,即借款需求与投资需求相互拉伸、借款人与投资者递增的双重效应。随着双重效应的扩大,P2P 网贷市场必然将呈现繁荣发展之势。

（3）点对点的交易结构

P2P 网贷是点对点的直接融资,投资者与借款人直接签订借贷合同,风险只分布在特定的借贷双方之间。这种点对点的交易结构以及由此呈现的风险分布状态是 P2P 网贷的一个显著特点,有助于节约融资成本。比如在英、美等国,P2P 网贷平台的借款利率往往略低于同期银行借贷利率水平,而投资回报率则略高于同期银行存款利率水平。

P2P 网贷中的借贷双方采用多对多形式,且针对非特定主体,因而参与者极其分散和广泛,借款人既有个人,也有个体工商户,还有中小微企业,他们的资金需求以短期周转为主。参与者的广泛性主要源于其准入门槛较低,参与方式灵活。借款人只需有良好信用,即使缺乏担保抵押,也能够获得融资;投资者即使拥有的资金量很少,对期限有严格要求,也同样能够找到匹配的借款人,并且每笔贷款可以有多个投资者,每个投资者可以投资多笔贷款。这一特点决定了网贷业务的分散性和参与主体的广泛性。

（4）交易方式的灵活多样性

P2P 网贷的另一个重要特征是交易方式的灵活多样性。这一特征既表现为小额、分散，也表现为灵活性和高效性，包括借贷金额、利息、期限、还款方式、担保抵押方式和业务经营效率等。P2P 网贷市场，借款人和投资者的需求都是多样化的，需要相互匹配，从而形成了多样化的产品特征和交易方式。此外，P2P 网贷简化了烦琐的审批流程，借款人只要信用合格，就能方便快速地获得所需资金。

（5）普惠性

普惠金融的宗旨是为处于社会金字塔结构下层的群体和小微企业提供精细化的金融产品与服务，从而使他们能够抓住市场机遇积累资产和增加财富，享受社会发展带来的文明成果。P2P 网贷契合了普惠金融的宗旨，它为一些无法通过商业银行、资本市场等正规金融渠道获得融资的大量长尾群体提供了募集资金的机会，缓解了长尾群体尤其是小微企业群体资金紧缺的难题。它也很好地适应了我国政府一直倡导并致力于解决的中小企业融资难、融资贵的问题以及金融必须立足和服务于实体经济的要求，从这个意义上讲，P2P 网贷的创新围绕着服务于实体经济而展开，也是普惠金融的应有之义。

（6）高收益与高风险并存

一方面，由于 P2P 网贷的借款人通常是商业银行等金融机构筛选后的"次级客户"或长尾群体，信用状况总体较差，又缺乏有效的担保和抵押，为了获得所需资金，则往往愿意支付更高的利息。另一方面，P2P 网贷平台和投资者也面临着线下尽职调查缺失或者信用信息审核不细致的问题，仅靠网络信息的汇总分析对客户进行信息真实性和还款能力的审核仍然存在缺陷或漏洞，使某些网贷平台和借款人存在逆向选择与道德风险，进而衍生出来的信用风险问题比较突出甚至远高于线下商业银行等金融机构面临的风险。因此，高收益与高风险并存是 P2P 网贷市场的重要特征。

2.3.2　P2P 网贷的作用

2.3.2.1　推动直接融资市场的发展和多层次融资体系的形成

P2P 网贷是传统融资模式在互联网环境下的创新形态，实质上是一种金融"脱媒"现象。借助于 P2P 网贷平台，资金借贷双方完全可以不依赖传统金融中介机构直接完成资金融通。这种互联网融资模式的发展，一方面对以商业银行为主导的间接融资模式形成了挑战；另一方面增加了直接融资渠道，推动了直接融资市场的发展。同时，P2P 网贷主要以中小微企业和低收入人群为服务对象，较好地满足了这部分长尾群体的资金需求，因而是对融资体系的有益补充，有利于多层次融资体系的形成。

2.3.2.2　有利于规范民间借贷发展和提高金融资源配置效率

传统的民间借贷是以某个固定收益向身边的亲戚朋友或不特定人群募集资

金,然后以更高的利息去放贷,长期处于融资灰色地带,其融资活动基本在地下操作。P2P 网贷模式为借贷双方提供了一个直接对接的平台,资金借贷双方可以实现信息共享,从而直接开展资金融通业务,有利于降低传统民间借贷存在的信息不对称问题,而且网贷平台不吸储也不放贷,规避了民间借贷的法律风险,为民间借贷的透明化、规范化提供了较为稳妥的新模式。同时,P2P 网贷依托网络的信息和技术优势,打破了传统民间借贷的地域局限,使身处不同地域范围、不同资产背景的借贷双方能够方便快捷地完成资金融通,这显然有利于提高社会闲散资金利用率和资源配置效率。

2.3.2.3 缓解中小微企业融资困难,促进普惠金融发展

中小微企业融资难是世界各国面临的共同问题。在我国当前经济转型和高质量发展过程中,中小微企业融资难的问题特别突出。究其原因,从企业方面看,主要是企业规模小,经营不稳定,难以形成对信贷资金的吸引力;企业管理水平较低,抗风险能力弱;可供抵押的资产少,融资担保难;等等。从根源上看,金融供给侧存在缺陷,导致中小微企业融资需求与金融体系的资金供给无法有效匹配对接。另一方面,中小微企业在国民经济和社会发展中的地位举足轻重,比如民营企业对国家的税收贡献超过 50%,其国内生产总值、固定资产投资以及对外直接投资均超过 60%,在高新技术产业中,民营企业占比超过 70%,民营企业吸纳的城镇就业人数超过 80%,其对新增就业贡献率达到 90%。在严格的金融准入制度下,P2P 网贷凭借着互联网优势,开辟了民间资本涉足金融领域的新途径,给广大中小微企业创造了融资机会,使长期被抑制的小微企业、个体工商户、个人等弱势群体的融资需求得到一定满足,既有效缓解了中小微企业的融资困境,也促进了普惠金融的发展。

2.3.2.4 有利于健全社会征信系统

P2P 借贷服务平台作为信息中介,起着沟通和联系投资者与借款人的作用,同时还要对自身业务负责。凭借信息中介的地位,网贷平台集中了借贷双方大量的信用信息,并对这些信用信息进行整理、核实、甄别和评价,判断借款人的风险承受能力及偿债能力,这有助于借款人信用信息的形成。这些分散的信用信息经社会征信机构的收集与运用,逐渐汇集成 P2P 网贷基础信息。随着大数据等现代科技的普及运用,P2P 网贷征信系统逐步建立和完善,并有可能接入全国征信系统,这必将促进社会征信系统的完善。

2.3.2.5 提高社会资金利用率,丰富投资理财渠道

相较于传统的投资市场,P2P 网贷开辟了新的投资渠道,丰富了投资者资产配置的产品种类,扩大了可投资的范围。过去,储蓄存款、国债是我国大众最主要的投资理财方式。随着金融市场的发展和银行产品创新的加快,投资渠道逐渐丰富,

基金、信托、股票成为人们获取高收益的投资渠道,但受到投资门槛、风险大小、信息不对称等因素影响,上述投资产品依然无法满足人们日益增加的投资理财需求。以 P2P 借贷为代表的互联网金融的兴起,不仅拓宽了大众的投资渠道,而且在投资门槛及收益性、流动性、便利性等方面具有更多优势,能够更好地满足多样化的投资理财需求。

2.4 P2P 网贷业务运作的结构与风控

2.4.1 P2P 网贷业务运作的基本结构

2.4.1.1 融资端

P2P 网贷平台开展业务的第一步是寻找借款人。英、美等国的 P2P 网贷平台借款人与投资者主要来自线上,平台作为信息汇集方和提供方,其主要作用是为借款人与投资者服务。

我国的 P2P 网贷平台情况比较复杂,有纯线上的,也有线上线下结合的。一些平台本身就是线下贷款机构,拥有丰富的贷款项目池。在提供线下贷款的过程中,它们发现传统借贷业务嫁接互联网可以获得更广阔的资金来源和发展空间,同时可以规避某些监管限制。因此,这类 P2P 网贷平台借款端业务通常来自线下客户,它们通过线上平台发布贷款信息吸引资金流(亦称 O2O 模式),地域特征明显,借款端项目多来自平台、分支机构或关联方所在地,区域风险较为集中。虽然平台业务规模受到一定限制,但本地化贷款业务更有利于对借款人的审查和风控,银行系平台多属于此类模式。多数 P2P 网贷平台采用线上运营模式,接受个人或企业线下借款申请。借款人来自全国各地,平台根据自身的风控手段对借款人进行纯线上信用审核或线上线下双重审核。

2.4.1.2 投资端

P2P 投资端的主体是投资者,与传统银行信贷市场不同,网贷市场的投资者基本都是"长尾群体"。其中很多投资者不具备金融知识或投资的风险、收益概念,也不了解分散风险的基本方法,容易遭受投资损失。因此,P2P 网贷平台对投资者也有一些要求,如英国 P2P 网贷平台根据产品的不同,对投资者有不同的要求。以专注票据融资的 MarketInvoice 为例,它要求投资者必须为资深投资者、高净值个人或企业机构。我国多数 P2P 网贷平台的要求则比较宽松,只要求投资者年满 18 周岁就可以进行 P2P 投资。当然也有个别 P2P 网贷平台设有特殊的投资项目标,如面向职业投资者的专项标、低风险低收益的新客户标等,它们对拥有不同风险承受能力的投资者加以识别并提供与风险相匹配的项目。

2.4.1.3 资金流转

P2P 网贷作为投资者和借款人通过第三方平台完成的资金融通,自然涉及客户资金的流转问题。我国 P2P 网贷在运行实践中探索出了资金流转的不同模式。

(1)"资金池"模式。该模式是将资金汇集到一起,形成一个"资金池子"。这种做法易于资金的统一管理和调配,提高了资金的配置效率,还可以降低交易成本。但也存在投向不明、期限错配、资金来源与资金运用难以一一对应等问题。

在 P2P 网贷中,如果投资者的资金经 P2P 网贷平台账户投向借款人,平台就有对交易资金进行归集再匹配的权利,即设立"资金池"的条件。P2P 网贷平台的账户类似"黑箱",平台用户和监管部门都无法了解、掌握资金的具体运作过程。对 P2P 网贷平台而言,投资端和借款端都有资金流入流出,正常情况下"资金池"便能积淀一定的资金量,平台就可以通过债权错配、期限错配等方式获取更大收益。但是,由于投资者与平台之间存在信息不对称问题,构筑的"资金池"模式存在着较大的风险隐患。

从实践运行情况看,债权转让模式的 P2P 网贷极易产生"资金池"。所谓债权转让模式,是指借贷双方不直接签订借贷合同,而是通过第三方个人(非平台)事先将资金放给借款人,再经由第三方个人将债权转让给投资者的方式。其中的第三方个人往往就是平台的创建者或其他核心人员,因而与平台之间具有极强的关联性。投资者和借款人都只与第三方个人产生借贷关系。这样,资金的真实流转过程就完全被掩盖,很容易出现期限错配和流动性错配等问题。加上平台信息披露不透明,即使平台"自融",他人也无法甄别,其中隐含的风险不言而喻。因此,《网贷信息中介机构业务活动管理暂行办法》)(以下简称《暂行办法》)对网贷平台做出了"为自身或变相为自身融资,直接或间接接受、归集出借人的资金"的禁止性规定。

(2)第三方资金托管。该模式下,P2P 网贷平台须在银行或其他第三方资金托管机构为客户建立独立账户,当投资者资金达到借款人要求时,将资金由投资者账户直接转入借款人账户,平台则无权对借贷资金进行操作。可见,第三方资金托管能有效地隔离信息流与资金流,最大限度地保障投资者的资金安全。目前,国外绝大多数 P2P 网贷平台采用这种模式。原中国银监会于 2017 年 2 月下发的《网络借贷资金存管业务指引》(以下简称《存管业务指引》),明确要求网络借贷机构必须设立网络借贷资金存管专用账户,实现客户资金与自有资金的分账管理,委托人在存管人处开立的资金存管汇总账户包括为出借人、借款人及担保人等在资金存管汇总账户下所开立的子账户。《存管业务指引》还明确规定,商业银行作为存管人接受委托人的委托,按照法律法规规定和合同约定,履行网络借贷资金存管专用账户的开立与销户、资金保管、资金清算、账务核对、提供信息报告等职责。作为存管人的商业银行开展网络借贷资金存管业务,不对网络借贷交易行为提供保证或担保,不承担借贷违约责任。这从根本上杜绝了 P2P 网贷平台非法集资、自融等行为,也有利于加强 P2P 网贷平台资金流的有效监管,防范网络借贷资金的挪用风险。

(3) 第三方支付平台。在《存管业务指引》出台之前,进行资金存管的 P2P 网贷平台不是很多,即使实行资金托管的平台,由商业银行进行存管的也较少,而与第三方支付平台合作的较多,汇付天下、快钱支付、通联支付、汇付宝、易宝支付等曾经都是网络借贷资金的托管机构。但是,第三方支付平台并不等同于第三方资金托管,客户只是通过第三方平台的网银入口付款给 P2P 网贷平台,实际上资金最终仍然进入了 P2P 网贷平台的自身账户,这样,P2P 网贷平台仍有机会动用这一部分资金。而且,第三方支付平台收费过高,其安全性、服务规范性等与商业银行相比还有较大差距。正因为如此,《存管业务指引》特别明确商业银行为网贷资金的存管人,排除了第三方支付平台作为存管人的可能性。

2.4.2　P2P 网贷业务运作的风控手段

风险控制是指采取各种措施和方法以降低风险事件发生的可能性,或减少风险事件发生时造成的损失。风险与收益并存是金融的本质,P2P 行业也不例外。因此,管控好风险在 P2P 网贷平台经营中具有十分重要的作用。目前,我国 P2P 网贷平台积累了许多独特而又有效的风险控制方法。

2.4.2.1　项目审核方式

(1) 线上审核。部分经营线上贷款的 P2P 网贷平台采用纯线上的方式审核贷款项目。纯粹作为网络中介的 P2P 网贷平台只负责制定规则和提供交易平台,包括信用审核等整个业务流程都在线上完成。线上审核须建立在较完善的征信体系和大数据分析之上,通过多维度的数据核准借款人的信用。审核借款人资质的方法主要有身份证信息核实、银行对账单校对、互联网碎片信息分析、视频验证等。线上审核具有信息透明、交易成本低、不受区域限制等优势,但也存在着数据获取难度大、信用评估体系难以建立、坏账难以赔付等问题。

(2) 线上线下双重审核。纯线上审核对数据和数据建模的要求比较高,若线上信用审核不准确,必然会导致高逾期率和高坏账率。很多借款人和小微企业并没有完整有效的信用记录,无法采取纯线上审核的方式进行信用评估,因此,大部分线上 P2P 网贷平台都采用线上线下双重审核的方式。即借款人通过线上平台提交借款申请,平台对借款人信用信息进行线上审核的同时,还通过线下渠道(如借款人所在地的门店、加盟商或代理商)对借款人的资信、还款能力等情况进行调查审核。线下调查注重实地考察和实物抵押。

（3）线下审核。P2P 网贷平台通过在各地门店受理贷款项目，面对面地与借款人完成借款信息采集、信用信息核实、抵押（质押）物验收等工作。采用线下审核的平台一般由线下贷款机构组建而成，它可以依靠自身的贷款经验和本地优势挖掘更多可靠的信息，审核的可靠性比较高，但也受到地域限制，前期业务规模受限，运营成本较高。

2.4.2.2 投资损失的吸收方式

（1）投资者自担。在平台为信息中介机构的条件下，平台无需也不能够对投资者做出本金保障或本息保障的承诺，因此，贷款逾期和坏账风险完全由投资者自行承担。这是欧美国家 P2P 行业的普遍做法。过去，由于我国的监管法规未能及时跟进、征信体系没有覆盖互联网金融市场等原因，无担保的平台很难取得投资者信任，迫使大量平台不得不采用一定的资金担保模式。但这种担保并非对单笔投资进行保障，而是保障长期客户的整个"投资大盘"。

（2）平台自身担保。是指 P2P 网贷平台自身为投资者提供一定条件下的投资安全保障，主要是平台利用自有资金收购借款人的违约债权。平台自身担保的实质是将投资者的投资风险转化为平台自身的经营风险，平台用自有资金为违约贷款"买单"。受借款人整体信用质量较差、网贷平台自身充当担保人而可能加倍放大杠杆等因素影响，这种做法潜藏着极大风险。

（3）提留风险准备金。P2P 网贷平台从借款人的借款额或投资者的投资收入中提取一定比例的资金，直接划拨至平台设立的风险准备金账户，出借本金与利息一旦遭遇违约或损失，就从风险准备金中提取，以此保障投资的资金安全。但风险准备金是依据历史坏账率提取的，一旦出现大面积坏账，并不能有效覆盖，因而使 P2P 网贷平台仍然面临较大风险。

（4）第三方担保。这是指 P2P 网贷平台与第三方担保机构合作，由第三方担保机构为投资资金提供保障。这种做法保障了 P2P 网贷平台信息中介机构的法律定位，有利于平台持续规范发展。

2.5 P2P 网贷运行模式

2.5.1 按照获客途径来区分

2.5.1.1 纯线上模式

纯线上模式即借款人和投资者通过网络平台获取信息并参与借贷活动。纯线上模式的平台只充当信息中介，负责制定交易规则、提供交易平台，不负责交易的成交以及贷后资金管理,也不承担借款人违约带来的损失,对投资者不承担担保责任。该模式下:(1)借款人要在平台注册,借款时向平台提供身份证复印件或者其他相关身份证明、财务收支状况、银行存款和贷款记录等信息,平台据此对借款人进行形式审查。(2)借贷通过网络竞标来完成,即借款人在平台上发布包括借款金额、预期年利率、借款用途、资金筹措期和还款期限等在内的借款信息,投资者参与竞标,利率低者中标。具体而言,若资金筹措期内的投标资金总额达到了借款人的需求,则借贷计划成功,平台自动生成电子借条,借款人按期向投资者还本付息。若未能在规定期限内筹集到借款人所需资金,则该项借贷计划流标。(3)借贷坚持小额分散,通常是多个投资者(放款人)借很小额度的资金给一个借款人,以分散风险。(4)平台依据所提供的居间服务收取手续费和管理费。

纯线上模式平台的主要工作是利用自身评估系统对借款人信用进行调查审核,然后根据评估结果给出借款额度,这是国外多数 P2P 网贷平台所采取的运营模式。因为国外 P2P 网贷平台直接对接征信系统和大数据信息,比较容易实现在线上解决问题,借款人一旦失信,会受到严厉惩戒。目前,我国征信体系尚不健全,纯线上模式的 P2P 网贷平台虽然能够节约成本,但信用风险较大。目前我国 P2P 网贷界采用这种模式的是"拍拍贷"。

2.5.1.2　纯线下模式

纯线下模式即借款人和投资者通过专业中介——实体借贷平台进行借贷。在纯线下模式下,平台网站只是一种宣传渠道,以此吸引投资者和借款人。借款人和投资者大多是通过社区、超市、商场、广场等线下区域的非特定人群发放传单开发的。专业中介先以自有资金放贷,然后把债权转让给投资者,使用回笼的资金再放贷。例如采用该模式的典型平台——宜信公司,以第三方身份直接参与贷款活动,当投资者决定出借时,"宜信"将放款人款项分散,做一份多人借款的合同给放款人,待款项到第三方账户后,合同生效。"宜信"充当放款和借款的债务转移人,即首先第三方账户持有者成为"宜信"的放款人,待宜信挑选好借款人后,第三方账户持有者就把债权转到真正的出借人手中。放款人有权决定是否借给"宜信"组合的借款人;借款人得到借款后需每月还款,放款人则可以动态地了解每一笔债权的偿还、收益等信息,放款人在第二个月即得到所还的本金和利息。

随着互联网的快速发展,采用该模式的平台纷纷把业务重点,尤其是资金端的业务转到线上,纯线下模式平台已不多见。

2.5.1.3　"线上+线下"模式

"线上线下"模式即 O2O(Online to Offline)模式,是一种线上筹资、线下找人的模式,其特点是由线上平台负责借贷网站的维护和投资者的开发,由线下平台(通常为小贷公司或担保公司)寻找借款人,进行审核后推荐给线上平台,线上平台再次审核后把借款信息发布到网站,接受投资者的投标。该模式下,平台本身不参与借款人的开发及本金垫付,小贷公司或担保公司为借款提供连带责任担保、附条件附期限回购。图 2-3 为该模式的运行结构。

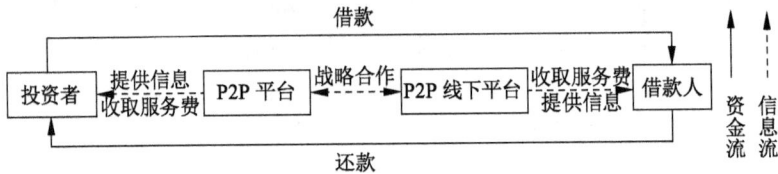

图 2-3 "线上+线下"模式的运行结构

这种线上筹资,线下通过门店进行风控和开发借款人的模式可以使 P2P 网贷平台对借款人的信用评估更加准确,在风险可控的情况下,借款额度也会相应放宽,从而快速扩大自身规模,形成 P2P 网贷行业的核心竞争力。

2.5.2　按照中介定位来区分

2.5.2.1　纯信息中介模式

这是一种以借款人的信用记录为基础,P2P 网贷平台只负责交易规则的制定和提供交易场所,不提供任何担保、抵押,不涉及交易和资金管理,不承担坏账风险,以交易服务费作为主要收益来源的模式,其交易结构如图 2-4 所示。

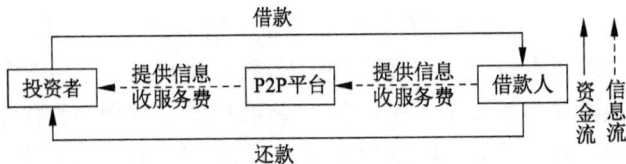

图 2-4 纯信息中介模式的交易结构

这种模式的特点是:P2P 网贷平台仅充当信息中介和服务中介的角色,借款利率由借贷双方根据资金的市场供求关系来决定,平台进行交易撮合及管理。因此,平台承担的风险损失很小,投资者则面临较大风险。该模式的运行机制是,当借款人需要申请借款时,平台会负责收集与借款人相关的信息,并根据情况决定是否派专人到其居住地进行线下尽职调查。在取得各项所需资料后,平台进行风控审核以确定借款人的还款意愿与还款能力。符合标准的,平台发布借款人的借款需求,并披露其相关信息,投资者自主决定是否出借资金,如出借资金,双方签订借款合同。借款到期后,借款人履行还款义务。借款人没有履行还款义务时,投资者可授权网贷平台代为催缴,或是通过诉讼、仲裁等法律手段进行维权。一旦借款人违约,投资者只能自行承担风险损失。

就平台而言,采用该模式的优势在于:运营成本低;自身风险较小;借贷更高效便捷;受地域局限小,容易发展壮大。劣势在于:因尚未建立健全的网贷借款人征信和信用评级系统,难以对网贷风险进行准确定价,平台的风险控制能力比较薄弱,难以保障投资者的资金安全。然而,2016 年 8 月发布施行的《网络借贷信息中介机构业务活动管理暂行办法》明确将 P2P 网贷平台定位为信息中介机构,纯信息中介将是我国 P2P 网贷基本和主导的模式。

2.5.2.2　纯信用中介模式

纯信用中介模式下,P2P 网贷平台不仅是联系投资者与借款人的中介,而且是参与交易的第三方,一方面对投资者的资金提供担保,另一方面进行贷后资金管理,扮演着担保人、联合追款人的信用中介角色(运行结构如图 2-5 所示)。同时,借款项目大多由平台自身开发,因此对平台业务、风险控制等提出了较高要求。本金保障的承诺要求平台承担刚性兑付的责任,而单靠收取中介费很难覆盖借款人的坏账风险,无形中增加了平台风险控制的压力。

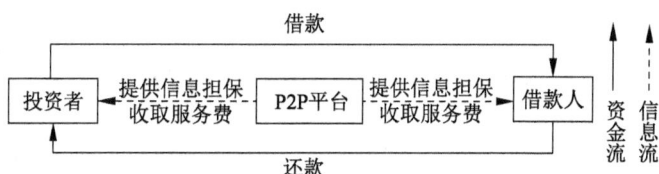

图 2-5　纯信用中介模式的交易结构

该模式的优势是风险控制力度较大、投资风险相对较低,而其劣势则是投资收益相对较低、平台承受的风险很大。这就要求平台具有极强的风控能力以抵御可能面临的风险,一旦风控能力弱化,势必会给整个网贷平台带来极大的系统性风险。2016 年出台并实施的《网络借贷信息中介机构业务活动管理暂行办法》明确规定,网贷机构不得吸收公众存款,不得归集资金设立"资金池",不得自身为出借人提供任何形式的担保等。显然,该模式的平台需要通过创新以顺应"去担保"的要求,降低平台的刚性兑付风险,实现平台安全稳健发展。

2.5.2.3　"信息中介+增流机构"模式

增流就是增加流量。所谓"信息中介+增流机构"模式就是作为信息中介的平台,通过引入增流机构以增加更多合理借款人和合格投资者的模式。理论上讲,此类模式比较有效,它对市场的开拓和发展能起到较大的推动作用。从资产端、资金端、平台端等不同角度,该模式可以细分为多种模式。

(1)债权转让模式。又称专业放款人模式或多对多模式,是指借贷双方之间并不直接订立资金借贷契约,而是由第三方(通常是专业放贷人)先将自有资金贷放给借款人,再将得到的债权进行拆分,包装成固定收益的理财产品,通过债权转让方式转让给投资者,投资者通过购买这类理财产品相当于间接投资 P2P 借款标的。第三方通常为平台实际控制人,这样借贷双方由第三方产生借贷关系的模式,使原来"一对一""一对多"或者"多对一"的 P2P 借贷关系变为"多对多"的债权债务关系。在此过程中,平台承担借款人的信用审核及贷后管理等职责,该模式的运行结构如图 2-6 所示。

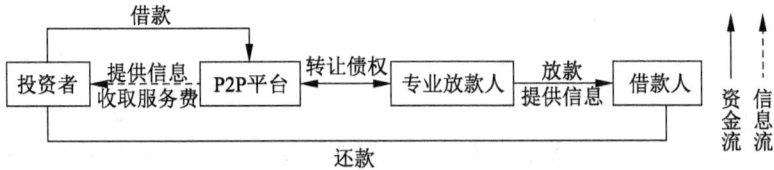

图 2-6　债权转让模式运行结构

　　该模式的典型代表平台为"宜信"。"宜信"旗下的"宜人贷"最大特点在于借贷双方的选择配对以及借贷操作均由平台进行,通过 P2P 网贷平台,将个人闲置资金贷放给借款人,将形成的债权再通过平台实施期限错配、金额错配或者拆分,以理财产品的形式销售给投资者。"宜人贷"注重信用风险管理,对个人小额贷款需求进行实时匹配,并采用 FICO 技术对借款人实施信用评估和审核,将平台坏账率控制在较低水平。同时,"宜人贷"将客户信用等级划分为四类,对各信用等级的借款人收取差异化费率。

　　随着国家对 P2P 网贷行业监管的加强,这种模式与相关监管法规并不相容。其中关键的问题在于运作过程不透明而产生的潜在风险。由于该模式下所有的操作都是在线下进行的,运作比较隐蔽(投资的债权是否真实存在,外界难以知晓),存在着资金被挪用的风险。另外,债权转让的理财产品化,操作比较复杂,其中可能存在错配、资金池乃至非法集资等问题。

　　(2)"线上+线下"模式。该模式即为 P2P 网贷平台的 O2O 模式,从 P2P 线上平台角度看,P2P 线下平台是增流机构,而从 P2P 线下平台角度看,P2P 线上平台是增流机构。该模式的运行特点和流程,前面已做介绍,此处不再赘述。

　　(3)机构服务方模式。这是一种通过在资金端引进机构服务方,为投资者提供风险识别、相关信息服务、筛选借款人的模式。对于一般的投资者而言,并没有那么多的时间和精力,也缺乏足够的专业知识去判断、研究 P2P 网贷平台的风控水平、经营模式,以及权衡风险与收益。该模式改变了个人对个人或者个人对企业的业务流程,机构服务方通过为投资者提供风险过滤与管理服务,既有助于降低投资者的时间成本和投资风险,又对提升 P2P 借贷行业整体质量具有积极作用。该模式运行结构如图 2-7 所示。

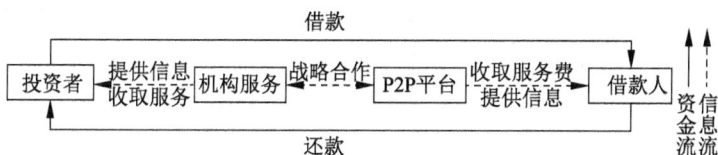

图 2-7　资金机构服务方模式运行结构

2.5.2.4　"信息中介+增信机构"模式

增信是指通过引入担保公司、小贷公司、融资租赁公司、商业保理公司等第三方机构以提升 P2P 网贷平台信用。引进增信机构,不仅有利于提振投资者信心,而且改变了投资者与借款人的供求关系,增加网贷资金的供给和需求,提高交易的活跃度和借贷交易量,进而可以降低网贷市场的借贷利率水平。该模式的运行结构如图 2-8 所示。

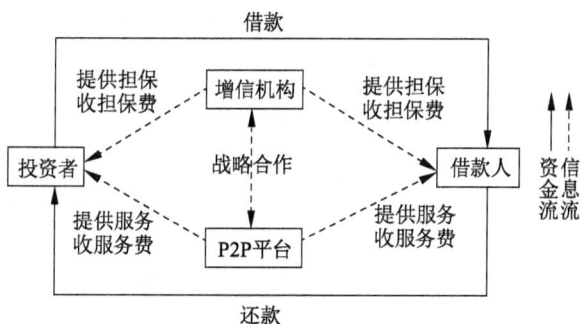

图 2-8　"信息中介+增信机构"模式的交易结构

在该模式下,平台类似于一个通道,其业务集中于资金端,而资产端的借款人主要来自于增信机构,增信机构同时承担着资金贷后管理、风险控制等责任。

随着相关监管法规禁止网贷平台提供增信服务规定条款的出台,越来越多的 P2P 网贷平台更多通过与第三方增信机构合作的方式来吸引投资者。根据增信机构类型,可以细分为多种业务模式。

（1）担保公司增信模式。该业务模式下,由担保公司进行借款项目的初审和推荐,符合 P2P 网贷平台要求的项目在平台网站上发布并融资,由担保公司进行本息担保,一旦发生逾期,由担保公司偿还投资者。其显著特征是担保公司充分发挥了拥有众多借款客户并可以对借款人资信情况进行调查的优势,为平台筛选借款项目节省了成本。

（2）小贷公司增信模式。该模式是指 P2P 网贷平台与小贷公司合作,由小贷公司作为担保方为平台上的借款人提供担保。该模式产生的背景,一方面是出于

P2P 借贷服务行业自身的需要,另一方面是由于小贷公司受到法律规定的限制,放贷的资金最多不能超过注册资本的 1.5 倍,而且融资范围和规模也受到限制,小贷公司只能从两家以内的银行业金融机构融资,且融资规模不得超过自有资本的 50%,因此,小贷公司会出现虽然掌握优质客户却不能放贷的困境。此种情况下,由 P2P 借贷平台与小贷公司达成合作协议,由小贷公司事先对借款人的资信情况进行调查,再由小贷公司将符合标准的借款客户推荐给 P2P 网贷平台,由平台发布借款人的融资信息,投资者根据资金能力和时间窗口对借款标的进行认购,完成借贷过程。小资公司对违约借款人承担着还本付息保证责任,平台则只是充当信息中介角色,不放款,不担保,也不承担兑付风险。

(3)融资租赁公司增信模式。理论上,融资租赁主要包括回租融资租赁、杠杆融资租赁、委托融资租赁以及项目融资租赁等。P2P 网贷平台所涉足的融资租赁项目主要为回租融资租赁。融资租赁与 P2P 网贷平台的合作有债权转让和收益权转让两种模式。前者是由承租方直接在 P2P 网贷平台发起项目,平台根据对承租方的承租合同、盈利能力和租赁物进行尽职调查,向投资者披露相关信息;项目成立后,承租方通过融资租赁公司签订融资租赁协议取得设备使用权,租赁公司将该笔融资租赁债权转让给投资者,承租方定期向租赁公司支付租金,该租金由平台或委托银行代为监管,用于偿还投资者,租金支付完毕,项目到期后,租赁公司再向承租方转让设备所有权。该模式下,P2P 网贷平台只充当信息披露和交易撮合角色,不直接参与交易,而交易资金和支付账户则由平台、租资公司及其他第三方(如银行)一同监管,融资租赁公司和平台收取佣金;一旦承租方不能支付租金,则由融资租赁公司联合平台收回设备进行处置,以设备变现的收入偿还投资者的本息。

租赁资产收益权转让模式一般由融资租赁公司作为项目发起方,其基本流程是:租赁公司与承租方签订融资租赁协议后,将融资租赁资产收益权(应收租金账款)通过 P2P 网贷平台转让给投资者,由租赁公司向承租方收取租金,并按照约定的协议定期向投资者还本付息,租赁公司从中赚取差价,平台收取佣金。与债权转让模式不同,该模式下的尽职调查由融资租赁公司负责,网贷平台只负责审核融资租赁公司的资质和项目信息,向投资者披露。租赁公司对该项目投资者负有偿还责任。

(4)保理公司增信模式。保理又称托收保付,卖方将其现在或即将与买方签订的货物销售、服务合同所产生的应收账款转让给保理公司,由保理公司向其提供资金融通、账款催收等一系列服务的综合金融服务方式。保理公司增信模式下的业务流程是:一是基础交易形成;二是应收账款形成,即销售商将其应收账款转让给保理公司,保理公司为其提供贸易融资、销售分户账管理、客户资信调查与评估、应收账款的管理与催收、信用风险担保等服务;三是 P2P 网贷平台发布项目标的,即 P2P 网贷平台作为信息中介,根据项目金额、历史募集速度等情况设定募集期,并在该募集期内撮合投资者与保理公司达成应收账款转让及回购协议,同时提供应收账款的转让及回购服务;四是应收账款转让,即投资者通过平台设定的方式完成投资,并签订电子合同;五是应收账款回购,即在合同约定的回购日期,保理公司依照约定溢价回购应收账款;六是应收账款追索。

2.5.3　按照平台投资者背景来区分

根据投资者背景,网贷平台可以分为草根系 P2P 和大资本系 P2P 两大阵营。

2.5.3.1　草根系 P2P

草根系 P2P 是我国 P2P 网贷平台最初的发展形态,多数由民间资本创办,一般注册资金少,风控能力弱,但收益率较高。此类创始人的多出身"草根",无大金融机构的支持,他们依靠互联网开展借贷业务,与信托公司、担保公司、小贷公司等进行竞争。

2.5.3.2　大资本系 P2P

大资本系 P2P 主要指拥有上市公司、金融机构、实力雄厚的民间资本集团及国有资本等背景的 P2P 网贷平台。自 2013 年开始,各类大资本纷纷涉足 P2P 行业,形成了不同类型背景的平台阵营。

（1）上市公司阵营。上市公司通过设立互联网金融平台开展 P2P 网贷业务。上市公司之所以能快速抢占网贷市场,首先是单一的传统融资渠道无法满足其庞大的融资需求,互联网金融的包容性发展为其提供了难得的机遇,上市公司因此加快市场布局,选择发展 P2P 网贷平台,这也是上市公司进入资本市场、实现产融联合的重要战略步骤。其次是主营业务的持续低迷成为公司选择转战金融的重要催化剂,许多上市公司借助 P2P 网贷平台达到金融化经营的目标。

（2）金融机构阵营。银行财团系 P2P 有三种经营模式:一是银行自建的 P2P 网贷平台,典型代表为招商银行的"小企业 e 家投融资平台";二是财团旗下设立独立法人的 P2P 网贷平台,典型代表为平安集团的"陆金所";三是银行财团部分入股 P2P 网贷平台,典型代表为国开行子公司入股的"开鑫贷"。

首先是银行系 P2P 网贷平台。银行从事 P2P 网贷业务具有独特的优势:一是拥有丰富的资产端资源,征信系统、风控体系较为成熟;二是具有良好的信贷风险识别、管理、评价的经验和能力。特别是银行可以直接连接到央行征信系统,有丰富的客户信息,在风控方面条件优越。尽管如此,银行系 P2P 网贷平台仍坚持着审慎发展的原则,经营的 P2P 网贷业务适量,市场份额也较小。一些银行仅是为了规避贷款额度、存贷比、拨贷比等监管限制而进入 P2P 行业,上线的 P2P 项目往往都来自于线下项目池,项目本身就已具备申请线下贷款的资格。这与非银行系

P2P 网贷平台的经营观念存在较大差别。

其次是财团旗下 P2P 网贷平台。该类平台数量较少,但特征鲜明。该类平台通常由 P2P 中介平台与为平台融资项目提供担保的担保公司组成,这两者都隶属于财团的独立子公司,彼此间建立了严格的防火墙制度。平台有担保公司进行担保,业务更为完整透明;平台与担保公司的高度关联性也减少了项目的重复考察和手续费用,降低了业务成本。但业务规模也由此受到资金量的限制,只有实力雄厚的财团才有可能做大做活。

第三是银行财团部分入股 P2P 网贷平台。如国开行旗下的"开鑫贷",其经营模式是与江苏小贷公司合作,由小贷公司提供优质的贷款项目并进行担保。而合资入股的江苏金农负责小贷公司云服务平台的开发,对小贷公司有详细准确地把握。国开行与江苏金农合资建立的 P2P 网贷平台,发挥了两者的优势,实现了共赢。

第四是小资金融系 P2P。P2P 网贷的实质是开放了借贷过程中的资产端和资金端,而在资产端有着丰富经验的小额贷款公司等金融机构很容易进入 P2P 行业。小贷公司往往由于融资渠道单一、不得跨区经营等问题而发展受限,发展 P2P 业务则可以打破区域限制,高效快速地募集资金。

(3) 国有资本阵营。该类 P2P 网贷平台是未来网贷行业发展的一个重要趋势,国有资本加入 P2P 网贷行业,不仅可以丰富国有资本的产品线和业务线,而且有利于改善 P2P 网贷市场结构,有利于提升网贷行业的整体质量,促进整个网贷行业高质量地发展。尤其是国资系 P2P 网贷平台致力于服务小微企业,对缓解小微企业、民营企业融资难问题将起到积极的促进作用。

2.5.4 按照融资保障方式来区分

2.5.4.1 风险准备金/紧急救助金模式

风险准备(备用)金是多数平台常用的保障手段之一。平台通过风险准备金将投资者的出借资金纳入保障计划。平台在每笔借款成交时提取一定比例的金额放入"风险备用金账户",有的平台自身也投入一定比例的资金作为风险准备金。当借款出现违约或逾期时,根据保障计划,网贷平台从风险准备金中向投资者垫付该笔借款的剩余本金或利息。风险准备金从平台自身的服务费用中提取,实行专款专用。

2.5.4.2 第三方担保模式

平台在借贷双方之外引入第三方担保公司,一旦借款人违约,由担保公司承担代偿责任。其具体的运作模式是:平台作为连接借款人与投资者的中间人,发布投资服务信息,与第三方担保公司或其他资信优良企业合作,由第三方提供担保,形成"平台+担保"的业务模式。

2.5.4.3　平台本金垫付模式

该模式下,平台向投资者做出承诺:当借款人出现逾期或违约时,会给投资者垫付本金,这样,原本由分散投资者承担的坏账风险全部转嫁到平台自身。显然,这种模式使平台承担着极大的刚性兑付风险,虽然有利于吸引投资者,但与平台"不得直接或变相向出借人提供担保或者承诺保本保息"的监管要求相悖,同时,也将平台自身置于高风险境地。"红岭创投"作为该模式的先行者,在几年的极速发展过程中,发生了超过 100 亿元的不良资产和 10 多亿元的损失,最终被清盘,这与其采用此种模式不无关系。

2.5.4.4　保险公司理赔模式

该模式是保险公司通过对 P2P 网贷平台的主要业务、信用评级和风控系统进行综合评估后,由合格平台将被投保的借款人信息、信用评级与风控审核依据,通过系统同步对接到保险公司。保险公司对投保的 P2P 网贷平台进行全程监控,当被投保的借款人逾期时,保险公司根据保险合约和理赔程度对网贷平台履行理赔。

2.5.5　按照平台是否直接参与资金借贷来区分

2.5.5.1　居间模式

居间模式实质是纯信息中介模式。在该模式下,借贷双方直接签订借贷合同,平台只提供信息中介服务,不对出借人承诺资金保障,也不实际参与借贷双方融资,而由出借人(投资者)与借款人直接完成资金交易。

2.5.5.2　资金池模式

该模式是指平台将借款需求设计成理财产品出售给投资者,或者先归集投资者资金,形成一个"资金池",再寻找借款人和融资项目,对资金进行统一配置和管理。该模式下,平台兼具信用转换、期限转换、流动性转换特征,以其自身信用替代借款人的信用,同时进行期限转换,借短放长,以利差为主要收入。这种模式虽然可以提高资金的配置效率,降低交易成本,但也存在投向不明、期限错配等风险。因此《网络借贷信息中介机构业务活动管理暂行办法》明确禁止平台直接或间接接受、归集出借人的资金。

2.5.5.3　自融模式

该模式是指平台提供部分自有资金,将自有资金与借款人或融资项目捆绑在一起,以达到提高借款人信用等级的目的,或者借款人本身就是 P2P 网贷平台或其关联人。一旦借款人或融资项目出现信用风险,自融平台的资金就难以保全。

自融模式下的网贷风险管理和信息披露往往流于形式,在平台正常经营时很难识别,只有在出现兑付困难、平台倒闭、老板卷款跑路时才会暴露出来。所以,《网络借贷信息中介机构业务活动管理暂行办法》明确禁止平台为自身或变相为自身融资。

2.6 我国 P2P 网贷行业现状

2.6.1 当前我国 P2P 网贷行业发展的特点

自 2007 年 6 月我国第一家 P2P 网贷平台"拍拍贷"正式上线运营以来,国内 P2P 网贷行业在经历了起步探索到连续数年的"野蛮生长"之后,随着互联网金融及 P2P 网贷监管法规的建立健全,以及国家对 P2P 网贷行业监管整顿力度的加大,该行业开始步入规范发展期。近年来,P2P 网贷行业呈现出新的特点。

2.6.1.1 正常运营平台数量大幅减少,问题平台数量显著增加

随着 P2P 网贷在我国经历了起步探索、快速扩张到规范调整等不同的发展阶段,P2P 网贷平台数量也相应呈现出迅速发展、井喷式增长到逐级减少的走势。据网贷之家统计,2018 年我国 P2P 网贷行业正常运营的平台总数为 1021 家,相比 2017 年减少了 1219 家。从 2016 年开始,我国 P2P 网贷行业正常运营的平台总数呈逐年走低趋势,自 2015 年网贷行业正常运营的平台数量达到 3464 家后,已连续三年出现显著下滑趋势(图 2-9)。在平台区域布局方面,我国的 P2P 网贷平台分布还呈现出鲜明的地区特点,网贷平台集中度高的区域主要分布在经济发展水平较高、金融市场较为发达的地区(表 2-5)。据统计,2018 年正常运营的 P2P 网贷平台中,广东、北京、上海、浙江、山东、江苏 6 个省(市)的平台数量占据了 P2P 网贷行业平台总数量的 70%,其中以沿海发达城市广东为主,区域网贷平台分布较为密集,平台占比较高,接近 23.11%。

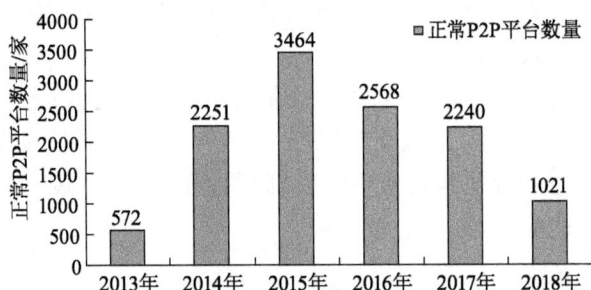

图 2-9　2013-2018 年我国 P2P 网贷行业正常及问题平台分布①

①　数据来源:网贷之家。

表 2-5 2017 年和 2018 年我国 P2P 网贷行业平台的区域分布情况

区域	2017 年平台数 （家）	2017 年平台占比 （%）	2018 年平台数 （家）	2018 年平台占比 （%）
广东	410	18.30	236	23.11
北京	376	16.79	211	20.67
浙江	233	10.40	79	7.74
上海	261	11.65	114	11.17
山东	75	3.35	42	4.11
江苏	69	3.10	28	2.74
其他	816	36.41	339	30.46

在正常运营平台数量大幅减少的同时,由于外部宏观经济承压、市场流动性收缩与网贷内部强化监管等因素的影响,我国 P2P 网贷行业整改与清算的步伐也在不断加快。受外部环境与监管政策影响,P2P 网贷市场问题平台数量显著增加（图 2-10）。据不完全统计,2018 年全年网贷行业停业及问题平台总数达到 1279家,较 2017 年增加了 556 家,首次超过正常运营的平台数。截至 2018 年底,我国 P2P 网贷行业累计停业及问题平台总数已高达 5409 家。

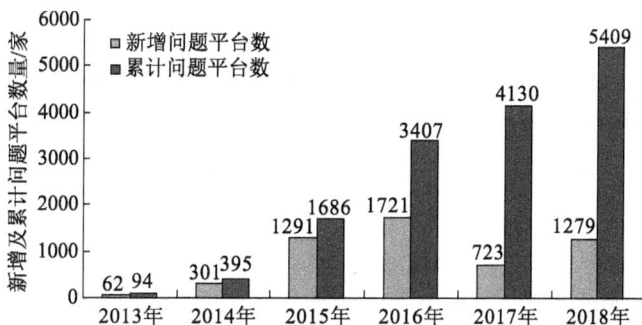

图 2-10 2013-2018 年我国 P2P 网贷行业新增及累计问题平台分布①

2.6.1.2 成交规模与贷款余额逐步走低

2013—2015 年,我国 P2P 网贷行业呈爆发式增长,在 P2P 网贷平台数量快速扩张的同时,P2P 网贷行业的成交规模也在不断扩大。2013 年我国 P2P 网贷市场成交总额为 1058 亿元,而 2015 年网贷行业全年交易额上升至 9823 亿元,较 2013年增长了 8.28 倍。2015 年开始,我国 P2P 网贷监管力度逐步加强,虽然外部监管

---

① 数据来源:网贷之家。

给行业带来了一定的影响,但并没有对 P2P 网贷市场形成较为显著的冲击。2016 年我国 P2P 网贷市场依旧保持强劲增长,全年网贷行业成交总额达到 20639 亿元,较 2015 年增长了 1.1 倍。2018 年受网贷问题平台集中"爆雷"和宏观经济下行双重压力的影响,我国 P2P 网贷市场成交额下降幅度较大(图 2-11),全年网贷行业成交额为 17948.01 亿元,较 2017 年下降了 36.01%。

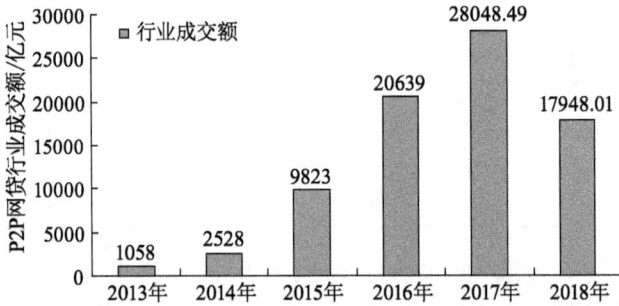

图 2-11　2013—2018 年我国 P2P 网贷市场成交额情况①

在贷款余额方面,2013—2015 年,网贷平台与行业成交规模的同步上升,带动了贷款余额的持续走高。2015 年我国 P2P 网贷行业贷款余额达到 3881.91 亿元,同比增长了 201.7%。2016 年开始,P2P 网贷市场进入整改期,互联网金融风险专项整治对 P2P 行业提出压缩规模的要求,受政策监管作用的影响,2016 年我国 P2P 网贷市场贷款增速显著下滑,比 2015 年约降低了 126.7%。2018 年随着问题平台的集中清退和市场成交规模的逐步走低,P2P 网贷行业贷款余额大幅度减少(图 2-12)。截至 2018 年底,我国 P2P 网贷市场贷款余额减少为 7889.65 亿元,相比 2017 年降低了 24.27%。

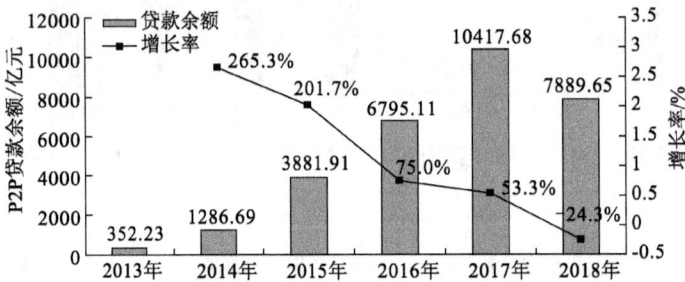

图 2-12　2013—2018 年我国 P2P 网贷行业贷款余额增长情况②

① 数据来源:网贷之家。
② 数据来源:网贷之家。

2.6.1.3　综合收益率小幅回升,平均借款期限拉长

2013 年以前,P2P 网贷行业综合收益率呈现整体上升的走势,2013—2017 年,网贷市场综合收益率出现持续下滑现象,一方面受体量靠前平台较低综合收益率的影响,另一方面受资产端借款利率下调的影响,P2P 网贷行业的综合收益率持续下滑(图 2-13)。2017 年我国 P2P 网贷市场综合收益率下降为 9.45%,较 2013 年降低了 55.53%。2018 年由于大规模问题平台的集中清退,导致出借人信心下降,为了提振市场投资者信心,不少网贷平台进行了加息活动,导致网贷行业综合收益率出现小幅度的翘尾回调。2018 年我国 P2P 网贷行业综合收益率为 9.81%,较 2017 年上升了 0.36%。

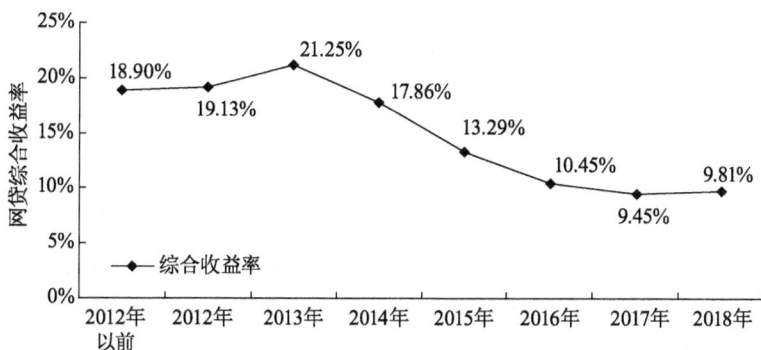

图 2-13　我国 P2P 网贷行业综合收益率[①]

与网贷市场综合收益率走势相反,P2P 网贷的平均借款期限在 2013 年以前呈下滑趋势,平均借款期限以半年期内的短期流动标为主,平均借款周期较短。从 2013 年开始,P2P 网贷行业的平均借款期限一直呈走高态势(图 2-14),这主要是因为随着 P2P 网贷行业发展趋于成熟,打着"期限短、高利率"旗号的小平台被逐渐清退出市场,当前正常运营的平台尤其是大体量平台,更倾向于发布长期目标,从而拉长了 P2P 网贷行业的平均借款期限。据网贷之家数据显示,2018 年我国 P2P 网贷行业的平均借款期限上升为 12.65 个月,较 2017 年拉长了 38.1%。

---

① 数据来源:网贷之家。

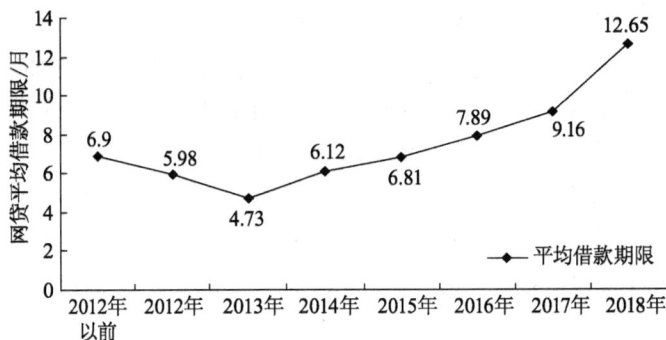

图 2-14　我国 P2P 网贷行业平均借款期限①

2.6.1.4　投资人数与借款人数趋于下滑

2013—2017 年,我国 P2P 网贷行业的投资人数与借款人数呈现双高增长趋势。其中,2016 年以前,受 P2P 网贷市场短周期、高投资收益的吸引,P2P 网贷行业的投资人数显著高于借款人数。2016—2017 年,网贷监管对 P2P 贷款金额进行限制,导致较多网贷平台向消费金融等业务转型,致使网贷行业借款人数大幅度增长。2018 年受网贷监管力度加强与行业问题平台集中"爆雷"的影响,我国 P2P 网贷市场借款人数与投资人数出现同步下滑现象(图 2-15)。据统计,2018 年我国 P2P 网贷行业的投资人数与借款人数分别下降为 1331 万和 1992 万,其中投资者人数降幅较为明显,与 2017 年相比,约降低了 22.30%。

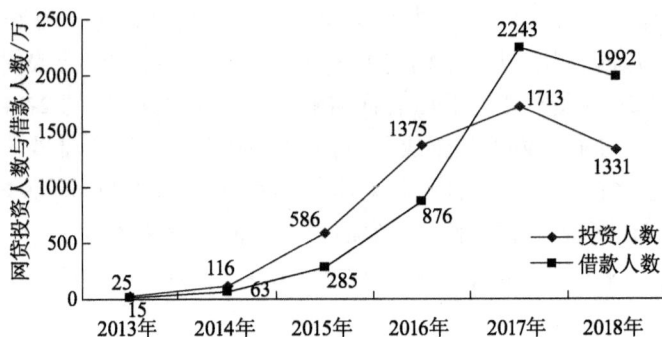

图 2-15　2013—2018 年我国 P2P 网贷投资人数与借款人数②

---

① 数据来源:网贷之家。
② 数据来源:网贷之家。

2.6.1.5　P2P 企业国内上市被堵,谋求海外上市取得进展

因国内政策环境尚不成熟,A 股市场对企业的财务和盈利要求比较高,P2P 网贷平台企业只能选择海外上市或登陆新三板。2016 年 1 月,新三板暂停包括 P2P 网贷在内的所有类型金融企业的挂牌业务。同年 6 月,监管部门出台相关政策,将此类金融企业堵在新三板门槛之外,之前已进入新三板的 P2P 网贷平台的交易也受到限制。在此严管之下,少数平台开始退出新三板市场。然而,P2P 网贷企业出于自身发展需求和缓解风险资本压力,谋求上市是必然趋势。在国内上市被堵的情况下,部分平台企业纷纷转向海外上市,目前拍拍贷、信而富、和信贷、乐信、桔子理财等一批平台已在美国证交所上市。

2.6.2　"1+1+3"监管体系正式形成

P2P 网贷自引入市场以来,凭借着运营模式的优势,快速发展成为一类重要的金融形态,然而早期由于缺失有效监管,纯线上操作环境导致 P2P 网贷暴露出严重的风险问题。2014 年,银监会首度提出 P2P 网贷监管的四条红线、五条向导和六大发展原则初始框架。2015 年 7 月中国人民银行等十部委联合发布的《关于促进互联网金融健康发展的指导意见》被视为互联网金融行业的"基本法",该指导意见首次明确了 P2P 网贷的法律地位与行业定位、银行的第三方存管的主体地位,并明确了银监会为我国 P2P 网贷行业的监管机构。2016—2018 年是我国对网贷行业进行密集监管与强化整顿治理的重要时期。2016 年 8 月,银监会等四部委联合发布了我国网贷行业首部专业监管法规《网络借贷信息中介机构业务活动管理暂行办法》(以下简称《暂行办法》),从业务规则与风险管理、投资者与借款人保护等层面对网贷业务进行了全面详细地界定,P2P 网贷由粗放式监管进入到精细化监管。以《暂行办法》为开端,陆续出台了《网贷信息中介机构备案登记管理指引》(以下简称《备案指引》,2016 年 11 月)《网络借贷资金存管业务指引》(以下简称《存管指引》,2017 年 2 月)《网贷信息中介机构业务活动信息披露指引》(以下简称《信息披露指引》,2017 年 8 月),"1+1+3"新监管体系已然形成,网贷行业监管主体、备案登记制度、借贷资金存管、信息披露标准、银行存管测评等各项工作得以明确,标志着我国 P2P 网贷行业步入有法可依、有章可循的新阶段。2018 年,银监会发布《关于开展网贷资金存管测评工作的通知》,全国互联网金融风险整治办和互联网金融协会发布《关于开展 P2P 网络借贷机构合规检查工作的通知》以及《关于开展 P2P 网络借贷机构自律检查工作的通知》,从机构监管和行业自律两个层面进一步加强了对 P2P 网贷的合规性和自律性监管。

2.6.3　当前我国 P2P 网贷行业存在的问题

随着"1+1+3"监管法规体系的出台,监管政策铿锵落地,大量问题平台公司被

整顿和清理,我国 P2P 网贷行业步入规范化发展的轨道。但是,P2P 行业在过去野蛮生长过程中遗留的许多问题仍未从根本上得到解决,平台"爆雷"或清盘事件仍有发生。总体看,当前我国 P2P 网贷行业及其平台仍然存在着以下问题:

（1）期限错配

由于 P2P 网贷平台资金供求双方在投融资需求期限上要求不一致,即投资者偏好短期投资,借款人的期限偏好则比较分散,既有几天的临时资金需求,也有几个月或数年不等的短、中、长期资金需求,而各家平台的经营定位亦不尽相同,多数平台仅仅提供某种期限的单一贷款。这种不同期限的投融资需求必然会导致融资期限错配。网贷平台的期限错配主要表现为借短贷长,即撮合借款人将短期资金贷给长期资金需求者,当短期出借资金到期时,平台再撮合一笔新的出借资金予以偿还,如此循环,直到长期贷款到期为止。期限错配极易造成平台的流动性问题,一旦短期资金到期而无后续资金及时匹配,在担保机制、资金托管机制及其他应急准备金机制缺失的情况下,极易引发投资者集中兑付的现象,进而引起连锁反应,导致平台陷入危机。

（2）阴阳合同

阴阳合同往往与期限错配相伴而生。为了实现期限错配,一些平台通常会与借款人签订一份长期贷款合同,而投资者与借款人签订的却是短期贷款合同。在这种运作模式中,投资者资金并不直接转入借款人账户,而是由网贷平台进行中转,这种资金中转模式大多要借助阴阳合同才能完成,这就为那些不良平台截留、挪用和套取投资者资金提供了便利,进而有可能加快网贷行业风险的积累。

（3）双重杠杆

网贷平台借助阴阳合同掩护,可以隐瞒费用,获取更多息差或手续费。一些网贷平台在网站上公布各项收费,甚至在合同中注明收费项目,但借款人往往无法了解这些信息,因为他们只关注自己与网贷平台签订的合同,但其借款利率和缴纳的手续费通常远高于平台公布的利率及手续费,这样,投资者可能根本不知晓借款人的实际借款成本,也可能无法真正甄别自己的投资风险。不仅如此,一些网贷平台还通过一次性收取数量可观服务费的办法来快速回笼资金,并用于放贷,然后把债权转让给投资者赚取息差。显然,在这种运作方式下,平台不仅自身参与放贷,增加自有资金杠杆,一些平台甚至还会更改借款人的还款方式,如要求借款人采用等额本息法进行还款,而对投资者则采用按期付息、到期还本的方法,借款人提前归还的资金被平台巧妙地用于放贷,如此循环便形成了第二个杠杆。双重杠杆叠加势必导致平台资金管理负担加重,一旦发生坏账,极有可能引起网贷资金链条断裂,引发网贷信用风险。

（4）自融

P2P 网贷平台之所以产生自融问题,主要由于以下几个方面的原因:一是网贷平台设立目的的实质,就是实际控制人或关联公司是为了满足自身融资而非满足外部借贷需求,为达此目的,平台发布虚假借款标的以骗取投资者资金,自融资金达到一定规模后便卷款潜逃;二是平台撮合能力弱,找不到与投资资金匹配的借款标,便自行发标自借自用;三是平台风控水平低,违约的借款项目多,只能自行举债投资以弥补违约损失;四是平台业务经营能力差,运营收入不足以覆盖经营运作成本,只能暗度陈仓,靠自融来弥补经营亏空。无论何种原因产生的平台自融,都可能引发欺诈风险、道德风险、经营风险、流动性风险及信用风险等各种风险。

（5）庞氏骗局

网贷平台为了弥补违约坏账或运营亏损而进行的不同形式的自融,或多或少具有庞氏骗局的典型特征,如通过承诺高利率回报发布虚假标以吸引大量资金流入平台,利用吸入的资金填补亏空后再借入更多新的资金,来偿还前一批投资者的资金本息,不断借新还旧,反复循环,直至无足够新的现金流入,资金链断裂,骗术暴露,庞氏骗局崩塌。

尽管我国 P2P 网贷行业仍然存在以上各种问题,但《暂行办法》及其配套的监管细则密集出台并落地实施,校园贷被叫停,网贷整改延期,现金贷受到严厉整治,资金存管、备案登记、信息披露等逐步贯彻落实,监管效果初步显现,网贷行业渐趋规范化、理性化。另一方面,市场主体逐步优化,市场逐渐出清,行业风险逐渐释放。2018 年 6—8 月大批网贷平台公司相继"爆雷",是重拳监管和行业清理整顿下网贷市场的必然反应和结果。在此背景下,必然导致网贷市场平台主体分化、马太效应凸显。一些平台趁此谋求转型,有的平台乘势进行品牌升级,有的平台则通过采取集团化战略,将理财端与资产端剥离,积极进行市场拓展、业务创新、经营提效、风险管控提质等布局。在行业分化整合过程中,那些具有优质资产储备、资金获取成本低、经营运作规范、风险管控良好的平台将会脱颖而出。优势平台间比拼的将是风控能力,网贷平台的运营精细化、体验和品牌以及行业的集中度将进一步上升,优胜劣汰、并购与转型正在加速进行中。

第**3**章　P2P 网络借贷发展的理论与环境分析

3.1　P2P 网贷发展的相关理论

3.1.1　网络相关基础理论

3.1.1.1　网络经济理论

P2P 网贷活动一方面通过运用互联网活动中的边际效益递增规律使运营效率得以提高,另一方面充分利用互联网平台吸引具有个性化、零散化需求的低信用客户群体,形成信贷市场的"长尾基础",使个体信贷融资方式得到创新,信贷融资的时间、空间和边界得以拓宽和延伸,衍生出一个全新的互联网借贷"长尾市场"。

以互联网技术为基础结构的互联网经济理论主要涉及互联网市场经济特征、互联网影响经济社会的机理及根本性变革等方面。互联网经济具有快捷性、高渗透性、自我膨胀性、边际效益递增性、外部经济性等特征。与传统经济中的边际效益递减规律不同,互联网经济呈现边际效益递增规律(魏小雨,2017):一是互联网经济的边际成本是递减的。互联网信息成本主要包括互联网建设成本、信息传递成本及信息的收集、处理与制作成本。前两类成本的边际成本为零,平均成本都有明显递减趋势;第三类成本与入网人数成正比,但其平均成本和边际成本都呈下降趋势。互联网的收益随入网人数的增加而同比例增加,互联网规模越大,总收益和边际收益就越多。二是科学知识是唯一不遵守效益递减规律的要素。由于知识具有可共享、可重复使用、可低成本复制、可发展等特点,人们在利用知识创造财富的过程中,对知识的使用和改进越多,其所创造的财富价值就越大。而且,知识要素的使用、传播和创新,可以促进、增加其他要素的价值,提高各种要素的边际效益,从而导致效益递增。三是互联网经济具有累积增值性。在互联网经济中,对信息的投资不仅可以获得一般的投资报酬,还可以获得信息累积的增值报酬。这是由于信息互联网能够发挥特殊功能,把零散无序的大量数据按照使用者的要求进行加工、处理、分析,形成有序的高质量信息资源。同时,信息使用具有传递效应,会带来不断增加的报酬。

"长尾理论"认为,当商品储存、流通的场地和渠道足够宽广,商品生产成本急剧下降,以至于个人都可以生产,并且当销售成本急剧降低时,几乎以前需求极低的任何产品都将存在大量需求。这些需求与销量不高的产品所占据的共同市场份额,足可以与主流产品相当甚至更大。

"长尾理论"深刻影响着市场的供需模式。在传统经济模式的"二八法则"中,商品种类由于受到地域、时间以及文化、习俗、制度等诸多限制,造成了众多需求少、价格贵的冷门商品。互联网经济模式下,互联网渠道聚集了冷门商品的海量分散用户,使人们有条件降低边际成本,并以此开发出无数的利基市场,使过去被忽视的"非热门用户"的"非主流需求"得以释放,形成了市场的规模效应,对"二八法则"提出挑战。

3.1.1.2　社会网络理论

社会网络是社会行动者及其关系的集合。社会网络理论主要研究建立在关系要素和结构要素基础上不同行动者的行为结果与演进模式,包括基于社会黏性关系视角下研究社会联结的密度、强度和规模等因素来说明参与者的特定行为和过程,以及基于行动者所处的社会网络关系位置,分析不同行动者与第三方之间的关系所折射出的社会结构,以及这种结构的形成与演进模式。

在社会网络系统中,关系要素和结构要素对于知识和信息的流动具有重要影响。随着社会经济的快速发展,特别是在互联网大环境下,社会关系逐渐趋于多元化网络,依赖互联网技术,社会网络的灵活性显著增强,群体的边界范围逐渐模糊,内部成员对群体的认同感逐步减弱,个体之间可以自由跨越空间与社会距离进行联结。网络化的社会仍然保留互动性这一社会特征,任何主体都与外界社会产生联结,与此同时,外界社会也在为主体提供信息和社会资本。

P2P 网贷中的社会网络作用主要表现为三大方面:一是利用信息获取机制缓释事前逆向选择行为。社会网络可以减弱交易双方的信息不对称风险。通过社会网络机制可以向交易各方提供更多的信息获取渠道和途径,从而解决贷款的错配问题,降低贷款的违约风险。投资者和借款人可以利用社会网络成为社交好友,通过微博、Twitter 等互联网社交平台关注借款人的社交咨询,了解借款人的风险类型,对借款人的信用状况做出评价。二是利用连带责任机制缓释事中道德风险。在网贷活动中,借款人通过设立自己的"朋友圈",邀请朋友加入网贷市场,若借款人出现信用违约现象,则由其引荐的担保人代为清偿。连带责任机制能有效减少事中道德风险的发生,提高了借款人贷款的成功率以及按时还款的可能性。三是利用违约约束机制缓释事后的道德风险。社会网络可以采取提高借款人违约成本的手段来约束其行为。当借款人出现恶意违约时,平台可以在社会网络上以公布黑名单和公开违约信息的方式,影响借款人的声誉,以此来约束借款人的贷后行为。

3.1.1.3 互联网金融理论

互联网金融是互联网技术和互联网思维对传统金融交易方式和组织形态的创新与改进,它依据互联网活动中的边际效益递增规律,凭借互联网平台及其独特的运作模式,通过对金融资源的创造性组合和配置,不仅构筑了金融市场活动的长尾客户基础,而且提高了金融活动效率。所以,互联网金融通过网络技术载体,消除了资金融通过程中存在的时间和空间的双重物理障碍,使金融服务边界和半径不断扩展,形成互联网金融的"长尾市场"。

在互联网金融模式下,金融的核心功能和本质内涵没有发生改变,转嫁到互联网交易后,互联网金融具有与传统金融不同的典型特征:一是低成本与高效率并存。在互联网金融模式下,网络平台和现代通信技术替代了传统金融市场中的大规模实体金融服务,极大降低了资金的运作成本。利用网络信息技术,互联网金融能够快速实现远程资金服务,金融服务效率得到提升。二是广覆盖与快流程。互联网金融模式下,资金交易突破了时间与空间的局限,金融服务范围不断延伸。与传统金融复杂的审批环节相比,互联网金融减少了资金交易的中间环节,简化了金融服务流程。三是风险种类增多,风险管控难度加大。互联网金融风险不仅包括传统金融活动中所蕴含的各类风险,还增加了由于引入互联网技术而带来的各类操作风险、法律风险和网络安全风险等,各种风险交错叠加,监管难度成倍增大。同时,在互联网金融模式下,典型性的风险问题突出,即信用风险和网络安全风险成为互联网金融市场的基础性风险,这与互联网金融本身的操作模式和当前不够完善的征信体系、监管体制有关。

3.1.2 金融中介理论

金融中介理论主要从信息不对称和交易成本角度解释金融中介的存在。首先,金融中介在信息获取渠道和处理能力方面具有优势,能够有效疏通资金供给者和资金使用者之间的信息壁垒。其次,金融中介具有专业技术与规模经济优势,能够有效降低金融交易成本,提高金融交易效率。

在互联网环境下,借助网络信息技术,金融活动和金融市场呈现出加速转型趋势,以银行为代表的传统金融中介机构囿于庞杂的实体交易流程,在信息经济驱动下逐渐暴露出短板。一方面,基于数字经济产生的海量大数据增加了人们识别、判定和利用有效信息的困难,因而过滤噪音、加工处理并评估信息内在价值需要更具专业性的信息中介。另一方面,在大数据环境下,信息的挖掘难度和成本可能倾向于增加而不是下降,数据收集与积累的竞争过程可能导致信息垄断,产生新的信息不对称问题,客观上需要更为高效的中介机构来解决新的信息不对称矛盾。技术进步推动金融中介形式发生改变,致使传统金融中介开始整合转型,并诱发一系列新的中介形态。P2P 网贷依托于 P2P 网贷平台和网络通信技术从海量繁杂的大数据信息中筛检出优质借款人,并通过网络交易形式将其与投资者进行匹配,借助于网络技术实现信息的互联互通功能,使交易信息实现高效共享。所以,从金融功能观的角度看,P2P 网贷仍然是一种交易中介,是建立在金融服务与信息技术融合基础上的高能型金融中介形态。

3.1.3　信息经济学理论

信息经济学主要研究信息因素及其对社会经济活动的影响,一是从微观主体层面研究信息要素,尤其是不对称信息如何引导个体的经济行为,进而对其决策效益形成影响,以解决个体行为产生的利益失衡和外部性问题。二是从宏观层面研究市场中信息要素如何引致资源在不同行业间的配置,以实现市场的一般均衡和解决市场失灵问题。基于微观主体的行为视角,研究信息要素对经济效益的影响,主要研究建立在不完全信息基础上的个体决策行为,以修正市场交易效率因信息不完全所产生的缺陷。

3.1.3.1　信息不对称理论

信息不对称理论是指在社会经济活动中,由于交易个体在获取信息渠道方面存在差异,导致交易信息在市场主体间的分布存在不均衡、不对称与不协调等现象,掌握信息更为全面和充分的一方往往能够利用信息优势在交易过程中获益,而信息弱势方则由于缺乏信息导致决策失误使利益受损。信息不对称理论认为,社会经济活动普遍受信息不对称的影响,交易个体间的信息不平等会形成市场势力,产生权利与决策支配方,造成市场失灵与利益失衡问题。

金融市场尤其信贷市场是典型的信息不对称市场,在借贷交易过程中,资金融出方(投资者)由于获取信息的途径有限,对信息的占有量较少,因而无法全面准确评判资金融入方(借款人)的真实风险水平,而借款人由于占有信息优势,往往容易产生偏离有效市场的"道德风险"和"逆向选择"行为。P2P 网贷通过金融脱媒降低了资金的借贷交易成本,但线上的交易机制和运营环境也放大了整个借贷过程中的信息不对称风险。一方面,线上操作模式导致 P2P 网贷平台和投资者无法准确全面地了解借款人的真实信用水平,使得 P2P 网贷容易出现借款人粉饰信用标和虚构信用标行为,导致优质借款人被逐渐挤出市场,引发网贷市场的逆向选择现象,可能导致资本市场失灵。另一方面,由于缺乏有效透明的信息披露机制,借贷关系形成后,借款人实际控制了资金流向,存在借款人主观性改变资金用途,将贷放资金投向高风险性领域的行为。因而信息不对称问题的存在容易造成借款人隐匿资金流,导致网贷资金无法及时归还,最终形成道德风险。

3.1.3.2　委托代理理论

委托代理理论是基于非对称信息和博弈论来研究委托代理关系的理论。委托代理关系是行为主体根据一定的合约,聘用其他行为主体为其服务,并授予被聘用者一定的经营管理决策权,然后根据被聘用者完成的工作成效支付相应的报酬。在委托代理关系中,委托人和代理人作为两类不同的利益主体,他们的效用函数存在明显的差异,委托人作为社会理性人追求自身财富最大化,而代理人则以工资收入、闲暇时间最大化、社会地位和名望等作为代理行为目标。这种决策目标的不一致容易导致二者之间的利益冲突和利益失衡,加之委托代理关系中的信息不对称问题,委托人往往不能有效地观察到代理人的行为,更不能强迫代理人选择委托人行为,因而在缺失有效规则的约束下,代理人的行为很可能损害委托人的利益。

P2P 网贷市场也存在复杂的委托代理关系。借款人在申请借款前需在网贷平台网站注册,提交与借款行为相关的各项贷款信息,委托平台列示借款计划,并向平台支付服务费用。与此同时,投资者在网贷平台上获取与借款计划相关的各项信息,并委托平台对借款标信息的真实性进行审核,对借款者进行信用评级,作为投资决策参考。因而,在 P2P 网贷过程中,平台既作为资金融入方代理人,又充当资金融出方代理人,P2P 网贷行为实质上是一种委托代理关系。现阶段下,由于 P2P 网贷缺失有效的制度性约束机制和完善的信息披露规则,导致委托人和代理人无法完全准确了解对方的行为信息和行动状况,致使决策目标不一致,容易出现利益冲突问题。网贷平台作为代理人,追求的是代理费用最大化,而投资者和借款人作为委托人,追求的是自身效益最大化,双方在利益上的冲突,容易导致出现网贷平台违规经营、欺诈、跑路和借款人违约等现象。

3.1.4　信贷理论

3.1.4.1　信贷配给理论

信贷配给具有宏观和微观层面的含义。宏观层面的信贷配给主要是指在一定的利率水平下,信贷市场的需求大于供给。微观层面的信贷配给则是指即使借款人接受所有的贷款条件,其贷款申请仍不被接受或者仅被部分满足。相比于规模较大的企业,小微企业和低收入群体由于受其自身条件的限制,经营风险大,信用级别低,导致很难获得银行机构的贷款。P2P 网贷通过合作担保机制和提取风险准备金的方式为借款人提供担保,解决了借款人在传统金融机构中被边缘化的融资需求,能有效缓解借贷市场中的信贷配给程度。

信贷市场配给的不均衡推动了 P2P 网贷市场的快速发展,也激发了网贷模式的不断创新。网贷平台利用成员间相互担保和监督的团贷方式来降低贷款的违约率,或是将恶意违约者纳入黑名单并进行公示,以增加其失信成本。其次,信贷配给理论推动了小额信贷市场贷款模式的转型创新。传统金融机构在发放贷款时，基于成本因素考量，通常采用一对一模式，而在 P2P 网贷市场，网贷平台在调节借款人贷款需求时，通常采用多对一模式，即引入多个投资者共同分散贷款风险，以减少由于投资者规避风险导致的信贷配给不足问题。

3.1.4.2　信贷风险理论

信贷风险是指在信贷活动中，由于外在因素变化导致债务人的正常还款能力发生改变，致使其无法在约定时间内偿付贷款本息而使债权人遭受损失的可能性。信贷风险与债务人的偿付能力密切相关，而借款人的偿付能力又与其自身的经济基础、信用资质以及特定的外部经济环境有关。在合约存续期间，借款人财务、商务等还款能力的不利改变，都有可能造成贷款无法按期偿付而形成信贷风险。

P2P 网贷这种独特的资金信贷机制，在提升信息交换效率的同时，也增加了 P2P 网贷市场的信贷风险。与传统银行信贷模式相比，网贷市场的信贷风险主要来自两类主体：一类是网贷借款人的信贷风险。P2P 网贷借款群体多为传统金融市场中的"长尾"融资群体，这部分借款人群的真实信用资质和信用意图难以准确识别，因此，P2P 网贷市场借款人往往存在更高的潜在信用风险。第二类是网贷平台的信贷风险。平台的信贷风险由两个方面引起，一是借款人的信贷风险会依托网贷信用链扩散到平台，导致平台资金链断裂，市场投资者的"羊群行为"进一步挤兑平台，引发平台的流动性出现问题。二是网贷平台在看似虚拟的网络环境下极易产生不合规运作，发生操作风险、道德风险乃至欺诈风险，最终发生卷款跑路、"爆雷"等问题。

3.2　国外 P2P 网贷发展的环境分析

3.2.1　国外 P2P 网贷行业发展概况

P2P 网贷作为一种替代性金融机制，有效地解决了金融市场"长尾人群"的融资困境。网络借贷自诞生之日起，即凭借其快捷、高效的资金服务效率，在世界各地迅速获得普及和推广。与此同时，由于各国的融资市场结构、政策法规与监管体系存在差异，各国 P2P 网贷发展模式也存在差异性并具有鲜明的市场环境特点。对代表性国家的 P2P 网贷市场进行比较分析，有利于吸取网贷市场运作与管理的先进经验，探索和寻求规制本国网贷行业健康发展的路径。

3.2.1.1　英国 P2P 网贷发展概况

英国是 P2P 网贷的发源地。2005 年 3 月，世界首家 P2P 网贷公司 Zopa 在英国成立，标志着 P2P 网贷行业正式兴起。但英国 P2P 网贷在诞生之初的几年时间里发展较为缓慢,直到 2013 年以后才开始提速。根据 AltFi Data 发布的数据,2017年期间,英国的 P2P 网贷交易额达到 31.45 亿英镑,而通过 P2P 网贷平台成交的累计贷款融资规模已超过 80 亿英镑,线上借款消费用户已超过 25 万人次。在英国的 P2P 网贷平台中,以 Zopa、Funding Circle、Market Invoice、ThinCats 和 Folk2Folk五家网贷平台为代表,该五家网贷平台占据了英国网贷行业 97.49% 的份额,其中Funding Circle 是英国网贷市场最大的交易平台,行业占比超过 38.51%;其次是Zopa,占据 36.24% 的市场份额;而位居第三的 Market Invoice,其市场份额为 17%,这三大网贷平台的累计市场占有率达 91.75%。可见,英国 P2P 网贷行业的集中度比较高(表 3-1)。

表 3-1　2017 年英国主要 P2P 网贷平台贷款规模统计①

序号	平台名称	贷款规模(亿英镑)	市场占比(%)	累计市场占比(%)
1	Funding Circle	30.94	38.51	38.51
2	Zopa	29.11	36.24	74.75
3	Market Invoice	13.67	17.00	91.75
4	ThinCats	2.69	3.35	95.1
5	Folk2Folk	1.92	2.39	97.49
6	Lending Works	0.83	1.04	98.53
7	Landbay	0.83	1.03	99.56
8	Crowdstacker	0.35	0.44	100
合计		80.34	100	—

英国 P2P 网贷市场之所以得到迅速发展,除了行业自身逐渐发展成熟的原因以外,还得益于政府的政策与环境支持。一是在行业发展政策方面,英国的商业银行通过与网贷平台构建稳定的合作关系,通过网贷平台直接为中小企业投注贷款资金,为网贷平台的发展提供了有力保障。英国政府还将网贷投资收益纳入免税范围,这也刺激了更多投资者参与到网贷市场中,进一步推动了网贷行业的发展。二是在行业发展环境方面,英国建立了比较完善的行业监管法规体系,为 P2P 网贷业务的稳健发展提供了有力的外部环境支持。英国金融行为监管局(FCA)出台的《关于众筹及类似行为的监管方法》和《关于互联网众筹及通过其他媒介发行不易变现证券的监管方法》是最早有关 P2P 网贷监管的法案。除了实行严格的政府监管外,英国还成立了 P2P 金融协会(P2PFA)这一自律组织,并对其协会成员制

---

① 数据来源:AltFi 网站(www.altfi.com)发布的英国 P2P 网贷发展情况报告。

定了包括管理人员、最低运营资本金、反洗钱和反欺诈、客户资金、有序破产等十项运营规则。完善的行业监管体系为英国 P2P 网贷市场的健康有序发展提供了有力保障。

3.2.1.2　美国 P2P 网贷发展概况

2005 年 10 月,美国第一家公益性借贷平台 Kiva 上线,2006 年 2 月和 7 月,商业性 P2P 网贷平台 Prosper 和 Lending Club 分别正式上线运营。目前,Prosper 和 Lending Club 是美国网贷市场中最大的两家 P2P 借贷平台。美国 P2P 网贷市场大致经历了四个发展阶段:(1) 高违约率阶段。2006 年至 2007 年,美国的 P2P 网贷市场违约率居高不下,网贷平台的投资收益普遍处于大规模亏损状态,较高的违约率给投资者造成了重大损失。据统计,这一期间,Lending Club 平台中高达 24% 的借款项目出现违约现象,而 Prosper 平台的违约率则更是超过了 40%。(2) 网贷市场步入监管阶段。2008 年至 2009 年,随着美国证券交易委员会(SEC)的注册,网贷市场开始步入监管行列,这一时期的网贷平台主要处于停业和整改状态。(3) 注重风险控制阶段。2009 年至 2010 年,美国进入 P2P 网贷 2.0 时代,网贷平台更为注重风险的管控,平台的违约率显著降低,到 2010 年,Prosper 平台的违约率已降至 7% 左右,Lending Club 平台的违约率则降至 5% 左右;2014 年,这两家平台的违约率进一步降至 3% 左右。(4) 成熟规范阶段。2010 年以前,Prosper 平台的借款利率采用竞标模式来确定,即利率低的投资者具有优先获得借款标的权利。2010 年以后,Prosper 改变了这种定价模式,依据借款人的违约风险提前设定贷款利率,而 Lending Club 则一直采用固定借款利率模式。

与英国类似,美国也拥有一套较为成熟的网贷监管法规。美国的州和联邦相应的监管机构、消费者金融保护局、网络借贷维权委员会和 SEC 是其网贷的监管机构,其中 SEC 是主要的监管机构。P2P 网贷平台须获得 SEC 颁发的统一运营牌照方可进入市场运营,并须定期向 SEC 披露其贷款规模和市场运营情况等信息。

3.2.1.3　日本 P2P 网贷发展概况

P2P 网贷在日本也称之为社会贷款。2007 年 Maneo 平台成立,成为日本最早经营 P2P 网贷业务的平台。2008 年,AQUSH 和 SBI Social Lengding 等平台相继成立,目前这三家平台是日本网贷行业中最主要的网贷机构。

与英国和美国不同,日本的 P2P 网贷行业在近几年才得以发展,这与其国内的金融市场环境有关。一是日本投资者对于金融创新所带来的风险处于过度回避状态,而借款人大多依赖间接的融资市场,更倾向于从传统金融机构获得贷款。二是近年来,日本通货膨胀水平较高,导致实际利率出现负值,资产的持续贬值迫使投资者开始关注新兴理财渠道,推动了网贷行业的发展。三是监管环境方面,日本网贷业务主要受《贷金业法》《金融商品取引法》以及《商法》等法律的制约,其中《贷金业法》对经常性的出借资金做出了注册立案的规定,因此,日本 P2P 网贷的借款人及出借人并非典型的金钱消费借贷契约,而是由网贷平台注册立案成为"贷金业",出借人则是以隐名合伙契约的方式出借资金,再经网贷平台将资金出借给借款人,而各出资会员对于隐名合伙契约的持有,须遵循日本《金融商品取引法》中有关有价证券的规定,因而,网贷平台也须注册成为符合该法的金融商品取引者,依据这一法案的相关规定,真实的金钱消费借贷契约则实际存在于网贷平台与借款者之间。

3.2.2　国外 P2P 网贷行业发展特点

3.2.2.1　集约式发展,垄断竞争趋势明显

与中国 P2P 网贷市场爆炸式发展不同,国外的 P2P 网贷行业在严格的监管环境下,发展比较理性、平稳,网贷平台数量十分有限,网贷市场主要被为数不多的几家平台垄断,行业发展呈现出集约化的发展趋势。在英国,Zopa、Funding Circle 和 Market Invoice 三家 P2P 网贷平台占据了整个网贷行业 90%以上的市场份额,而美国的 Lending Club 和 Prosper 两家平台则几乎垄断了整个美国的网贷市场,日本的 Maneo、AQUSH 和 SBI Social Lengding 等平台是其市场上主要的 P2P 网贷平台机构。这种集约化的市场特征使国外的 P2P 网贷平台很容易在短期内快速积累资金和用户流量,形成资本的规模经济效应。

3.2.2.2　征信体系发达,纯线上模式为主

以英国和美国等为代表的资本主义国家,其市场经济体系相对较为发达和成熟,拥有一套完善的信用体制与征信机制,网贷平台比较容易获取借款人较为可信的信用信息,因而纯线上的网贷模式具有较大的发展空间。在美国的 P2P 网贷市场中,借款人申请借款时,网贷平台一般会对借款人的信用评分限定最低要求,以降低平台的逾期坏账率,例如 Prosper 平台要求借款人的信用评分不低于 640,而 Lending Club 网贷平台则限定借款人的信用评分不低于 660。在英国 P2P 网贷市场中,银行贷款记录、信用卡消费等信息成为网贷平台考量借款人信用资质的重要指标,Zopa 平台在受理借款人信用贷款时,会重点参考借款人公开可用的消费信贷记录,以对其做出正确的信贷决策。

3.2.2.3　监管主体明晰,监管法规相对完善

国外比较注重对金融行业的监管,尤其是对创新类金融业务的市场管控。英国是最早开展 P2P 网贷业务的国家,2005 年 Zopa 网络借贷平台则成立,英国政府就将其网络借贷业务界定为消费信贷,并确定由公平贸易管理局(OFT)和金融服

务管理局(FSA)进行联合监管。2013 年英国首个专业性、职能化的金融监管机构——金融行为监管局(FCA)正式成立,对接了网络借贷业务的机构监管,出台了被视为全球最早针对网贷监管的法规——《关于众筹及类似行为的监管方法》,为 P2P 网贷业务的市场化稳健运营提供了有效的法律保障。而美国对于 P2P 网贷业务的监管呈现出多头、严格、证券化监管的特点,采用多部门分头监管、州与联邦政府联合监管的组织架构,并依照证券相关法、消费者保护法等相关法律对 P2P 网贷业务实施职能监管和投资者保护。

3.3　国内 P2P 网贷发展环境分析

同国外 P2P 网贷市场发展不同,P2P 网贷业务在中国的快速发展既出于其自身的行业发展需求,也源于中国国内特殊的经济环境、信用环境和政策环境等外部基础环境的支持,中国的 P2P 网贷业务具有比较鲜明的本土化特点。

3.3.1　P2P 网贷经济环境分析

2018 年中国经济总体运行平稳、稳中有进,全年 GDP 增速达到 6.6%,实现了预期 6.5% 的发展目标,中国经济韧性不断增强。从生产方面来看,工业和服务业保持平稳增长,全年全国工业增长总值同比增长 6.2%,增速缓中趋稳,服务业生产指数同比增长 7.7%,继续保持较快增长。从需求方面来看,投资增速略有下降,全国固定资产投资总额同比增长 5.9%,增速较 2017 年同期回落 1.3 个百分点。消费增速维持稳定,全年社会消费品零售总额达到 380987 亿元,相比 2017 年增长 9.0%。而在国际贸易环境错综复杂的背景下,中国的外贸总体运行平稳,稳中有进,全年外贸进出口总值达到 30.51 万亿人民币,较 2017 年增长了 9.7%。与此同时,在供给侧结构性改革的持续推动下,中国的经济结构不断优化,新旧动能转换加快。消费成为经济增长的主动力并得到进一步巩固,全年最终消费支出总额对国内生产总值增长的贡献率达到 76.2%,同比提高了 18.6 个百分点,消费继续发挥了经济增长“稳定器”和“压舱石”的重要作用。

尽管中国宏观经济运行良好,但在深化经济供给侧结构性改革、推动经济向高质量发展的过程中,中国的经济增长仍面临着内生性动力不足、结构性矛盾突出等发展短板问题,而有效解决这一发展障碍的关键是牢牢依靠实体经济作为盘活经济增长的主要驱动力。中小微企业作为我国实体经济中的主体,贡献了中国 60% 的 GDP、50% 的税收和 80% 的城镇就业率,然而与其经济贡献不相匹配的是,小微企业的贷款余额却只占据企业贷款总额的 37.8%(2017 年),中小微企业融资难成为制约其发展的关键问题。一方面国有控股商业银行和股份制商业银行占据现有金融体系的主导,以银行为媒介的间接融资是企业融资的主要方式。而小微企业由于资本规模小、科技含量低、管理不规范、抵御风险能力弱、缺乏有效抵押担保等因素,导致其很难从银行机构获得贷款。另一方面,我国的金融体制还不完善,缺乏专门为中小微企业提供金融服务的政策性金融机构,导致中小微企业面临严重的融资困境。与此同时,我国传统的金融机构存款利率普遍较低,针对社会大众的个人投资理财产品不够丰富,寻求财富的持续保值增值成为社会大众投资者普遍关注的问题。而 P2P 网贷作为一种新型投融资工具,既为解决小微企业融资困境提供了一种有效渠道,又迎合了市场多样化的投资需求,因而 P2P 网贷在中国的发展有其必然性的经济条件和外部基础。

3.3.2　P2P 网贷征信环境分析

我国的征信行业大致经历了初步探索、区域性平台搭建、央行集中统一平台主导、市场化改革四个阶段,目前已形成以人民银行征信为中心、民营征信机构为补充的混合经营格局。随着以 P2P 网贷为代表的互联网金融的快速发展,个人信用数据不再仅仅局限于传统银行等金融机构和社会公共管理部门所积累的征信数据,而是基于网络平台所产生的海量交易记录,也囊括了大规模的信用信息资源,互联网征信成为网络经济时代下我国征信行业的一项基础性工作。2015 年 1 月,中国人民银行下发的《关于做好个人征信业务准备工作的通知》,要求芝麻信用、腾讯征信、前海征信、鹏元征信、中诚信征信、中智诚征信、拉卡拉信用、华道征信八家机构做好个人征信业务的准备工作,打破了以互联网征信公司为代表的民营企业与个人征信业务之间的壁垒,个人征信业务逐步向民营征信企业开放。2015 年7 月,中国人民银行完成了对上述八家互联网征信机构的验收工作,并于 12 月初出台了《征信机构监管指引》,对个人征信机构、企业征信机构以及金融信用信息基础数据库运行机构从事个人征信业务提出了保证金的要求,并对其股权变更等事项进行了严格规定,这也是我国为推动征信行业的规范化发展,在互联网征信与征信行业市场化改革过程中建立的一项具有中国化特点的征信监管体制。2016年 9 月,中国互联网金融协会建立的信用信息共享平台启动,网信、宜人贷、玖富、开鑫贷、人人贷、拍拍贷等 17 家网贷机构成为首批接入单位。2018 年 5 月,由中国人民银行主导、中国互联网金融协会等 8 家市场征信机构共同发起组建的市场化个人征信机构——百行征信正式成立,标志着我国互联网征信基础设施建设迈出了重要的一步,这也是我国征信行业内首个针对互联网金融的个人信用基础数据库。2018 年 6 月,以"宜人贷"和"拍拍贷"为代表的 P2P 网贷平台正式接入百行征信互联网金融信用信息共享平台,而这也将为推动我国 P2P 网贷业务规范健康发展提供有效的征信基础保障。

3.3.3　P2P 网贷监管环境分析

3.3.3.1　全国性监管环境

自 2006 年首家 P2P 网贷平台成立以来,中国的 P2P 网贷监管长期处于空白状态,由于监管的缺位,纯线上操作环境导致我国 P2P 网贷行业暴露出严重的风险问题。2014 年,银监会首次提出 P2P 网贷监管的四条红线、五条向导和发展的六大原则,初步确立了 P2P 网贷监管的启蒙框架。2015 年中国人民银行会同多部委联合发布的《关于促进互联网金融健康发展的指导意见》,首次明确了 P2P 网贷的法律地位与行业定位,并将 P2P 网贷业务纳入银监会的监管范畴。2016 年 8 月,《暂行办法》正式对外施行,明确了网贷平台为"线上运营+单纯中介"的操作模式、强制信息披露与资金第三方存管的分账管理方式,重点防控信贷违约和金融监管两类风险,划清了 P2P 网贷平台与传统金融机构的边界。

2016 年 8 月,银监会下发《备案指引》,对 P2P 网贷平台规定了具体的备案登记申请流程和备案申请材料、时长,明确要求 P2P 网贷平台须遵循"工商注册——地方金融监管备案——经营许可申请——银行存管"的备案顺序,并对新老平台进行区分管理并施行。完成备案是 P2P 网贷平台开展业务的前提条件,也是促进平台规范化发展极为重要的一步。

2017 年 2 月,银监会下发《存管指引》,对网贷平台与商业银行合作网贷资金存管业务的基本原则做出了明确,在《暂行办法》的基础上进一步提高了对网贷平台资质及职责的要求,进一步明确了客户资金与机构自有资金分账管理的资金存管机制,并从机构设置、业务系统、内部管理、支付结算等多个角度界定了存管银行的职责边界,存管银行依据客户指令或授权办理网贷清算支付业务,并与网贷平台共同进行资金对账,防范网贷机构非法挪用客户资金的风险。2017 年 11 月,网贷整治办与中国互联网金融协会联合下发《关于开展网贷资金存管测评工作的通知》,对已开展网贷资金存管业务且已存在上线网贷机构的商业银行进行测评,测评结果下达公示并持续跟踪,以此推动网贷风险专项整治、整改验收工作。

2016 年 10 月,中国互联网金融协会发布《互联网金融信息披露个体网络借贷》标准(T/NIFA1−2016),提出了 96 项信息披露指标规范;2017 年 8 月,银监会发布《信息披露指引》,对互联网金融从业机构、平台运营、项目三大方面提出了严格的信息披露要求,将平台资金存管、还款代偿、逾期率、财务报表、经营信息、信用信息、借款用途等信息列入强制披露指标,以期实现机构自身透明、客户资金流转透明、业务风险透明三大目标。同时,《信息披露指引》贯彻"穿透式"原则与"分级分类"理念,依据网贷平台的业务实质实行信息差别披露,根据业务种类、规模、风险程度和差异实行信息分类披露模式。2017 年 10 月,中国互联网金融协会发布

《互联网金融信息披露个体网络借贷》(T/NIFA1-2017)团体标准,对 2016 年的标准做了修订。

2017 年 6 月,中国互联网金融协会上线互联网金融登记披露服务平台,成为直接接入 P2P 网贷平台的全国性信息披露系统。

3.3.3.2 地方监管环境

目前,我国网贷监管实行中央金融监管与地方金融监管"双负责"的体制,银保监会作为中央金融监管部门,负责对网络借贷信息的中介机构业务活动制定统一的政策措施和监督管理制度,指导地方金融监管部门做好网络借贷规范引导和风险处置工作,指导全国性的网络借贷行业自律组织。此外,工信部、公安部等部门也在各自职能范围内承担对网贷行业进行督管的职责。地方金融局负责执行国家有关地方金融监管的政策和法律法规,负责所属地 P2P 网贷平台的监管,拥有对辖区内 P2P 网贷平台规范引导、备案管理和风险防范处置等职责,同时指导本辖区网贷行业自律组织。地方自律管理主要由省级网贷行业自律组织承担,包括自律检查、受理有关投诉和举报等。

地方性网贷监管政策和活动以全国性政策为指导,依据全国性网贷监管法规、政策,结合本地区实际制定具有地方特点的监管政策和自律措施。目前,一些网贷行业发展快、市场规模大、交易活跃的地方,如广东、北京、上海、浙江、山东、江苏、重庆、福建等省(市),在国家网贷监管法规的指引下,陆续出台了针对性、操作性更强的网贷监管政策、制度,加大了对 P2P 网贷行业的监管。各地区进一步明确了 P2P 网贷行业的规则,能有效防范网贷风险,加快行业合规进程,真正做到监管有法可依、行业有章可循。

3.4 我国 P2P 网贷平台股东背景与投资者行为分析

近年来,P2P 网络贷款迎来了爆发式增长,但居高不下的坏账率和严重的跑路潮让整个行业备受质疑。问题平台不断被曝光,投资者在不断思考、调整投资策略,避免"踩雷"。就多数投资者能力而言,分析每个投资项目几乎是不可能的,也是不现实的。于是他们把目光转向平台,更多地依赖于平台的刚性兑付和隐性保险。从这点来说,选择具有一定信用特征的平台,可以降低投资"踩雷"的概率,提高资金的安全收益,所以平台特征对于投资者的决策是至关重要的。其中,股东背景是平台的显著特征。研究投资者对不同股东背景平台的选择行为,对于引导投资者"用脚投票",决定资金的去留,强化外部监管,提升 P2P 行业发展质量和治理水平等都具有重要意义。

3.4.1　理论假设

3.4.1.1　投资者行为

在信贷市场中,投资者决策不但受到资产价格和他人行为等因素的影响,也会受到理性推断或心理偏好的影响。从理性推断来看,理性程度不同的投资者,其投资行为也不同。从心理偏好来看,投资者心理及行为差异导致的投资行为会引发市场风险。理财市场中,在购买银行理财产品的决策中,投资者心理偏好不同,购买理财产品的收益率也不同。投资者的从众行为是投资者行为理论中关注的热点。投资者寻求合适的贷款者时,相关的信用信息非常有限,在实际判断是否出借时,更多的是通过市场传递信号。在 Prosper 市场上,"羊群行为"发生时,受到投资者青睐的投标更有可能获得更多的投标。Proper 平台 2006—2008 年的贷款数据显示,前面投资者的决定会影响后面投资者的决定,投资者的决定不是纯粹理性的。我国 P2P 网贷平台中的投资者存在"羊群行为"并且是理性的。投资者在选择网贷平台时具有从众心理,平台历史成交量越大,所拥有的投资者越多,人均投资金额越高。当一个投资者看到特定平台在博客、论坛、媒体做广告介绍或者有大量投资者投资时,这些积极的从众效应可以互相激励情绪,引起投资者对特定平台的关注,进而也参与到对特定平台的投资中。因此,依据投资者行为理论对网贷投资者的行为做出两个基本假设:

假设 1:当网贷投资者开始投资时,选择不同股东类型的平台受多种因素影响(例如广告、论坛和成交量等),个体投资者存在从众行为。

假设 2:一个平台的贷款者越多,说明平台越受欢迎。在投资者从众行为的影响下,不同股东背景平台的短期成交量与贷款者数量显著相关。

3.4.1.2　投资者的风险偏好

不同投资者对风险的态度是存在差异的。投资者的性别、年龄、财富水平、受教育程度、健康状况、收入水平和是否抚养小孩都是影响投资者风险偏好的重要因素。同时,不同群体风险偏好的表现具有差异性。学者们对于风险的性别差异已经基本达成共识,认为女性比男性更厌恶风险。在年龄方面,风险厌恶情绪随着年龄的增加而增加,一般认为风险规避系数在生命周期内是递增的。一个人越年轻,他的预期收入就越高,会平衡在风险资产投资上可能的损失,因而具有更低的风险规避系数。在教育方面,受教育程度越低越厌恶风险。决策者对决策活动的选择判断会嵌入风险偏好。对于风险规避者而言,当预期收益率相同时,偏好低风险的选择;而对于风险偏好者而言,当预期收益率相同时,偏好高风险的选择,因为这会给他们带来更大的效用。风险中立者介于两者之间。我国 P2P 投资者的风险偏好异质性很大。年龄跨度大,收入、性别、受教育程度存在差异,必然导致 P2P 投资者的风险偏好存在明显差异。

3.4.1.3　企业的目标投资者

P2P 网贷平台的目标投资者定位是不同的。按照股东背景,我国 P2P 网贷平台可以划分为上市系、银行系、国资系、民营系和风投系五类平台。民营系股东背景的平台收益率高、风险大,针对风险偏好的投资者;银行系股东类型的平台收益率低、风险小,针对风险厌恶的投资者。其他三类平台介于两者之间。目标客户定位理论认为应从平台角度考虑如何吸引投资者。平台提供的网贷产品和服务是针对不同投资者的风险偏好的。目标客户是平台开拓客户的前提,只有确立了投资者群体中的某类目标,才能展开有效的营销活动。从长期来看,平台的目标客户与投资者的风险偏好是契合的。我国 P2P 网贷投资者在风险识别方面非常重视平台风险。P2P 网贷市场中存在着投资者学习行为的现象,投资者过往的投资经验对其当前的投资行为具有显著的影响。对于平台而言,平台风险不仅来自于贷款者,也与投资者的风险偏好相关,平台应关注投资者的类型选择。因此,依据风险偏好理论和目标客户定位理论得到假设 3。

假设 3:随着投资时间的增长,获得的 P2P 网贷平台信息增加,投资者会对平台股东背景和自己的风险偏好进行匹配。前期的投资者可以选择继续投资,也可以放弃投资,从而对后期不同网贷平台的成交金额产生影响,投资者的选择结果与平台的目标客户定位相契合,不同股东类型的 P2P 网贷平台成交量与投资者数量长期显著相关,并且存在滞后效应。

3.4.2　计量模型和数据说明

3.4.2.1　计量模型

(1)异质性面板模型。假设 i 表示第 i 个个体单元,t 表示时间,c_i 表示个体的截距项,ε_{it} 表示误差项,所有系数和截距都随个体 i 改变。构造的异质性面板模型为:$Y_{it} = a_{it}Y_{i,t-1} + b_{it}X_{it} + c_i + \varepsilon_{it}$。由于在不同股东类型 P2P 网贷平台的研究中,每类股东的公司治理或者企业制度文化等不可观测因素往往呈现类型差别,这些差别不仅会影响回归的截距项 c_i,还有可能影响 Y_{it} 对 X_{it} 变化的敏感程度。当个体观察的期数足够长,或者 t 很大时,我们不能简单地使用 MG 估计量对每个类型单独做 OLS 回归,因为这样回归所得的长期影响也会出现不同股东类型之间不一样的情况。为了克服这一问题,Pesaran、Shin 和 Smith 采取面板平均的方法构造了 PMG 统计量,并将模型扩展到一般的自回归分布滞后模型 ARDL。

(2)P2P 网贷平台成交量概念。平台成交量刻画的是交易者的决策,是平台在某一时间段内,投资者的投资总额,是一个存量概念。投资者把成交量作为一个重要的指标来评估平台实力。假设 $volume_{kj}$ 代表第 k 个投资者第 j 次投资的成交量；$lend$ 是投资者人数，是"用脚投票"的特征变量；n 是每个投资者的投资次数，则 1 年中某个平台投资者的人均成交量为：

$$\overline{volume} = \frac{1}{lend}\sum_{k=1}^{lend}\sum_{j=1}^{n} \qquad (1)$$

整个平台的成交量是：

$$\sum volume = lend \cdot \overline{volume} \qquad (2)$$

由此可知，某一时间段内的成交量与单一次数的交易额、交易的次数和投资者人数相关。提升一次交易的数额和增加交易次数均可增加成交量。当人均投资一定时，投资者数量越多，平台成交量越大。

（3）不同背景平台长期成交量模型。下面基于式（2）讨论不同股东类型平台的成交量与投资者数量之间的异质性动态面板模型。假设不同背景平台长期成交量模型是：

$$volume_{it} = \beta_{0t} + \beta_{1t}lend_{it} + \beta_{2t}borrow_{it} + \beta_{3t}interest_{it} + \mu_i + \varepsilon_{it} \qquad (3)$$

式中，i 表示不同的平台种类，t 表示时间。被解释变量 $volume$ 代表平台的成交量，解释变量 $lend$ 表示投资者的数量，投资者根据平台风险控制的表现决定是继续投资，还是撤资离场，因而投资者的数量是滞后的，本模型考虑滞后 3 期。控制变量 $borrow$ 表示贷款者的数量，贷款者人数越多，平台成交量就越会上升。控制变量 $loan$ 表示贷款者的借款金额。控制变量 $interest$ 表示平台综合利率，μ 代表误差项。同时，为考察平台成交量的短期波动，进一步构造如下面板误差修正模型。如果被解释变量和解释变量是 $I(1)$ 和协整的，那么对于每一个误差项满足 $I(0)$。建立 $ARDL(p_1,q_1,q_2)$ 模型，p_1 是 $volume$ 的滞后阶数，q_1、q_2 分别表示 $lend$、$borrow$ 的滞后阶数。例如，$ARDL(1,1,1)$ 面板模型如式（4）：

$$volume_{it} = \delta_{10i}lend_{it} + \delta_{11i}lend_{i,t-1} + \delta_{20i}borrow_{it} + \delta_{21i}borrow_{i,t-1} + \lambda_i volume_{i,t-1}\ \mu_i + \varepsilon_{it} \quad (4)$$

协整变量的一个基本特征是对长期均衡的偏离具有反应。这种特征表达了误差修正模型，变量之间的短期动态运动被这种对均衡的偏离所影响。通常把方程式（4）重新写成误差修正模型如下：

$$\Delta volume_{it} = \varphi_i(interest_{i,t-1} - \beta_{0t} - \beta_{1t}lend_{it} - \beta_{2t}borrow_{it}) + \delta_{11i}\Delta lend_{it} + \delta_{21i}\Delta borrow_{it} + \varepsilon_{it}$$
$$(5)$$

式中，$\varphi_i = -(1-\lambda_i)$，$\beta_{0i} = \dfrac{\mu_i}{1-\lambda_i}$，$\beta_{1t} = \dfrac{\delta_{10i}+\delta_{11i}+\delta_{12i}}{1-\lambda_i}$，$\beta_{2t} = \dfrac{\delta_{20i}+\delta_{21i}+\delta_{22i}}{1-\lambda_i}$。

参数 φ_i 表示误差修正的调整速度，如果 $\varphi_i=0$，则没有证据表明变量之间存在长期关系。$(\beta_0,\beta_1,\beta_2)$ 表示变量之间的长期关系。在 $ARDL(1,1,1)$ 面板模型的基础上,扩展到 $ARDL(1,0,0)$ 和 $ARDL(1,2,2)$,目的在于验证 $lend$,$borrow$ 对 $volume$ 的滞后效应。为了进一步验证模型结果的稳健性,我们调整模型的控制变量,对 $ARDL(1,1,1)$ 结果进一步检验。

3.4.2.2 数据说明

依据平台股东背景划分为五类平台(表 3-2)。民营个体股东的平台以每月平均 581.51 亿元的成交量居于各类平台之首,贷款余额、投资者人数、贷款者人数和利率的均值都在各类平台中居于首位。

表 3-2 变量统计性描述($N=42$)①

股东背景	变量名	变量含义	单位	均值	最大值	最小值	标准差
民营系	*volume*	平台成交量	亿元	581.51	1088.4	93.75	330.28
	loan	贷款余额	亿元	1967.49	4352.97	239.46	1403.32
	lend	投资者数量	万人	114.54	185.07	14.64	62.17
	borrow	贷款者数量	万人	41.63	152.37	2.37	37.47
	interest	综合利率	%	14.92	23.03	10.32	3.64
银行系	*quote*	平台成交量	亿元	165.74	691.54	4.2	203.51
	loan	贷款余额	亿元	516.47	1486.13	35.21	479.01
	lend	投资者数量	万人	30.26	125.62	0.66	35.93
	borrow	贷款者数量	万人	12.94	58.85	0.11	17.56
	interest	综合利率	%	7.16	9.91	5.33	1.1
上市系	*quote*	平台成交量	亿元	268.52	947.27	0.74	301.07
	loan	贷款余额	亿元	1030.11	3551.04	1.38	1161.36
	lend	投资者数量	万人	49.83	168.13	0.12	52.75
	borrow	贷款者数量	万人	22.25	96.93	0.02	29.84
	interest	综合利率	%	10.8	14.75	7.16	2.81
国资系	*quote*	平台成交量	亿元	83.02	234.65	0.97	79.04
	loan	贷款余额	亿元	337.7	959.5	1.54	329.88
	lend	投资者数量	万人	16.03	40.94	0.14	14.29
	borrow	贷款者数量	万人	6.85	35.5	0.03	8.8
	interest	综合利率	%	9.07	12.7	6.88	1.27

① 数据来源:网贷之家 2014 年 1 月到 2017 年 6 月的行业月度统计数据。

续表

股东背景	变量名	变量含义	单位	均值	最大值	最小值	标准差
	quote	平台成交量	亿元	339.22	1065.78	4.25	361.16
	loan	贷款余额	亿元	1323.15	4365.01	29.09	1368.11
风投系	*lend*	投资者数量	万人	63.21	188.06	0.67	62.45
	borrow	贷款者数量	万人	28.62	151.16	0.11	39.35
	interest	综合利率	%	10.91	13.27	7.88	1.85

3.4.2.3　实证结果与检验

（1）面板数据单位根检验。对于各个变量的水平值进行检验时,均不能拒绝"存在单位根"的原假设,即各变量均是非平稳过程。经检验,5 个变量都无法拒绝存在单位根的假设。而对各变量的一阶差分值进行检验时,检验结果均在 1% 显著水平上拒绝了原假设,即各变量的一阶差分时间序列为平稳过程。因此,各变量的时间序列变量均为一阶单整 $I(1)$ 过程。

（2）面板数据协整检验。如表 3-3 所示,协整关系①的 Kao 统计量和 Pedroni 的 6 个统计量在 1% 显著水平上拒绝"不存在协整关系"的原假设,Group ADF 在 5% 显著水平上拒绝"不存在协整关系"的原假设,可以得出 *volume*、*lend*、*borrow*、*loan* 和 *interest* 五组变量间存在长期联系。在协整关系②中,Kao 统计量和 Pedroni 的 5 个统计量在 1% 显著水平上拒绝"不存在协整关系"的原假设,Panel PP 和 Group ADF 在 5% 显著水平上拒绝"不存在协整关系"的原假设,可以得出 *volume*、*lend* 和 *borrow* 三组变量间存在长期联系。综上所述,可以判断 *volume*、*lend*、*borrow*、*loan* 和 *interest* 存在长期均衡关系,可以用于进一步的协整估计。

表 3-3　　面板协整检验结果

检验	检验结果	协整关系①	协整关系②
Kao	ADF	−4.101***	−7.364***
Pedroni	Panel v	5.327***	6.345***
	Panel rho	−5.138***	−7.296***
	Panel PP	−6.936***	−6.195***
	Panel ADF	−2.500***	−1.773**
	Group rho	−5.762***	−8.461***
	Group PP	−9.231***	−8.668***
	Group ADF	−2.561**	−2.258**

注:*** 表示 $p<0.01$, ** 表示 $p<0.05$, * 表示 $p<0.1$;协整关系①是变量 *volume*、*lend*、*borrow*、*loan* 和 *interest* 的协整检验;协整关系②是变量 *volume*、*borrow* 和 *lend* 的协整检验。

（3）异质性动态面板 MPG 估计。为考察平台成交量的短期波动,进一步构造面板误差修正模型(5),该模型以自回归分布滞后模型为基础。滞后变量模型考虑了时间因素的作用,因变量受到自身或者另一解释变量的滞后几期的影响上。在 ARDL 模型中,不考虑因变量自身滞后项的调整速度,重点放在自变量的影响。本期自变量变化对被解释变量均值的影响通过短期乘数表示(表 3-4),异质性动态面板 MPG 参数估计构造平均短期估计量 SR。按照 ARDL 模型构造了向量误差修正模型,误差修正项记为 EC。投资者数量和贷款者数量的差分对成交量的差分具有显著影响。两个向量误差修正模型的 EC 项回归系数均为负值,且在 5% 水平上显著,说明误差修正机制发生作用,进一步证实了短期效应对平台成交量的长期影响。投资者数量的差分在模型 1 到模型 5 中均在 1% 水平下显著,表明不同股东背景平台的短期成交量与贷款者数量显著相关,而且变量系数都为正值,进一步说明尽管平台股东背景不同,但是规律是一样的。贷款者数量越多,短期成交量就会越多。同时,模型 1 和模型 2 表明短期利率并不能决定平台成交量。如果简单认为利率越高,吸引投资者越多,平台成交量越大,那么这一观点是不合适的。短期效应告诉我们,投资者不会简单地根据平台利率决定投资。在开始选择平台时,投资者存在从众行为,平台的贷款者越多,越能够吸引投资者。不同股东背景平台的短期成交量与投资者数量显著相关。自变量变化滞后期的变动对被解释变量均值的影响通过动态乘数表示,长期效应则表示自变量变化本期和滞后期的变动对被解释变量的影响。异质性动态面板 MPG 参数估计通过长期参数估计解释误差修正项记为 EC。长期效应表示 lend 和 borrow 本期和滞后期的变动对被解释变量 volume 的影响。由表 3-4 可以看出,在模型 1 到模型 5 中,lend 本期和滞后 1 期对被解释变量 volume 存在长期效应,说明投资者数量本期和滞后 1 期对于不同股东背景平台的成交量具有长期影响,出现对成交量调整的滞后效应。从模型系数来看,投资者数量本期和滞后 1 期对成交量有正向作用。模型结果说明,随着时间的增长和信息的增加,投资者会依据风险偏好逐步调整,选择合适背景的平台进行投资。

表 3-4 动态面板协整估计结果

变量	模型 1 $ADRL(1,0,0)$		模型 2 $ADRL(1,1,1)$		模型 3 $ADRL(1,1,1)$		模型 4 $ADRL(1,1,1)$		模型 5 $ADRL(1,2,2)$	
	EC	SR	EC	SR	EC	SR	EC	SR	EC	SR
$lend_t$	5.751 ***		4.041 ***		2.674 ***		−24.28 ***		2.276 ***	
	(21.97)		(4.941)		(4.029)		(−4.855)		(3.270)	
$lend_{t-1}$			1.711 **		2.848 ***		30.39 ***		3.656 ***	
			(2.055)		(4.033)		(5.910)		(4.074)	
$lend_{t-2}$							−1.199 **		−0.531	
							(−2.262)		(−0.698)	
$lend_{t-3}$									−0.635	
									(−1.080)	

变量	模型 1 ADRL(1,0,0)		模型 2 ADRL(1,1,1)		模型 3 ADRL(1,1,1)		模型 4 ADRL(1,1,1)		模型 5 ADRL(1,2,2)	
	EC	SR	EC	SR	EC	SR	EC	SR	EC	SR
$borrow_t$	0.449		−4.983 ***		−6.197 ***		−5.098 ***		−2.586 **	
	(0.854)		(−3.014)		(−12.07)		(−4.691)		(−2.454）	
$borrow_{t-1}$			5.431 **		6.452		4.379		2.007	
			(3.178)							
$borrow_{t-2}$							1.995 *		1.091	
							(1.708)		(0.764)	
$borrow_{t-3}$									1.127	
									(0.942)	
$interest_t$	134.5		134.5		409.9 **					
	(0.664)		(0.664)		(2.083)					
$loan_t$	−0.0220 **		−0.0220 **							
	(−2.568)		(−2.568)							
EC		−0.650 ***		−0.650 ***		−0.648 ***		−0.680 ***		−0.709 ***
		(−4.581)		(−4.581)		(−4.674)		(−6.170)		(−6.199)
△ lend		−0.00598		1.105 *		2.238 ***		20.46 ***		2.408 ***
		(−0.00713)		(1.792)		(6.118)		(7.288)		(9.145)
△ borrow		3.922 ***		7.450 ***		7.461 ***		6.771 ***		5.208 ***
		(6.475)		(5.635)		(6.260)		(8.254)		(9.242)
△ interest		−434.9		−434.9		−403.5				
		(−1.156)		(−1.156)		(−1.048)				
△ loan		−0.0232		−0.0232						
		(−1.053)		(−1.053)						
Constant		−17.37 ***		−17.37 ***		−39.60 ***		−7.346 ***		−7.750 ***
		(−4.833)		(−4.833)		(−5.209)		(−2.640)		(−2.654)
N	205	205	205	205	205	205	205	205	205	205

注:括号中是 Z 统计量, *** 表示 $p<0.01$, ** 表示 $p<0.05$, * 表示 $p<0.1$。

3.4.2.4　稳健性检验

为了进一步检验结论的稳健性,我们通过调整样本数量、时间和改变控制变量,实证结果发现结论依然成立。短期来看,不同股东背景平台的成交量与贷款者数量显著相关,而且变量系数都为正值。长期来看,不同股东背景的平台成交量与滞后 1 期的投资者数量长期显著相关,出现滞后效应,股东背景是影响投资者"用脚投票"的重要因素。

综上所述,P2P 投资者的平台投资决策与股东背景是相关的。当开始投资时,个体投资者存在从众行为,贷款者越多越能够吸引投资者。但随着投资时间的增长,投资者越来越理性,平台股东背景隐含的刚性兑付能力和投资者风险偏好匹配,逐步趋近平台的目标客户定位。异质性动态面板模型实证结果表明:投资者数量和贷款者数量的差分对成交量的差分具有显著影响。两个向量模型的误差修正项回归系数均为负值,说明误差修正机制发生作用。不同股东背景平台的短期成交量与贷款者数量正向显著相关。在长期关系检验中,投资者数量本期和滞后 1 期与五类平台成交量正向显著相关,出现滞后效应,表明股东背景是影响投资者"用脚投票"的重要因素。

第 4 章　P2P 网络借贷生态圈的刻画

10 余年来,我国 P2P 网贷行业历经起步探索、快速发展、爆炸式增长和规范整顿等不同发展阶段,逐渐进入到一个相对平稳的发展时期,已初步形成以网贷平台为交易中心、网贷借款人和投资者为核心参与主体,其他金融服务机构作为重要参与者的复杂金融系统,并且在 P2P 网贷系统内,基于不同的关系链、资金链和利益链,将各网贷借款人、P2P 网贷平台、网贷投资者与其他金融服务机构等相关主体彼此关联,通过专业化职能分工与协作,形成具有关联利益关系、演化发展规律、具备生态学特征的网贷金融生态圈。从生态学视角认识 P2P 网贷,以自然生态发展观厘清 P2P 网贷生态环境下特定商业交易关系耦合的网贷生态组织运营结构,研究这一特定复杂新型金融生态圈中各主体、各种群间的信用结构与信用关系,对引导和科学规范 P2P 网贷行业可持续发展至关重要。

4.1　金融生态观理论

金融生态是一个仿生学概念,是指应用生态学理念对金融的生态特征和规律进行系统性抽象,研究金融系统内外部各因素之间相互依存、相互制约的有机价值关系。周小川(2004)率先提出了金融生态概念,并对这一概念进行了具体阐述,成为生态经济学研究的起点。徐诺金(2005)将金融生态与自然生态进行类比分析,指出金融生态是以金融组织为构成基础,外部运营环境为支撑,由此形成存在分工与协作的有机动态平衡体系。李扬等(2005)指出金融生态系统由金融生态主体及其赖以生存的金融生态环境共同构成,是二者之间相互影响、彼此依存、共同发展的一个动态平衡系统,其中金融生态主体是指金融产品和金融服务的生产者,不仅包括金融机构和金融市场这些直接提供金融产品和金融服务的主体,也包括制定政策、确定规范、进行调控和实施监管的金融决策机构和金融监管机构;而金融生态环境则包括金融产品和金融服务的消费群体,以及金融主体生存和发展的经济社会、法治文化等制度环境。林永军(2005)从系统论角度分析了我国金融生态系统中各子系统的互动关系,提出了我国金融生态具有主导机构免疫能力不足,各子系统关联性不高以及金融生态链断裂等突出问题,完善金融体制机制是解决金融生态缺陷的根本途径。郑胜华等(2015)基于生态系统观研究互联网金融,提出了互联网金融生态系统的理论构架,认为互联网金融生态系统可概括为互联网金融生态主体各要素之间及其与外部环境相互作用的过程中,形成的具有一定结构特征、执行一定功能作用的动态平衡系统。周慧(2014)指出互联网金融背景下,传统金融生态要素——金融生态物种、金融生态环境以及金融生态规则等发生明显改变,互联网金融生态系统将面临更多的外部性风险和不稳定性因素。李东荣(2016)指出互联网金融扩大了金融服务辐射半径,有效发挥了普惠金融特性,但现代网络空间的多维开放性与多向互动性,也导致互联网金融风险的传染性、隐蔽性与外溢性更强,科学引导互联网金融发展需建设兼具包容性与竞争性的互联网金融生态圈和产业链。刘曦子等(2017)基于商业生态系统视角构建互联网金融生态圈,分析了互联网金融生态圈与金融生态圈、电子商务生态系统之间的相互关系。陆岷峰等(2017)运用价值系统理论研究互联网金融生态构建问题,从中观层面分析了互联网金融生态价值系统。

　　综上可知,当前有关金融生态和互联网金融生态的理论研究已有所积淀,有关金融生态理论的精确概念虽未形成,但初步形成了一些共识,即认为金融生态研究的是一种价值关系,是将金融市场、金融组织、金融产品内置于一个独立的系统,融入"环境观"和"仿生观"等生态理念,应用价值理论揭示不同组织运用市场机制形成不同经济联系,这种联系在自然空间层面表现为系统内外部要素间的生态关系,在社会空间层面表现为不同要素间的价值关系,在市场空间层面反映为不同要素间的市场经济关系。在金融生态理论视角下,经济主体被赋予了价值主体的内涵,应用金融生态理论的观点来研究金融市场组织结构,有助于揭示出各组织、各主体间的价值规律,合理协调各经济组织间的利益关系,引导金融资源向结构优化方向配置。

4.2　P2P 网贷生态圈的内涵、结构与特征

4.2.1　P2P 网贷生态圈的内涵

　　自然生态系统强调物种的协调和可持续发展,而以大数据及互联网为基础的P2P 网贷则是基于资源分配效率与社会福利角度,强调资源的优化配置以及社会经济的可持续发展。P2P 网贷生态圈是现代信息网络技术驱动金融业务创新的结果。在现代科学技术的冲击和推动下,传统金融体系内的静态平衡遭到破坏,金融机体组织开始分裂演化,P2P 网贷是从传统金融体系衍生分裂出的互联网金融新形态。就内涵来看,P2P 网贷属于"商业经济生态大系统——金融分系统——互联网金融子系统"中的分支子系统(图 4-1),融合了互联网思维、信息技术和金融业务。

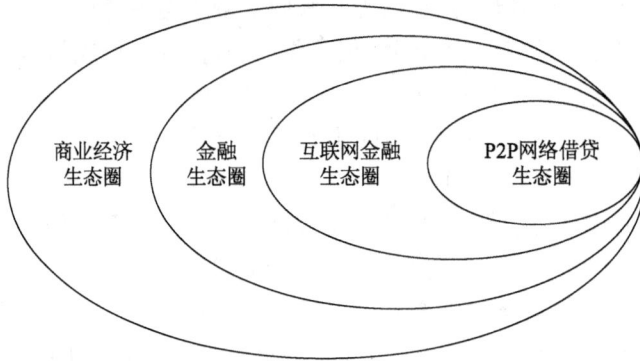

图 4-1　P2P 网贷生态圈与其他生态系统之间的关系

在逐级分裂、关联共生的多层次金融生态系统结构中,结构上彼此独立、职能上相互协调的金融生态组织,基于一定的金融交易规则,在经济金融大系统中通过彼此分工与合作,形成具有外部关联关系和内在逻辑结构、遵循一定演化发展规律的金融生态种群,进而演进为各类生物种群相互作用、相互影响、相互依存、共生互赢,具有显著群体性生态特征的金融子系统。

4.2.2　P2P 网贷生态圈的系统结构

P2P 网贷平台依托互联网技术,以自身独特优势在金融价值链上从事资金融通业务,吸引众多金融生态种群入驻,彼此间基于基本的信任关系和经济利益驱动,不断地进行资金流、信息流以及服务流的交换,同时又与外部生态环境相互协调,由此形成不同关系链、资金链以及利益链闭合的系统内相对稳定、系统外相对独立的 P2P 网贷金融生态圈(图 4-2)。网贷生态圈主体与生态圈外部环境,以及生态圈内各主体之间相互依存、互利共生,形成了立体的、多维的、交互的复杂关联关系,各关联主体组成一个特定的网贷生态链。

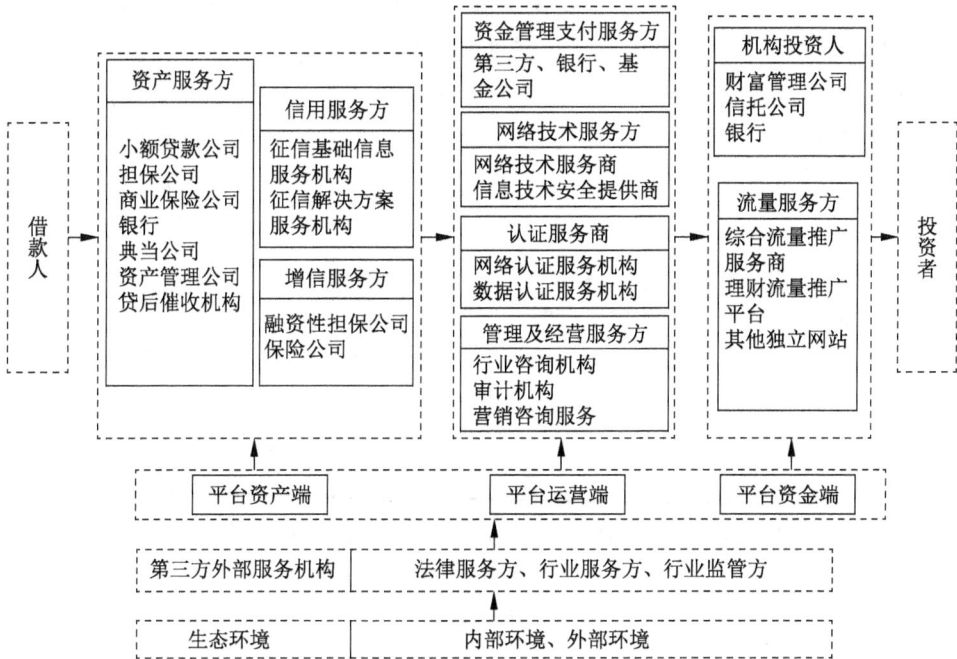

图 4-2 P2P 网贷生态圈系统结构

4.2.2.1 P2P 网贷生态环境

P2P 网贷生态圈所依托的外部环境主要有经济环境(经济状况)、法制环境(法律规制)、信用环境(信用文化)。

(1)经济环境。考察自然生态系统可以发现,土壤是生物生长发育的场所,是陆地生态系统的基础,土壤的肥沃状况往往是制约生态系统生产力的决定因素。不同质地的土壤适宜不同的物种,因而土壤类型也是生物种类和数量分布的制约因素。就网贷生态圈而言,网贷市场发展的动力主要来自于经济环境。所以,经济基础如同自然生态系统中的土壤,是网贷生态圈的重要构成因素。首先,经济基础能为网贷生态主体提供"食物"的数量和结构,也决定着网贷生态主体的生存空间和可持续发展能力。实体经济发展需要有效的资金支持。从根本上说,P2P 网贷生态圈的生成、发展主要源于网贷市场的产品与服务可以吸收和转化居民部门的闲散资金,对接这些弱势部门生产经营、生活消费等方面的资金需求,从而缓解小微企业部门的融资瓶颈。因此,P2P 网贷的资金流与信息流深度交互融合,改变了传统金融资源配置方式,能从更多渠道、更大广度上支持实体经济发展。

(2)法律规制。如同自然生态系统中不同气候条件和不同温度环境对温度习性各不相同的生物物种生长的影响,网贷生态圈中,政治、经济、文化的许多特征是通过法律规制来匡正和塑造的。法律规制自然成为网贷生态环境中的重要要素。这是因为,法律规制是网贷生态主体活动的行为准则和根本保障。互联网线上交易加速了金融业务演化,P2P 网贷特殊的运营环境和交易流程,使网贷生态圈风险的隐蔽性更强、外溢性更广、破坏性更大,因而需完善的法律法规予以保障。健全的法律规则体系能有效打击各种违法的网贷交易活动,矫正网贷市场主体的违规行为,减少网贷市场主体的机会主义行为,预防网贷市场的金融风险,保护网贷市场主体的合法权益,维护网贷市场秩序和网贷生态系统的良性运行。

(3) 信用文化。P2P 网贷是一种由信用关系衍生出来的融资活动,网贷生态圈最基础也是最重要的结构是信用结构。犹如阳光对自然生态系统中生命体不同生态习性形成的影响一样至关重要,信用是网贷生态圈金融活动之本,是网贷市场的灵魂。当前我国网贷生态之所以呈现出恶化之势,根源就在于信用的缺失。因此,迫切需要建设信用文化,发挥信用文化引导、教化、辐射作用,以夯实网贷生态圈基础,让信用成为网贷生态圈的有机构成要素,让信用文化成为网贷生态主体的共同价值追求,不仅使之涵盖网贷金融资源生产、消费的各个环节,涉及企业、个人、政府等主体,还包括网贷市场参与主体有无信用意识、社会信用文化传承环境、社会信用体系的建立与完善等等。首先,信用是网贷参与主体权利的保障。良好的信用文化可以有效激励或约束网贷生态主体行为。网贷交易虽然突破了时空上的限制,却带来了交易的不确定性和信息不对称性问题,易导致道德风险和逆向选择。健全的信用体系对背信者给予惩罚,对守信者予以褒奖或提供交易方便,从而减少违约事件的发生,促进网贷生态环境的健康发展。良好的信用环境还会降低经营风险和交易成本。其次,遵循契约精神是市场交易的基本法则之一。对网贷借款人等主体而言,诚实守信反映着履约的良好意愿,是其参与网贷交易的基本条件,更是其进入网贷市场进行融资的必要条件。在不良的信用环境下,网贷生态系统得不到净化,卷款跑路乃至欺诈等背信行为和事件难以根治,使网贷市场置于高风险之中,网贷行业难以为继,大大增加了"长尾群体"的投融资难度,从而严重背离发展网贷这一普惠金融的初衷。因此,夯实信用基础,加快互联网信用体系建设,优化网贷信用环境,是实现网贷生态圈良性循环的重要一环。

4.2.2.2 P2P 网贷生态圈种群构成

作为 P2P 网贷生态圈中的资本使用与价值增值主体,借款人通常是急需短期资金周转、却又迫于因自身信用缺陷无法直接从传统金融机构获取贷款的次级借款主体,其融资需求具有融资期限短、单笔融资额度小以及融资主体结构分散等特点。P2P 网贷投资者往往是被市场较高投资收益所吸引的个体和机构投资者。P2P 网贷平台是连接融资需求方与资金供给方的线上信息服务网站。第三方服务机构则是围绕 P2P 网贷业务活动,为 P2P 网贷平台资产端、运营端以及资金端提供各类专业性服务的机构,包括资产端服务机构、运营端服务机构及资金端服务机构。平台资产端服务机构包含资产服务方、信用服务方以及增信服务方。其中,资产服务方有两类:一类是与线下传统金融机构合作,由以提供资产服务为核心的小额贷款公司、担保公司、商业保理公司、融资租赁公司、资产管理公司等组成;另一类是与线上机构合作进行拓展,包括 P2P 网贷平台购买流量自行推广,以及与引流公司进行业务合作、推荐客户的机构。信用服务方围绕平台征信和审贷环节提供金融服务,包括征信信息服务机构以及征信解决方案服务机构。增信服务方则以融资性担保公司为主,少量保险公司融合构成。平台运营端服务机构主要为 P2P 网贷基础业务的运营提供专项服务,包含资金管理与支付服务方、网络技术服务方、认证服务方以及经营管理服务方。资金管理与支付服务方是平台运营端的主体机构,包括第三方支付机构、银行以及基金公司等;网络技术服务方是平台运营端的第二大服务主体,主要解决在线交易出现的各类网络技术难题;认证服务方的核心职能是保障交易数据安全;经营管理服务方则以提供业务咨询和审计服务为主。P2P 网贷平台资金端服务机构的职能是帮助平台获取投资者,流量服务方在其中发挥主导作用,通过在线广告推送和网页宣传等途径为 P2P 网贷生态引入投资者。此外,在 P2P 网贷生态体系内还存在一类特殊价值主体——第三方外部服务机构,如法律服务方、行业服务方以及行业监管方等。

不同类型、不同属性、不同功能的金融生态组织既彼此独立,又分工合作,共同催生了包容、创新、发展、共生的 P2P 网贷生态圈。在该生态圈内,各个生态主体相互依存、相互作用又竞争合作,围绕网络借贷这一核心业务,开发出风险管理、信用评级、身份认证、信用担保、资产保全等一系列衍生业务,各类业务交叉融合、互补发展,促进了生态圈内资金融通和资源配置,维系着生态圈的发展和运行。

4.2.2.3　网贷生态圈系统的生态链结构

上述分析表明,P2P 网贷生态圈的种群(参与主体)已越来越丰富多样,它们围绕 P2P 网贷融资核心业务既彼此依存合作,又分工竞争,通过各自不同的角色作用共同支撑起一个相对完整的网贷生态圈,并且在此生态圈内形成了特定的生态食物链网结构,贯通网贷生态系统中持续发展的循环链路。根据各参与主体(生物种群)在网贷生态圈中的地位分工,以生态学视角,可以将它们分为生产者、消费者、分解者、调控者等生态主体。

(1)生产者。P2P 网贷平台及其所依托的出资人作为主要的生产者,凭借其中介地位从经济部门中吸收社会闲散货币等资金原料并将其转化为有效资金资源。依据资金原料的来源,网贷生态圈内的金融资源生产者可以划分为初级生产者和辅助生产者。初级生产者直接将居民、企业部门暂时闲置的资金集聚起来,转化为有效投资资金。辅助生产者是为了增强资金流动性、分散网贷风险而提供专业化辅助服务的机构,如担保机构、增信机构、征信机构等,其作用是强化、增进初级生产者的功能,助力初级生产者金融功能的实现及业务发展。

(2) 消费者。中小微企业是网贷金融资源最主要的消费者,互联网金融资源以资本形式转化为中小微企业这一特殊"生物"体的重要构成部分(徐荣贞,2017),其中暂时闲置的货币资金成为生产者可以再利用的资金原料。长期以来,不同规模或类型的企业所面临的金融生态环境存在显著差异,大型企业凭借其较强的实力和良好的信用容易赢得金融资源生产者的青睐,而中小微企业在发展过程中面临较为不利的金融生态环境,制约了其合理的融资需求。如同自然生态中,人类作为自然界中的消费者,凭借其自身的努力和经验,获取大量的自然资源,并利用自然资源从事生产和生活。网贷借款人同样出于自身生存发展的考虑,也应当自觉维护与网贷平台、投资者特别是金融资源生产者的良好信用关系,并不断给投资者合理的投资回报。

(3) 分解者。基于自然生态的本源意义,问题企业和网贷平台等通过信用评级、征信、资产评估、担保等中介组织分解资金原料,进行风险控制,给予风险补偿,并归还到投资者中,从而被金融资源的生产者再利用而实现金融生态循环。良好的信息中介服务有利于降低金融生态主体的成本,提高金融生态系统的效率,此时转化者相对于分解者的优势便凸显出来。

(4) 调控者。自然生态系统中,物种的作用不尽相同,发挥维护生物多样性和生态系统稳定性作用的物种被称为关键物种,它们的强化或弱化可能会引起整个生态系统发生根本改变。网贷生态圈中,监管机构类似自然生态中的关键物种,其存在的必要性在于调控而非生产。作为调控者,通过金融政策、金融监管法规、市场退出机制等,监管机构主动调控网络金融资源的生产和消费,制定准入与退出制度,引导网贷主体的生长。监管是金融生态的自调节,主要是运用金融、法律、市场、自律等各种机制、手段,协同政府其他管理机构借助金融生态主体的市场准入与退出机制来净化网贷生态环境。严格高效的监管不仅能够保障网贷生态圈的良性循环,而且能够缩短网贷生态圈的自调节时间,提高网贷生态的自调节质量,还可以有效控制 P2P 网贷市场的规模、速度和结构,促进网贷市场良好竞争的形成和秩序的演进。

生态学理论表明,生态链的组成成分越多样,生态系统自动调节和恢复稳定状态的能力就越强。网贷生态圈也是如此,网贷生态系统自我调节能力的增强,网贷生态功能的有效发挥,都依赖于网贷生态链的稳固、网贷生态圈物种的丰富多样,最终保持网贷生态圈的活力、弹性、韧性和深度。

4.2.3　P2P 网贷生态圈的特征

P2P 网贷凭借自身的市场优势,快速发展成为一个囊括较多生态种群、结构相对稳定、体系相对成熟的金融子生态体系,并促使金融借贷业务向交易方式网络化、交易平台信息化以及服务对象分子化方向转型。P2P 网贷金融生态正推动金融系统从传统的相对分割、静态、模块化时代迈向融合、动态、分子化信息时代,从而使之呈现出鲜明的生态学体征,具体包括生态多样性、进化性以及系统自调节性等。

(1) 生态多样性

生态学理论认为,生物多样性是保证生态圈持续发展、协调运行的基础,P2P 网贷生态圈也与之类似,其多样性主要表现为参与主体的多样性。在网络信息化时代,互联网平台集聚了大量的线上交易用户,形成了庞大的信息资源数据库,经济主体交易的信息明细形成了 P2P 网贷发展的物质基础。许多专业性金融服务机构及科技型企业抓住商业发展契机,纷纷涉足互联网金融领域,加速了 P2P 网贷生态群落内物种间的竞争与演化。由于线下缺乏有效的投资渠道,部分"过剩"的社会资本也辗转流向了 P2P 网贷行业。

(2) 进化性

生态学上的进化是指种群遗传性发生改变。互联网基因的植入使 P2P 网贷显著区别于传统银行借贷,突出表现为 P2P 网贷促使金融借贷业务的交易方式更为简洁、交易结构更加优化、交易效率显著提高、交易风险更加隐蔽等。从产品和服务来看,P2P 网贷是传统银行信贷业务的升级与进化。

(3) 自调节性

自然生态系统借助反馈调节维持生态圈的平衡与稳定,P2P 网贷的金融生态也具有一定的自调节能力,具体表现为恢复能力和抵抗能力。P2P 网贷生态圈的抵抗能力与其组织结构和发展阶段有关。生态圈的组织结构越复杂,其抵抗能力就越强。发展成熟、运作规范的 P2P 网贷平台拥有较强的资金实力和风险防控能力[①],因而 P2P 网贷生态圈发展越成熟,其抵抗能力也越强。

(4) 稳定性

P2P 网贷生态主体、生态环境之间是内在联系的,生态环境作用于生态主体,而生态主体又反作用于生态环境,这种相互作用能促进 P2P 网贷生态圈环境的变化。网络借贷主体间的自我选择机制及生态环境的自我调节机制使得 P2P 网贷主体和环境整体上处于相对稳定的状态。P2P 网贷交易从开始到结束几乎都是在

[①]　生态学中的恢复能力是指在受到系统内组织结构变异或者系统外环境不利改变后,生态圈恢复原有功能和结构的能力,抵抗能力则是指生态圈抵抗外部干扰、维持原有结构与功能的能力。

线上完成的,借助互联网技术和大数据的优势,减少了传统实体借贷交易过程中的纸质填单、人工交流等烦琐的流程,增强了交易的可操作性和循环性,使得 P2P 网贷系统整体趋于稳定。

4.3   P2P 网贷生态圈的信用结构与信用链条

4.3.1   P2P 网贷生态圈的信用结构

一般意义上的信用结构是指信用活动过程中所形成的各种信用要素、信用形式、信用类型的构成状态。P2P 网贷生态圈内的信用结构是指网贷交易活动中所产生的信用主体行为与信用关系内部各要素所结成的有机构成,具体由信用主体、信用客体、信用条件、信用载体、信用方式等组成。其中信用主体包括网贷交易活动的直接参与主体和利益相关者。

4.3.1.1   P2P 网贷的直接信用主体

信息技术植入金融产业所带来的最显著变化就是改善了金融交易效率,降低了资金交易成本,使更多主体和机构参与到网上金融业务中。当前 P2P 网贷业务的直接参与主体主要包括网贷借款人、P2P 投资者、网贷平台和第三方服务机构等四类信用主体。

网贷借款人即资金的融入者,是 P2P 网贷交易链上资金的直接需求主体。在 P2P 网贷市场中,常见的借款者主要有两类信用群体:一类是解决临时性、流动性缺口,结构较为分散的单个微观借款主体;另一类是小微企业群体。在国外,P2P 网贷的借款者主要是个人消费者和小微企业机构等。美国以消费为主导,其消费类贷款占据 P2P 网贷平台总贷款量的 70%,其中 Lending Club 网贷平台上超过 80%的借款是用于消费者的再融资和信用卡清偿,一些公益性质的 P2P 网贷平台,例如 Kiva 等则主要是为小手工业者和小工商业者提供信用类贷款。英国是最早兴起 P2P 网贷的国家,在英国,P2P 网贷业务不再仅仅局限于消费等性质的融资,而是逐渐向其他产业渗透。英国已经出现了票据融资和房地产融资等专业化的 P2P 网贷平台,英国的借款人群有向企业延展的趋势。基于国别和文化理念的差异,与美国和英国不同,中国的消费经济还处于发展的过程中,居民的超前消费理念还不强,P2P 网贷平台的借款主要是为满足个人和中小微企业的生产类贷款以及非常规性借款,具有商业贷款的性质。在中国,P2P 网贷的借款主体主要包含三类:一是普通个人借款者,其贷款金额通常在 10 万元以下,且多为信用类贷款;二是小型个体工商户,借款的目的主要用于疏通其商业运营需求;三是中小微企业,目前,小微企业类型贷款是我国 P2P 网贷市场中的重要构成部分,涵盖了小微企业的生产、销售以及再生产等各个环节。

P2P 投资者即资金的出借人，是 P2P 网贷交易链上资金的直接供给主体，与网贷借款群体类似，在 P2P 网贷市场中投资者也主要包含两类主体：一类是个体散户投资者，另一类是机构投资者。在国外，P2P 网贷业务最初是以吸引个体投资者为主，目前呈现出个体投资者与机构投资者并重的格局。与国外不同，国内的 P2P 网贷市场主要以个人投资为主，机构投资参与较少，出现这种差异主要与中国国内网贷市场的发展环境有关。同国外相比，我国的 P2P 网贷市场发展还不成熟，相关的监管体制机制尚未健全，行业的潜在高风险性依旧十分突出，面对这种行业发展现状，很多机构投资者采取谨慎介入的策略，导致我国网贷市场呈现出"小而多""大而不全"（小型投资者繁多、机构投资者不足）的发展格局。

P2P 网贷平台是以互联网为运营载体，依靠网络通信技术为资金借贷双方提供信息流通互配、工具支持和信用审核等中间服务，以撮合借款人与投资者，协助借款人和投资者完成资金线上对接交易的第三方中间服务网站。在 P2P 网贷交易过程中，平台提供的服务主要包括：借贷信息公布、信用审核、投资咨询、法律手续、逾期贷款追偿以及其他增值服务等。在国外，P2P 网贷平台主要是充当借贷信息交互的中介角色，以提供信息交换为业务核心，不作为借贷资金的债权与债务方，不直接参与借贷流程，因而国外的 P2P 网贷平台主要以收取信息服务费作为其利润的主要来源。英国的 Zopa 网贷平台在其交易的过程中，规定投资者需按照其贷款金额的 1% 向平台支付服务费，借款人获得借款时需向平台支付固定的借款费用，单笔借款的固定费用依据其借款的金额和期限进行设置。与国外不同，虽然我国的监管法规已明确了网贷平台作为信息中介组织，但由于我国的社会信用体系尚不健全和完善，存在个人守信意识差、企业经营风险大、贷款损失率高等问题。基于风险和收益等方面的考量，很多 P2P 网贷平台开始转向线下，与线下机构合作挖掘潜在用户，借助第三方信用服务机构，分散借款人风险，而有些平台甚至为了快速积累用户和资金流量，为投资者进行本金和收益担保，成为风险的直接受体，这也是我国 P2P 网贷平台易发生"爆雷"的主要原因。在运营收益方面，我国很多 P2P 网贷平台除了收取借款交易费用外，还征收第三方服务等费用。"拍拍贷"平台对于每笔成功借款，还款期限在半年以内的按照本金 2% 的标准收取借款交易费用，超过半年期的按照借款金额 4% 的比例收取借款交易费用。同时对用户在平台账户充值和提现的过程，也加收一定比例和金额的第三方服务费用等。

第三方金融机构是 P2P 网贷交易链上存在的不直接参与借贷流程，而是为网贷平台和投资者提供外部金融服务的机构，包括资金托管与支付机构、增信机构、信用评级机构、征信机构等。在国外，为网贷平台提供金融服务的第三方机构主要为银行、征信机构以及政府监管部门等。与国外不同，我国的 P2P 网贷市场有其自身特殊的行业发展环境,网贷平台除了与商业银行和征信公司等机构合作外,还积极与小贷公司、担保公司、保理机构以及典当行等一系列具有本土化特点的金融服务机构建立合作关系。

4.3.1.2　P2P 网贷生态圈的利益相关者

从价值流的输出与金融服务供给的视角来审视,以提供信息交换、资金匹配的 P2P 网贷平台为中心,P2P 网贷生态圈的利益相关者可分为内部利益相关主体和外部利益攸关者(见图 4-3)。其中,内部利益相关主体是网贷生态圈内的直接信用主体,外部利益攸关者则是网贷生态圈内的间接信用主体。

P2P 网贷内部利益相关主体主要是指直接影响资本价值流转与资金服务的 P2P 网贷交易主体,包括 P2P 网贷平台、借款人、投资者等。在 P2P 网贷交易过程中,网贷内部利益相关主体构成了网贷资本价值的生产、消费与再生产的整个核心环节。基于资金的流动性需求,网贷借款人向 P2P 网贷平台申请借款,经平台审核和投资者投标后,资金流经平台由投资者转向借款者,并经借款人的消费和生产过程直接流入社会价值的生产环节,资本形态完成由借贷资本向生产资本的转化。而社会生产过程中所产生的利润又构成借款人资本增值的核心,并且部分以本金和利息的形式流向 P2P 网贷平台和投资者,形成网贷平台和投资者服务的收益,因而,网贷借款人直接决定和影响着网贷平台和投资者的利益。其次,资金在经网贷平台由投资者流向借款人的过程中,当平台发生操作和运营风险致使资金发生损失时,投资者与借款人的利益受到直接影响。因而,在 P2P 网贷交易过程中,网贷借款人、P2P 网贷平台以及网贷投资者之间构成直接的利益共同体,形成网贷内部利益相关主体。

P2P 网贷外部利益攸关者是指不直接参与网贷交易流程,主要为网贷资金交易提供专业化金融服务和营造良好的交易环境,以其提供的服务获取网贷收益,并对网贷资金流的循环运转具有重要影响的网贷服务主体,包括资金托管机构、增信类机构、征信类机构、信用评级机构、会计事务所、法律事务所及行业自律组织等。一方面,P2P 网贷作为我国互联网金融创新的重要价值主体,在改善金融交易效率和推动金融深化创新发展方面发挥了重要作用,然而由于我国的金融创新发展机制尚不成熟,金融市场交易法规、市场运营环境等方面还不完善,导致以 P2P 网贷为代表的互联网金融面临较大的风险问题,继而对金融市场的稳定性存在潜在冲击。引导和规范金融市场稳健发展需要政府等金融监管部门的介入,从而为金融行业的稳定和创新发展营造良好的外部运营环境。另一方面,P2P 网贷业务的快速规模化发展,也让更多的传统线下金融机构开始积极对接线上金融业务,以弥补和对冲在信息科技技术革新下,金融分流导致的传统金融业务收益减少的问题。

在 P2P 网贷交易过程中,第三方营利性的服务性金融机构主要有增信机构、担保公司、资金托管与支付机构以及资产管理公司等,这些第三方机构通过提供专业化金融服务,收取相应报酬,影响网贷链上资金收益的分配,其提供的服务质量也影响着网贷资金流的持续运转。而网贷行业的自律组织在规范网贷平台运营和推动网贷市场稳健发展方面也具有重要影响。

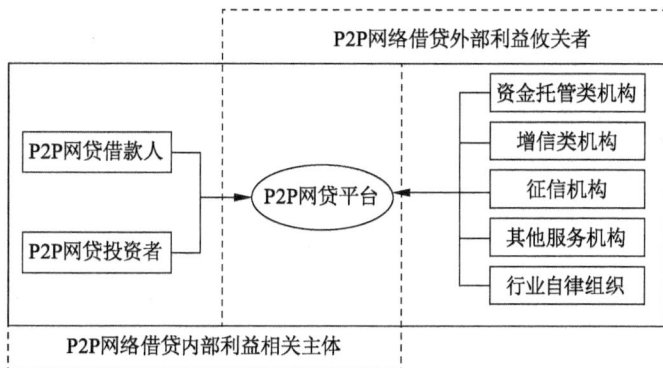

图 4-3 P2P 网贷利益相关者结构

4.3.1.3 信用客体

信用客体是金融市场的交易对象。在 P2P 网贷市场中,交易对象是网贷投资者的投资资金以及其他金融服务,它们既可以是有形的,如借贷资金等,也可以是无形的,如存管、担保、增信、征信等各种为网贷交易配套的相关服务。信用客体是网贷生态圈内直接信用主体之间、直接信用主体与间接信用主体之间,以及间接信用主体之间确立信用关系和开展网贷业务的载体,因而是 P2P 网贷生态圈的有机构成要素之一。

4.3.1.4 信用条件

与传统借贷市场一样,P2P 网贷市场中的信用条件包括期限和承诺。信用是资金所有权和使用权分离的产物。实现资金的两权分离,期限是一个必要条件。没有期限,授信方无法投资并获得收益,授信方也无法取得资金使用权,信用关系也无从建立。期限使 P2P 网贷信用关系内含不确定性因素的影响,容易诱发信用风险及其他风险。为了减少网贷信用风险及其他相关风险,需要借贷活动以及其他配套交易活动中的一方对另一方作出承诺,如还本付息的承诺、合规经营、诚信服务、保证信息真实透明等。信用条件是 P2P 网贷良好信用关系建立的要件和基本前提,也是维持网贷生态圈良性运行的重要一环。

4.3.1.5 信用载体

P2P 网贷交易中的信用及信用关系是通过信用载体反映出来的,没有载体,就如同无水之舟,信用关系无所依附,信用行为无从规范,借贷关系难以维持,网贷交易难以达成。信用载体可以是内化在网络借贷交易行为中的价值准则,也可以是格式化的各种网贷信用工具,可以是抽象的,也可以是具体的。信用载体有时表现为资金交易双方以诚实、信誉、信任为保证条件,明显地包含道德和心理因素,而以个人品质和能力为基础,具有人格化的特点,通常表现为书面信用等具体物化形式。书面信用反映在凭证上,如借贷合同、担保契约、服务协议等。网贷市场中,虽然资金借贷双方也需要依靠诚实、信誉、信任等条件,但其效力主要源于书面凭证的法律效力,而且以货币来计量,具有价值化特点。信用载体为网贷市场中各相关交易主体的权利、义务提供了制度上、法律上乃至道德层面上的保障,从而也为网贷生态圈的形成、演化和运行提供了稳定的信任机制。

4.3.1.6 信用方式

信用方式指信用交易的具体表现形式,是信用活动的条件、过程及形式的集合体现。P2P 网贷市场中的信用方式主要有借贷、分期偿付、委托、代理、担保、抵押等。不同的信用方式有其相应的信用载体。一般而言,每一个特定的信用行为,都是由特定信用主体在一定的信用条件下借助某些信用载体转移信用客体的行为,这种转移过程表现为一定的信用方式,并形成特定的信用内容。各种不同信用方式的综合运用和交互作用促进了网贷生态圈这一复杂信用系统中相互关联、相互依托、相互影响信用链条的形成,在网贷生态圈信用结构中具有基础性地位和作用。

4.3.2 P2P 网贷生态圈的信用关系

随着越来越多金融机构和其他参与主体的涌入,P2P 网贷在延续传统纯信用业务的基础上,积极主动适应外部发展环境的变化,不断创新网贷平台的运营模式,发展出抵押担保、债权转让等典型平台业务的经营形式,P2P 网贷的业务结构不断丰富和拓展。当前,我国 P2P 网贷市场除经营传统的企业和个人信用贷款外,已开发出包括车贷、房贷、供应链金融、融资租赁、票据、艺术品抵押、农村金融以及消费金融等在内的众多差异化金融子业务模式。

这些不同属性、不同类型的 P2P 网贷子业务模块,依循其业务对象和操作机制的差异,逐步发展成为功能相对成熟的 P2P 网贷子业务结构,形成了 P2P 网贷独特而稳定的业务运营体系。从本质上界定,这些差异化的 P2P 网贷子业务模块均是在纯信用贷款基础上演化而来的,因而在业务属性上仍是一种商业信用行为。事实上,P2P 网贷是典型的由商业信用关系组建成的借贷活动(图 4-4),但这种信用关系又显著区别于传统银行等金融机构的信用行为,通过 P2P 网贷平台的信息中介功能,网贷借款人与 P2P 投资者之间不形成直接的显性债权关系,而是以信用作为基础,在一定的外部信用监督制约机制下,通过商业契约准则与 P2P 网贷平台形成合约借贷,以借助 P2P 网贷平台的信息流通媒介功能,实现借贷资本的高效融通与配置,因而,P2P 网贷借款人与 P2P 投资者是网贷系统内的主要信用主体,他们之间依靠 P2P 网贷平台建立起间接的信用联系。

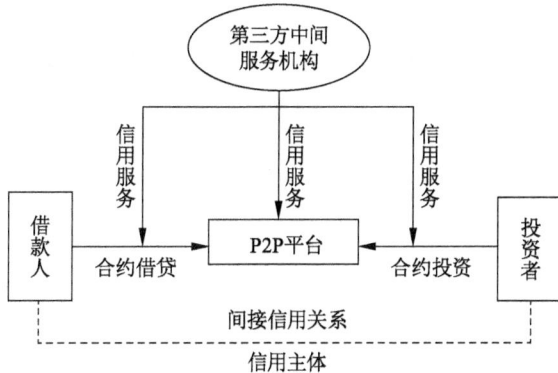

图 4-4 P2P 网贷生态圈信用关系

　　P2P 网贷业务的快速发展和市场化的需要,在 P2P 网贷体系内衍生出一类专门服务于 P2P 网贷的第三方中间服务机构,围绕网贷平台,通过市场有偿服务准则与 P2P 网贷平台之间形成直接的信用关系,以专业化职能分置于网贷业务链的前端、中端以及末端端口,为 P2P 网贷业务提供各类基础信用服务。在 P2P 网贷业务链前端各类中介性质的担保公司、第三方征信服务机构以及增信评级机构等替代了传统银行的信用评级中介职能,通过市场化运作形式形成专业性的信用中介服务机构,在 P2P 网贷业务链中提供有偿的信用供给服务。银行、基金公司以及第三方资产管理公司等主要活跃于 P2P 网贷业务中端,与 P2P 网贷平台建立资金存管与资产管理协议,同 P2P 网贷平台间构成直接的商业信用关系。布局于 P2P 网贷业务链末端的中间服务机构主要是一些法律咨询中间服务商、逾期贷款催收机构等,为 P2P 网贷的特定主体提供专业性信用服务。

4.3.3 P2P 网贷生态圈的信用链条

　　我国 P2P 网贷市场发展到现在,已经形成了一个相对独立而又复杂的新金融生态圈。在这个生态圈内,各个信用主体及其所建立的信用关系组成了一个相对完整的信用结构,这种信用结构以 P2P 网贷平台、网贷投资者和借款人为中心,以资金为纽带,以网贷交易及其相关金融服务活动为连接线,结成了一个彼此衔接、叠加交错的信用链系统。这一信用链系统主要由八条信用链条构成(图 4-5),这些信用链条将整个 P2P 网贷业务进行了功能分工与组合,是 P2P 网贷生态圈的核心系统。

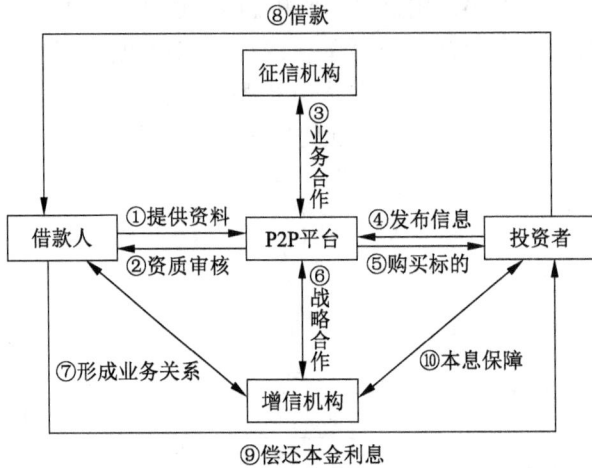

图 4-5　P2P 网络借贷信用链

（1）借款人向 P2P 网贷平台提出借款申请，提供自身的信用资料，平台对借款人资料进行核实，审核通过后平台向借款人发放资金，借款人与 P2P 网贷平台之间的信用关系构成第一条信用链。

（2）P2P 网贷平台发布经审核过的网贷借款人信息，投资者通过平台所公布的信息购买标的进行投资，投资者与 P2P 网贷平台之间构成第二条信用链。

（3）借款人通过平台获取资金，投资者通过平台出借资金，双方以平台为中介，借款人需要按约还本付息并按规定使用资金，投资者根据借贷合同按期收回本金、获取利息。借款人与投资者之间形成第三条信用链。

（4）P2P 网贷平台与征信机构等第三方服务机构进行战略合作，平台为征信机构提供借贷客户信息，征信机构为平台提供借款人信用信息、信用评级等服务。P2P 网贷平台与征信机构之间的信用合作关系构成第四条信用链。

（5）P2P 网贷平台与担保机构、保险公司、保理公司等担保机构开展信用保证合作，平台为担保机构提供借贷客户信息、借款项目信息以及其他有关信用的信息资料，担保机构为平台、出借人债权提供信用保障，或为借款人债务提供代偿保证责任。P2P 网贷平台与担保机构之间的信用保证关系构成第五条信用链。

（6）担保机构根据借款人的风险等级确定担保费率的高低，为借款人债务提供担保服务，借款人丧失偿债能力、发生违约时，担保机构为其代位偿还债务本息。担保机构与借款人之间的信用保证关系构成第六条信用链。

（7）担保机构为投资者的投资资金提供保障服务，当借款人发生信用违约事件时向投资者赔付损失，担保机构与投资者之间形成第七条信用链。

（8）商业银行等存管机构接受 P2P 网贷平台委托开展网络借贷资金存管业

务,平台在商业银行开立资金存管汇总账户,向商业银行披露包括委托人基本信息、借贷项目信息、借款人基本信息及经营情况、各参与方信息等。商业银行等存管机构为 P2P 网贷平台开立网贷资金存管专用账户和自有资金账户,为出借人、借款人和担保人等在网贷资金存管专用账户下分别开立子账户,确保客户网贷资金与网贷信息中介机构自有资金分账管理,安全保管客户的交易结算资金。商业银行等存管机构与 P2P 网贷平台之间形成第八条信用链。

通过基础信用链将 P2P 网贷各参与主体关联在一起,形成一个互为依存、彼此影响的信用链系统,处于 P2P 网贷信用链上的任一环节被破坏,均会降低整个网贷业务运营效率甚至导致整个网贷生态圈失衡。因而,这些相互作用、相互影响、错综复杂的信用链条将 P2P 网贷内部镶接为一个具有不同职能分工又存在相互利益关联的共生性系统,共同支撑并维系着 P2P 网贷生态圈的形成、演进和循环。

4.4　P2P 网贷生态圈的功能、稳态与恢复力

4.4.1　P2P 网贷生态圈的功能

自然生态系统通过物质生产与能量流动维系着生态圈内物种的平衡与稳定,以期实现自然生态系统的稳态平衡。在 P2P 网贷生态圈内,各网贷生态主体在外部经济环境、政策环境及信用环境等生态环境的作用下,通过资金流与业务流的交换与融合,不断为 P2P 网贷生态圈提供物质和能量的供给,以实现 P2P 网贷生态圈内各物种、各生态种群的和谐发展。生态学视角下,P2P 网贷生态圈的核心功能主要表现为:物质生产(资金循环)、能量流动以及信息传递。

4.4.1.1　物质生产(资金循环)

在自然生态系统食物链中,物质生产依次转化、回到生产者,并再次进入到下一个循环。而在 P2P 网贷生态系统中,物质的循环形式即表现为资金的循环。P2P 网贷借款人作为网贷生态圈内的生产者也是 P2P 网贷生态系统中物质和能量的直接供给者,依托一定的信用环境,网贷借款人从投资者处获得原始资金,经消费和生产环节转化为生产资本形成资本增值,为网贷生态圈创造新的物质和能量,并最终以利息和本金的形式,沿着一定的信用链、资金链和业务链输送给网贷生态系统内不同生态物种和种群,完成一次资本流的循环,构成一个闭合的资金链网。在整个网贷生态圈资本生产的过程中,网贷借款人是价值创造的主体,其他金融机构作为重要的外部服务方,为网贷生态圈内资本的循环运转提供外部基础服务。与自然生态系统不同的是,P2P 网贷生态圈内各生态物种之间是互利共生的关系,

借款人资金流的按期偿付影响着 P2P 网贷平台和投资者以及外部资金服务方的正常运行与发展,网贷平台运营的稳健性也关联着投资者和外部金融服务机构的利益,而外部资金服务方提供的服务质量也直接或间接影响着网贷生态圈内资金流的可持续运转。因而,在 P2P 网贷生态系统内,物质即资金的生产过程实际反映的是网贷各生态物种之间的分工与协作过程。

4.4.1.2 能量流转

能量是促进自然生态物质循环的动力。在 P2P 网贷生态系统中,信用则是推动资金流动循环的要素。基于信用契约,网贷借款人获取生态圈内资金生产的原料,并通过一定的流程转化为网贷生态系统中的营养物质,为生态圈内的其他主体供给能量。不同网贷生态种群之间通过构建契约合作关系,形成资金流转的链路,构成 P2P 网贷生态系统中的营养级。与此同时,信用关系的建立使得 P2P 网贷生态圈内有源源不断的新物种和种群加入,因而,P2P 网贷生态圈具有可持续性和稳态性。作为网贷生态系统内资金生产与能量流动的基础,网贷生态主体间的信用关系也存在一定特点:一是信用的来源比较分散。网贷各生态主体间的信用是在诚信文化中逐渐形成并由法律体系的惩戒机制来提供保障的。二是信用的流动具有双向性和交互性。网贷生态圈内任一生态主体信用的缺失都会直接或者间接影响网贷资金流的运作和可持续循环。三是单个生态主体信用的流动不是纵贯全程的而是具有区间性。网贷个体的信用活动是通过相关主体"信用对接"完成的,主体间信用关系的结束也意味着信用活动的终结。

4.4.1.3 信息传递

信息调节与反馈是自然生态系统物质循环与有序运动的基础。在 P2P 网贷生态系统内,信息也是影响和决定生态圈内物质生产的核心要素。基于 P2P 网贷平台的信息交互功能,网贷借款人的贷款信息经平台传递给投资者,引导网贷资金由投资者流向借款人,形成网贷生态圈物质和能量生产的基础。与此同时,基于风险等因素的考量,网贷平台在审核借款人的信用资质时,也有外部服务的需求,而这种需求通过互联网的信息技术载体被传递至相关的金融机构,致使不同功能与业务的金融服务机构参与到网贷生态系统中。因而,通过信息传递机制使不同的生态种群间彼此构建起业务协作关系,共同引导资源流向合理配置。不同于自然生态和传统金融生态,P2P 网贷生态系统中的信息传递具有其突出特点:一是信息传递的复杂性和运行成本被极大降低。互联网的信息技术载体使信息在传递过程中突破了时间与空间的局限,打破了传统金融市场中信息在传递过程中存在的滞后性,提高了信息的传递效率,降低了信息在传递过程中的中间交易成本。二是信息传递过程中的不对称性被极大改善。基于网贷平台的信息中介功能,不同的网贷参与主体能够相对平等和均匀地获取信息,因而 P2P 网贷平台的存在改善了信息传递过程中的不对称性,有效削弱了由于信息不对称所引发的信用能量流转中的衰减效应。

4.4.2　P2P 网贷生态圈的稳态

4.4.2.1　稳态的含义

稳态在不同学科理论中有不同的解释。动力学理论中的稳态是指系统的最优状态在一定条件下保持稳定且有效。生态学理论中的稳态则是指生态系统中的结构和功能可在一定的时间与空间范围内保持不变。作为金融生态和互联网金融生态系统中的有机组成部分,处于稳态的网贷生态圈是保持长期不变而非瞬时不变的生态系统。在一定的外部冲击、内部干扰或趋势性自我变革的调整下,一个或多个状态变量会突破阈值范围而引起系统从一种稳态演变迁移到另一种稳态,表现为一定的状态空间中从一个系统结构跃迁到另一个系统结构。

4.4.2.2　P2P 网贷生态圈的稳态实现

自然生态系统在发展过程中,借助其形成的特殊调节机制,维系着生态圈内各物种、各种群与生态环境间的相对协调,进而形成平衡稳定的自然生态系统。建立在信用契约与业务协作、信息传递与价值生产、资本循环与能量流动等生态功能基础上的 P2P 网贷生态圈在其运行结构方面也具有稳态平衡。在一定经济环境、信用环境与监管环境等生态环境的作用下,网贷借款人基于其信用基础从生态圈中获取生产原料并向生态圈供给能量,投资者基于一定的投资和经济需求向网贷生态系统提供资金原料并享有能量供给即资本价值的回报,而其他服务主体则基于一定监管和自身发展的需求不断为网贷生态圈内资金增值和循环进行着外部调节,并在调节过程中得到能量供给。因而,在 P2P 网贷生态系统中,各类金融生态主体之间、金融生态主体与其外部环境之间,基于其自身的发展状况与关联结构不断进行业务上的合作与竞争,并通过信息交互和资金运动共同构成了相互作用、相互影响、相互依存且具有结构特征和功能作用的动态平衡系统。系统中各生态主体的发展状况、关联结构(投资、筹资、撮合交易、担保、监管等)以及生态主体与经济、信用、法律规制等外部环境的关系,共同绘就了网贷生态圈的系统状态。P2P 网贷生态圈具有稳态平衡,且与自然生态系统类似,这种稳态平衡具有相对性。网贷生态圈的稳态平衡是建立在各生态主体结构完整、功能完善、环境协调基础上的,各生态机体通过相互协作,共同实现网贷生态圈内资金的持续循环运动。当网贷生态主体的结构与功能遭到破坏,而外部信用监管环境弱化甚至恶化时,网贷借款人和 P2P 网贷平台诱发的风险概率将会明显上升,网贷生态圈内的稳态平衡将受到影响。

因此,网贷生态圈是一个处在动态平衡中的系统,在动态平衡的稳态下,网贷市场资金供求平衡,利率相对稳定且合理,P2P 网贷平台及其他关联机构运行稳定,资金融通顺畅且较有效率,网贷生态功能正常发挥,互联网金融系统以至经济系统基本稳定,经济金融稳健运行。

4.4.3　P2P 网贷生态圈恢复力

4.4.3.1　生态恢复力

恢复力原是机械力学的一个概念,是指物体或材料在没有断裂或完全变形的情况下,因受力发生形变并存储恢复势能的能力(孙晶,2017)。后来,恢复力逐渐被引申为承受压力的系统恢复和回到初始状态的能力。Holling(1973)首次将恢复力概念引入生态系统研究中,将恢复力定义为"生态系统吸收变化并能继续维持的能力量度"。

恢复力具有抗压性、快速性、冗余性、资源量等四个特性。抗压性表示物体或生物体的恢复力强度,反映抵抗能力的大小;快速性表示物体或生物体恢复原有状态或自我调整修复的速度。抗压性和快速性是恢复力的两大基本属性,是恢复力的直接表现。冗余性反映系统部件的可替代性,资源量则表示系统可供调配的资源。

随着应用领域的不断拓展,恢复力的内涵被赋予三个层次:一是机械恢复力。恢复力是系统抵御扰动的特性,表现为系统在遭受扰动后恢复到原有平衡状态的速度或时间。机械恢复力关注效率、稳定性和可预测性,实际上默认了一个全局稳定性假设,假设系统仅有一个最优的平衡稳态(葛怡,2010)。二是生态恢复力。恢复力是系统在保持自身结构基本不变的情况下,通过调整系统行为控制参数及程序后,系统能够吸收的扰动量。三是适应性恢复力。以保持自身功能延续为前提,吸收扰动而保持稳定或进化成适应新环境的结构。适应性恢复力关注系统演进和动态稳定,契合金融生态适应性循环的过程。

4.4.3.2　网贷生态圈恢复力

网贷生态圈是依托于互联网金融生态系统的复杂适应性系统,其恢复力是一种适应性的。它是指在保持网贷生态系统功能的前提下,吸收外部冲击和金融体系内生扰动的能力,以及通过自身进化、修缮、重构实现生态主体与其环境再适应的能力。虽然 P2P 网贷生态系统的稳态平衡具有相对性,但在其长期发展的过程中,基于各生态主体与外部环境间所构建的稳定和复杂的业务结构关系,使 P2P 网贷生态系统在受到外部环境冲击和内生性因素扰动时,能够利用其形成的调节机制吸收扰动,保持生态系统结构与功能的稳定,并通过系统自身的修缮性机制重构网贷生态主体与其环境的再适应能力,表现为 P2P 网贷生态系统具有较强的恢复能力。

依据金融生态系统的演进特征与功能,可将网贷生态圈的恢复能力划分为三种:一是扰动性恢复力,表现为网贷生态圈在原稳态内能承受的扰动力度,是网贷生态圈在保持结构与功能完整前提下能吸收的内外扰动强度;二是自组织恢复力,即网贷生态圈在受到扰动后,维持结构不变的情况下自我完善性的自组织与进化的能力;三是适应性恢复力,是网贷生态圈在受到外界扰动后,自我重构、变革并增加其适应内外扰动的能力,以实现自身系统生态机体与环境的再适应和再协调。因此,基于金融恢复力功能的视角,P2P 网贷生态圈的恢复力是一种典型的适应性恢复能力,表现为当网贷生态圈内出现风险和不确定性等扰动因素时,一方面,金融监管机构会加强监管,进行调节,以重塑和规范市场生态环境和机体的功能;另一方面,基于自身收益与成本的考虑,面对市场的风险扰动,网贷投资者、P2P 网贷平台以及外部金融服务机构等也会增强和提升自身的专业化能力,主动变革业务结构,改进经营管理,以提升在新生态环境中的再适应性与竞争能力。

第 5 章 P2P 网络借贷生态圈信用风险生成机理

P2P 网贷具有传统金融与互联网金融的双重属性,它并未改变金融的信用创造和资金跨期配置的本质属性,信用风险依然是其面临的主要风险。同时,作为互联网金融的创新形态,P2P 网贷信用生态圈更加脆弱,潜藏多种风险并交互影响,一旦信用链条的某个主体或环节触发风险,必然产生传染效应,尽管各种风险的来源和表现形式不同,但归根结底都会因债务人偿付能力的丧失或平台聚集的相关风险而演变为信用风险。可见,信用风险是网贷生态圈中最基本、最重要的风险,这不仅因为信用风险广泛存在于网贷市场活动的始终,而且集中反映了网贷生态圈的各种风险,更难以测度、防范和管理,对整个网贷行业的影响和危害很大。因此,弄清 P2P 网贷信用风险的生成机理,是研究网贷生态圈信用风险传导、评测以及防控的基础。

5.1 P2P 网贷生态圈信用风险的种类和特征

5.1.1 网贷生态圈信用风险的种类

根据 P2P 网贷生态圈信用活动与信用关系所涉及的主体不同,网贷生态圈信用风险可以分为借款人违约引发的信用风险、平台方产生的信用风险、投资者逆向选择导致的信用风险、来自担保机构的信用风险以及其他风险衍生出的信用风险等。

5.1.1.1 借款人违约引发的信用风险

信用风险是指由于不确定性因素的影响,借款人客观上丧失偿债能力或主观上恶意违约而给债权人资金本息造成损失的可能性。如前文所述,P2P 网贷市场的借款人通常为急需资金的中小微企业或低收入人群的“长尾群体”。其中,个人借款者家庭能用于抵押的财产少、职业和收入不稳定、家庭财务状况脆弱,其偿债能力具有很大的不稳定性。中小微企业也存在很大的不稳定性:其一,中小微企业借款者的资产规模较小,技术、产品和服务较为单一,缺乏自有资本,其生产经营容易受到外部环境因素的影响,使其信用风险极具不稳定性和不连续性。其二,中小微企业大多内部管理、决策水平和风险控制等能力比较薄弱,管理风险较高,使得其生命周期很短,经营失败或破产率较高。其三,中小微企业主既是企业的所有者又是企业的经营者,在企业经营决策中具有决定性作用,其个人信用观念与信用行为可直接影响企业的信用状况,这就使中小微企业借款者信用风险具有高度的个人相关性。在当前征信体系尚不完善、社会诚信水平不高的环境下,P2P 网贷虚拟性、开放性的市场特征,使传统借贷市场的信息不对称现象被进一步放大,网贷投资者和 P2P 网贷平台以及其他相关参与者甄别信息和风险的难度大大增加,因此,一旦借款人投资项目失败或缺乏足够稳定的现金流入量,其偿债能力必然下降,更有甚者,一些信用意识淡薄的借款人即使有足够偿债能力也存在恶意赖账行为,这些情况的发生都会引发信用风险。

5.1.1.2　平台方产生的信用风险

P2P 网贷平台在运营过程中事前对信用风险识别不足,事中对信用风险审核不足及事后对信用风险监控措施实施不到位,在借款人违约后无法完成刚性兑付,导致被迫停业而产生信用风险。P2P 网贷平台会因以下几个方面的问题滋生信用风险:一是平台自担保模式。一些实行自担保模式的网贷平台会提取风险准备金和保证金,再根据自己的风险控制能力对借款本息进行全额担保。当债务人发生违约事件时,网贷平台会先用事前提取的风险准备金和保证金向投资者垫付,再对违约的借款人追偿贷款。当平台对违约贷款进行垫付时,风险就会转移到平台自身。如果平台没有足够的资金实力对投资者的权益进行保障,风险损失大到无法支撑时,就会发生平台跑路事件,信用风险就会暴露无遗。二是平台引入外部担保公司进行担保。外部担保公司的实力参差不齐,加之担保能力缺乏有效监管和评估,有时不确定担保机制背后是否有真实的保障。从网贷平台自身经营角度来说,我国 P2P 网贷门槛较低,使一些自身资金实力和风控能力较差的 P2P 网贷平台进入行业生态圈,这些平台自身经营不够规范,若平台自身资金与客户资金不能有效分离,会增大卷款跑路事件发生的概率。三是一些不良平台发起人通过构建自融平台或虚假平台来筹集资金,以高利率为诱饵,通过秒标或净值标等异化产品来吸引投资者,或通过借新债还旧债的"庞氏骗局"方式,在短时间内骗取投资者大量资金,然后携款潜逃,产生欺诈风险,最终演化成大额信用风险。四是 P2P 网贷平台在对借款人信用状况审核、平台信息披露、资金管理等方面,由于网贷行业信用数据尚未与中央银行征信系统实现全部对接,大多数平台只能自行评估借款人信用。而各家网贷平台信用评级体系和评级标准差异较大,以此得出的评级结果可能会对投资者选择投资项目造成影响,增加投资风险,加上对中间账户缺乏监管,部分平台可能会采取资金不入账户的违规做法,将账户资金挪作他用或携款潜逃,这显然会增大风险发生的概率。虽然目前相关监管法规规定 P2P 网贷资金交由商业银行进行存管,但这一要求尚未落实到位,P2P 网贷平台仍然掌握着资金的实际调用权,在此情况下,P2P 网贷平台的运营风险不可避免。

5.1.1.3 投资者逆向选择导致的信用风险

由于信息不对称问题的存在,投资者难以全面掌握借款人的信用信息,无法准确评判借款人的真实信用状况。许多投资者为了获得高收益,一般会选择高利率的投资项目,而一些劣质借款人因急需获得资金,愿意承担高借款利率,在共同利益的驱使下,投资者最终可能会选择劣质的借款人,从而导致逆向选择,最终市场上充斥着劣质借款人。此类风险虽然是由投资者逆向选择导致的,一旦借款人违约,其影响不可避免地波及平台,最终演化为平台的信用风险。

5.1.1.4 来自担保机构的信用风险

在网贷担保机制中,融资性担保公司有杠杆率的限制,其担保余额不能超过其净资产的一定倍数,由于网贷交易规模较大,很容易突破杠杆担保上限,一旦担保规模突破规定上限,担保公司可能会面临资金周转困难、无法代偿的问题。而如果由没有特许资质的非融资性担保公司进行担保,由于此类担保公司自身所固有的缺陷和较弱的担保能力,借款人一旦违约,担保机构就会陷入无法代偿的境地。同时,第三方担保机构的担保会增加借款人的融资成本,在违约收益大于违约成本的情况下,借款人更倾向于选择违约,从而导致借款人的违约概率会进一步增加,平台面临的信用风险随之扩大。

5.1.1.5 其他风险衍生出的信用风险

在信息不完全对称的环境下,信用风险与其他风险有着密切的联系,其他风险也可能衍化为信用风险。首先是流动性风险,对于自身提供担保的平台,一旦出现借款人违约事件,平台必须以自有资金或提取的风险保障金来先行垫付投资者的本息,当大量违约事件集中出现,平台自有资本和风险保障金急剧减少时,平台难以兑付到期债务,势必会引发流动性风险。与此同时,部分平台为了扩大业务量,会将资金进行期限和额度错配,形成资金池,资金池一旦枯竭,就会爆发挤兑事件,流动性问题瞬间便被放大,整个网贷行业的声誉就会受到影响。虽然目前相关监管法规已经明确规定禁止平台提供担保,但整治期与过渡期的存在、监管的滞后性使流动性风险依然存在。其次是操作风险,因 P2P 网贷平台内部员工或职业素养差、营私舞弊,或缺乏专业知识,或违规操作,在网贷业务经营管理中很可能会出现项目信息错配、挪用资金、欺诈等问题,容易引发信用风险。再次是道德风险,由于引入了担保机制,网贷平台往往会放松风险控制,引发道德风险。道德风险有可能进一步转化为平台的信用风险。此外,信息披露风险、网络技术风险等都可能衍生出新的信用风险。

5.1.2　网贷生态圈信用风险的特征

从前述分析可知,信用风险作为 P2P 网贷市场最普遍最主要的风险种类,不仅存在于 P2P 网贷借款人和资金借贷的环节,而且潜藏于网贷生态圈内以资金借贷为中心的其他各相关主体和信用链条的各个环节中。相较于其他的网贷风险,P2P 网贷信用风险具有一些显著特征。

（1）风险存在的客观性

信用风险是借贷活动中所固有的风险,只要存在借贷活动就会有信用风险。以 P2P 网贷平台为中介,以资金为纽带的网贷资本运动具有跨期性和多层渗透性,这决定了信用风险与网络借贷活动形影相随,贯穿于网贷全过程及网贷生态系统,而不论人们主观上承认与否,它都客观存在。

（2）风险发生的不确定性

网贷信用风险的存在虽然具有客观性,但它又是一种随机现象,受各种不确定性因素的支配和影响,何种借款人在什么时间什么地点什么节点在多大程度上发生风险,事先都不能完全确定,这一特征也决定了网贷信用风险测度和管理的复杂性。

（3）风险因素的相关性

网贷信用风险存在于 P2P 网贷生态圈,不仅与网贷生态系统内借款人自身相关,也与借款人的关联交易方有关,不仅与 P2P 网贷平台自身信用有关,也与外部环境密切相连,不仅与 P2P 网贷平台的运行模式、内部管理相关,也与为 P2P 网贷提供服务的其他机构主体有关。这一特征决定了网贷信用风险的多维性和广泛性。

（4）收益分布的非对称性

网贷借款人的违约概率及投资收益和损失的不对称性,造成了信用风险概率分布的偏离性。借出资金如果按期收回,投资者能取得正常的利息收益。但若借款人违约,投资者不仅没有收益,连本金损失也不可避免。收益和违约损失的非对称性使信用风险概率分布向左倾斜,并出现"肥尾现象"。

（5）风险的可控性

与其他借贷活动领域的信用风险一样,网贷信用风险既是客观的又是不可消除的,但可以采用科学的管理方法或策略对风险进行预防、规避、化解、分散或转嫁,有效控制和降低信用风险,从而将风险控制在平台、投资者、监管者以及网贷行业可预期、可承受的限度内。这一特征为网贷信用风险评测和管控提供了理论依据。

（6）风险累积的加速性和传染性

网贷信用风险一旦积聚和爆发,将产生多米诺骨牌效应,在网贷生态圈内加速传染并对网贷行业造成冲击。这是因为:首先,关联效应引发风险。网贷生态圈内各参与主体形成了相互交织的债权债务关系和信用链,任何一个环节或主体的支付障碍都可能导致网贷信用链条出现问题,从而引发流动性风险。其次,"羊群效应"放大风险。在信息不充分的条件下,投资者很难对未来做出合理预期,而往往通过观察周围主体的行为获取信息做出判断。在不断模仿的过程中,许多个体信息大致相同以致被相互强化,最终采取相似的策略和行动。"羊群效应"实质上是不确定信息的多倍放大,个体理性行为演变为群体非理性行为。第三,杠杆效应引发风险。在网贷担保模式下,P2P 网贷平台往往会聚合一定量的担保资金为数倍于自身资本的投资资金担保,进而推动放款规模倍数扩张,杠杆率被抬高,一旦风险变成损失,会诱发网贷生态圈其他关联风险的发生。第四,反馈效应扩大风险。信用风险的加快会使大量网贷借款人的融资可得性大大降低,甚至由此失去融资机会,这可能引发相当一部分以生产经营性融资为目的的借款人资金链断裂甚至破产倒闭,这种反馈效应可能会推动网贷信用风险演变为网贷金融危机乃至社会风险事件。

5.2 P2P 网贷生态圈信用风险生成原因——基于网贷生态圈运行视角的分析

随着 P2P 网贷业务的逐步规范和逐渐成熟,网贷生态圈将吸引更多金融生态种群加入,生态物种的多样性使得 P2P 网贷系统内种群间的竞争更加激烈,而基于基础信用关系组建起的 P2P 网贷信用链在水平方向上也将形成更加精细化的业务分工。这种专业化分工在改善 P2P 网贷交易的同时,也为生态圈的健康发展引入了更多的不确定性因素。处于网贷信用链上的任一交易环节被破坏,均可能导致整个信用结构失衡,使生态圈内各环节、节点触发风险。因此,厘清 P2P 网贷生态系统中风险产生的核心节点和关键传导路径,有助于科学防范 P2P 网贷市场的信用风险。

5.2.1 信息披露不完善引发的信用风险

信息传递与交换是自然生态圈功能发挥的基础。在商业经济系统中,信息要素至关重要,健全的信息交易机制是资源有效配置的前提。P2P 网贷的核心创新在于引入互联网平台的信息交互功能,提升信息在金融市场中的流通效率。然而,这种模式化创新在提高资金借贷效率的同时,也放大了金融市场中流通信息的质量风险。在 P2P 网贷生态系统中,借款人是生态圈内资本的直接创造主体,也是维系生态圈正常运转、平衡稳定的重要价值载体。借款人功能的发挥需满足有效融资的基本条件。有效融资借款人是指不存在商业性的投机意图,资金借贷主要以满足短期流动性需求为主的主体。有效融资主体又是由完全信息所决定的,流通于市场中的信息在量上不存在信息优势,质上不存在信息失真,信息完全是市场有效交易的前提。然而,在 P2P 网贷生态系统内,网贷平台主要以借款人提供的信息进行授信决策,虽然市场上有提供征信服务的相关机构,但受制于社会共享征信基础设施缺失导致的跨部门、跨区域征信成本的影响,征信服务机构在解决借款人基础信息审核方面也面临信息失真的尴尬境地。在市场投机与"理性"交易驱使下,网贷借款人为了成功获得资金很容易出现人为修饰信息的现象,导致 P2P 网贷市场潜藏较高信用风险。其次,缺乏社会信用约束机制,对信用违约者缺乏有效的信用惩戒与追偿机制,极低的违约失信成本不仅没有对借款人行为起到实质性的约束作用,反而在客观上助推了网贷借款人的违约行为。而网贷平台为取得发展所需的运营资本,在网贷信用链下游往往通过与资讯流量运营商展开合作,在线鼓吹平台投资的高收益性、高安全性,甚至进行虚假宣传,诱导投资者进行非理性投资,也加大了网贷市场的信用风险。

5.2.2　行业监管体制不完善引发的信用风险

2015 年以来,我国陆续出台了一系列相关的政策法规,初步建立了"1+1+3"(即一个指导意见、一个管理暂行办法和三个指引)P2P 网贷监管法规体系[①],但 P2P 网贷监管体系和机制仍然不够完善,监管真空、监管重叠乃至监管套利现象依然突出。一方面,P2P 网贷平台业务呈现出由单纯的信用借贷向证券投资、保险等混合业务发展的趋势,因而传统分业监管模式难免出现监管主体不明及监管权责不清等监管短板。另一方面,P2P 网贷属于典型的跨行业、跨部门融合发展业务,其监管主体不仅包括金融监管部门,同时也包括工商行政管理、工信等部门,虽然相关法规对各机构主体做出了一定的监管职能界定,但具体监管仍主要依靠专业力量比较薄弱的地方政府金融办,这使得跨行业、跨部门的联动协调监管机制难以落到实处。所以,监管体制机制的滞后客观上助推了 P2P 网贷业务的野蛮扩张,一定程度上为网贷信用风险的肆意滋生提供了外部条件。

5.2.3　网贷生态组织发展不成熟引发的信用风险

在 P2P 网贷生态系统中,网贷借款人、投资者、P2P 网贷平台以及以第三方中间服务机构等构成了网贷信用链上的核心生态组织,它们以服务和信息为载体,以资本为纽带,通过专业化分工协作,完成信用链上的资本转移和增值。由于我国

---

① 第一个"1"是指《关于促进互联网金融健康发展的指导意见》,第二个"1"是指《网络借贷信息中介机构业务活动管理暂行办法》,"3"是指《网络借贷信息中介机构备案登记管理指引》《网络借贷资金存管业务指引》和《网络借贷信息中介机构业务活动信息披露指引》。

P2P 网贷发展时间短,各业态组织发展尚不成熟,且行业内尚缺乏科学有效的统一贷放审批标准,以致网贷借款人资质各异,风险差异很大。而投资者的素质参差不齐、风险意识淡薄、风险甄别能力弱,盲目投资、跟风投资,再加上相关机构的风险提示不够,这也是导致网贷信用风险滋生的重要因素。对于 P2P 网贷平台,尽管近年来随着监管法规的陆续出台和监管力度的加大,网贷行业发展逐渐进入规范轨道,但仍然存在相当数量鱼龙混杂的平台,劣质平台管理能力低下,经营不善,却一味追求规模扩张,放大信用杠杆,通过期限错配、自融等违规手段维持运营,有的平台甚至玩起"庞氏骗局"的伎俩,套取客户资金,道德风险、操作风险十分突出,并有可能转化为信用风险。另一方面,平台内部监督机制不健全、内部责任缺失,忽视风险管理,难以对平台自身所面临的各种风险进行有效管控。而第三方中间服务机构通过提供专业化服务实现经营,一些活跃于资本市场的投资机构纷纷将其业务延伸到 P2P 网贷市场,垂直参与到网贷利益链的竞争中,一定程度上增加了网贷信用结构的不稳定性和生态圈的信用风险。

5.2.4 外部信用环境不完善引发的信用风险

生态系统的发展离不开非生物环境的支持,在 P2P 网贷生态系统中,信用是网贷生态圈存在的根本性生态因子。现阶段,我国社会信用体系尚不完善,各行业、各部门间的信用信息分割现象依然存在,能够全面反映借款人资信的信用数据大部分集中在银行、工商、财政、法院、税务以及电信等部门。网贷征信系统接入央行征信系统存在法律和技术上的障碍,虽然"芝麻征信"等具有互联网背景的征信公司能够提供少量的征信服务,但 P2P 网贷平台可以依赖的市场化征信机构远远不够。由于缺乏开放共享的征信体系,相关主体在对借款人进行授信决策时,很难确保信用信息的真实有效性,这直接导致 P2P 网贷信用风险的易发性和多发性。

5.3 P2P 网贷生态圈信用风险生成机理——基于平台与借款人的双边博弈演化分析

在 P2P 网贷生态系统中,信用链上的生态组织离不开网贷借款人、投资者、P2P 网贷平台以及第三方中间服务机构等,这些主体构成了互联网环境下民间借贷的一个生态圈。其中,平台作为信息中介,撮合借款人与出借人(投资者)之间的资金交易。借款人从平台筹集借款,按期支付借款本息,一旦借款到期出现违约现象,借款人信用风险即转变为平台信用风险,因而,在风险传递过程中,双边博弈主体是平台与借款人。网贷平台作为出借人的中间方需进行借款人审核,决定是否提供中间撮合服务。出借人和第三方中间服务机构根据平台提供的信息进行投资决策,因而平台的信用风险直接关联着出借人和第三方中间机构利益。因此,这里仅对借款人与 P2P 网贷平台之间的双边信用行为进行演化博弈分析,阐述双方信用行为演化博弈的稳定均衡条件,以期找出信用行为稳定的博弈策略,再进一步分析其他网贷市场主体的博弈行为对网贷信用风险生成的影响,为 P2P 网贷监管部门政策的制定和行业的健康发展提供理论依据。

在演化博弈中,经典的博弈论在参与人、策略和均衡上做了转变(金迪斯,2015),尝试用"演化和行为范式"来取代主流经济学的"瓦尔拉斯范式"。参与人的重复随机匹配取代一次博弈和重复博弈。按照生物演化的思想,参与人采取模拟、突变的策略参与博弈,而不是参与人直接选择特定的策略。如果选择的策略能够使整个群体不被突变型的小群体入侵,就会实现群体的均衡。这种策略被称为稳定演化策略(ESS)。平台和借款人的演化博弈中,如果两者的博弈能够不被借款人违约的小群体入侵,那么博弈就会演化为稳定均衡。从生态圈的稳定性来看,两者博弈结果关系到 P2P 网货市场供需的均衡发展。

5.3.1　博弈假设

(1) 参与者。博弈的参与者包括平台群体和借款人群体,按照收益最大化原则选择博弈策略。这里的平台群体划分为民营系、银行系、上市公司系、国资系和风投系五类,每类平台的借款人是对应的借款人群体,主要包括个人和小微企业。

(2) 参与者纯策略。作为借款资金的中介撮合者,平台对借款申请采取严格风险控制和宽松风险控制两种纯策略。严格风险控制策略需要付出较大成本,包括申请者的风险评估和逾期借款的追缴等。而宽松风险控制策略需要付出较小成本,但是会给投资者带来本金损失,同时给平台带来声誉损失。相比较而言,国资系和银行系平台偏向于采取严格风险控制策略,而民营系偏向于采取宽松风险控制策略。另一方面,借款人采取守约和违约两种纯策略。守约策略需要借款人按期归还投资者的本金和利息。违约策略则是指借款人借款逾期,甚至不归还借款,但平台会对违约借款人采取惩罚措施。

(3) 参与者混合策略。平台和借款人都以一定的概率选择策略集。假设平台采取严格风险控制策略的概率为 $x(t)$,宽松风险控制策略的概率为 $1-x(t)$。借款人采取守约策略的概率为 $y(t)$,违约策略的概率为 $1-y(t)$。

5.3.2　博弈模型的收益矩阵

模型假定平台向借贷双方提供撮合服务。一笔借款撮合成功,期限为一期,时间是 $t(t>0)$ 期到 $t+1$ 期的某一期。双方的博弈收益具体分析如下:

(1) 借款人选择守约策略。一方面,当平台选择严格风险控制策略时,借款人的收益为 M_1-Q+S。其中,M_1 是借款人资金使用的直接收益,Q 是借款人成本。借款人在签订借款合同时,需要向平台支付服务费用、居间费用、调查费用、取现费用等服务费。同时,向出借人支付借款利息,利息的计算按照贴现率折现计入借款人成本中。S 是沉默收益,即由于过去的债权已经发生了的、不能由现在或将来的任何债权改变而获得的收益,包括借款利率的降低、借款门槛的下降、融资程序的简化、当天即可获得借款等等,也可以理解为效率提升带给借款人的潜在收益。平台的收益为 $E_0-C_0+R_0$,其中 E_0 是平台执行严格风险控制策略时的直接收益,主要由出借者撮合双方的服务费、居间费用和其他收费组成。C_0 是相应付出的管理成本,平台撮合借款时需要对借款人进行考察,调查其经济状况,评估抗风险能力和审核反担保情况等,需要支付管理成本。R_0 是间接收益,一方面,如果平台采取严格风险控制措施,投资者对平台的满意度就增加,出借人数相应增加,平台获客成本下降,从而获得间接收益;另一方面,当平台选择宽松风险控制策略时,平台无法提供沉默收益,借款人的收益只有 M_1-Q。平台的间接收益下降为 R_1($R_1<R_0$),风险管理成本也下降为 C_1($C_1<C_0$),宽松风险控制策略的收益为 $E_0+R_1-C_1$。平台的间接收益下降原因在于出借人不满平台的风险管理,撤资离场,平台获客成本上升,进而降低平台的间接收益 R_1。

（2）借款人选择违约策略。一方面,当平台选择严格风险控制策略时,借款人的收益为 $M_2-Q-\theta$。其中,M_2 是违约时借款人的收益。假如借款人不还款,平台就会将抵押品拍卖,用来归还借款或者聘请专业的催债公司收回逾期贷款,并且收取逾期罚息和逾期管理费等,假设逾期惩罚费用为 θ,θ 是时间的增函数,时间越长,惩罚越多。对于借款人而言,不按期还款的收益来源于贷款的继续使用,无法归还本金的原因是主观违约或者客观违约,违约借款的收益来源于对需要归还的本金违约占有。而平台获得的收益为 $E_1-C_0+\theta$。E_1 是借款人采取违约策略时已经获得的服务费用等。由于严格执行风险控制措施,借款人的抵押品被拍卖,并被给予严厉的惩罚,平台获得 θ 收入,出借人利益得到维护。另一方面,当平台选择宽松风险控制策略时,借款人的收益只有 M_2-Q-S,借款人逃避罚款,从而使得借款人失去沉默收益,未来的资金借款成本上升,甚至无法再次获得借款。平台的收益则为 $-C_1$,即出借人承担本金的损失,平台没有盈利。导致只有风险管理成本,没有获客成本的优势。

根据以上假设,平台的收益矩阵为 $\begin{bmatrix} E_0-C_0+R_0 & E_1-C_0+\theta \\ E_0-C_1+R_1 & -C_1 \end{bmatrix}$,借款人的收益矩阵为 $\begin{bmatrix} M_1+S-Q & M_2-Q-\theta \\ M_1-Q & M_2-S-Q \end{bmatrix}$。

5.3.3 博弈双方的复制子动态方程

假设博弈开始时,平台风险控制严格的比例为 x,借款人按期归还款的比例为

y,建立复制子动态方程。严格风险管理策略和守约策略的增长等于它们的相对适应度。当采取该策略时,个体适应度比群体的平均适应度高,该策略就会增长。

$$\dot{X}_h = [e^h \cdot AX - X \cdot AY] X_h$$

$$\dot{Y}_k = [e^k \cdot B^T Y - Y \cdot B^T X] X_k$$

其中,e^k 为单向量,表示第 K 个纯策略的概率为 1。收益矩阵 $A = \begin{bmatrix} E_0 - C_0 + R_0 & E_1 - C_0 + \theta \\ E_0 - C_1 + R_1 & -C_1 \end{bmatrix}$,$B = \begin{bmatrix} M_1 + S - Q & M_2 - Q - \theta \\ M_1 - Q & M_2 - S - Q \end{bmatrix}$,$X = \{x, 1-x\}$,$X$ 是借款人的混合策略。x 代表博弈方的选择,分量 x 代表采取纯策略的最优反应。$Y = \{y, 1-y\}$,Y 是网贷平台的混合策略。动态系统的复制子等式为:

$$\dot{x} = x(1-x)(C_1 - C_0 + E_1 + \theta + y(R_0 - R_1 - E_1 - \theta))$$

$$\dot{y} = y(1-y)(\theta x - \theta + S)$$

5.3.4　博弈双方的演化稳定分析

(1) 平台策略的演化稳定性分析。当 $C_1 + E_1 + \theta - C_0 + y(R_0 - R_1 - E_1 - \theta) = 0$ 时,所有 x 取值均为稳定状态,平台严格风险控制的策略都是稳定的;$C_1 + E_1 + \theta - C_0 + y(R_0 - R_1 - E_1 - \theta) \neq 0$ 时,$x = 0$ 是可能的稳定状态。当 $C_1 + E_1 + \theta - C_0 + y(R_0 - R_1 - E_1 - \theta) < 0$ 时,如果 $y = 1$,即借款人选择守约策略,则 $(R_0 - C_0) < (R_1 - C_1)$,说明平台严格风险管理获得的收益不如宽松风险管理获得的收益,平台将选择宽松风险管理策略,导致宽松风险控制的平台数量增加,严格风险控制的平台数量下降,$x = 0$ 成为不稳定策略。平台从企业守约中获得的间接收益小于 0。如果 $y = 0$ 时,$(E_1 + \theta) < (C_0 - C_1)$,说明平台严格风险管理比宽松风险管理的成本要大于企业违约时的收益和罚息收入,成本过高,导致平台没有动力进行风险管理,更多平台选择宽松风险管理,因而 $x = 0$ 成为全局唯一稳定策略;成本过高成为很多平台跑路的原因,尤其是民营系平台,缺乏风险管理的经验,风险管理成本远远超过企业违约的收益,最终导致企业经营困难,出现提现困难现象。当 $C_1 + E_1 + \theta - C_0 + y(R_0 - R_1 - E_1 - \theta) > 0$ 时,如果 $y = 1$,即借款人选择守约策略,则 $(R_0 - C_0) > (R_1 - C_1)$,说明平台严格风险的收益超过宽松风险管理获得的收益,平台将选择严格风险管理策略,严格风险控制的平台数量增加,宽松风险控制的平台数量下降,$x = 1$ 成为稳定策略。国资系平台和银行系平台,其股东有着天然的风险管理经验,风险管理成本低,激励此类平台采用严格风险管理策略,获得更多的收益。如果 $y = 0$ 时,$(E_1 + \theta) > (C_0 - C_1)$,说明平台严格风险管理比宽松风险管理的成本小于企业违约时的收益和罚息收入,平台没有动力进行严格风险控制,而是依赖于企业违约时的收益和罚息收入,因而 $x = 1$ 是不稳定的。

（2）借款人的演化稳定性分析。当 $x\theta-\theta+S=0$ 时,所有 y 取值均为稳定状态,平台严格风险控制的策略都是稳定的;$x\theta-\theta+S\neq0$ 时,$y=0$ 或 1 是可能的稳定状态。当 $x\theta-\theta+S>0$ 时,如果 $x=1$,即平台采取严格监管策略,则 $S>0$,说明平台严格监管使借款人获得沉默收益。因而,借款人选择 $y=1$ 是稳定策略。借款人可以选择不同类别的平台,由于平台风险管理水平的差异,风险管理严格的平台可以提供成本低廉的借款,也就是借款人接受该平台的风险管理,如期归还借款就可获得沉默收益。从五类平台的借款模式来看,国资系和银行系平台的风险管理最严格,借款人守约获得的借款利率和融资成本在所有平台中最低,因而可获得更多的沉默收益。如果 $x=0$,则 $S>\theta$,说明借款人的沉默收益大于罚金,借款人完全可以不在乎罚金,因而 $y=1$ 是不稳定策略;当 $x\theta-\theta+S<0$ 时,如果 $x=0$,则 $\theta>S$,借款人付出的罚金大于沉默收益,此时,借款人选择守约完全依赖于高额罚金,沉默收益过低导致借款人无所顾忌,就会选择不交罚金,因而借款人守约的概率为 0,平台风险管理无效,$y=0$ 成为稳定的概率。如果 $x=1$,则 $S<0$,社会效率出现负值,说明违约使社会融资成本上升,因而 $y=0$ 是不稳定的。

（3）平台和借款人策略的演化稳定性分析。根据复制子动态方程,可以得到复制子动态的 3 组稳定状态解,进而得到平台和借款人的博弈动态系统中 5 个可能的均衡点（图 5-1）:$(0,0)$,$(0,1)$,$(1,0)$,$(1,1)$,(x_0,y_0)。其中,$0\leqslant x_0=\dfrac{\theta-S}{\theta}\leqslant1$,$0\leqslant y_0=\dfrac{C_1-C_0+E_1+\theta}{R_1-R_0+E_1+\theta}\leqslant1$,系统均衡点的稳定性可根据雅可比矩阵的局部稳定分析法得到。对复制子等式分别求偏导,可以得到动态系统的雅可比矩阵。根据雅可比矩阵局部稳定性分析,得到如表 5-1 所示的稳定性结果。当 $(R_1-C_1)<(R_0-C_0)$,$(E_1+\theta)<(C_0-C_1)$,$0<S<\theta$ 时,均衡时平台和借款人实现稳定演化。可以发现严格风险管理比宽松风险管理获得更多的收益,以及存在借款人沉默收益才能使平台和借款人实现稳定演化,朝着健康的方向发展。如果严格风险管理成本过高,没有成本优势,而且成本还超过借款人的违约罚金,将会导致平台没有动力进行风险管理,更多平台将会选择宽松风险管理。借款人付出的罚金大于沉默收益将导致借款人选择违约。博弈分析的结果与胡斐斐和毛顺标（2015）的研究成果观点不同,他们认为增加借款人违约成本是降低违约风险的有效方法,我们认为违约成本应当控制在借款人沉默收益以内,否则太高的违约成本将会导致借款人违约。只有当平台执行严格风险管理的收益超过宽松风险管理,才能激励平台执行既定策略。

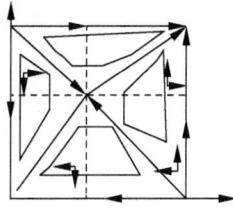

图 5-1　平台严格风险管理比例和借款人守约比例复制动态相位图

表 5-1　基于雅可比矩阵局部稳定分析的平衡点稳定性分析

均衡点	雅可比行列式及符号		雅可比矩阵的迹和符号		结果	条件
$x=0, y=0$	$(C_1-C_0+E_1+\theta)(S-\theta)$	−	$C_1-C_0+E_1+\theta+S-\theta$	+	稳定	$R_1-C_1<R_0-C_0$ $E_1+\theta<C_0-C_1$ $0<S<\theta$
$x=0, y=1$	$(C_1-C_0+R_0-R_1)(\theta-S)$	+	$C_1-C_0+R_0-R_1+\theta-S$	+	不稳定	
$x=1, y=0$	$-(C_1-C_0+E_1+\theta)(S-\theta)$	−	$-(C_1-C_0+E_1+\theta)+(S-\theta)$	−	不稳定	
$x=1, y=1$	$(C_1-C_0+R_0-R_1)S$	+	$-(C_1-C_0+R_0-R_1)-S$	−	稳定	
$x=x_0, y=y_0$	G		0		鞍点	

注:$G=S(S-\theta 1)(C_1-C_0+E_1+\theta)(R_1-R_0-C_1+C_0)/\theta/(R_1-R_0+E_1+\theta)$

5.4　P2P 网贷生态圈信用风险生成机理——基于多边博弈仿真分析

前文通过建立网贷借款人与 P2P 网贷平台之间的动态博弈模型,分析了稳定演化策略下的平台和借款人的信用行为,但仅仅分析双边演化博弈还远远不够,P2P 网贷交易过程中涉及的主体多种多样。这里将博弈参与者进行扩展,继续采用博弈的方法来对网贷市场中各主要参与者的网贷行为进行理论研究,以此分析P2P 网贷过程中信用风险的生成节点,并重点对借款人和投资者这两类研究主体的得益函数进行博弈仿真,进一步验证信用风险的生成机理,以期对已有的研究成果进行补充,实现控制 P2P 网贷行业信用风险的目的。

5.4.1　P2P 网贷信用风险生成——基于不同主体之间的博弈分析

P2P 网贷信用风险受各网贷市场参与主体行为的影响,而各主体行为具有非理性和机会主义倾向的特点,这就导致各参与主体的行为存在很大的不确定性。网贷借款人、P2P 网贷平台、投资者以及第三方服务机构等作为主要利益主体,具有不同的经营目标、策略选择、内部结构和生存动力等,并在业务发展过程中形成了相互影响、相互制约的业务合作与关联关系。下面以网贷市场中主要参与主体为研究对象,运用博弈方法分析不同网贷参与主体之间的策略选择,以揭示不同主体间信用风险生成的核心节点与关键环节。

5.4.1.1 借款人与 P2P 网贷平台之间的博弈分析

在 P2P 网贷市场中,借款人是网贷资金的直接需求主体,而 P2P 网贷平台在整个交易过程中处于特殊的地位,既帮助投资者对借款人进行资质筛选,同时也引导网贷资金从投资者流向借款人,以实现资本的合理配置。基于平台长远发展的需要,网贷平台在对借款人进行信用决策的过程中,会对借款人的贷款条件进行一定的限制,对借款人的信用资质设置一定要求,因而基于理性人的视角,可以认为不存在平台主动协助借款人对投资者进行欺诈的行为。因此,网贷借款人与 P2P 网贷平台的合作过程是博弈过程。借款者可以选择的策略集为(欺骗,不欺骗),P2P 网贷平台可以选择的策略集为(信任,不信任)。

借款人要想申请贷款,首先,应通过 P2P 网贷平台的考察,获得平台的认可。如果网贷平台选择了“信任”的策略,借款人就可以在 P2P 网贷平台上录入信息,申请借款,投资者在 P2P 网贷平台上会了解到借款人的信息;若网贷平台选择“不信任”策略,则投资者无法获知借款人的贷款需求。其次,网贷借款人信息在 P2P 网贷平台审核通过后,投资者对借款人存在两种策略选择:若选择“信任”策略,则投资者提供贷款,借款人借款成功;若选择“不信任”策略,则借款者继续等待其他投资者的贷款。在获得投资者贷款后,借款者也有两种策略可供选择:分别是“守信”和“违约”。P2P 网贷平台与借款人之间的博弈是决定这一借贷业务是否发生的前提,如果 P2P 网贷平台没有对借款人产生信任,则接下来的博弈行为无法发生。在此认为能够成功在 P2P 网贷平台发送借款需求的借款人都已获得了 P2P 网贷平台的信任。

上述博弈分析表明,在借款者与 P2P 网贷平台的信用风险生成的博弈过程中,信用风险主要来源于两个方面:一是 P2P 网贷平台的审核不恰当导致对某些信用值很低、容易违约的借款人选择了“信任”的策略,如 P2P 网贷平台经营不善、平台经营技术欠缺而形成的风险;二是借款人有意的信息隐瞒等。

5.4.1.2 投资者与借款人之间的博弈分析

投资者是网贷市场中的资金供给者,它与借款人之间是资金再分配的关系。投资者与借款人之间的博弈主要在于投资者是否放贷,借款人是否守约。投资者可以选择的策略集为(贷款,不贷款),借款人可以选择的策略集为(守信,违约)。

当投资者采取“贷款”策略时,借款人有“守信”和“违约”两种选择。如果借款人选择“守信”,那么借贷双方都能够按照协议规定获得各自想要的收益:投资者将到期收回本金、赚得利息,而借款人也能利用借到的资金解决资金需求问题。如果借款人选择“违约”策略,P2P 网贷平台将在下次选择“不信任”策略,那么借款人将无法再次通过 P2P 网贷平台传递借款需求,即使 P2P 网贷平台继续选择"信任"策略,当其他投资者了解到借款人的信用值时,也将选择"不信任"策略,借款人依旧无法再次得到贷款。囚徒困境表明,合作是很困难的,但多次博弈中,参与者通常可以达到合作的结果。在这种情况下,选择"守信"策略的借款人会更多,但由于通过 P2P 网贷这一渠道借款的借款人年龄通常相对较小,有时会出现借款人对于还款"力不从心"或有意逃跑的情况。这一类的信用风险较难识别,同时也比较容易形成坏账。

通过对投资者与借款人之间的博弈分析可以看出,信用风险主要来源于借款人自身的主动与被动的不守信、违约,以及投资者对借款人信息获取及审核的不恰当,没有合理评判,从而导致盲目投资。

5.4.1.3　借款人、第三方担保机构以及 P2P 网贷平台之间的博弈分析

第三方担保机构的作用是为借款人借款提供担保,有时第三方担保机构的角色会由 P2P 网贷平台的合作机构或相关公司来担任。三者的合作过程也是博弈的过程,在这个过程中,第三方担保机构对借款人可以选择的策略集为(信任,不信任),当选择"信任"策略时,借款人能够达到增信的效果,此时 P2P 网贷平台将更加信任借款人,借款人获得投资的机会更大。在第三方担保机构的担保作用下,当借款人成功借款时,借款人可以选择"守信"与"违约"两种策略。这两种策略对第三方担保机构的影响也有不同:当借款人选择"守信"时,借款人会履行义务,偿还本金和利息,此时第三方担保机构也能获取担保费作为收益;但当借款人选择"违约"时,投资者将会向第三方担保机构要求偿还,或者要求变现抵质押物以弥补损失,此时第三方担保机构需要进一步向借款人追偿,有可能会产生坏账损失。显然,信用风险的生成主要来源于借款人的违约、第三方担保机构的审核不当、借款人与第三方担保机构有可能勾结骗贷等。

5.4.1.4　投资者与第三方担保机构之间的博弈分析

借款人依靠第三方担保机构作为增信方式,而投资者在筛选借款人标的时,也会受到第三方担保机构是否担保的影响。因而在投资者与第三方担保机构之间也存在风险博弈,第三方担保机构可以选择"信任"与"不信任"两种策略,当第三方担保机构选择"信任"时,第三方担保机构为借款人提供担保,此时投资者会根据自己收集到的信息做出判断,选择"贷款"与"不贷款"两种策略。通常来说,有第三方担保机构提供担保的借款人更容易取得投资者的信任,从而更容易获得贷款。

在整个博弈过程中,相当于投资者在与第三方担保机构分担风险,降低自身承担的风险。如果没有第三方担保机构进行担保,那么信用风险就会聚集在投资者身上,信用风险就仅仅来源于借款人有意或无意的违约以及投资者的盲目投资、中

介平台的审核不当;当有第三方担保机构参与时,风险还来源于投资者对第三方担保机构的评估不当、第三方担保机构的不恰当担保,以及第三方担保机构对担保对象的资信审核不仔细等,第三方担保机构也会面临坏账的风险。

5.4.2 P2P 网贷信用风险生成演化博弈仿真分析

5.4.2.1 有限理性下 P2P 网贷主体行为活动规则

传统博弈论认为,经济个体具有"完全理性"的特征,但由于决策过程的非理性倾向,"完全理性"的假设是不符合实际情况的。因此,下面将基于"有限理性"思想分析 P2P 网贷中博弈主体演化的活动规则。

"有限理性"观点认为,参与主体可使用最优反应动态机制和复制者动态机制。前者一般适用于有限理性博弈者之间的策略进化,这些博弈者具有较好的学习能力和较快的反应速度,即该机制的分析总体都基于一种假设:机制主体具有较强的学习能力,即使在复杂的情况下难以通过预见性进行准确判断,但整体具有很强的策略调整能力。后者一般侧重于各个阶段博弈者的及时行动,从而得到即时收益,这些博弈者一般在获得新消息后,可以立即依据新的规则做出新的判断,以进行下一次的行动。

5.4.2.2 P2P 网贷有限理性主体的选择

在 P2P 网贷市场中,由于主要参与者即借款人、P2P 网贷机构和投资者整体能力都相对较弱,对资源的利用有限,很难获取事件的详细信息,无法对其进行更为复杂、具体的理性计算。因此,对 P2P 网贷信用风险的分析主要是基于最优反应动态的博弈仿真。

根据上文的博弈理论分析可知,信用风险生成的来源最主要是借款人与 P2P 网贷平台两个主体,借款人是最大的信用风险来源,P2P 网贷平台的风险生成点主要是有两个:一是平台不按时支付本息给投资者,主要原因可能是借款人违约导致平台本身经营出现财务危机,这种风险的根源仍是借款人;二是 P2P 网贷平台经营者有意诈骗等导致 P2P 网贷过程出现风险,但随着对 P2P 网贷平台的一系列监管条例的出台,各平台逐渐开始规范化运作。因此,对 P2P 网贷风险的分析将主要针对借款人可能产生的信用风险进行分析。而 P2P 网贷平台在整个网贷过程中主要发挥对借款人进行信用审核的中介服务作用,对最终的借贷行为是否完成不起决定性影响,因而借贷发生的主体是借款人与投资者。因此,基于最优反应动态建立的仿真模型主要是投资者与借款人两者的博弈仿真,通过对这两者的博弈仿真来分析 P2P 网贷这一过程中信用风险生成的影响因素。本博弈仿真分析基于以下假设:① 博弈行为主要在借贷流程中的借款人、P2P 网贷平台、投资者三方参与主体间发生;② P2P 网贷市场借款门槛低,借款人素质不一;③ 对于资质良

好、无虚假资料的借款人,P2P 网贷平台容许其进行交易。采用 MATLAB R2014a
软件进行仿真模拟。

5.4.2.3　有限理性主体"预定策略"的组合配置

本次博弈仿真是以"最优反应"的"预定策略"为原则来为 P2P 网贷参与主体
事先制定博弈游戏规则。游戏中每个参与主体都要针对对手上次博弈选择的行为
来选择此次博弈采取的策略。基于"预定策略"的游戏规则,主体通常依据"若对
方……,则己方……"的行动指引来做出决策,先做出假设:设定主体只能看到对方
前一次选择策略的结果(此处需先设定参与主体通常记忆长度为一次博弈)。此
次仿真在提前设定整个过程的具体活动规则上需要依托美国罗伯特教授所完成的
博弈论试验。其中,首次博弈参与者的选择是随机的,这里将借款人与投资者的策
略均统一称为"守信"或"违约"。当再次博弈时,参与者会依据对方上一次的策略
选择相应的策略。

（1）策略与反应策略假设

首先对参与者首次选择守信的概率、对方守信后第二次博弈时依旧选择守信
的概率、对方违约后第二次博弈时选择守信的概率分别假设为三个参数 P_1、P_2 和
P_3,且 P_1,P_2,$P_3 \in [0,1]$,将 100% 守信的概率限制为非 1 即 0,则概率为 1 代表"守
信",0 代表"违约"。根据排列组合可以列举出所有的概率组合(表 5-2),再将概
率转化为策略进行分析。

表 5-2　　两次博弈概率组合

策略	首次–守信	第二次–守信 （对方在首次守信）	第二次–守信 （对方在首次违约）
1	0	0	0
2	0	1	0
3	0	0	1
4	0	1	1
5	1	0	0
6	1	1	0
7	1	0	1
8	1	1	1

（2）策略解释

将上述概率组合转化为策略后,根据策略与反应策略的假设,每种策略组合的

意义如下：

策略 1：参与主体在首次博弈时采用"违约"策略，且在后面的整个重复博弈中始终采用"违约"策略。

策略 2：参与主体在首次博弈时采用"违约"策略，在后续的重复博弈中，如果对方在前一次采用"守信"策略，则参与主体也采用"守信"策略；反之，如果对方采用"违约"策略，则参与主体也采用"违约"策略。

策略 3：参与主体在首次博弈时采用"违约"策略，但在后续的重复博弈中，始终与对方前一次的反应相反。如果对方在前一次采用"守信"策略，则参与主体采用"违约"策略；相反，如果对方采用"违约"策略，则参与主体采用"守信"策略。这种策略具有投机取巧的成分，目的是为赚取更高利益。

策略 4：参与主体在首次博弈时采用"违约"策略，在后续重复博弈中始终采用"守信"策略。

策略 5：参与主体在首次博弈时采用"守信"策略，在后续重复博弈中始终采用"违约"策略。

策略 6：参与主体在首次博弈时采用"守信"策略，但在后续的重复博弈中根据对方的反应来决定策略。如果对方在前一次采用"守信"策略，则参与主体也采用"守信"策略；反之，如果对方采用"违约"策略，则参与主体也相应采用"违约"策略。这是一种以牙还牙的策略。

策略 7：参与主体在首次博弈时采用"守信"策略，但在后续的重复博弈中与对方前一次的反应相反。如果对方在前一次采用"守信"策略，则参与主体采用"违约"策略；相反，如果对方采用"违约"策略时，则参与主体采用"守信"策略。

策略 8：参与主体在首次博弈时采用"守信"策略，且在后续重复博弈中无论对方对此次博弈做出怎样的反应，均选择"守信"策略。由此可以表明，参与者对对方绝对信任。

暂不考虑初始策略，按照反应策略的选择，可以把参与者的策略组合归纳成 4 类（表 5-3）。

表 5-3　双方博弈反应策略组合

反应策略	P_1	P_2	P_3
始终违约策略（Always-Default）	0	0	0
投机取巧策略（Free-Riding）	0	0	1
以牙还牙策略（Tit-For-Tat）	1	1	0
始终守信策略（Always-Keep-Faith）	1	1	1

可以看出,Always-Default 策略组合与 Always-Keep-Faith 策略组合实际上对参与者来说并不是有效的。计算机可以把借款人与投资者这两个主体在基于"最优反应"的"预定策略"规则下的所有博弈选择情况进行模拟展示。

以上只分析了投资者一方的初始策略和反应策略,如果把借款人与投资者两方的策略结合,将有 $4^3 = 64$ 种组合策略,这里不再进行详细讨论。

5.4.3　P2P 网贷中借款人与投资者博弈的仿真分析

5.4.3.1　P2P 网贷中 Agent、活动规则以及得益函数的定义

(1) MATLAB 仿真的 Agent 定义

在正式通过计算机实现对借款人和投资者双方博弈的仿真模拟前,先要定义本次博弈中的 Agent。根据 P2P 网贷的有限理性主体选择分析,本次博弈仿真主要考虑 P2P 网贷中借款人和投资者这两个参与主体,因此此次博弈在 MATLAB 中把借款人和投资者当作两种 Agent。这两者可能的策略应由双方初始策略与博弈后的反应策略进行组合,即:

$$C = \{(1,1),(1,0),(0,1),(0,0)\} + \{\text{Always-Default}, \text{Free-Riding}, \text{Tit-For-Tat}, \text{Always-Keep-Faith}\}$$

(2) P2P 网贷中借款人与投资者得益函数的定义

假定借款人的筹资额为 L,P2P 网贷平台支付给投资者的年化收益率为 r_0,借款人通过该笔投资所得的收益为 R,借款人的违约惩罚(借款人由于违约导致无法再次通过 P2P 网贷获得融资的损失)为 T,长期信用良好借款人获得的奖励为 Y。由于 P2P 网贷平台提供信息中介服务,需要协助投资者对借款人进行审核,因此要考虑 P2P 网贷平台收取的费用,所以同时假定获益后 P2P 网贷平台收取的投资服务费占投资者投资收益的比例为 t,借款人的融资服务费和质保专款总额占筹资额的比例为 y。以上各变量的约束条件:变量均>0 且 $Lr_0(1-t)>0$。

如果该投资者与借款人策略选择(1,1),则可得出投资者的得益函数为 $i(k) = Lr_0(1-t)$,借款人的得益函数为 $b(k) = R - L(y+r_0) + Y$;

如果该投资者与借款人策略选择(1,0),则可得出投资者的得益函数为 $i(k) = -L$,借款人的得益函数为 $b(k) = L + R - T$;

如果该投资者与借款人策略选择(0,1),则可得出投资者的得益函数为 $i(k) = 0$,借款人的得益函数为 $b(k) = Y$;

如果该投资者与借款人策略选择(0,0),则可得出投资者的得益函数为 $i(k) = 0$,借款人的得益函数为 $b(k) = 0$(如表5-4)。

表 5-4　双方博弈矩阵

策略		借款人	
		守信	违约
投资者	投资	$Lr_0(1-t)$, $R-L(y+r_0)+Y$	$-L$, $L+R-T$
	不投资	$0,Y$	$0,0$

5.4.3.2　P2P 网贷信用风险生成演化的博弈数值例子仿真分析

（1）博弈仿真设定

尽管理论上投资者与借款人双方可进行无限次合作（即进行无限次博弈），但 P2P 网贷实际借贷过程存在一定期限，因此，在现实中，这种合作最多保持 4~5 轮。故此次双方博弈仿真只进行到第四次。

为对 P2P 网贷信用风险生成机理进行更为准确的研究，将对借款人与投资者的博弈矩阵给出数值实例进行分析。

（2）博弈仿真样本选取

本次仿真以信融财富平台针对普通用户的 P2P 网贷业务中各相关指标数据作为样本，设定指标如下：筹资额 $L=100$，年化收益率 $r_0=10\%$，获益后 P2P 网贷平台收取的投资服务费占投资者投资收益的比例 $t=10\%$，借款人的融资服务费和质保专款总额占筹资额的比例 $y=6\%$，借款人通过此笔投资可得到的收益 $R=20$，借款人的违约惩罚 $T=60$，借款人保持长期良好信用所获得的奖励 $Y=0.2$。

（3）博弈仿真过程与结果

通过 MATLAB R2014a 进行四次博弈仿真后得到相应结果（表 5-5）。

表 5-5　两种 Agent 博弈 4 次的仿真结果

投资者策略	借款人策略	投资者累计得益	借款人累计得益
$[0,1,1,1]$	$[1,1,1,1]$	27	12.8
$[0,1,1,1]$	$[0,0,0,0]$	-300	180
$[0,1,1,1]$	$[0,1,1,1]$	27	12.6
$[0,1,1,1]$	$[1,0,0,0]$	-300	180.2
$[0,0,0,0]$	$[0,0,0,0]$	0	0
$[0,1,1,0]$	$[0,0,1,1]$	-91	64.4
...	...	...	...
$[0,0,0,0]$	$[1,1,1,1]$	0	0.8

续表

投资者策略	借款人策略	投资者累计得益	借款人累计得益
$[1,1,1,1]$	$[0,0,0,0]$	-400	240
$[0,1,1,1]$	$[0,0,0,0]$	-300	180
$[1,1,1,1]$	$[1,1,1,1]$	36	16.8
$[1,1,1,1]$	$[1,0,0,0]$	-291	184.2
$[1,0,0,0]$	$[1,1,1,1]$	9	4.8
…	…	…	…

从表 5-5 可以看到,P2P 网贷过程中,当投资者选择$[1,1,1,1]$策略,而借款人选择$[0,0,0,0]$策略时,表明在双方连续四次的博弈过程中,投资者始终"信任"借款人,而借款人对此始终选择"违约",在此情况下,投资者的累计得益最少,为-400;其次是当投资者与借款人选择的策略是$[0,1,1,1]$对应$[1,0,0,0]$和$[0,1,1,1]$对应$[0,0,0,0]$时,此时在投资者对借款人信任的三次博弈中,借款人都选择"违约",投资者累计得益次少。以上分析结果符合实际现状,因此本模型仿真结果是符合逻辑、可靠的。我们研究的目的是通过分析 P2P 网贷平台的影响规律来考察其信用风险的生成机理,仅通过上述例子所得结果无法反映其规律,无法得出结论,即在哪种情况下 P2P 网贷中可能产生的信用风险最低。在实际 P2P 网贷过程中,此博弈仿真模型中的部分变量是通过事先确定的,这些变量包括投资额 L、借款人的融资服务费和质保专款总额占筹资额的比例 y,以及 P2P 网贷平台收取的投资服务费占投资者投资收益的比例 t 等。再对剩余变量的影响状况进行分析。剩余变量包括:年化收益率 r_0、借款人从此笔投资中得到的收益 R、借款人的违约惩罚 T 以及借款人保持长期良好信用所获得的奖励 Y。

首先,分析 P2P 网贷过程中剩余变量的变化规律。对于 r_0,在我国金融环境下,正常民间借贷年利率规定必须低于基准利率的 4 倍(约 24%)。当前网贷监管下的,P2P 网贷的年化收益率并不是随机的,目前正规的网贷平台参考年化利率默认在 7% 至 12% 之间,若不在此范围则通常具有较高风险。且通过上述博弈所得的得益函数可以看出,借款人选择"守信"所得的得益与 r_0 变化趋势相反,此时借款人选择"违约"的概率反而提升,不利于控制信用风险。

对于 R,借款人通过 P2P 网贷获得的投资一般有两种可能,一是普通借款人用来消费借贷,二是中小型或初创企业利用获得的投资进行经营,两种情况中 R 都可以视为其获得的额外利润,其可能为正、也可能为负。大部分情况下达到 40% 就被看作获得高收益。因此,此处对 R 的上限进行设定,假设借款人通过借款获得的收益最高为投资额的 1.4 倍,即 $R_{max}=140$。

对于 T,借款人的违约惩罚没有明确的范围限制。为约束其违约行为,借款人违约后受到的惩罚 T 越大越好。

对于 Y,为了鼓励借款人长期保持良好信用,Y 值通常越大越好,且 $Y \gg 0$,可以确定奖励值的增加对降低信用风险具有正向作用,此处不对 Y 取值进行多次仿真。

其次,仿真分析剩余变量对 P2P 网贷信用风险的影响。在 MATLAB R2014a 中分别按照以下规则更改取值进行 4 次博弈仿真,就能分别得到新的仿真结果,通过 4 次仿真结果可以对 P2P 网贷过程中信用风险生成的影响因素进行分析。

① 将其他变量均视为常量,令 $R=140$(原为 20)。

可以看出,随着 R 值的增加,投资者的得益值始终没有受到影响,但借款人在获得投资额时得益明显增加。选择极端情况进行分析,当投资者选择 Always-Keep-Faith 策略组合而借款人选择 Always-Default 策略组合,即投资者选择[1,1,1,1]策略,而借款人选择[0,0,0,0]策略时,两者各自的累计得益数值为(−400,720),借款人的得益数值由初始的 240 增加到 720。此时可以看出,借款人越容易获得信任得到投资,就能赚得越高的累计得益。当借款人意识到坚持"守信"能够获得更高收益时,会受到鼓励以获取更多的投资机会,这进一步诱导企业保持"守信"不去违约。因此,从 P2P 网贷平台和投资者的角度来看,当审核借款人时选择那些获利能力强的借款人能够促使还款概率更加稳定,有利于降低信用风险。

② 将其他变量均视为常量,令 $T=100$(原为 60)。

根据仿真结果发现,借款人的违约惩罚 T 增加带来的结果为:当投资者和借款人选择策略为[1,1,1,1]对应[0,0,0,0]时,两者的累计得益数值由(−400,240)变为(−400,80),此时发现借款人若始终违约,最终会导致其得益减少。

③ 将其他变量均视为常量,令 $T=200$。

增加 T 到 200 时再次进行博弈仿真模拟,得到的结果表明,当投资者和借款人选择策略为[1,1,1,1]对应[0,0,0,0]时,两者的累计得益数值为(−400,−320),借款人始终违约所带来的得益进一步减少,甚至变为负值,此时借款人不会再选择"违约"策略来损害自身利益。因此,若对违约的借款人采取严格的违约惩罚措施,加大惩罚力度能够从借款人角度减少信用风险生成的概率。

(4) 结果分析

通过此次博弈仿真模型可以证明,当只考虑借款人、P2P 网贷平台以及投资者三方时,信用风险的生成最终会受到多种因素的影响,主要关系是:信用风险大小与 P2P 网贷平台年化收益率的设定呈正比,而与借款人从此笔投资中得到的收益、借款人的违约惩罚以及借款人保持长期良好信用所获得的奖励呈反比。而这些因素也恰好与理论分析中信用风险生成的影响因素不谋而合,这也为今后降低

P2P 网贷信用风险采取的措施提供了依据。

5.5　P2P 网贷平台信用风险的生成机理实证分析

5.5.1　研究假设

根据网贷平台所处的行业特征与风险影响的来源,对平台信用风险生成的理论机理进行假设,假设网贷平台信用风险主要来源于:宏观风险因素、行业因素与平台内部因素等三个层面。

5.5.1.1　宏观风险因素

宏观经济因素包括利率、通货膨胀、股票市场波动率。我们认为宏观因素受到市场资金充裕程度的影响,主要包括货币供给的从紧程度和货币市场的充裕程度。

(1) 货币供给的从紧程度。依据经济周期理论,经济周期的波动与循环是经济总体发展过程中不可避免的现象。这种波动大体呈现出复苏、繁荣、衰退和萧条的阶段性周期循环。当宏观经济处于扩张期时,投资者预期未来收益增长,投资者数量增加,P2P 网贷平台机构增多,P2P 行业的筹资规模及其在社会融资规模中所占的比例上升;当宏观经济处于衰退期时,情况相反。结果造成,在经济扩张时期 P2P 行业集聚风险;在经济衰退时,信用风险集中爆发,导致行业发展受阻。为了改变经济周期对经济发展的负面影响,中央银行通过货币政策对经济周期进行调节,通过传导机制减少经济发展的波动。中央银行利用货币政策和货币工具影响整个社会的货币供应量,从而引起商业银行对企业信贷数额的变化,进而传导到各个企业,改变企业融资现状。已有研究表明,企业信用风险与货币供应量呈负相关。实际 GDP 增长率与上市公司的信用风险负相关,而宏观经济因素中的贷款利率则与上市公司的信用风险呈显著正相关。国民生产总值、M2 与信用风险呈负相关,实际利率水平与信用风险呈正相关,而通货膨胀水平、汇率与资本市场变量对信用风险的影响并不显著。另一方面,P2P 网贷作为正规金融的一种补充,满足了民间借贷对资金融通需求、缓解了中小企业融资难的问题。如果货币政策从紧,银根紧缩,商业银行授信趋向谨慎,授信过程中对企业选择和授信审批更为严格,势必造成中小企业生产资金紧张,企业生产经营活动和短期资金周转出现困难,结果就是中小企业转而向民间融资,P2P 网贷活跃,平台风险上升。但如果大量企业无法按期归还贷款,P2P 网贷平台就会发生信用风险。因此可以得到假设 1。

假设 1:货币政策从紧程度与 P2P 网贷平台信用风险正向相关。

(2) 货币市场的充裕程度。P2P 网贷极易受宏观经济环境的影响,在不同的宏观经济周期,网贷资金与银行资金相辅相成,互为消长,互为进退。P2P 网贷与银行等正规金融机构所处市场层次和服务对象不同,资产规模差距大,市场和客户差异也大,其互补性要高于替代性。P2P 网贷的扩张,会吸引居民储蓄资金流入,银行信贷资金来源相应减少,现金投放量加大,对银行业资金来源造成一定冲击,特别是增大了中小金融机构的经营压力,并影响国家金融调控和货币政策的效果。这种互补性的表现使货币市场流动性得到更加明显的改善。在接受 P2P 网贷产品市场利率的前提下,借款人可以借到所需的资金,出借者可以贷出相应的资金。如果银行资金充裕,意味着 P2P 网贷资金回流储蓄,平台流动性降低,流动性风险相应增加。P2P 网贷债权市场缺乏流动性,投资者承受着交易困难、债权折价转让,甚至是无法交易的影响。一旦投资者首先可能或者即将陷入信用风险,为保证自身流动性,将降低出借资金数量,风险进一步传染到所在平台,并在平台之间传染。同时,在去杠杆和强监管背景下,网贷平台对接的资产端和资金端双重收缩,如果 P2P 网贷放松风险控制,盲目扩大借贷规模,追逐高风险投资项目,以致投资规模超过自身资金承受能力,资金链就会变得十分脆弱,一旦有其他因素的影响,资金链可能断裂,进而引发信用风险等一系列严重后果,导致 P2P 行业整体面临流动性危机。在"去杠杆"的背景下,投资者资金回流储蓄,以保障资金安全。企业杠杆率下降,融资企业出现大量逾期现象,平台兑付出现困难。由此得到假设 2。

假设 2:银行间市场的充裕程度与 P2P 网贷平台信用风险负相关。

5.5.1.2 行业因素

在 2016 年 8 月 24 日,原银监会发布的《暂行办法》,要求开展网络借贷信息中介服务的网络借贷信息中介机构及其分支机构,必须向当地地方金融监管部门备案登记。同年 10 月,互联网金融风险专项整治工作领导小组印发《互联网金融风险专项整治工作实施方案》,明确互联网金融整治的重点领域之一就是 P2P 网贷。同时,原银监会会同十四部委联合印发《P2P 网络借贷风险专项整治工作实施方案》,确定网贷风险专项整治工作的范围和重点、标准措施以及职责分工,并且明确专项整治工作的完成期限。一年后,P2P 网贷平台登记备案、资金存管、信息披露三大指引政策相继出台并实施,网贷行业监管的制度框架搭建形成。互联网金融监管越来越强,且监管越来越具有针对性。2018 年 4 月,互联网金融风险专项整治工作领导小组下发《关于加大通过互联网整治资产管理业务整治力度及开展验收工作的通知》,将整顿的矛头直接指向互联网资管业务。登记备案及行业监管日趋严格,平台经营成本提高,风险逐步暴露,监管政策变化是引起平台信用风险的重要因素。按照备案文件精神,P2P 网贷平台通过备案,需要支付银行存管、存量业务清退、法律意见书、审计报告和保证书等费用。随着备案截止日期的临近,各家平台为完成备案,合规成本增加,收益收窄,竞争力不足的平台陆续退出 P2P 网贷市场,行业由此进入洗牌期。平台备案已成为 P2P 网贷平台能否生存发展的关键,备案成功,企业才能持续经营;如果备案失败,企业退出市场。由此得到假设 3。

假设 3:P2P 网贷监管政策从严程度与 P2P 网贷平台信用风险正相关。

5.5.1.3　公司风险因素

内部因素是 P2P 网贷平台信用风险不可或缺的原因。我们认为内部因素主要是 P2P 网贷平台风险突出和行业信任危机。

(1) P2P 网贷平台风险突出。自从监管趋严,备案来临,很多业务已经被限制或者被禁止了。以禁止期限错配为例,期限错配一般是指资金来源短期化,资金运用长期化。例如 P2P 汽车租赁产品,出借资金一个月到三个月不等,而租赁汽车的使用时间超过三年。平台为了维持资金的正常周转,必须从其他途径吸入资金;否则,就会发生逾期、坏账、借旧还新等风险问题。为了打消投资者对资金安全的顾虑,平台自身做出或者合作的担保公司做出资金担保承诺,本金担保刚性兑付。而根据《网络借贷资金存管业务指引》规定,存管人开展网贷资金存管业务,不为网贷交易行为提供担保,不承担借贷违约责任。另一方面,P2P 网贷平台风险管理不当。由于不可预知的风险,专业风控不到位导致信用风险,如风险担保或者转移效果不好、平台数量过多、风险管理参差不齐、粗放式管理、以暴力催收取代风险管理等,都与信用风险密切相关。借款人信用状况不断恶化,甚至部分借款人恶意拖欠。个人征信体系不完善,P2P 平台很难判断真实的客户信誉。P2P 的定位是信息中介,现在很多平台的盈利模式难以持续,经历监管备案考核后,一些平台面临合规和经营成本等压力更大,后续支撑力不足,大量平台陷入信用风险。由此提出假设 4。

假设 4:P2P 网贷数量与自身的信用风险正相关。

(2) 行业信任危机。庞氏骗局、套路贷、自融、资金池等行业负面新闻不断出现。投资者数量降低是平台发生信用风险的主要原因。当市场情绪恶化时,部分借款人或有意拖欠到期债务以致逾期率上升,或企图通过举报平台,致使平台被取缔,达到逃避偿还到期债务的目的。P2P 网贷监管加压与行业出清共振引发投资者的恐慌情绪,借款人逃废债务,合规运行成本上升,大量网贷平台倒闭,多米诺骨牌效应显现,大量投资者疯狂出逃,债权市场转让标大量低价抛售,购买者却寥寥无几,引发了深层次的行业信任危机,加剧了市场的恐慌情绪,由此提出假设 5。

假设 5:投资者数量的变化与 P2P 网贷平台信用风险负相关。

5.5.2 实证分析

5.5.2.1 理论方法

我们利用网贷平台的截面数据研究不同区域环境下发生信用风险的平台数量与影响因素之间的关系。采用面板模型有利于控制不同区域的异质性。不同区域的 P2P 网贷平台发生信用风险时,平台利率、借款人数、贷款余额等变量可以作为解释变量,但同时区域内的风俗文化、投资者的风险偏好、广告投放等因素也会显著地影响信用风险的发生。对于这些个体效应和时间效应往往难以获取精准数据,而面板数据模型就可以处理这些不可观测的效应。

5.5.2.2 模型设计

如何测算 P2P 网贷平台信用风险是模型设计考虑的重点。从理论上来看,网贷平台的信用风险应当从平台逾期金额数量上进行统计,因为可以直接计算出平台的风险存量。但实际情况是很多平台不公布贷款逾期金额,即使公布数据,统计口径也存在差异。因此,本模型在设计时选取不同地区的 P2P 网贷问题平台数量作为平台信用风险的代理变量。P2P 网贷问题平台是指发生争议、跑路、提现困难、停业、经侦介入、暂停发标、延期兑付和网站关闭的网贷平台,具体的问题平台判断依据见表 5-6。网贷问题平台数量是一个网贷信用风险测度的间接变量,统计数据准确。一旦网贷平台信用风险爆发,就会成为问题平台。

表 5-6 问题平台类型说明①

问题平台类型	情况说明
争议	平台仍在正常发标,但投资者反映大量项目出现逾期,无法正常兑付
跑路	网站打不开,400 热线打不通;用户反馈联系不上,客服 QQ 不在线或无响应;第三方曝光平台经营场所关闭;起初因为提现困难曝光,后彻底失联的平台
提现困难	无法提现或者大面积逾期限制提现,平台无公告表示未来将进行兑付
停业	平台停止原有 P2P 出借端业务,转型做其他业务
经侦介入	因为公安机关介入,平台资金冻结或者停业,进行立案;平台涉嫌非法吸收存款或者集资诈骗而被公安机关立案侦查
暂停发标	停止发标长达 3 个月,平台公告、新闻依然有更新
延期兑付	平台发布公告进行清盘,无法按正常投资期限进行还款,需延期偿还(如分 12 期、24 期和 36 期等);平台暂停发标,并发布展期、需延期、非正常进行还款的情况
网站关闭	平台网站打不开,但网上没有该平台暂停业务的相关负面舆情

---

① 注:来源于网贷之家"停业及问题平台类型标签及判断依据"。

下面假设不同区域变量 i，不同时间变量 t，问题平台的数量 $Qnum_{i,t}$，宏观经济指标 $Macro_{i,t}$，区域自身特征变量 $Region_{i,t}$，控制变量 $Control_t$，常数向量 α、β、γ 和 μ，误差 ε。我们得到面板实证模型（1）：

$$Qnum_{i,t} = \alpha + \beta Macro_{i,t} + \gamma Region_{i,t} + \mu Control_t + \varepsilon \tag{1}$$

5.5.2.3　变量设计

对于宏观经济变量的选择，我们选用 2013—2018 年区域的 GDP 作为参考指标。由于 GDP 是反映区域总体经济状况的指标，同时通货膨胀指标也影响网贷行业消费者资金实际购买力，所以我们在宏观经济变量中引入 CPI 和 GDP 两个指标。从平台来看，区域内平台成交量、贷款余额、借款人数量、投资者数量、借款利率、期限对问题平台的数量变化具有较大影响，我们选用这些行业变量进行实证研究。

5.5.2.4　数据选取

从当前我国网贷发展的情况看，大多数平台集中在少数区域。根据同花顺数据库的统计，网贷活跃区域主要在北京、上海、广东、浙江、山东、江苏、四川和湖北八个省（市），而其他地区运行平台的待收贷款余额所占比重不到 6%，而且各省（市）GDP 相差太大，因而不予考虑其他地区。如表 5-7 所示，$ques$ 代表当月问题平台数量；$volume$ 代表当月成交额；$loan$ 代表期末贷款余额；$borrower$ 代表借款人数量；$time$ 代表借款的期限；$lender$ 代表出借者数量；$oper$ 代表期末运营平台数；$interest$ 代表期末综合利率；CPI 是消费者指数；$super$ 是虚拟变量，代表特定监管政策是否执行；$\ln GDP$ 是本季度内国民生产总值的对数；$\ln M_2$ 代表货币和准货币之和的期末值；$d\ln bank$ 是 $\ln bank$ 的差分值；$\ln bank$ 代表期末金融机构本外币贷款余额的对数；$shibor$ 取上海银行间 1 年期利率，每个月的统计数据取当月内交易的日平均值。具体的描述性统计结果如表 5-7 所示。

表 5-7　样本数据的描述性分析结果[①]

变量	数量	均值	方差	最小值	最大值
$ques$	486	8.850	10.11	0	57
$volume$	486	148.2	190.0	2.050	811.6
$loan$	486	644.3	1,021	4.300	4,821
$borrower$	486	18.30	38.19	0.0200	189.4

---

① 注：数据来源于同花顺数据库。

变量	数量	均值	方差	最小值	最大值
time	486	6.497	4.479	1.110	20.12
lender	486	29.18	42.00	0.340	173.1
oper	486	257.7	200.0	12	858
interest	486	13.89	4.984	8.090	32.94
CPI	486	1.776	0.443	0.800	2.900
super	486	0.130	0.336	0	1
ln *GDP*	432	9.270	0.472	8.392	10.13
ln M_2	486	14.17	0.135	13.93	14.39
dln *bank*	432	0.00939	0.00803	−0.0690	0.0546
ln *bank*	432	11.00	0.394	10.03	11.82
shibor	486	4.120	0.735	3.027	5.002

5.5.2.5 结果与分析

（1）宏观因素调整模型的面板估计。在面板模型公式（1）中,固定效应和随机效应在系数估计上,出现了显著差异。通过 Hausman 检验发现,当 $P < 0.01$ 时,原假设被拒绝,面板方程应当选择固定的效应模型来进行分析,具体实证如表 5-8 所示。首先,代表货币和准货币数量的 M_2 指标与 P2P 问题平台数量显著负相关。M_2 指标反映货币的基本供应量,是货币政策调整的中介指标,是影响问题平台数量的重要宏观因素。M_2 作为逆周期政策调控指标,有助于阻止经济下行。当市场为了去库存、保证流动性时,M_2 指标上升。但当货币市场流动性紧张时,就会导致大量平台无法正常从借款人手中收回借款,不得不面对借款人的违约事件,最终导致问题平台上升,M_2 与问题平台呈现负相关。如果市场整体资金供给趋紧,P2P 平台的资金供给也会受到波及。从统计数据来看,2018 年上半年 M_2 同比增速维持在低位,5 月份 M_2 同比增速仅为 0.3%,相比去年同期减少 18 个百分点。同时大量 P2P 网贷平台出现信用风险,由此可以验证假设 1,货币政策从紧程度越高,P2P 网贷平台的信用风险数量就越多,两者正向相关。

其次,银行间利率与 P2P 问题平台数量呈显著负相关。我们分析宏观经济因素对 P2P 网贷平台信用风险的影响,在表 5-8 中选择 4 个模型发现,上海银行间利率是影响问题平台数量的重要原因,这一结论可以从两方面得到证实:一是上海银行间利率是典型的货币市场资金流动性指标。问题平台数量与此指标显著相关,货币市场的资金充裕程度是问题平台发生的重要影响因素。二是 *shibor* 指标系数始终为负数,说明上海银行间同业拆借利率上涨,意味着市场资金面有些紧张,需要支付更高的利息才能从银行借到贷款。但资金面紧张对民间来说不是好消息,*shibor* 总体与问题平台呈现负相关。由此可以验证假设 2,银行间利率越低,银行间市场的资金越充裕,P2P 网贷平台的信用风险数量就越多,两者呈现负相关。

再次,运行平台数量是影响问题平台数量的重要因素。运行平台数量越多,问题平台出现的概率就越高。我国 P2P 网贷行业经历了初始发展期、快速扩张期、风险集聚期和政策调整期。本实证数据选择的时间处于行业的政策调整期。P2P 网贷运行平台数量越多,受到行业政策影响的平台越多,则发生信用风险的 P2P 网贷平台就越多,假设 4 得到验证。同时,投资人数量与问题平台数量密切相关。在雷潮中,平时业务受到投资者监督委员会(投委会)监督的平台,风险基本可控,没有出现"庞氏骗局"。但一些以非法集资立案的 P2P 网贷平台缺少投委会,或者投资者没有实质性的监督权,投资者对债权的真实性一无所知,说明投委会对于减少 P2P 网贷平台与投资者群体之间的信息不对称性问题具有重要作用。当投资者对平台的资产失去信心时,投资人数量就会越少,伴随着成交量的下降,问题平台无法获得资金,资金链断裂,平台数量增加,问题平台数量上升。由此可以证明假设 5 是成立的。

最后,面板区域因素中,考虑了利率、平均借款期限、借款人数量、成交量、贷款余额、指标,但实证结果都不显著,说明不同区域借款的利率、平均借款期限和借款人数量不是问题平台数量变化的原因。在统计时间段内,数据表明 P2P 行业借款的利率呈现下降趋势,期限延长,按理来说,行业风险是下降了,问题平台的数量应当减少。但事实情况是问题平台的数量不受其影响,说明 P2P 网贷平台利率和借款期限并非是市场化波动指标,而是人为确定指标,无法反映问题平台数量的变化。

表 5-8　不同区域行业影响因素调整模型的面板估计

变量名称	模型(1)	模型(2)	模型(3)	模型(4)
volume	0.0128[**]	0.00776	0.0101[**]	0.00821
	(2.257)	(1.502)	(2.104)	(1.596)
loan	0.00388[**]			
	(2.502)			
borrower	−0.0414	0.0170		0.0160
	(−1.492)	(1.151)		(1.088)
time	−0.167			
	(−0.759)			

变量名称	模型(1)	模型(2)	模型(3)	模型(4)
lender	-0.122***	-0.0492*	-0.0482*	-0.0519**
	(-3.110)	(-1.884)	(-1.855)	(-2.007)
oper	0.0392***	0.0375***	0.0386***	0.0375***
	(8.649)	(8.348)	(9.286)	(8.350)
interest	-0.169	-0.168	-0.157	-0.152
	(-1.234)	(-1.219)	(-1.210)	(-1.117)
CPI	-0.709	-0.634		-0.630
	(-1.123)	(-1.001)		(-0.993)
super	2.539**	2.838**	2.616**	2.856**
	(2.137)	(2.449)	(2.339)	(2.466)
$\ln GDP$	3.567	3.093	3.254	3.377
	(1.584)	(1.374)	(1.447)	(1.516)
$\ln M_2$	-15.48**	-15.59**	-13.98**	-15.31**
	(-2.427)	(-2.465)	(-2.271)	(-2.425)
$\mathrm{d}\ln bank$	21.17	28.13	24.98	
	(0.665)	(0.885)	(0.788)	
shibor	-3.045***	-3.250***	-2.894***	-3.272***
	(-5.184)	(-5.558)	(-5.502)	(-5.602)
constant	201.8**	207.4**	180.2**	201.0**
	(2.255)	(2.340)	(2.101)	(2.275)
R^2	0.496	0.489	0.486	0.488

注:括号内数值为各参数 t 统计值,***、**和*分别表示在显著性水平为 1%、5% 和 10% 的情况下显著。

(2)监管政策影响的面板估计。面板实证分析按照我国 P2P 行业重要的监管政策出台作为时点,设立监管虚拟变量。假设政策出台前,监管虚拟变量为 0,政策出台后,监管虚拟变量为 1。选取了三个重要的监管政策落地时间点:2015 年 7 月、2016 年 10 月和 2017 年 12 月,分别以变量 super2015、super2016 和 super2017 为代表。第一个时间点是国务院十部委联合出台《关于促进互联网金融健康发展的指导意见》,提出了一系列鼓励创新、支持互联网金融稳步发展的政策措施。第二

个时间点是国务院办公厅发布《互联网金融风险专项整治工作实施方案》和《P2P
网络借贷风险专项整治工作实施方案》,要求重点打击处置一批违法经营金额大、
涉及面广、社会危害大的互联网金融风险案件,处置 P2P 网贷平台资金池、自融自
保、期限错配、虚构标的等问题。第三个时间点是 P2P 网贷风险专项整治工作领
导小组下发《关于做好 P2P 网络借贷风险专项整治整改验收工作的通知》,要求各
地方金融局在 2018 年 4 月底前完成辖内主要 P2P 网贷机构的备案登记工作。开
展辖内存量网贷机构的整改验收与备案工作,实现网贷市场出清、扶优抑劣、规范
纠偏。引导验收不过的网贷平台逐步清退业务、退出市场,或整合相关部门及资
源,采取市场化方式,进行并购重组。对于严重不配合整改验收工作,违法违规行
为严重的机构予以取缔。随着备案截止日期的临近,市场网贷平台出现大量问题,
投资者为了资金安全,大规模撤出投资,导致市场出现多米诺骨牌效应。从表 5-9
指标来看,第一个时间点(2016 年 10 月)出台的监管政策已经对问题平台数量产
生显著影响,P2P 网贷监管落地效果是非常明显的。假设 3 得到验证。

表 5-9　不同监管政策影响因素调整模型的面板估计

变量名称	模型(1)	模型(2)	模型(3)	模型(4)	模型(5)
volume	0.0109 **	0.0173 ***	0.0131 **	0.0171 ***	0.0174 ***
	(1.971)	(3.097)	(2.329)	(3.072)	(3.097)
loan	0.00416 ***	0.00465 ***	0.00388 **	0.00445 ***	0.00434 ***
	(2.691)	(3.107)	(2.514)	(2.946)	(2.831)
borrower	−0.0450	−0.0624 **	−0.0415	−0.0598 **	−0.0580 **
	(−1.627)	(−2.308)	(−1.505)	(−2.198)	(−2.106)
time	−0.0970	−0.172	−0.171	−0.173	−0.187
	(−0.448)	(−0.810)	(−0.781)	(−0.815)	(−0.871)
lender	−0.126 ***	−0.139 ***	−0.126 ***	−0.134 ***	−0.133 ***
	(−3.194)	(−3.629)	(−3.234)	(−3.473)	(−3.434)
oper	0.0414 ***	0.0350 ***	0.0410 ***	0.0343 ***	0.0344 ***
	(9.698)	(7.987)	(9.693)	(7.757)	(7.756)
interest	−0.116	−0.148	−0.191	−0.144	−0.160
	(−0.911)	(−1.188)	(−1.446)	(−1.156)	(−1.228)
ln *GDP*	4.047 *	5.360 **	3.793 *	5.619 **	5.554 **
	(1.801)	(2.433)	(1.705)	(2.532)	(2.494)

续表

变量名称	模型（1）	模型（2）	模型（3）	模型（4）	模型（5）
$\ln M_2$	-6.550	6.608	-15.40**	10.18	8.228
	(-0.985)	(1.022)	(-2.420)	(1.371)	(0.942)
$shibor$	-2.830***	-1.329**	-2.799***	-1.756**	-1.861**
	(-4.124)	(-2.378)	(-5.179)	(-2.479)	(-2.479)
$super2015$	-1.210			-1.447	-1.420
	(-0.800)			(-0.980)	(-0.960)
$super2016$		-5.756***		-5.799***	-5.611***
		(-4.620)		(-4.651)	(-4.238)
$super2017$			2.225*		0.509
			(1.935)		(0.425)
$constant$	68.53	-133.1	196.4**	-183.3*	-154.5
	(0.743)	(-1.453)	(2.206)	(-1.746)	(-1.236)
R^2	0.490	0.515	0.494	0.516	0.516

注：括号内数值为各参数 t 统计值，*** 、** 和 * 分别表示在显著性水平为 1%、5% 和 10% 的情况下显著。

（3）稳定性检验。为了提高实证结论的稳定性，接下来从两个方面进行实证检验。一是按照直辖市和省域进行结论的稳定性检验，将上海和北京地区划分为一组，其余地区划分为另一组，进行影响因素分析。同时，按照各地监管政策实际落地的时间调整监管政策的虚拟变量。如表 5-10 中的模型（1）和（2），研究结论通过稳定性检验。二是调整控制变量。通过调整控制变量发现，随着监管的持续推进，合规成本的上升，平台投资收益率在不断下降。按理说利率下降，风险就应当下降；但是实证发现，两者没有显著的关系。

表 5-10　稳定性检验的统计表

变量名称	模型（1）	模型（2）	模型（3）
$volume$	0.0216*	-0.00189	0.00843*
	(1.809)	(-0.420)	(1.690)
$borrower$	-0.0662	0.0118	-0.0462*
	(-1.245)	(0.263)	(-1.870)
$lender$	-0.187**		-0.0831**

变量名称	模型（1）	模型（2）	模型（3）
	（-2.414）		（-2.330）
oper	0.0263***	0.0441***	0.0336***
	（3.155）	（7.604）	（7.117）
interest	0.626	-0.325**	0.204
	（1.361）	（-2.332）	（1.234）
CPI	-1.672	-0.746	-0.465
	（-1.246）	（-1.054）	（-0.733）
super		3.044**	
		（2.330）	
ln *GDP*	3.122	4.430*	2.727
	（0.638）	（1.808）	（1.155）
ln M_2		-22.25***	1.929
		（-3.256）	（0.305）
shibor	-6.889***	-2.388***	-2.843***
	（-3.344）	（-3.740）	（-4.764）
loan	0.00538**	0.00154	0.00282**
	（2.340）	（0.641）	（1.979）
time	0.259	-0.00115	0.0383
	（0.463）	（-0.00440）	（0.184）
constant	-5.642	288.6***	-43.57
	（-0.117）	（3.041）	（-0.495）
R^2	0.674	0.447	0.517

注：括号内数值为各参数 *t* 统计值，***、** 和 * 分别表示在显著性水平为 1%、5% 和 10% 的情况下显著。

5.5.2.6　分析结论

（1）我国 P2P 行业进入政策调整期，大量平台陷入信用风险，行业的稳健运营受到影响。通过从 P2P 网贷行业发展现状进行分析，围绕宏观、行业、企业三个层面，归纳出 P2P 网贷平台信用风险的生成与货币政策从紧、货币市场充裕、监管政策从严、运行平台和投资者数量的下降等因素密切相关。

（2）通过对信用风险理论和 P2P 行业区域面板数据实证研究发现：P2P 网贷平台的信用风险与货币市场资金的充裕程度和投资者的数量负相关，而与货币政策从紧程度、监管政策从严程度、运行平台数量正相关。

第 6 章　P2P 网络借贷生态圈信用风险的传导机制

从前述相关研究中我们知道,P2P 网贷生态圈信用风险产生的首要环节是借贷,生成信用风险的原生主体和关键主体是借款人。借款人的信用风险生成后,在特定的环境条件和时间节点,会循着网贷生态圈主体结成的信用链条扩散传导。由于借款人信用风险的内生影响因素是复杂多样的,因此,本章首先研究内生因素对借款人信用风险的影响路径,进而研究网贷信用风险在网贷生态圈内外传导的机制和路径。

P2P 网贷生态系统具有共生性特征,生态圈内任一交易环节被破坏均会影响系统的平衡与稳定。P2P 网贷平台、借款人、投资者、第三方服务机构是网贷生态系统内的主要生物群体,通过内部价值交换形成生态信息流和资金流,并依托网贷信用链将各生态主体在系统内缔结为一个具有完整生态价值创造功能和体系完善的金融子结构市场,同时在信息和价值交流过程中又与外部金融市场相互补充,形成具有资金交互和业务融合的关联性市场。这种资金交易结构使网贷生态圈内的信用风险具有典型的扩散和外溢特点。一方面,网贷生态系统内产生的资金流和信息流交换所形成的关系链和利益链构成风险内部扩散的物质基础;另一方面,信贷市场是典型的关联性市场,信用风险的发生很容易产生链式反应导致风险外溢,在相关市场间传播和扩散,引发更大范围的风险。

6.1　P2P 网贷借款人信用风险内生因素的影响路径

6.1.1　P2P 网贷借款人信用风险内生影响因素及变量提取

P2P 网贷信用风险的策源主体主要是借款人,这里首先借助探索性和验证性因子分析,探讨 P2P 网贷借款人信用风险的内生影响因素,进而运用 SEM 模型探求其影响路径。在借款人信用风险的影响因素中,借款人自身的教育素养、诚信品格、经济基础及信用能力等是影响信用风险的关键因素,这些因素往往不受宏观政策、经济形势、市场环境等其他外部因素的干扰,因而构成了信用风险根本性的内生影响因素。

6.1.1.1　P2P 网贷借款人信用风险内生变量的量化处理

借助爬虫软件从"人人贷"平台上随机抓取 1000 条数据,通过分类,删除流标和无效的借款数据,获得 896 条真实、有效的借款人信息。为了充分说明借款人信用风险的内生情况,从上述 896 条信息中抽取 500 条数据,包括 250 条违约数据和 250 条正常还款数据,采用 0-1 标准化方法对原始数据进行处理,以消除指标间的量纲问题,便于对比分析。分析列表信息中 78 个指标,考虑到指标的重复性及可量化性,经过多次相关性的检验分析,最终选取标的状态、逾期次数、年龄、婚姻状态、学历、工作年限、收入、房产情况、车产情况、借款利息、借款期限、申请借款次数、成功借款次数、待还本息、标的总额等 16 个变量作为借款人信用风险内生影响的解释变量,构建网贷借款人信用风险内生影响指标体系,其量纲处理如表 6-1 所示。同时选择标的状态和逾期次数作为信用风险的测度变量,来分析借款人信用风险的内生影响因素对信用风险的作用。

表 6-1　信用风险各指标取值及量化处理

变量名称	变量取值	变量定义
标的状态 B_{11}	无违约	无违约—0
	违约	违约—1
逾期次数 B_{21}	次数值	实际值
年龄 A_{11}	年龄值	实际值
婚姻状态 A_{12}	未婚	未婚—0
	离异	离异—1
	已婚	已婚—2
学历 A_{13}	高中或以下	高中或以下—1
	大专	大专—2
	本科	本科—3
	研究生或以上	研究生或以上—4
工作年限 A_{14}	1 年以下(含)	1 年(含)以下—1
	1~3 年(含)	1~3 年(含)—2
	3~5 年(含)	3~5 年(含)—3
	5 年以上	5 年以上—4
收入 A_{21}	1000 元以下(含)	1000 元以下(含)—1
	1001~2000 元	1001~2000 元—2
	2000~5000 元	2000~5000 元—3
	5000~10000 元	5000~10000 元—4
	10000~20000 元	10000~20000 元—5
	20000~50000 元	20000~50000 元—6
	50000 元以上	50000 元以上—7

变量名称	变量取值	变量定义
房产情况 A_{22}	无房产	无房产—0
	有房产	有房产—1
车产情况 A_{23}	无车产	无车产—0
	有车产	有车产—1
借款利息 A_{31}	利率值	实际值
借款期限 A_{32}	期限值	实际值
申请借款次数 A_{33}	次数值	实际值
成功借款次数 A_{34}	次数值	实际值
待还本息 A_{35}	本息额	实际值
标的总额 A_{41}	总额	实际值
信用评级 A_{42}	HR	HR—1
	E	E—2
	D	D—3
	C	C—4
	B	B—5
	A	A—6
	AA	AA—7

6.1.1.2　P2P 网贷借款人信用风险内生影响变量的因子分析

因子分析法是用来描述各指标间相关程度,并对多元指标进行降维处理的方法。运用因子分析法不仅能解决借款人信用风险内生影响因素间的多重共线性问题,对看似复杂多样的变量进行减维,而且能保证所简化出的因子尽可能地代表原始的大部分有用信息。

运用 SPSS22.0 对所采集的 16 个指标数据进行相关性检验分析,得到描述性统计分析结果(表 6-2)和相关系数矩阵(表 6-3)。

表 6-2　描述性统计分析结果

	B_{11}	B_{21}	A_{11}	A_{12}	A_{13}	A_{14}	A_{21}	A_{22}	A_{23}	A_{31}	A_{32}	A_{33}	A_{34}	A_{35}	A_{41}	A_{42}
平均数	0.502	0.952	0.26	0.35	0.938	0.076	0.572	0.48	0.342	0.02	0.28	0.836	0.198	0.471	0.68	0.078
标准偏差	0.5	0.149	0.997	0.893	0.743	0.06	0.328	0.500	0.475	0.860	0.228	0.637	0.681	0.221	0.35	0.348
分析 N	500	500	500	500	500	500	500	500	500	500	500	500	500	500	500	500

表 6-3　相关系数矩阵

	B_{11}	B_{21}	A_{11}	A_{12}	A_{13}	A_{14}	A_{21}	A_{22}	A_{23}	A_{31}	A_{32}	A_{33}	A_{34}	A_{35}	A_{41}	A_{42}
B_{11}	1															
B_{21}	0.786	1														
A_{11}	-0.839	-0.167	1													
A_{12}	-0.761	-0.694	0.425	1												
A_{13}	-0.083	-0.437	0.67	-0.064	1											
A_{14}	0.509	0.441	0.703	0.016	0.047	1										
A_{21}	-0.092	-0.796	0.155	0.142	0.401	-0.175	1									
A_{22}	0.848	0.187	0.196	0.26	0.81	0.18	-0.707	1								
A_{23}	0.018	-0.606	0.1	0.228	0.255	0.5	0.306	0.202	1							
A_{31}	0.288	0.534	-0.1	0.006	0.17	0.16	-0.211	0.277	0.008	1						
A_{32}	-0.241	0.665	0.125	0.114	0.101	-0.296	-0.138	0.216	0.5	0.672	1					
A_{33}	0.345	0.203	-0.129	-0.106	-0.012	0.217	-0.039	-0.021	0.185	-0.901	-0.226	1				
A_{34}	0.072	0.022	-0.52	-0.432	-0.031	0.154	0.036	-0.262	0.65	-0.162	-0.217	0.54	1			
A_{35}	0.603	0.676	0.811	0.536	-0.032	0.306	0.179	0.188	0.132	0.266	-0.503	0.217	0.159	1		
A_{41}	-0.492	-0.397	0.367	0.216	0.089	-0.472	0.359	0.997	0.199	-0.477	0.406	-0.202	0.411	-0.046	1	
A_{42}	-0.835	-0.718	0.329	0.199	0.644	-0.649	0.149	-0.143	-0.702	-0.298	0.383	-0.357	-0.132	-0.49	0.644	1

从表6-3可以看出,16个解释变量均存在不同程度的相关性,这为后文进一步的因子分析提供了可靠依据。

为了确保变量间的相关性相对准确,需要对各项指标进行 KMO 和 Bartlett 球形度检验(表6-4)。KMO 值为 0.716,表明解释变量间存在着相关性,尚可接受。Bartlett 球形度检验统计量的 Sig 值为 0<0.01,因此对相关矩阵是单位矩阵的零假设进行否定,即确认了借款人内生变量之间所存在的显著相关性关系。

表 6-4　KMO 和 Bartlett 检验

取样足够度的 Kaiser-Meyer-Olkin 度量	0.716
Bartlett 的球形度检验:近似卡方 χ^2	420.076
df	120
$Sig.$	0

表 6-5 显示了提取的公因子方差和各个初始变量的共同度,结果表明,公共因子所提取的共同度大部分在 0.8 以上,属于较为理想的状态。据此,进一步对内生影响因素进行因子分析,从 16 个指标中提取 6 个主成分,得出因子分析的总方差解释(表6-6)。

表 6-5　公因子方差

	B_{11}	B_{21}	A_{11}	A_{12}	A_{13}	A_{14}	A_{21}	A_{22}
起始	1	1	1	1	1	1	1	1
提取	0.842	0.85	0.807	0.656	0.939	0.825	0.762	0.801

	A_{23}	A_{31}	A_{32}	A_{33}	A_{34}	A_{35}	A_{41}	A_{42}
起始	1	1	1	1	1	1	1	1
提取	0.544	0.855	0.933	0.854	0.815	0.714	0.770	0.907

表 6-6　因子分析的总方差解释

成分	起始特征值			提取平方和载入			循环平方和载入		
	统计	变异的 %	累加 %	统计	变异的 %	累加 %	统计	变异的 %	累加 %
1	4.315	26.966	26.966	4.315	26.966	26.966	4.082	25.511	25.511
2	2.34	14.625	41.591	2.34	14.625	41.591	1.994	12.463	37.974
3	1.939	12.119	53.71	1.939	12.119	53.71	1.733	10.831	48.805
4	1.281	8.008	61.718	1.281	8.008	61.718	1.634	10.213	59.018

续表

成分	起始特征值			提取平方和载入			循环平方和载入		
	统计	变异的 %	累加 %	统计	变异的 %	累加 %	统计	变异的 %	累加 %
5	1.172	7.324	69.042	1.172	7.324	69.042	1.584	9.897	68.915
6	1.028	6.427	75.469	1.028	6.427	75.469	1.049	6.554	75.469
7	0.878	5.489	80.959						
8	0.657	4.109	85.068						
9	0.52	3.249	88.317						
10	0.487	3.043	91.36						
11	0.46	2.875	94.234						
12	0.324	2.025	96.259						
13	0.242	1.511	97.771						
14	0.167	1.046	98.817						
15	0.134	0.838	99.655						
16	0.055	0.345	100						

由表 6-6 可知,提取的主成分中前 6 位主成分的特征值大于 1,说明提取的 6 个公因子能解释累计方差和的 75.469%,并能很好地解释原有变量所包含的大部分信息。

6.1.1.3　P2P 网贷借款人信用风险内生影响变量的提取及因素归类

对提取的 6 个主成分进一步采用 Kaiser 标准化正交旋转法,得到借款人信用风险内生因素指标的旋转成分矩阵(表 6-7),根据载荷大小将内生信用影响特征因素指标归为六类,即第一类为借款人的基本信息(X_1),包括年龄、婚姻状况、学历和工作年限等;第二类为借款人的经济状况(X_2),包括收入、房产和车产等;第三类为借款人的往期借款情况(X_3),包括借款利息、借款期限、申请借款次数、成功借款次数和待还本息等;第四类为借款人的信用状态(X_4),包括信用评级和标的总额等;第五类、第六类分别为标的状态(Y_1)、历史逾期(Y_2),代表借款人的违约情况。根据前述因子分析结果,P2P 网贷借款人信用风险的内生因素便由 16 个指标降为 6 个主因子,从而对借款人信用风险内生因素影响路径的分析便相应地降为 6 个主因子。

表 6-7　旋转成分矩阵

	1	2	3	4	5	6
A_{34}	−0.925					
A_{32}	0.899					
A_{33}	0.847					
A_{31}	0.700					
A_{35}	0.646					
A_{14}		0.910				
A_{12}		0.833				
A_{11}		−0.617				
A_{13}		0.591				
A_{22}			0.781			
A_{21}			0.728			
A_{23}			0.591			
A_{41}				0.844		
A_{42}				0.822		
B_{11}					0.894	
B_{21}						0.962

6.1.2　P2P 网贷借款人信用风险内生因素影响路径的 SEM 模型研究

6.1.2.1　研究假设

根据上述因子分析结果,影响借款人信用风险的主要因素有六大类:第一类为个人基本信息(X_1),包括年龄(A_{11})、婚姻状况(A_{12})、学历(A_{13})等;第二类为经济状况(X_2),包括收入(A_{21})、房产(A_{22})和车产(A_{23})等;第三类为往期借款情况(X_3),包括借款利息(A_{31})、借款期限(A_{32})、申请借款次数(A_{33})、成功借款次数(A_{34})和待还本息(A_{35})等;第四类为借款人的信用状态(X_4),包括信用评级(A_{41})和标的总额(A_{42})等;第五类、第六类分别为标的状态(Y_1)、历史逾期(Y_2)。这里用标的状态(B_{11})和逾期次数(B_{22})表示借款人的违约情况,并且作为借款人信用风险的测度变量,在综合考虑借款人个人基本信息、经济状况、往期借款、信用状态等信用特征因素后,就借款人信用风险的内生因素影响路径提出以下假设:

假设 1:借款人的个人基本信息与标的状态存在正相关关系;

假设 2:借款人的经济状况与标的状态具有负相关性;

假设 3:借款人的往期借款记录与标的状态具有正相关性;

假设 4:借款人的信用状况与标的状态具有显著的负向影响;

假设 5:借款人的个人基本信息与逾期次数具有正相关关系;

假设 6:借款人的经济状况与逾期次数具有负相关性;

假设 7:借款人的往期借款记录与逾期次数具有正相关性;

假设 8:借款人的信用状况与逾期次数具有显著的负向影响。

6.1.2.2　SEM 模型构建

（1）SEM 模型简述

SEM 模型(结构方程模型)以统计分析技术为基础,能有效处理较为复杂的多变量数据问题。回归分析中,发生误差会直接造成回归模型参数出现偏差。结构方程与传统回归模型的不同就在于它能同时处理多个因变量,并相应地提出假设,进而验证假设与数据是否吻合。采用 SEM 模型的好处是不仅能在分析中直接将测量误差减少,而且能分析出潜变量之间的结构关系。

SEM 模型包括测量方程和结构方程。其中,结构方程模型表示为:

$$\eta = B\eta + \Gamma\xi + \zeta \ \text{或} \ (1-B)\eta = \Gamma\xi + \zeta \tag{1}$$

模型(1)中,η 和 ξ 分别是内生潜变量和外生潜变量,其余不能解释的部分为残差,用 ζ 表示,B 和 Γ 是表示内生潜变量和外生潜变量的回归系数。

测量方程模型表示为:

$$y = \Lambda y\eta + \varepsilon y, \ x = \Lambda x\zeta + \varepsilon x \tag{2}$$

模型(2)中,y 和 x 分别是测量外生潜变量和内生潜变量的观察变量,Λx 和 Λy 是载荷矩阵,B 和 Γ 是路径系数矩阵,ε 和 ζ 是残差。

（2）信用风险内生因素影响路径的 SEM 模型分析

借助 SPSS22.0 软件对借款人的个人基本信息、经济状况、往期借款、信用状况、标的状态、逾期次数六类特征变量指标进行因子分析验证的基础上,利用 LIS-REL8.7 软件构造生成 P2P 网贷借款人信用风险内生因素影响路径的结构方程模型(图 6-1)。

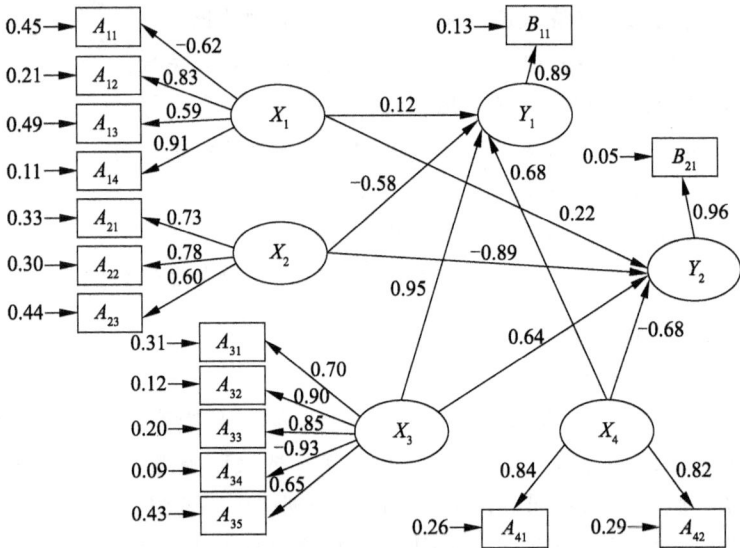

图 6-1 P2P 网贷借款人信用风险内生因素结构模型影响路径

由图 6-1 所示,借款人的基本信息、经济状况、往期借款、信用状况等对于标的状态和历史逾期都有影响,其影响由上述因子分析降维的结果决定,并分别由多个可直接测量的显变量所组成。

6.1.2.3 SEM 模型的修正

路径分析图主要是确认因果模型的工具,依据路径图得出路径系数和方程。通过运用 LISREL8.7 软件分析后,观察所得 T 值,进而删除不显著的路径。当 T 值的绝对值小于 1.96 时,通常认为 $\alpha<0.05$,此时拒绝假设;当 T 值的绝对值大于 1.96 时,认为 $\alpha>0.05$,此时接受假设。MI 值是根据所得的修正系数来添加路径,只有在修正系数很大或者有理论依据时才能进行添加。目前,删减标准并没有统一说法,一般认为 Standardized Solution 值应当高于 0.6 或 0.7,如果观测指标不多,也可适当降低标准,但一般最小也应大于 0.5,由于本文的估计值和 T 值都很小,因此无须考虑 MI。利用软件分析后得到内生因素影响路径系数(表 6-8)。

表 6-8 潜变量的相关系数

路径关系	估计	标准误差	T 值
标的状态→基本信息	0.12	0.03	-1.64
标的状态→经济状况	-0.58	0.45	2.43
标的状态→往期借款	0.95	0.76	3.45
标的状态→信用状态	-0.68	0.23	5.43
历史逾期→基本信息	0.22	0.03	-1.51

续表

路径关系	估计	标准误差	T 值
历史逾期→经济状况	-0.89	0.55	5.03
历史逾期→往期借款	0.64	0.47	3.45
历史逾期→信用状态	-0.68	0.44	2.11

由表 6-8 可知,"标的状态→基本信息、逾期次数→基本信息"这两条路径的系数绝对值均小于 1.96,且 $\alpha < 0.05$,因此将这两条路径予以删除,这也符合现实情况。相比于其他三个因素,借款人的基本信息短时间内变化不大,对借款人信用风险的传递影响可以忽略,因此,删除基本信息的两条路径后得到新的影响模型(图6-2)。新模型中,借款人的经济状况、往期借款和信用状况的影响路径不变,且相应的显变量不变。

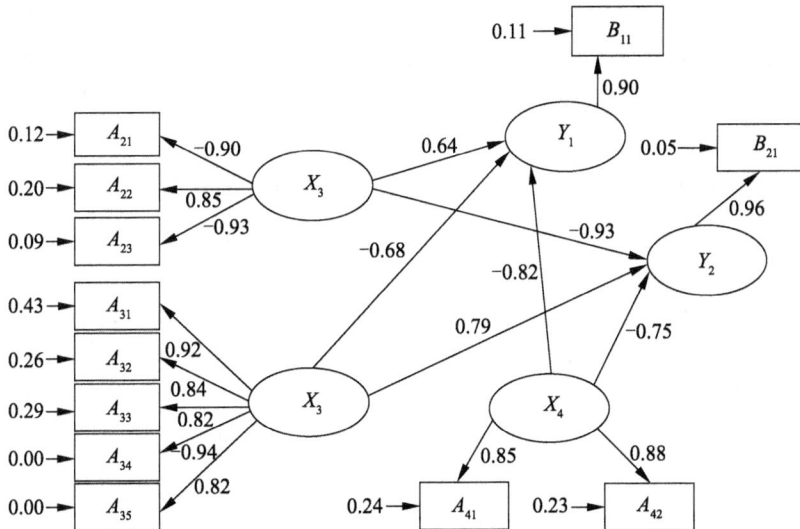

图 6-2　P2P 网贷借款人信用风险内生因素结构模型修正影响路径

6.1.2.4　SEM 模型的拟合度检验

该模型符合基本拟合标准后,需要进一步检验整体的拟合度,一般常用的四大指标分别是:① 拟合优度指数(GFI),GFI 值的大小表示自变量对因变量解释程度的高低,一般 GFI>0.8 时,表示拟合效果较好;② 增值拟合指数(IFI),IFI 一般在0.8 到 0.9 之间表示增值拟合效果较好;③ 近似误差均方根(RMSEA),其数值越小说明模型拟合程度越佳;④ 比较拟合指数(CFI),其值越靠近 1,则代表拟合的程度越好。

通过运行 LISREL8.7,得到 P2P 网贷借款人信用风险内生因素影响路径模型的拟合度整体符合要求。

6.2　借款人信用风险内生影响因素的传导路径

6.2.1　SEM 模型结果分析

（1）假设 2、假设 6 成立，即借款人的经济状况与标的状态、历史逾期具有负相关性。借款人的收入、房产和车产直接说明借款人的经济状况，通常，借款人融资能否成功更多的是依赖其经济状况，即借款人的资金越雄厚，平台或投资者更愿意提供贷款。基于他们的社会影响，经济状况较好的借款人更倾向于按时还款，违约的可能性较小。

（2）假设 3、假设 7 成立，即借款人的往期借款记录与标的状态、逾期次数具有显著的正相关性。借款人的借款期限、借款利息、申请借款次数、成功借款次数、待还本息等指标代表借款人往期的借款记录，其数值越大，说明借款人的经济波动就越大，资金的利息率越不稳定，按时履约还款的可能性就越小，借款人信用风险产生的可能性越大。

（3）假设 4、假设 8 成立，即借款人的信用状态与标的状态、逾期次数具有负相关性。借款人的信用评级代表着平台或其他评级机构对借款人信用状况的综合评价，等级越高，表明借款人的信用综合表现越好，为了继续维持良好的信用等级，更好地满足贷款需求，这类借款人更注重主动按时还款，其违约风险较小。

综上，在借款人信用风险内生因素的相互作用下，借款人的往期借款记录在借款人信用风险传递的过程中起着至关重要的作用。无论是在借款人自己填写个人往期信用记录时或是在 P2P 网贷平台对借款人的信息进行搜集、判断等节点，借款人潜在的违约风险都将随着平台或第三方评级机构给出的借款人信用评定结果传递到 P2P 网贷平台，最终影响整个 P2P 网贷交易。借款人的经济状况直接体现出借款人的还款能力。一旦借款人的经济状况不足以支持还贷时，借款人违约风险增大，平台相应地给出预警，P2P 网贷相关服务方采取相应的措施应对，投资者也将面临资金坏账的风险。

6.2.2　P2P 网贷生态圈内信用风险的传导

P2P 网贷生态圈内信用风险的传导包括两个方面：一是 P2P 网贷行业内信用风险的传导；二是 P2P 网贷行业信用风险的外溢，也就是 P2P 网贷生态圈内信用风险的感染。

6.2.2.1　P2P 网贷行业内信用风险的传导

P2P 网贷行业内信用风险的传导涉及两个传染源:借款人信用风险和平台信用风险。借款人信用风险是由借款人本身的经济状况、往期借款记录、信用状态等因素造成的。随着网贷资金交易的渠道,借款人信用风险沿着资金链传导到平台,最终传导给投资者。平台信用风险主要是因为平台经营不善、风险防范体系不健全、平台不合规操作等造成的平台倒闭、破产、跑路。平台作为直接联系投资者和借款人的中间方,其信用风险会随着网贷交易的信息链、资金链传导给借款人、投资者等相关主体,造成投资者等相关主体的损失。

6.2.2.2　P2P 网贷行业信用风险的外溢

P2P 网贷行业信用风险的外溢是指网贷信用风险通过 P2P 网贷生态圈内各主体、环节的关联关系传导到除投资者以外的其他关联主体或环节。从借款人关联方分析,涉及借款人信用的增信机构、评级机构以及第三方担保机构,虽然这些机构在整个网贷交易中只是辅助作用,但由于涉及资金、信息交易等,会在借款人信用风险发生时受到影响,甚至会因此感染信用风险,威胁自身的正常运行。从平台关联方分析,涉及的担保、银行等第三方资金托管机构,在平台信用风险发生时很大程度上会受到感染。P2P 网贷生态圈的正常运营除了借款人和平台直接关联方外,还包括 IT 技术服务、资质认证、风险合规管理等参与方,这些参与主体虽然没有直接参与网贷交易,却也会因为整个生态圈内金融链条的关联面临感染的风险。当整个 P2P 网贷生态圈内主体感染信用风险并累积到一定程度,且整个金融行业因为缺乏健全的风险防控体系而无力化解风险时,信用风险将转化为信用危机,并通过生态圈内各参与主体向外传导,直至整个 P2P 网贷生态圈都受到感染(图6-3)。随着社会联系的加强,P2P 网贷生态圈内信用风险也将随着社会活动传导给整个社会,最终形成社会信用危机。

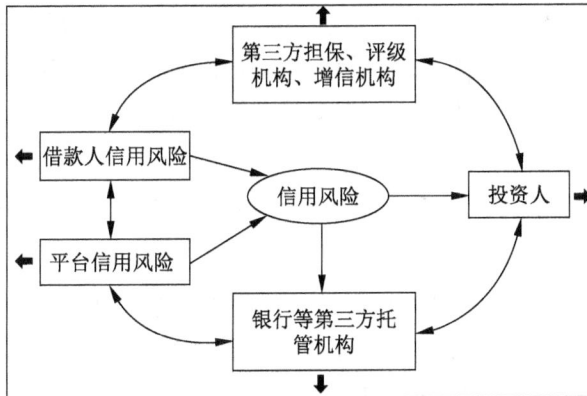

图 6-3　P2P 网贷生态圈内信用风险的传导

6.3 P2P 网贷生态圈信用风险传导的理论分析

6.3.1 P2P 网贷信用风险传导的内涵及要素

风险传导是指由于内外部环境中各种不确定性因素的改变或影响,导致风险因子在相关事件的激发下形成动态风险流,并依附相应的载体突破风险阈值,沿着相关路径进行传播和扩散(夏喆、邓明然,2007)。根据风险传导的基本含义,可将 P2P 网贷信用风险传导定义为由于外部信用环境的改变,导致风险源在风险事件激发下,由静态风险流演变为动态风险流,并依托网贷系统中的资金、信息、人员以及政策等载体,沿着资金链、信息链和信用链等在网贷生态圈内外传播和扩散。

构成风险传导的基本要素包括:风险源、风险事件、风险载体和风险传导路径等。风险源是风险产生和传导的起点,携带着风险因子,形成了静态风险流。在P2P 网贷生态圈内,信用风险源主要是作用于网贷信用链上的关键信用主体,包括投资者、借款人、P2P 网贷平台、第三方服务机构及外部环境等。在投资者方面,投资者大规模债权转让、资金变现等需求会使 P2P 网贷平台产生挤兑危机,诱发平台的信用风险。借款人和平台作为网贷资金链上的关键信用主体,是诱发网贷信用违约的最主要风险源,而外部服务方和政策环境的改变,也会直接或者间接影响平台运营的稳定性,诱使平台发生信用风险。风险事件是诱发和加速风险流结构变化的关键性因素,风险事件的发生会加速风险源由静态风险流演变为动态风险流,形成具有活力并带有破坏性的动态风险因子。引发网贷信用违约的风险事件主要包括借款人道德风险、平台运营不合规性操作、外部政策环境的不利改变等。风险载体是风险流不断向外输出和演进的物质媒介,在 P2P 网贷系统内,常见的风险载体形式包括技术、资金、人员、信息和政策等,风险在传导过程中,不同阶段会依附于不同的载体。风险传导路径是风险在传播和扩散过程中所形成的物理运动轨迹,风险传导路径一般反映了风险流的能量强弱和风险的空间辐射范围,风险在传导过程中形成的物理空间距离越长,所产生的风险覆盖面越广,形成的风险破坏力度越大。

6.3.2 P2P 网贷生态圈信用风险传导的机理分析

6.3.2.1 羊群效应理论

羊群行为源于生物学对动物集体行动特征的研究,是指自然界中牛羊等动物成群迁徙或觅食的行为,后来这一概念被引申为描述人类活动中的从众和模仿行为。金融学家借用它来描述金融市场活动的非理性行为,即在投资群体中,单个投资者进行投资决策时总是采取与他人类似的思维或行动。随着人们对金融市场非理性认识和完全非理性认识的深入,发现两者之间存在有限的理性认识。按照有限理性理论的观点,人的行为是有意识的理性,而这种理性又是有限的,其有限性源于环境的复杂性,人们受到不确定信息成本和大脑认知能力局限引起的有限理性影响。羊群行为便是一种有限的理性行为,即行为人在一定社会环境下,容易盲目跟随、模仿他人行动,致使市场行为具有从众性和局部连续性。

在传统金融市场中,信息不对称和非理性决策是羊群行为产生的主要原因。由于市场主体获取信息的渠道不同,使得不同个体之间信息量占有存在差异,拥有信息优势的主体会比信息弱势的主体更早进入市场进行决策,而信息占有的差异会导致其他行为人跟随和模仿已经出现的行为,形成从众效应。羊群行为的存在会导致相似行为在不同个体之间传导,而由于市场之间的关联性,这种从众行为会被进一步扩散而引发其他市场出现类似行为,在市场之间进行传染。

在以互联网为媒介的 P2P 网贷市场中,羊群行为基于以下两个原因也极易发生:一是信息过载。互联网上充斥着海量信息,网贷投资者很难理解和使用所有的信息(Brynjolfsson、Smith,2000)。二是选择透明。网贷投资者可以轻易地观察别人在互联网上的选择。大多数 P2P 网贷平台实时提供产品销售数量和购买者数量。当投资者拥有不完善信息时,他们倾向于从众(Brynjolfsson、Smith,2000)。羊群行为既有理性的也有非理性的。理性行为是因为前面参与者的行为揭示出一些重要信息,当前参与者不再根据自己的信息进行决策。非理性行为则是参与者的意识、情绪和行为盲目地跟从他人的行为结果,不再对信息进行决策。但是,无论是理性的还是非理性的行为,羊群行为容易放大外部事件的冲击,造成群体性恐慌,加剧投资者悲观情绪的蔓延,导致网贷投资信心下降,大量投资者会纷纷提出兑付诉求,对网贷平台造成压力和冲击,更有甚者,可能发生聚众上访、静坐、游行等社会事件,使信用风险不仅会在网贷生态圈内传染,而且会从网贷市场向其他关联金融市场和社会蔓延、传导。

6.3.2.2　挤兑理论

挤兑行为是用来描述商业银行由于支付困难产生的流动性风险引起存款人同时集中提现的现象。大量存款人同时集中提现挤兑,进一步加剧银行陷入流动性危机,进而导致破产倒闭。挤兑行为的发生,源于商业银行经营中期限错配或“存短贷长”的资产负债结构。在商业银行内部经营管理存在漏洞或某些外部因素的影响下,期限错配的资产负债极易出现偿还期上的脱节现象,如果银行不能及时补充新的流动性,就不能及时兑现存款人的提现要求,动摇存款人对银行的信心,随着舆情传染产生大量存款人向银行集中挤兑的羊群行为,进而引发更大范围的舆情传播和风险传染,导致一家甚至数家银行破产倒闭。

银行存在的挤兑现象在网贷市场也同样存在。虽然 P2P 网贷平台是信息中介而非信用中介,没有银行"存短贷长"的资产负债组合,但从金融功能观的视角看,P2P 网贷具有类银行业务的特点,因而也存在挤兑现象,而网贷市场中挤兑行为的存在会引发网贷生态圈风险的放大和传染。一方面,当网贷借款人或者 P2P 网贷平台发生信用风险时,投资者会急迫地从网贷平台进行资金变现,以避免投资资金受损失。投资者的这种集中变现行为会加剧网贷平台流动性压力,使本来就十分脆弱的网贷平台风险凸显出来,形成"网贷信用风险发生——投资者集中要求兑付——网贷平台脆弱性增加——偿付能力下降——投资者信心下降——挤兑加剧"的恶性循环,网贷生态圈风险进一步传染蔓延。另一方面,网贷市场挤兑问题可能会波及其他金融市场,导致其他金融市场出现流动性风险,引发市场信用危机。因此,P2P 网贷市场中的挤兑行为会加剧内部风险向外传导。

6.3.2.3　信用风险传染理论

信用风险的传染机制主要包括因果效应和信息效应(谢尚宇,2009),P2P 网贷生态圈环境下,网贷交易的特殊性使得信息效应尤为突出,对投资者的心理行为会产生重要影响。按照行为金融理论,投资者的认知偏差、风险偏好变动、投资者情绪、趋利性等非理性心理特性会严重影响其预期和决策行为,导致投资者的态度和情绪能够在市场主体之间以及市场之间迅速传染(陈庭强、何建敏,2014)。P2P 网贷平台因依托于互联网,一些重大事件及投资者的情绪与行为意识会通过互联网迅速传播,形成网络舆情。网络舆情的表现方式主要有新闻评论、BBS 论坛、博客、播客、聚合新闻(RSS)、新闻跟帖及微信转帖等(杨立,2015)。在网络舆情信息传播过程中,集体心理的存在使网民个体的舆情表达受到群体影响而发生变化甚至扭曲,群体成员中原本已存在的倾向性情绪或反应通过群体作用得到强化,使一种观点或行为、态度从原来的群体平均水平强化到具有支配性水平的现象(毕宏音,2007)。网络舆情成为借款人消息传播的"助推器"。网贷市场的存在使一些不利信息,甚至是谣言等噪音信息迅速为投资者所吸收而带来心理行为的变化,从而产生一系列连锁反应,使风险沿着舆情传播路径迅速传染。

6.4　P2P 网贷生态圈信用风险的传导过程

P2P 网贷生态圈信用风险的传导过程涉及两个环节:一是 P2P 网贷信用链内外部突发事件刺激风险,信用风险通过一定载体沿着一定路径扩散,在系统内各生态主体间进行传染,直至到达 P2P 网贷信用链内的所有风险节点;二是信用风险在相关风险节点处被放大,加速扩散进程,向信用链外部传导,即风险依托相关载体向系统外扩散和外溢。

6.4.1　P2P 网贷信用链内部信用风险的传导过程

在 P2P 网贷交易过程中,P2P 网贷平台、投资者、借款人、担保机构、存管机构等信用主体共同构成了 P2P 网贷信用链系统,信用风险沿着网贷生态圈内的信用链条在各个信用主体之间进行传导。网贷信用链内部的信用风险传导路径主要有以下几条。

6.4.1.1　借款人到投资者和 P2P 网贷平台

从 P2P 网贷的运行流程来看,标的合约的实际情况即借贷信息如借款金额、借款利率、借款目的、历史还款等,以及借款人基本特征、经济特征等直接影响着借款人的信用状况。当借款人信用恶化不能按期偿还债务本息而发生违约时,其违约风险首先直接传导到投资者,导致投资者发生损失。与此同时,借款人违约风险传导到 P2P 网贷平台,导致平台声誉受损,信任度下降。对于那些建立风险准备金账户的 P2P 网贷平台,如借款项目发生违约,平台会先行赔付投资者投资本金,自行承担借款人的违约风险损失,这会加速平台资金链的断裂,如果市场投资者发生"羊群行为",进一步挤兑 P2P 网贷平台,势必引发平台信用风险,导致平台跑路、爆雷或倒闭。

6.4.1.2　借款人、P2P 网贷平台到担保机构

除借款人信用风险会直接传导到平台引发平台信用违约外,平台自身的不合规运作、风控管制不足等也是诱发平台信用违约的关键性风险事件。在投资资金实行担保模式的条件下,借款人和网贷平台的信用风险会沿着资金链、担保链在投资者与担保机构之间传染和扩散。在外部担保模式下,为借款人提供信用保证的担保机构,即使原先借款人的信用不足,在获得担保机构的担保后,其表面信用增强,真实风险往往被粉饰。此时,担保合约的存在将担保机构与借款人捆绑在一起,借款人的真实风险和道德风险通过风险载体传导给担保机构。若网贷平台经营不善、信用审核不严或风险管控不力,或违规违法经营,由此滋生的信用风险会通过资金链和担保链转嫁给担保机构。另外,担保机构的经营和风险管理出现问题时,可能无法继续为借款人提供担保,导致担保风险和新的信用风险产生。

6.4.1.3　担保机构到 P2P 网贷平台、投资者

担保机构的实质是将借款人或 P2P 网贷平台不愿承担的部分信用风险通过自身的风险管理运作予以分解,在与平台的合作过程中,双方很难实现真正意义上的信息共享,平台存在的信用风险一旦爆发,可能经由被担保的借款人传导给担保机构;而担保机构对被担保借款人的审核不力也会造成担保资金受损,从而滋生担

保风险,担保风险再通过一定的担保链传导给平台、投资者,导致 P2P 网贷平台资信下降,信用风险、声誉风险以及经营风险等发生,投资者投资受损。当整个 P2P 网贷生态圈内信用主体感染信用风险并累积到一定程度后,信用风险将转化为信用危机,并通过一定的业务纽带向其关联主体传播,直至整个 P2P 网贷生态圈受到感染。

6.4.2　P2P 网贷信用链外部信用风险的传导过程

信用风险除了沿着网贷生态圈信用链在系统内各机体间传导外,当风险流能量较强时,将依托信用链内部各风险节点向系统外扩散和外溢,使风险从线上传导到线下,从单一机构传导到多个机构、从单一市场传导到多个市场,进而波及网贷机构、互联网金融机构乃至金融体系的稳定和安全。在 P2P 网贷信用风险向外传导过程中,基于网贷各主体、各机构所结成的业务协作与关联关系,当关联机构受到风险影响时,有可能触发相关金融机构倒闭的连锁反应,进而使更大范围更多的金融机构面临冲击,即风险在一连串机构和市场构成的系统中引发链式传导过程及链式损失。在风险传导过程中,基于市场传导要点的不同,存在的风险主要由网贷市场向银行市场传导,进而基于银行市场的内在关联性进一步向其他金融市场传导。

6.4.2.1　信用风险向商业银行传导

商业银行作为网贷资金的主要存管机构,同网贷平台具有直接的业务合作关系,一方面,银行发挥传统专业性金融服务的功能,为 P2P 网贷平台提供资金管理业务;另一方面,商业银行在互联网金融发展浪潮中积极适应科技金融发展的市场需要,不断探索线上资金融通业务,开发出具有银行系背景的 P2P 网贷平台,将其业务体系与 P2P 网贷业务不断融合和渗透,形成具有直接利益关联的资金业务纽带。与此同时,作为线上与线下资金互补市场,由市场自发形成的价格和利率机制也将 P2P 网贷业务与商业银行业务关联在一起,因而,当 P2P 网贷生态体系内诱发风险时,将沿着资金链和市场的内生性机制蔓延至商业银行,并通过直接和间接两种形式对传统商业银行形成风险溢出效应。

网贷业务对商业银行的直接风险溢出主要表现为两大方面:一是基于平台视角由于其关联业务所联动的风险。P2P 网贷平台出于自身流动性和业务管理需要,通常会在商业银行开设独立的法人账户和资金交易账户,出于规避网贷行业风险的考量,商业银行会评估网贷平台的抗险能力,并设定相应的门槛,选择优质的平台进行合作。从一定程度上讲,商业银行的托管服务,无疑提高了 P2P 网贷平台的信用等级,但也给自身增添了新的风险,如当网贷平台出现信任危机时,会增加银行资金管理的难度和资金损失的风险。二是基于商业银行的信用中介角度,存在借款人直接违约的风险。网贷市场中的借款人通常也是传统商业银行和类金融机构的借款用户，在资金贷放额度方面，商业银行往往具有更强的资金贷放弹性，在小额借贷市场中违约的借款人，通常也存在无力偿付银行贷款的风险。

网贷业务对商业银行的间接风险溢出效应主要来源于两类市场具有的内在关联性。一是价格联动导致的风险溢出。网贷行业为吸引投资者通常会提供远高于银行理财产品的收益率，同时对借款人制定较高的贷款利率，过高的贷款利率容易导致借款人违约，一旦出现大规模违约现象会加剧市场波动，将风险传导至商业银行。二是缺乏有效监管导致的风险溢出。近年来在规范 P2P 网贷业务发展过程中，虽然监管力度与监管体制有所加大和完善，但监管短板问题依旧十分突出，针对 P2P 网贷平台业务的监管细则仍存在很大的监管空白。一方面，从业务运营效果上看，网贷平台具有类银行贷款的特点，但在业务准入方面又缺乏严格的资金监管要求，缺失有效的资本缓冲，极易造成风险暴露；另一方面，在平台破产业务退出环节，缺乏良性退出机制和有效的外部信用支持，平台固有的高风险性在缺乏有效监管机制下，很容易陷入流动性危机，使投资者产生恐慌心理，有可能波及商业银行。三是货币政策效果被打折扣，银行业金融机构的流动性风险控制难度加大。当前网贷平台的类信用创造活动尚未被纳入央行货币统计范围，这可能导致货币政策在制定和实施过程中出现偏差，对银行业金融机构的信贷规模和流动性产生影响。

6.4.2.2　信用风险在平台与其他第三方机构之间传导

P2P 网贷平台为了分散平台自身承担的信用风险，除了按照监管要求委托商业银行进行资金存管，与担保机构合作外，还与第三方支付机构、信托租赁机构、征信机构、信用评级机构等外部机构开展业务合作，这些主体之间的业务合作自然形成了由不同的支付链、抵押链和征信链结成的外环生态圈，这一生态圈中的各个链条仍然是围绕网贷资金形成的，其中心节点也是资金链。因此，一旦其中某类主体信用出现问题，其风险便会沿着资金链在各个关联主体之间蔓延。第一，网贷平台若经营不善、信用审核不严或风险管控不力，或违规、非法经营，均会滋生信用风险。第二，P2P 网贷平台风险通过支付链转嫁给支付机构及与此相关联的其他机构，进而诱发支付风险。第三，第三方支付机构、信托租赁机构等为网贷平台信用、借款人和投资者提供相关服务的外部机构，在市场竞争激烈、监管不完善、金融生态不健全等环境下，极易突破市场游戏规则和经营安全边界，发生违规违信行为，导致支付问题、高经营风险，以致酿成支付风险和信托租赁契约风险，这些风险又会通过支付链和信托租赁链传导给网贷平台和投资者，演化成信用风险。第四，征信机制不完善，征信机构提供的借款人信用信息不完整、不真实，或者评级机构的信用评级结果不准确,会导致网贷平台和投资者对借款人的信用状况甄别失误,必然导致其遭受来自借款人的信用风险。上述各生态主体之间的风险相互传导、累积叠加,其影响范围和破坏力是显而易见的。

6.4.2.3　信用风险向金融市场传导

金融市场具有互通性,网贷风险在向商业银行等金融机构传导的过程中,当风险流能量较强未被及时消化时,风险将携带一定的破坏因子向外辐射和外溢,并通过一系列路径和机制对金融市场形成影响。一是利率关联机制形成的风险外溢。网贷利率和市场利率之间存在一定关联性,一方面,作为调控货币金融资产流动性的基础,市场利率对网贷利率具有预期性引导作用;另一方面,网贷利率的改变会直接导致投资需求和资金流变化,对市场利率形成外向压力。当网贷行业出现大规模违约时,市场投资者信心受到打击,市场投资需求弱化,市场利率加剧波动,金融体系稳定性受到影响。二是通道型 P2P 网贷平台类资产证券化业务的复杂性加剧金融市场的系统性风险(韦起,2015)。通道型 P2P 网贷平台是主要通过与小贷公司、担保公司等机构的合作来运作的平台,其实质是非标资产的证券化,由于操作过程中业务链长,每个机构和环节通过复杂的衍生产品形成了高度的风险关联性。同时,P2P 网贷平台在开展通道业务时对相关资产分级运营和管理缺乏,不能有效控制风险,因此,一旦其中某个环节发生风险,将不可避免地影响通道业务链中的其他机构发生连锁反应,并逐层放大和传导,有可能引发金融市场的系统性风险。

6.4.2.4　信用风险向社会传导

P2P 网贷信用风险所带来的社会风险,通过 P2P 网贷市场风险的积累和对第三方金融机构的渗透,逐渐演变为网贷系统性风险。近年来,部分 P2P 网贷平台面临较强的倒闭风险,行业的非法运营普遍,欺诈猖獗,资金运作存在很大的漏洞,这给网贷市场的健康发展和网贷生态圈的良性运行乃至社会的稳定带来极大影响。尽管目前监管部门已经对网贷采取了相应的整治措施,但平台的违规运行和破产仍然是 P2P 行业的主要问题。比如,少数 P2P 网贷平台借撮合资金融通之名,构筑资金池、自融,甚至采取"庞氏骗局"手段进行集资诈骗,这些问题带来的风险不是简单的信用风险,实质上是欺诈风险,这种欺诈风险会加剧网贷信用风险的生成和蔓延,并且极易产生叠加效应和连锁效应,引发网贷生态圈中各主体环节的信用风险由内而外、由外而内交互影响和传染,引发投资者的恐慌情绪,并产生"羊群行为",进而波及网贷平台、担保机构、商业银行以及其他网贷参与机构,导致这些机构信心下降,网贷行业运行受阻,网贷生态圈系统遭受破坏,广大投资者信心崩溃,发生上访、静坐、集会等群体维权事件,不良信息的网络舆情快速传播和蔓延,当这种信用风险累积到一定程度时,极有可能在某个环节突破网贷生态圈边界,演化为社会风险。

6.5　P2P 网贷生态圈信用风险传导机制:以债权转让为例

6.5.1　P2P 网贷债权转让及其信用风险的传染性

P2P 网贷具有传统银行无法比拟的优势,提供了互联网环境中高效、便捷和低交易成本的融资便利。P2P 网贷自诞生之日起,就受到民间资金的青睐,投资者在将闲散资金转移到 P2P 网贷市场的同时,也面临由于外部不确定性导致的自身流动性短缺的问题,而债权转让就成为缓释投资者流动性需求的一种有效工具。所谓的债权转让就是指 P2P 网贷平台债权持有者将持有的未到期的债权转让给他人的行为,P2P 债权通过转让交易,完成现金与债权的"交割",实现"一手交钱一手交货"。目前,平安陆金所、宜信等一些大型 P2P 网贷平台都上线了债权转让功能,各家平台债权交易条件大同小异,以陆金所平台为例,债权转让需要满足 4 个条件:一是转让申请日应为非还款日,且至少在下一个还款日的 3 天之前;二是债权出让人持有该借款债权至少满 60 天;三是在转让申请日,该借款债权应处于正常状态;四是平台合理要求的其他条件。在进行债权转让时,债权人通过 P2P 网贷平台的相关债权页面填写要转让的份数与转让系数,并确认相关信息后点击确认,即将债权挂出。债权转让可以增强投资资金的流动性,即若投资者急需回笼资金,只要满足转让条件,就可自由转让。而且如果愿意支付部分既得利息给债权买方,可加快债权变现速度。债券转让既可采取折价转让,也可采取溢价转让。

债权转让模式并非完美。一旦投资者意识到出借资金可能无法按期收回,睿智的债权人就会首先在债权市场做空,回避风险,"羊群行为"随之发生。当所有投资者纷纷抛售手中的债权时,就会造成债权市场极度恐慌,平台运营的稳定性受到影响,甚至导致平台破产关闭,引发局部金融风险。例如,2016 年 10 月发生的一起 P2P 债权转让案例,一家成交额超 200 亿元的 P2P 网贷平台被爆造假,投资者的反应相当迅速,短短几天就进行了高达 7000 多笔的债权转让,在债权转让项目中竟出现了高达 382.85% 的转让标,这也意味着有投资者不计损失地"流血"和"割肉"以挽回自己的本金。可见,债权转让会放大违约风险在网贷信用链内的传染速度,并通过一定的传导机制加速风险的蔓延和扩散,引发网贷市场爆发大面积风险。

6.5.2 P2P 网贷债权转让模式与违约舆情传染的原因

6.5.2.1 网贷债权转让模式的运作流程

P2P 网贷债权转让模式是一种实现债权与现金对价交易的模式,其转让形式大致有以下几种:一是合同债权转让,即不改变合同内容,债权人通过与第三人订立合同的方式将债权转移给第三人;二是债务转让,即债务人与第三人之间达成转移债务协议来实现债权转让;三是向第三人履行,即债权人和债务人约定由债务人将债务向第三人履行;四是第三人代为履行,即债务人与债权人约定由第三人代替债务人履行债务。2016 年发布的《暂行办法》规定,P2P 网贷平台不得从事开展资产证券化业务或以打包资产、证券化资产、信托资产、基金份额等形式的债权转让行为。因此,国内 P2P 网贷平台提供的债权转让多数属于第一类,即通过 P2P 网贷平台的信息撮合,投资者从借款人处获得原始债权,成为第一债权人,在不改变债权原有性质、内容以及遵守平台风控规定的前提下,有效债权可在平台提供的债权交易市场上进行转让。转让人与一个或多个受让人达成协议,原来的债务债权关系发生改变,部分或者全部债权转让给第三方。如果债权在转让前存在担保权,相应的赔付或者追偿权利也一并转让。这类模式缓解了借贷双方资金的期限不匹配问题,提高了资金的流动性。P2P 网贷平台债权转让模式的运作流程大体分为4 个步骤(图 6-4):(1)原债权人向 P2P 债权交易平台提出申请。在满足 P2P 债权转让条件的前提下,向 P2P 债权交易平台提出转让申请,拟定转让债权的金额和利率。债权平台允许原债权人自行定价,允许折价或者溢价转让自己的债权,满足债权市场需求。(2)P2P 债权交易平台受理债权转让申请,并将债权转让标的发布在债权转让市场中。由于原债权人转让的金额、利率和期限不尽相同,P2P 网贷平台债权会将转让信息整理排序,形成散标列表,供投资者选择。(3)新投资者投标购买散标,转变成为新的债权人。投资者根据自身的风险偏好购买散标。有些 P2P 网贷平台只允许散标一对一转让,有些则允许散标由多个投资者购买。(4)原债权人收回投资。P2P 网贷平台在收取一定的交易费用后,将新债权人支付的现金转给原债权人,原债权人变现离场,债权转让结束。原债权人与债务人的借贷关系终止,取而代之的是新债权人与债务人的借贷关系。

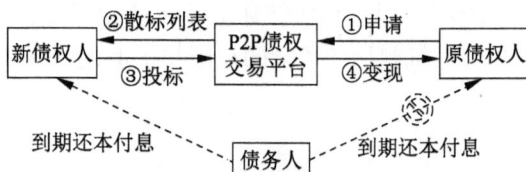

图 6-4 P2P 网贷平台债权转让模式运作流程

6.5.2.2　债权转让中违约舆情传染的原因

债权转让中违约舆情传染的原因包括四个方面：一是内在原因，即债务人违约导致损失的可能性。投资者作为债权的所有者，一旦借款人违约，平台将启动追偿机制，尽一切可能挽回债权人的损失。但是 P2P 网贷平台作为信息中介，不负责损失的赔偿，债权人只能被动等待追偿结果，如果债权中存在担保协议，则担保人和债权人共同承担损失；如果没有担保协议，则由债权人承担所有损失。此时，债权转让成为债权人转移违约风险的重要手段。二是虚假信息曝光引发的信任危机。借款人为了获得低息借款，不择手段地向平台提供优质客户才拥有的虚假信息，如果平台没有审核出来，高风险的借款人就会进入债权市场。因为贷款是发生在匿名的互联网环境中的，线上完成所有的贷款审核程序，容易导致借款人的信息虚假不能发现。另外，P2P 网贷平台宣传和披露的借款人信息并没有一个指导标准，信息披露不完善，对于披露信息的真实性、可靠性、完整性，整个行业并没有一个有效的约束机制和科学的评价体系。三是集群情绪的传染。投资者通过网络平台相互交流、相互沟通，形成集群情绪，处于网络集群中的投资者更容易受群体行为和情绪的感染。由于受到集群情绪的传染以及个人能力、背景、信息等因素的影响，逐渐放弃自己的主张和看法，丧失自我分析、自我判断的能力，进而丧失个体理性，成为突发事件网络舆情的助推者（张玉亮，2012）。四是网贷生态圈不完善。由于互联网金融为新兴的融资形式，征信体系和法律制度的建设尚处于探索阶段，网贷相关配套产业还在发展之中，尚未形成一个相对健康的网贷生态圈，其风险防范能力受到制约。

6.5.3　违约舆情的传染病模型

前面分析了网贷债权转让的模式、违约舆情传染的原因，下面将基于以上分析，提出研究假设，分析违约舆情的传染机制，构建系统动力学模型，求解模型中的主要指标和平衡点，并分析平衡点的稳定性。

6.5.3.1　研究假设

（1）假定传染单位。一个债权人发布一个转让标，模型假定为一个传染人。如果一个债权人发布多个转让标，转让系统认为是多个债权人，模型假定为多个传染人。

（2）假定当事人的分类。假定受网贷违约舆情影响的当事人数量是 ϕ，参与网贷债权转让交易的当事人数量是 φ，正在出售债权的当事人数量是 θ，完成债权转让的当事人数量是 ϑ。$M(t)=\varphi$，$T(t)=\phi\cap\theta$，$Z(t)=\varphi\cap\vartheta$。$M(t)$ 表示 t 时刻未被传染但有可能受到该类风险传染的债权人数，该类债权人认为事件的真实性受到怀疑，并且继续持有债权。$T(t)$ 表示 t 时刻受到违约舆情影响且已经向平台提出转让申请的债权人数,该类债权人认为事件是真实的,自身的投资将面临巨大风险,选择提前挂牌出售自己持有的债权。$Z(t)$ 表示 t 时刻受到违约舆情影响且已经转让成功的债权人数。

(3) 假定市场进入人数 a。假设单位时间内进入债权市场的人数为 a。考虑到债权转让市场总人数受到外界(如新债权人进入)和内部(如转让时间和次数的限制)的影响而发生变化,债权市场的总人数是不断变化的。

(4) 假定有效传导率 b。假设网贷风险的传染是通过与其他债权人的信息传导形成的,既可以是主动向亲朋好友电话告知,也可以是通过网络论坛向陌生人告知。当被告知的债权人得到信息后,他们有两种选择:一是相信该信息,立刻挂单出售自己手中持有的债权,并且将信息传导出去。本文设单位时间内信息可以传导到的债权人数量为传导率,相信该信息的概率为 b,被称为有效传导率。二是不相信该信息。这部分债权人的概率为 $1-b$,他们继续持有债权并且也不传导信息,若被告知者为尚未出售债权的债权人,就会存在一定程度的传染可能性。

(5) 假定其他参数。假定返回系数是 c,即受到违约事件影响,出让债权过程中途撤销,坚信平台能够妥善处理违约事件的返回率;流动系数是 d,即在债权市场上满足正常流动性债权转让的比率,包括转让时间到期或者债权到期的债权人比率;假定转让系数是 e,即受到违约事件影响,愿意贱卖债权,且已经转让成功的债权人的转让率;平台系数是 f,即不同特征的平台对转让债权的治理系数,涵盖平台、政府或者第三方担保机构等收购的债权人比率,反映 P2P 网贷平台公司的治理水平;退出系数是 h,即已经转让成功的债权人且退出债权市场的比率;重购系数是 g,即已经转让成功的债权人且重新购买债权的比率。

6.5.3.2 构建违约舆情传染机制

(1) 违约舆情传染机制

违约舆情的传染机制是建立在债权转让模式的动态运行基础上的。如传染病模型仓室转移框图 6-5 所示,一定时间内进入债权市场的人数为 a,这部分人是未受违约舆论传染的,他们可能是具有流动性需求的债权人,可能是赚取利差收益的投资者,也可能是受违约舆情影响的债权人。在进入债权交易市场后,$M(t)$ 代表参与网贷债权转让交易的当事人数量,这部分人有三种选择:一是选择静观其变,事态尚未明朗,投资者处于犹豫徘徊中;二是选择 dM,债权到期或者放弃债权转让,自动退出市场;三是选择 bMT,受到违约舆情影响,申请债权的双线性传染系数是 b。既受到未受传染当事人的影响,又受到已经被传染当事人的影响,当选择 bMT 申请债权转让时,该选择决定下一时刻 $T(t)$ 的大小。

受到违约舆情影响且已经向平台提出转让申请的债权人面临四种选择:一是

等待买家购买;二是选择 dM,自动退出市场;三是选择 cT。相信违约舆情是虚假报道,撤销债权转让,回到上一状态;四是选择 eT。按照自定义的价格成功将债权转让,收回投资现金。同样,第四种选择决定 Z(t) 的大小。获得变现的投资者可以选择 hZ,离开市场,回避风险;也可以选择重新购买债权,选择购买债权的人数 gZ 将回到 M(t) 状态。此违约舆情传染中,成功变现后的债权人再次购买转让债权,回到债权市场,原因是一旦投资者认为违约舆情是不真实的,高收益的转让债权对投资者具有无法抗拒的诱惑力,变现资金将重新回到债权市场。以上是在违约舆情的影响下,债权人的行为传染机制,下面将基于此展开研究。

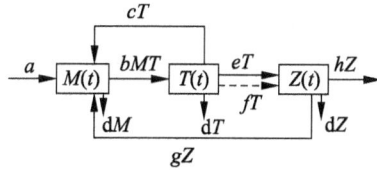

图 6-5　P2P 网贷平台债权市场传染病模型仓室转移框图

(2)系统动力学模型

根据上述违约舆情传染机制以及系统动力学建模思想,建立如下微分方程模型(马知恩、周义仓,2001;马知恩、周义仓、王稳地,2004):

$$\frac{\mathrm{d}M}{\mathrm{d}t}=a-bMT+cT-\mathrm{d}M+gZ$$

$$\frac{\mathrm{d}T}{\mathrm{d}t}=bMT-cT-\mathrm{d}T-eT-fT \qquad (1)$$

$$\frac{\mathrm{d}Z}{\mathrm{d}t}=eT+fT-\mathrm{d}Z-gZ-hZ$$

(3)违约舆情传染的理论分析

① 债权市场总人数 $\Omega(t)$。$\Omega(t)$ 是 M、T 和 Z 的总和,依据方程组(1),$\Omega(t)$ 满足方程 $\frac{\mathrm{d}\Omega}{\mathrm{d}t}=a-\mathrm{d}\Omega-eZ-fZ$。当没有违约舆情发生时,债权市场满足债权持有人的流动性和套利需求,没有受到违约事件影响的转让债权人 $Z=0$,总人数的变化率为 $\frac{\mathrm{d}\Omega}{\mathrm{d}t}=0$,债权市场总人数趋近于 a/d。微分方程组的自变量范围是 Φ,$\Phi=\{(M,T,Z)\in\Theta|M+T+Z\leqslant a/d\}$,其中 Θ 为三维平面,方程组(1)在 Φ 内的解集有意义,Φ 对于系统(1)是一个正向不变集。

② 基本再生数 R。一个债权在整个传染事件期间内所传染的人数被定义为基本再生数 R,也可以简化为一个债权转让标所传染的转让标数量,代表传染是否消

亡的阈值。$R<1$ 时，最大传染人数小于 1，传染事件逐步消亡；$R>1$ 时，传染将始终存在，并成为债权市场的危机。系统（1）的基本再生数 $R=\dfrac{ab}{d(c+d+e+f+h)}$，其意义是债权市场总人数 a/d，乘以有效接触率 b，再乘以传染债权者的平均传染周期 $\dfrac{1}{c+d+e+f+h}$。

③ 模型平衡点。令 $\dfrac{\mathrm{d}M}{\mathrm{d}t}=0$，$\dfrac{\mathrm{d}T}{\mathrm{d}t}=0$，$\dfrac{\mathrm{d}Z}{\mathrm{d}t}=0$，系统（1）中没有受到违约舆情影响的平衡点是 $E_0(a/d,0,0)$。其中，尚未受到违约舆情影响的债权人是 a/d，受到违约舆情影响及转让成功的债权人为 0。当 $R>1$ 时，债权市场的危机始终存在，唯一平衡点是 $E_1(M^*,T^*,Z^*)$，其中

$$M^*=\frac{a}{dR},\ T^*=\frac{a\left(1-\dfrac{1}{R}\right)}{d\left(1+\dfrac{e+f}{e+d+Z}\right)},\ Z^*=\frac{(e+f)T^*}{g+d+h}。$$

④ 模型平衡点稳定性讨论。

在无法直接求解微分方程（1）解的情况下，微分方程可以通过讨论平衡点稳定性，探讨解的性质（廖晓昕，2001）。

$R\leqslant 1$ 时，E_0 平衡点是局部渐近稳定的。平衡点在 $(a/d,0,0)$ 时，方程的线性化系统的系数矩阵是 $M+T+Z=a/d$，代入方程 $\dfrac{\mathrm{d}M}{\mathrm{d}t}$ 和 $\dfrac{\mathrm{d}T}{\mathrm{d}t}$ 中得

$$\begin{aligned}\frac{\mathrm{d}M}{\mathrm{d}t}&=a-bMT-\mathrm{d}M+cT+g\left(\frac{a}{d}-M-T\right)\\\frac{\mathrm{d}T}{\mathrm{d}t}&=\left[bM-(c+d+e+f)\right]T\end{aligned} \tag{2}$$

求解方程组（2）的 Jacobian 矩阵为 $\begin{bmatrix}-g & -ba/d+c-g\\0 & ba/d-c-d-e-f\end{bmatrix}$，其有两个特征根，$\lambda_1=-g$，$\lambda_2=ba/d-c-d-e-f$。当所有特征根具有负实数时，平衡点是局部稳定的，所以当 $R\leqslant 1$ 时，E_0 平衡点是局部稳定的。

$R\leqslant 1$ 时，平衡点 E_0 在 $\varTheta$ 上是全局渐近稳定的。在微分方程讨论平衡点的全局稳定性时，常用的一种方法是构造一个无限大正定的 Liapunov 函数 V。令 $V=T$，其自治系统（1）的全导数为：$\dfrac{\partial V}{\partial t}\bigg|_{(2)}=\dfrac{\mathrm{d}T}{\mathrm{d}t}=\left[bM-(d+e+c)\right]T\leqslant\left[ba/d-(c+d+e+f)\right]T\leqslant$ 0。当 Liapunov 函数沿系统轨线的全导数在所讨论的区域内是负定时，则 E_0 平衡

点在所讨论区域内是全局渐近稳定的。E_0 平衡点最大的不变集是 $\{T=0\}$，且 $\lim\limits_{t\to\infty} T(t)=0$，所以 $\dfrac{\mathrm{d}M}{\mathrm{d}t}$ 的极限方程是 $\dfrac{\mathrm{d}M}{\mathrm{d}t}=a-\mathrm{d}M+g\left(\dfrac{a}{d}-M\right)$。同时，方程平衡点 $M=a/d$ 是全局渐近稳定的，所以由极限方程得到 E_0 是全局吸引的。因此，由 LaSalle 不变性原理和极限方程理论得出，平衡点 E_0 在 Θ 上是全局渐近稳定的。

当 $R>1$ 时，E_0 平衡点在 Θ 和 Φ 的范围内是不稳定的。解方程组（2）的 Jacobian 矩阵的特征根具有正实数，E_0 平衡点不稳定。

当 $R>1$ 时，E_1 是局部渐近稳定的。平衡点在 $E_1(M^*,T^*,Z^*)$ 时，按照 Routh-Hurwitz 判别法，求解方程组（1）平衡点处的 Jacobian 矩阵为：

$$\begin{bmatrix} -d & c-\dfrac{ba}{\mathrm{d}R} & 0 \\[2ex] 0 & -c-e-d-f+\dfrac{ba}{\mathrm{d}R} & 0 \\[2ex] 0 & e+f & -d-g-h \end{bmatrix}$$

，其有三个特征根，$\lambda_1=-d$，$\lambda_2=-c-e-d-f+\dfrac{ba}{\mathrm{d}R}$，$\lambda_3=-d-g-h$。

当 $R>1$ 时，所有特征根具有负实数，平衡点是局部稳定的。所以当 $R\leqslant 1$ 时，E_0 平衡点是局部稳定的。

当 $R>1$ 时，E_1 是全局渐近稳定的。首先为了构造 Liapunov 函数，可以把方程组（1）转化为下面的等价方程组（3）：

$$\frac{\mathrm{d}M}{\mathrm{d}t}=-\mathrm{d}(M-M^*)-a(Z-Z^*)$$

$$\frac{\mathrm{d}T}{\mathrm{d}t}=[b(M-M^*)-b(T-T^*)-b(Z-Z^*)]T \tag{3}$$

$$\frac{\mathrm{d}Z}{\mathrm{d}t}=e(T-T^*)-(g+a+d)(Z-Z^*)$$

构造 Liapunov 函数如下：

$$V(t)=\frac{e+f+g+2d}{b}\left[\left(T-T^*-T^*\ln\frac{T}{T^*}\right)\right]$$

$$+\frac{1}{2}\left\{\frac{(g+2d)(M-M^*)^2}{h}+[(T-T^*)-(Z-Z^*)]^2+\frac{(g+2d)(Z-Z^*)}{e}\right\}$$

$V(t)$ 在区域 $\Theta-\{(M,T,Z)|T=0\}$ 是正定函数。$V(t)$ 沿等价系统的全导数是：

$$\left.\frac{\partial V}{\partial t}\right|_{(3)}=-(e+f+g+2d)(T-T^*)^2-\frac{d(g+2d+h)(M-M^*)^2}{h}$$

$$-\left[\frac{(g+2d)(g+d+h)}{e+f}+(g+d)\right](Z-Z^*)^2$$

因为 $\dfrac{\partial V}{\partial t}<0$，全导数是负定的，所以由 Liapunov 定理得出，E_1 在区域 $\varTheta-\{(M,T,Z)\mid T=0\}$ 是全局渐近稳定的。

综上，对于方程组（1），如果 $R\leqslant 1$，平衡点 E_0 在 $\varTheta$ 内是全局渐近稳定的；如果 $R>1$，平衡点 E_0 是不稳定的。当 $R>1$ 时，平衡点 E_1 在区域 $\varTheta-\{(M,T,Z)\mid T=0\}$ 是全局渐近稳定的。

6.5.4　模拟仿真及数值分析

根据上述传染病模型分析的结果，利用 MATLAB2016 数据建模工具对已经建立的常微分方程进行数值分析和仿真分析。仿真分析重点关注参数的变化情况，构建违约舆情传染场景。

6.5.4.1　重点考虑因素

本模拟仿真分析考虑的重点因素有三个：① 参数选择尽量贴近现实场景。例如，依据违约舆情对债权转让市场的传染机制，假定流动性系数 d 和退出系数 h 是一定的。② 突出违约舆情传染中的独有特点。例如，新进人数 a 受到违约舆情在网络社区的传播速度、网贷平台对违约信息的处理能力、债权持有者折价转让的力度等影响。③ 强调网贷平台的风险防范对策效果。例如，如何把这些非量化的对策反映在模型参数中。本节的解决方法是突出违约舆情传染机制的量化表达，强调参数的变化对解决问题的影响。

6.5.4.2　模拟仿真场景

以前文中某平台遭受违约风险引发的大量债权转让为例，讨论模型中的具体参数以及维护债权市场稳定的措施。该事件的起因是一位投资者在论坛中曝光巨额债权批量造假，消息一经网络社区传播，平台债权转让项目陡增。本节假设债权市场每天正常转让标的人次为 3000，流动性系数 $d=1\%$，平台系数 $f=0$，退出系数 $h=1\%$。下面讨论各类参数对各种场景的影响。

（1）债权市场进入人数对债权转让市场的影响

模型中，债权市场进入人数是通过单位时间市场的平均进入人数 a 来体现的，当 $a=0.3$ 千人时，表明进入债权市场的拟转标单位时间增加 300 人。如图 6-6 所示，如果整个转让市场保持正常运行，则受违约舆情影响的人数在第 14 天达到高峰，在 20 天后基本化解；如果 a 增长到 0.5 千人，受违约事件影响的人数在第 8 天达到高峰，在 14 天后基本化解；如果 a 增长到 1 千人，受违约事件影响的人数在第 5 天达到高峰，在 9 天后基本化解；如果 a 增长到 3 千人，受违约事件影响的人数在第 3 天达到高峰，在 5 天后基本化解。系统随着进入人数的增加，峰值发生的时间越来越早，在系统正常工作条件下，化解时间越来越短，对系统化解风险能力的要求越来越高。

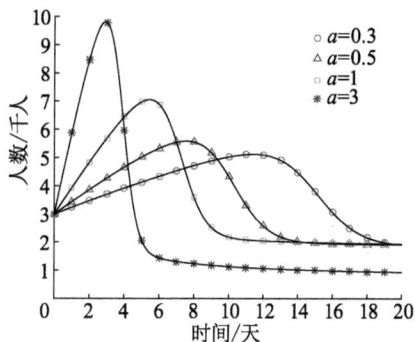

图 6-6　进入债权市场人次数量图

（注：参数 $M(0)=3;b=0.2;c=0.3;d=0.01;f=0;e=0.05;g=0.05;h=0.01$）

（2）债权市场进入人数对违约舆情传染的影响

如图 6-7 所示，在大量转让标进入市场后，挂牌转让标的大幅增加。同样，在上面的参数变化的情况下，在 20 天内，标的从正常情况下的 5 千人次急剧上升到 4 万人次，也就是债权转让系统在违约舆情的冲击下，流动性债权转让者和退出债权者数量已经无法及时赶上债权人次增加的速度，导致挂牌转让标的大幅增长。此时的债权市场危机四伏，债权人已经受到违约事件的严重传染，转让的溢价率不断上升，愿意购买的投资者却寥寥无几。

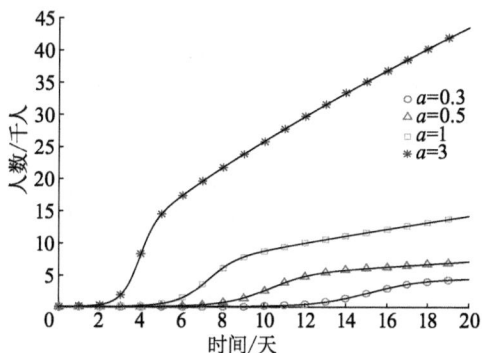

图 6-7　挂牌交易标的人次数量图

（注：参数 $T(0)=0;b=0.2;c=0.3;d=0.01;f=0;e=0.05;g=0.05;h=0.01$）

（3）挂牌转让人数和撤销转让人数对违约舆情传染的影响

在模型（1）中，挂牌转让人数通过系数 b 来反映，撤销转让人数通过系数 c 来体现。系数 b 与 c 具有一定的相关性，如图 6-8 所示，尽管调整了两者的比例但对于 T 的影响十分有限。这表明在违约舆论传染期间，传染率 b 和退回率 c 对受传染人数的影响是有限的。由此可知，违约舆情事件发生后，如果网贷平台想运用降低传染系数和提高退回系数的办法降低受到传染的债权数量,这类方法收到的成效是非常有限的。

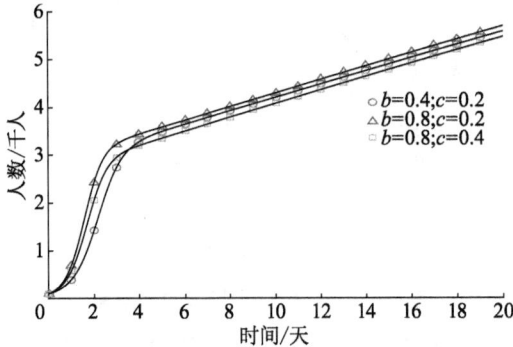

图 6-8　挂牌转让系数和撤销转让系数的影响图

(注:参数 $T(0)=0.1;a=0.3;d=0.01;f=0;e=0.05;g=0.05;h=0.01$)

(4) 成功挂牌转让人数对违约舆情传染的影响

在模型(1)中,成功挂牌转让人数通过系数 e 来反映。当系数 e 增大时,救助资金随时间线性增长,通过债权市场变现的人数大幅增加。受到进入市场人数的影响,当 e 超过一定数值时,退出人数变化增幅不明显,如果 e 较小,意味着 T 快速增长。如图 6-9 所示,当 e 上升到 0.4 至 0.8 时,退出债权市场的人次 M 变化已经不明显,究其原因在于,成功转让后,被传染人群数量下降。从这个意义上看,e 的上升代表债权市场流动性的增强,受到传染的投资者可以通过二级市场迅速变现,回避潜在的损失。但这种情况发生需要一个必要条件,即大量资金或投资者涌入市场,原因是当被传染的债权人急于出售手中持有的债权时,必然会导致市场债权价格的下跌,而且出售的债权越多,下跌的幅度越大。此时,对于有风险偏好的投资者而言,新的机会出现了,他们坚信违约舆情是不可信的,或者对债权的影响是有限的,愿意承担当前违约舆情的风险,获得超额的债权溢价收益,即债权人出让的收益。由此可见,e 的上升,一方面代表债权市场流动的增强,另一方面代表投资者对违约舆情的反击。

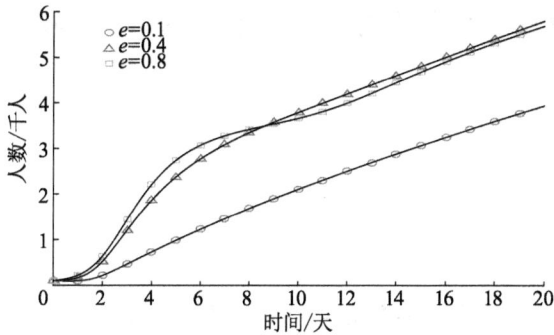

图 6-9　成功挂牌转让人数的影响图

（注：参数 $Z(0)=0.1; a=0.3; b=0.8; c=0.2; d=0.01; f=0; g=0.05; h=0.01$）

（5）投资者回流债权市场对违约舆情传染的影响

在模型（1）中投资者回流债权市场通过系数 g 来体现。如图 6-10 所示，$g=0$时，债权市场人数在第 5 天下降到低点，然后反弹到一定的市场人数，而 $g=0.4$ 和 0.9 时，回流债权人次对于债权市场的影响趋于稳定。

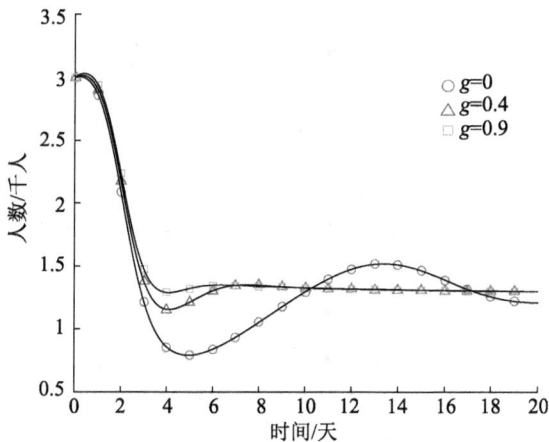

图 6-10　投资者回流债权市场的影响图

（注：参数 $M(0)=3; a=0.3; b=0.8; c=0.2; d=0.01; f=0; e=0.8; h=0.01$）

第 **7** 章　P2P 网络借贷信用风险评测指标体系构建

7.1　P2P 网络借贷两类主体信用风险的影响因素

信用风险是指交易对手不能或不愿意履行合同约定的条款而导致损失的可能性,它是交易对手客观上丧失偿付能力或主观上蓄意违约,导致债权人遭受损失的可能性。P2P 网贷信用风险具有狭义和广义之分,狭义的网贷信用风险通常指借款人的违约风险,而广义的网贷信用风险不仅包括借款人的违约风险,还包括 P2P 网贷平台的信用风险。

7.1.1　P2P 网贷借款人信用风险的影响因素

P2P 网贷借款人的信用风险是指借款人不能在约定期限内偿付贷款本息,给平台投资者带来经济损失的可能性。分析借款人违约行为产生的原因主要包含三种情况:一是借款人主观上的违约。借款人具备偿还贷款的能力,但由于自身道德原因而拒绝还款。二是借款人通过伪造虚假信息等途径获得贷款,其本身并无实际还款能力。三是借款人在还款期间遭遇不确定性冲击,无法按期偿还贷款。因此,研究网贷借款人信用风险的影响因素应从借款人的基本信息入手,深入考察其提供信息的真实性,同时结合社交网络对其生活环境和经济水平的影响。在传统商业银行个人信贷业务中,商业银行对借款人进行信用评测时,要求借款人提供详细的个人基本信息和完整的个人经济状况以及信用情况等明细信息,在借款人的信用风险评测指标选取方面较为规范和统一。在 P2P 网贷市场,不同网贷平台对借款人的信用考核存在差异,网贷平台在评测借款人信用风险时,更多关注借款人当前的经济能力、收入的稳定性和信用能力,一般包括借款人的基本个人信息、历史信用特征、财务状况、工作单位情况以及固定资产证明等。

作为 P2P 网贷重要的参与主体之一,借款人的信用风险主要受其偿债意愿和偿债能力的影响。借款人偿债意愿受其诚信意识影响,诚信意识强的借款人会重视个人信用评价,违约概率低,信用风险小。借款人的诚信意识与其道德素养有关,道德素养是在个体成长和受教育过程中培养形成的,一般与年龄、婚姻以及教育水平等密切相关。偿债能力不仅取决于借款人的经济能力,如收入水平、工作年限、房产状况等,同时也受贷款合约影响,如贷款金额、借款利率以及贷款期限等。除借款人外,平台审核责任的缺失也是引发网贷借款人信用违约的重要因素,表现为网贷平台未能对借款人的真实信用状况进行准确评测,对借款人的历史信用记录没有进行有效审核,致使借款人的信用信息缺乏真实可靠性。

7.1.2　P2P 网络借贷平台信用风险的影响因素

P2P 网贷平台自身的信用特征因素对于平台运营的稳健性具有直接影响。首先,不同运营背景的 P2P 网贷平台的信用风险存在显著差异。拥有国有资本控股或者大型金融机构持股背景的 P2P 网贷平台在运营稳定性方面更有保障,其发生违约的可能性相对更小。网贷平台的历史成交金额和资金净流入量等指标可以直观反映出平台的经营规模和资金流动性,影响平台的经营稳定性。平台运营周期可以从侧面反映出平台经营的安全性和稳健性,运营周期长的 P2P 网贷平台,在长期的发展过程中,积累了一定规模的稳定客户流,形成了一套较为完善和规范的平台运作体系和风控模式,因而发生违约风险的可能相对较小。其次,平台运营模式会影响到平台对借款人信用风险的识别,间接影响到平台运作的稳定性。纯线上运营模式,平台难以对借款人的真实信用资质进行有效审核,可能存在借款人虚构信用标、恶意骗贷等行为。线下模式中,P2P 网贷平台可以对借款人的部分关键信用信息进行线下实地考证,能够有效降低由于借款人信息虚假所导致的平台资金损失风险。但线下运营模式受空间地域限制,难以形成大型的行业影响力平台,特别是一些平台通常采用线下征信与网上放贷相结合的模式,很容易在平台内部形成"资金池",诱发平台道德风险。

7.2　P2P 网络借贷信用风险评测指标体系设计的原则、思路及筛选依据

7.2.1　信用风险评测指标体系设计的原则

P2P 网贷信用风险评测指标体系是对网贷信用主体偿债能力和偿债意愿的综合考量系统。构建评测指标体系是进行信用风险评测极为重要的环节。指标体系构建是否科学合理,直接影响网贷信用风险评测结果的准确性。因此,在设计网贷信用风险评测指标体系时应遵循以下几个原则:

(1)全面性与重要性原则。P2P 网贷信用风险评测指标体系构建过程中最核心和基本的要求是能够全面、真实、准确地反映出评测对象的信用问题,理论上所有能够影响到测评对象信用行为的因素都应当纳入评测指标体系中。考虑到各评测指标间可能存在重叠与相关,将所有影响因素都纳入指标体系会造成信息冗余,

会对最终评测结果的准确度造成影响,因而在构建评测指标体系的过程中,还需结合重要性原则,选取具有代表性的指标,避免信息的冗余和重复。

（2）科学性原则。一方面,构建的网贷信用风险评测指标体系应能够客观准确地反映评测对象的信用特征,揭示其显性的和潜在的信用风险。另一方面,各项指标都要有科学内涵,能够从不同角度、不同层面观察到评测对象可能存在的风险点和风险隐患。

（3）针对性原则。与传统信贷评估体系相比,P2P 网贷独特的操作模式和运营环境要求对相关信用主体评测指标的选取有所差别,在构建评测指标体系的过程中,针对不同评测对象,需要依据其借贷的特征和所处行业的特点筛选出相应指标,构建有效的评测指标体系。

（4）可操作性原则。P2P 网贷信用风险评测的目的是方便有效地对评测对象发生违约风险的可能性进行准确评估,考虑到模型的使用者可能是非专业人员,因而建立的评测指标体系应当具有可理解性,指标定义需明确清晰,简便且易于操作,同时要求相关指标数据方便获取,能够被有效统计和量化处理。

7.2.2　信用风险评测指标体系设计的基本思路

P2P 网贷信用风险评测指标体系构建的基本思路基于网贷信用风险产生的主要来源,搭建起一个综合分析框架,从不同角度、不同层面、不同路径分别选出对网贷评测主体信用行为具有突出影响的指标,从而构建综合评测指标体系。具体来说,从网贷信用风险生成关键主体——网贷借款人和 P2P 网贷平台,分别构建网贷借款人信用风险评测指标体系和 P2P 网贷平台信用风险评测指标体系。对网贷借款人而言,其信用风险主要受两大维度因素的影响:一是借款人自主性特征因素;二是外部性特征因素。借款人自主性特征因素是指与借款人自身经济特征、守信意识及信用能力直接相关的指标,如借款人的资本积累水平、学历、年龄以及信用等级等。借款人外部性特征因素是指不直接作用于借款人的贷后履约效力,而是间接影响其信用行为的指标,如借款金额、借款利率以及借款人社交资本等指标。通过从不同影响角度、不同路径分别选取出各细分影响指标,构建网贷借款人信用风险综合影响因素评测指标体系。对 P2P 网贷平台而言,由于其在网贷行业所处的性质、地位较为特殊,影响其信用风险的外部性特征指标通常为特定经济背景下的行业监管政策以及经济环境等,这部分指标一般比较稳定,短期内不会出现较大幅度的变动。因而,结合平台所处的行业特点,在构建平台信用风险评测指标体系时,着重考察平台的自主性特征因素。

7.2.3　信用风险评测指标筛选

7.2.3.1　指标筛选要求

针对 P2P 网贷业务的运营特点,为准确评测 P2P 网贷的信用风险,在评测指标体系设计之前,应科学筛选各项指标,筛选的指标应符合以下要求:一是定量指标与定性指标相结合。定量指标在分析经济行为时,具有方便、简洁和处理高效的优点,有助于问题的简化分析。由于受统计范围的局限,存在部分定性类的描述性信息对主体行为也有较强影响,这部分描述性指标被遗漏可能会导致有价值信息的遗失,影响到最终评测结果的准确性,因而,在选取网贷信用评测指标时,将定量指标与定性指标结合考虑,将使评测结果更加客观、准确。二是综合类指标与微观层面指标并重。综合类指标往往能可信性地反映出群体性样本的平均特征,而微观层面指标则往往反映的是样本间存在的个体差异,在选取 P2P 网贷信用评测指标时,将体现样本共性的综合类指标和反映样本个性差异的微观类指标并重考虑,以更加有效地反映其信用水平。三是突出指标的动态性和社会性。依据研究对象的特点,考虑到研究对象作为经济主体的特性,在选取评测指标时注重考查指标的动态性和社会性,以更加全面详实地还原出研究主体所处的真实信用环境。

7.2.3.2　指标选取依据

目前,各家商业银行个人信贷业务中都建立了借款人信用风险评估指标体系,虽然各家银行评估指标的具体构成有所不同,但评测思路大体相似,只在部分指标的选取上存在细微差别。为了更加全面、有效地了解信用评估中信贷指标的选取特点,本书搜集和整理了国内部分商业银行借款人的信用评级资料,并进一步梳理了商业银行借款人信贷评测指标。商业银行在对信贷市场中的借款人进行授信时,一般要求借贷个体提供详细的个人基本信息、经济状况与信用情况等明细信息,表 7-1 列出了部分代表性商业银行的个人信用评测指标。

表 7-1　部分商业银行个人信用评测指标统计表

商业银行	具体项目	具体指标
工商银行	个人基本信息	年龄、性别、婚姻状况、户口所在地、学历水平、工作单位、工作职位、工作职称、工作年限
	经济信息	年收入、金融资产、其他资产、人均收入、是否为本行职员、在本行有无账户
	信用信息	与本行是否有业务往来、有无不良信用

商业银行	具体项目	具体指标
建设银行	个人基本信息	年龄、性别、婚姻状况、健康状况、户口所在地、学历水平、工作单位、工作职位、工作职称、工作年限
	经济信息	年收入、人均收入、是否本行职员、在本行有无账户
	信用信息	有无其他贷款、与本行是否有业务往来、有无不良信用
交通银行	个人基本信息	年龄、性别、婚姻状况、户口所在地、学历水平、工作单位、工作职位、工作职称、工作年限
	经济信息	年收入、人均收入、是否本行职员、在本行有无账户
	信用信息	有无其他贷款、与本行是否有业务往来、有无不良信用
民生银行	个人基本信息	年龄、性别、学历水平、工作单位、工作年限
	经济信息	年收入、人均收入、是否本行职员、在本行有无账户
	信用信息	有无其他贷款、有无不良信用

其次,选取部分正常经营、综合实力较强、平台信息披露比较完善以及信用状况良好的代表性 P2P 网贷平台进行分析,研究这些代表性平台的风险控制信息,整理出代表性 P2P 网贷平台借款人的信用风险评估细化指标(表 7-2)。

表 7-2 代表性 P2P 网贷平台信用评测指标统计表

网贷平台	具体项目	具体指标
人人贷	个人基本信息	姓名、性别、年龄、学历、身份证号、收入、有无车贷、有无房贷、公司行业、其他负债、工作年限
	必要信用认证	身份证认证、收入证明、工作证明
	次要信用认证	房产认证、车产认证、学历认证、央行征信认证
	信用信息	申请借款笔数、成功借款笔数、还清还款笔数、逾期还款次数
拍拍贷	个人基本信息	姓名、性别、年龄、文化程度、婚姻状况、联系方式、月收入、工作单位、工作行业、房产情况
	相关认证	身份证号码、户口所在地、房产认证、身份认证、视频认证
	信用信息	成功借款笔数、成功还款笔数、逾期还款次数
宜人贷	个人基本信息	姓名、性别、手机号码、学历信息、婚姻状况、现居地、工作行业、工作城市、工作年限、年收入
	信用信息	逾期金额、逾期时间、央行信用认证
	其他信用资料	身份证信息、收入证明、工作证明、联系人方式、房产认证、银行卡信息、信用卡额度

网贷平台	具体项目	具体指标
陆金所	个人基本信息	姓名、年龄、性别、身份证号、婚姻状况、收入、负债、工作单位、工作性质、毕业学校、学历学位信息
	资产情况	房产情况、车产情况、其他固定资产情况
	单位信息	单位名称、单位地址、公司成立时间、公司税务登记号、工商注册号、公司人员规模、单位营业收入、单位资产总额
	信用信息	借款笔数、逾期次数、逾期金额

通过对部分商业银行和代表性 P2P 网贷平台的信用风险评测指标进行梳理研究发现：在传统信贷市场中，金融机构对借款个体进行信用评测时，主要是从影响贷款信用风险的关键性因素进行考量，包括借款人的基本个体性特征、借款个体的收入负债情况、固定资产水平以及相关历史信用记录等。传统商业银行的个人信贷业务中，对借款者信用风险的控制较为严格，对借款人进行信用评级时，要求借款者提供详细的个人基本信息、完整的个人经济状况和信用情况等明细资料，在借款人信用风险评测指标选取方面较为规范和统一。在 P2P 网贷市场中，不同网贷平台对借款人的信用评价存在差异，网贷平台在评测借款人信用风险时，更多关注借款人稳定和潜在的个人经济收入与信用能力，包括借款人的基本个人信息、历史信用特征、财务状况、工作单位情况以及固定资产证明等。

对于 P2P 网贷平台而言，在选取 P2P 网贷平台信用评测指标时，应着重从反映平台综合运营实力的注册资本、平台背景和表征平台运营稳健性的投标保障、综合评分以及代表平台经营合规性的资金存管、风险准备金等维度来选取和构建评测指标体系。

7.3　P2P 网络借贷借款人信用风险评测的指标体系

7.3.1　指标初选及说明

依据 P2P 网贷信用风险评测指标筛选特点，以及结合典型商业银行与代表性 P2P 网贷平台借款人的信用评测指标筛选情况，从影响 P2P 网贷借款人信用风险的特征因素出发，初选出 18 个较完整和能全面体现网贷借款人贷后还款能力的特征指标，分别为：借款金额、借款利率、借款期限、年龄、婚姻、学历、就职行业、工作地域、公司规模、月收入、工龄、房产、车产、房贷、车贷、逾期次数、成功贷款笔数以及信用等级等，依据各评测指标的特性，对各指标进一步分类，将其统归为四类指标，并依据相关研究经验，根据各指标的类型对指标做相应处理，具体指标设置如

表 7-3 所示。

表 7-3　P2P 网贷借款人信用评测指标选取及说明

变量	变量名称	取值说明
借贷信息	借款金额	数值型变量
	借款利率	数值型变量
	借款期限	数值型变量
主体特征	年龄	数值型变量
	婚姻	未婚=0;离异=1;已婚=2
	学历	高中=0;大专=1;本科=2;研究生=3
	就职行业	制造业=1;服务业=2;事业单位=3;建筑业=4;其他=0
	工作地域	中部=1;东部=2;西部=0
	公司规模	不足10人取0;10~100人取1;100~500取2;500人以上取为3
偿付能力	月收入	2000~5000元=0;5000~10000元=1;10000~20000元=2;20000~50000元=3
	工龄	一年以下取0;1~3年取值1;3~5年取值2;5年以上取值3
	房产	无房产取值0;有房产取值1
	车产	无车产取值0;有车产取值1
	房贷	无房贷取值0;有房贷取值1
	车贷	无车贷取值0;有车贷取值1
信用信息	逾期次数	数值型变量
	成功借款笔数	数值型变量
	信用等级	信用等级为 AA 级取值5;B 级取值4;C 级取为3;D 级取值2;E 等级取值1;HR 等级取值0;

（1）借贷信息指标。以借款金额、借款利率以及借款期限来衡量。借款金额越大,说明借款人的资金缺口越大,短期获取资金流动性需求的途径有限,按期偿还的不确定性也越大,违约概率也就越高。网络借贷利率反映的是借款人获取借贷资金的成本,借款利率越高,一般来说发生违约的可能性也越高。借款期限约定了贷款合约存续周期,合约规定的期限越短,借款人短期偿还压力越大,违约概率也就越高。

（2）主体特征指标。包括借款人年龄、婚姻、学历、就职行业、工作地域、公司规模。年龄、婚姻状态以及学历水平影响借款人的偿还意愿。如年龄较长且拥有较高学历的已婚借款人较刚进入社会的年轻个体,发生信用违约的可能性一般更低。其次,不同个体所处的行业、工作地域等会直接影响其收入水平,进而影响到网贷资金的按期偿还。

（3）偿付能力指标。以月收入、工龄、房产、车产、房贷、车贷等指标来表示。月收入是网贷借款人还款能力的最直接体现,收入高的借款人发生违约风险的概率一般相对更低。借款者的工龄会影响其收入水平,一般工龄与收入水平正相关,工龄较长的借款个体,其财富积累相对较高,违约概率相对较小。房产和车产是借款者拥有的固定资产,基本上反映了其财富水平,车产的短期变现能力较强,房产的中长期变现能力强,是借款人按期偿还借款的保障。如果借款人背负着房贷和车贷,意味其面临较强的流动性约束,可能出现由于短期资金流动性不足而导致的网贷违约行为。

（4）信用信息指标。包括逾期次数、成功借款笔数以及信用等级等。逾期次数表示网贷借款人在过去借款过程中逾期的总次数,一般历史逾期次数越多,发生逾期的风险也就越高。网贷借款个体成功贷款笔数可以反映其信用资质,用来初步判断其未来是否会违约。信用等级是 P2P 网贷平台对借款人履约偿债能力和意愿所做出的综合评定结果。信用等级越高,表明网贷借款人发生贷后违约的可能性相对越低。

7.3.2　指标的筛选优化

针对多因素影响的分类回归自变量的筛选,引入统计学分析方法中的二元逻辑回归法筛选显著性特征指标。基于指标筛选的有效性视角,对网贷借款人信用风险评测指标的选取采用逐步向后条件回归方式,筛选显著性特征因子。将初选的所有网贷借款人信用评测指标纳入模型,检验模型中现有的所有变量是否可剔除,然后删除在所对应条件统计量中显著性最低的变量,重新检索剩余变量,直到所有指标符合进入或剔除标准。选取人人贷网贷平台 900 名借款用户各指标详细信息,其中 350 名为逾期还款用户,550 名为成功还款用户,经 Logistic 条件回归后得到各指标回归结果,如表 7-4 所示。

表 7-4　Logistic 条件回归结果

变量指标	变量名称	系数（B）	标准误差（SE）	显著性（Sig）	优势比（OR）
借贷信息	借款金额	0.026	0.016	0.095 *	1.027
	借款利率	0.829	0.278	0.003 ***	2.290
	借款期限	−0.071	0.039	0.073 *	0.932

续表

变量指标	变量名称	系数（B）	标准误差（SE）	显著性（Sig）	优势比（OR）
主体特征	年龄	−0.041	0.020	0.041 **	0.960
	婚姻	−0.005	0.140	0.970	0.995
	学历	0.443	0.163	0.007 ***	1.558
	就职行业	−0.116	0.095	0.222	0.891
	工作地域	0.270	0.143	0.059 *	1.310
	公司规模	0.053	0.129	0.683	1.054
偿付能力	月收入	−0.290	0.158	0.067 *	0.749
	工龄	−0.226	0.133	0.088 *	0.798
	房产	−0.379	0.281	0.177	0.684
	车产	0.252	0.309	0.415	1.287
	房贷	0.648	0.324	0.046 **	1.911
	车贷	0.144	0.529	0.785	1.155
信用信息	逾期次数	−0.544	0.043	0.000 ***	0.581
	成功借款笔数	0.582	0.166	0.000 ***	1.789
	信用等级	0.458	0.216	0.034 **	1.581

注：*、**、***分别代表在 10%、5%、1% 水平下显著。

7.3.3 指标相关性分析

Logistic 逐步向后条件回归结果显示：在初选的 18 个网贷借款人信用特征指标中，借款金额（x_1）、借款利率（x_2）、借款期限（x_3）、年龄（x_4）、学历（x_5）、工作地域（x_6）、月收入（x_7）、工龄（x_8）、房贷（x_9）、成功贷款笔数（x_{10}）、逾期次数（x_{11}）以及信用等级（x_{12}）等 12 个信用特征指标显著。因而可初步选取这 12 个指标作为研究 P2P 网贷借款人信用风险的评测指标。其次，为验证指标的有效性，提高评测结果的准确性，对指标间的相关关系做进一步分析。

比较常用的指标相关关系分析方法主要有 Spearman 相关系数法、Kendall 相关系数法以及 Pearson 相关系数法等，由于 Spearman 相关系数法在刻画非线性和处理离散维度数据等方面具有独特优势，且不易受数据量纲和异常值的影响。本节根据网络借贷信用数据的特点，采用 Spearman 相关系数法对筛选的 12 个 P2P 网贷借款人信用特征指标进行相关性分析，Spearman 指标相关性检验结果如表 7-5 所示。

Speraman 指标相关性检验结果显示：各变量之间存在一定的相关性，且大多与信用等级指标存在较强的相关性。成功贷款笔数、学历、房贷等指标与信用等级存在显著正相关关系,而借款利率、借款期限和逾期次数等指标则与信用等级呈负相关性,Speraman 相关性结果验证了各指标对借款人信用风险具有较强影响,因而本节选取这 12 个信用特征指标来证明 P2P 网贷借款人信用风险具有一定的有效性和准确性。

表 7-5　Spearman 指标相关关系检验结果

	x_1	x_2	x_3	x_4	x_5	x_6	x_7	x_8	x_9	x_{10}	x_{11}	x_{12}
x_1	1											
x_2	0.344**	1										
x_3	0.370**	0.926**	1									
x_4	0.051	−0.048	−0.039	1								
x_5	0.131**	−0.138**	−0.113**	0.116	1							
x_6	0.068*	0.086**	0.082*	−0.121**	−0.157**	1						
x_7	0.267**	−0.027	−0.035	0.115*	0.133**	0.122**	1					
x_8	0.047	−0.064	−0.046	0.465**	0.107**	−0.183**	0.021	1				
x_9	−0.032	−0.101**	−0.069*	0.165**	0.223**	−0.115**	0.101**	0.157**	1			
x_{10}	−0.144**	−0.415**	−0.297**	0.067*	0.113**	−0.066*	0.070*	0.054	0.114**	1		
x_{11}	0.045	0.282**	0.251**	−0.034	−0.266**	−0.038	−0.018	0.008	−0.142**	−0.239**	1	
x_{12}	0.010	−0.281**	−0.142**	0.062*	0.249**	−0.006*	0.030	0.025	0.110**	0.466**	−0.743**	1

注:** 在置信度(双侧)为 0.01 时,相关性是显著的;* 在置信度(双侧)为 0.05 时,相关性是显著的。

7.3.4　P2P 网络借贷借款人信用风险评测指标体系构建

经过对网贷借款人信用风险评测指标进行借鉴比较、逐级科学筛选以及对指标的有效性进行验证后,最终筛选出了涵盖借贷信息、主体特征、偿付能力和信用信息等 4 个评测维度,包含借款金额、借款利率、借款期限、年龄、学历、工作地域、月收入、工龄、房贷、成功贷款笔数、逾期次数以及信用等级等 12 项具体评测指标的评测指标体系(表 7-6),这一指标体系能较完整和较全面地反映网贷借款人信用状况的好坏和信用风险总体水平的高低。

表 7-6　P2P 网贷借款人信用风险评测指标体系

一级指标	二级指标	三级指标	指标说明
P2P 网贷借款人信用风险评测指标体系	借贷信息	借款金额	数值变量
		借款利率	数值变量
		借款期限	数值变量

续表

一级指标	二级指标	三级指标	指标说明
P2P 网贷借款人信用风险评测指标体系	主体特征	年龄	数值变量
		学历	描述变量:高中取 0;大专取 1;本科取 2;研究生取 3
		工作地域	描述变量:西部取 0;中部取 1;东部取 2
	偿付能力	月收入	数值变量
		工龄	数值变量
		房贷	描述变量
	信用信息	成功贷款笔数	数值变量
		逾期次数	数值变量
		信用等级	描述变量:AA 级取 5;B 级取 4;C 级取 3;D 级取 2;E 等级取 1;HR 级取 0

7.4　P2P 网络借贷平台信用风险评测的指标体系

7.4.1　第三方网络借贷资讯平台的评级体系

相对于网贷借款人信用风险,目前有关 P2P 网贷平台信用风险评测的理论研究还比较薄弱,但两家较有影响力的第三方网贷资讯机构——网贷之家和网贷天眼都建立了网贷平台的评级指标体系。网贷之家编制的 P2P 网贷发展指数是表征 P2P 网贷平台运营情况的综合性指标,在发展指数下设 9 项一级指标和 51 个二级指标(表 7-7)。

表 7-7　网贷之家建立的网贷平台发展评级指标体系[①]

	一级指标	二级指标
发展指数	成交积分	总成交量积分、时间加权成交量积分、短期活动影响减分、平台羊毛减分
	人气积分	投资人数积分、借款人数积分、平台薅羊毛减分、短期活动减分
	技术积分	系统自主研发、网站人均响应时间、网站安全性检测、HTTPS 或 SSL 或数字证书、漏洞打分、信息安全等级保护三级测评、信息安全等级保护三级备案加分、其他

---

① 资料来源:网贷之家。

续表

一级指标		二级指标
发展指数	杠杆积分	待收杠杆、地域杠杆加分、10 倍杠杆减分、10% 逾期资本比减分
	流动性积分	久期积分、债权转让打分、提现减分
	分散度积分	借款 TOP10、借款 TOP1、借款集中度、借款人 HHI、人均借款金额、投资 TOP10、投资 TOP1、其他
透明度积分		合规报告、所有标可见、黑名单公布、借款协议、其他信披指引要求的指标
品牌积分		股东、团队、资金认可度、上线时间、城市积分、协会加分、上市挂牌加分、其他
合规积分		13 条红线、信披指引、银行存管、借款限额、无牌销售资管类产品减分、其他

　　网贷天眼的评级体系包括偿兑性、成长指数、利率、运营、期限、地域性、投资、借款、流动性等 9 个维度(表 7-8)。其中,成长指数、运营属于运营类指标,偿兑性、投资指数、借款、期限、流动性、利率属于安全类指标,地域虽然能从一定程度上反映不同地区的网贷成熟度高低,但是没有可靠的理论和实践依据。网贷天眼的评级体系没有细分的二级指标,因而指标的可操作性不够强。

表 7-8　网贷天眼构建的平台评级指标体系①

评价指标	指标释义
偿兑性	过去 3 个月还款总额占过去一年平台还款总额的比重。该比值反映平台还款金额分布情况,比值越小,越有利于平台调度资金,最佳值为 0.25。
成长指数	平台过去 3 个月净现金流总和占过去 3 个月成交额总和。该指数越高,表明平台现金流入越多,净现金流越充足,平台成长性越好。
利率	平台过去 3 个月的平均综合利率,利率越高,平台承受的风险越高,相同审核成本下,可获得的利润越低。
运营	上线累计成交额与上线时间的比值,即平均到每天的累计成交额,反映的是平台的资金管理和运营能力。
期限	平台过去 3 个月平均借款期限。期限越长,平台越安全。
地域性	平台所在区域上月交易额与全行业上月总体交易额之比,取值越大,表示该平台所在地区行业成熟度越高。

---

① 　资料来源:网贷天眼。

评价指标	指标释义
投资指数	等于 3 个月活跃投资者总数/3 个月活跃借款人总数。比值越大,说明借款金额集中度越大,风险聚集度越高。
借款	过去 3 个月平均每名借款人的借款金额。金额越大,说明风险聚集度越高,如果出现大额借款人出现违约,会对平台现金流造成较大的影响。
流动性	未来 3 个月的待收总额/注册资本金×100,值越大,流动性越差,平台流动性越紧张。

比较两家机构的评级指标体系可以看出,网贷天眼评级的财务属性较高、指标设置相对简单粗略,且定量化、定性化指标很少。网贷之家的评级无论在广度上,还是在深度上都要优于网贷天眼的评级体系。然而,两家机构的评级都侧重于对网贷平台运行的安全性评价和总体情况的考量,却又不表明平台是否真正具有安全性,更不是对网贷平台信用风险的专门度量,因而对投资者进行平台风险判断的直接参考意义不明显。因此,P2P 网贷平台信用风险评测体系还应在此基础上,围绕体现和影响 P2P 网贷平台信用风险的特征和因素来构建。

7.4.2　P2P 网络借贷平台信用风险评测指标的选取与说明

P2P 网贷平台信用风险评测问题尚未引起理论界的足够关注,研究成果较少。前述两家网贷资讯平台建立的平台评级体系主要侧重对平台运营状况的总体评判,与网贷平台信用风险评测体系有着明显差异,但仍有一定的启迪意义。P2P 网贷平台信用风险评测指标的构建应围绕着体现和影响网贷平台信用风险的特征因素,结合网贷平台所面临的内外信用风险状况,考虑评测内容的全面性、评测指标结构的系统性和网贷平台作为信息中介地位的特殊性,从网贷平台综合运营实力、平台经营稳健性和平台运营规范性三个维度构建由 12 项具体指标组成的信用风险评测指标体系,并依据指标类型结合研究经验对指标做相应处理。指标体系的具体构成如表 7-9 所示。其中,12 项指标的具体含义如下:

(1) 注册资本。平台成立时投资者认缴的全部资金,反映平台的初始规模。注册资本越高,网贷平台的运营资质相对越好,发生信用违约的可能性更低。

(2) 平台背景。侧面表征网贷平台资金流动性和平台风控能力的指标。平台背景在很大程度上决定了平台未来的发展潜力和经营的稳定性,依据平台资本属性的不同,将 P2P 网贷平台划分为民营系、国资系、上市系、风投系和银行系等。

(3) 收益率。P2P 网贷平台支付给投资者投入资金的报酬。平台给付的收益率越高,按期偿付资金的压力越大,当资金出现临时性周转困境时,发生信用违约的可能性也越高。

（4）股权上市。一定程度上反映平台经营实力的指标。股权上市的网贷平台资产存量较为充足，经营更为规范和稳定，发生信用违约的可能性较小。

（5）投资期限。投资者投入资金的存续周期。投资期限会影响网贷平台的资金短期流动性，投资期限越长，网贷平台的资金流动性越灵活，发生信用违约的可能性就相对较小。

（6）债权转让。缓解平台资金流动性的一种方式。允许债权转让的 P2P 网贷平台，能有效应对由于不确定性因素导致投资者对于资金的临时性需求，一定程度上保障了平台运营的稳健性。

（7）投标保障。平台给予投资者资金安全性的一种承诺。本息保障的 P2P 网贷平台面临的资金流敞口更大，偿付压力更高，出现信用违约的概率也相对较高。

（8）综合评分。网贷投资者对平台运营效率的一种客观社会评价。综合评分高的网贷平台具备一定的行业影响力，抗击风险能力也较强。

（9）保障形式。分散平台经营风险，分流平台兑付压力的一种运营形式。拥有第三方担保的网贷平台较风险自行垫付的平台发生信用违约的可能性更小。

表 7-9　P2P 网贷平台信用风险评测指标体系

一级指标	二级指标	三级指标	指标说明
P2P 网贷平台信用风险评测指标体系	综合实力	注册资本	数值变量
		平台背景	描述变量；民营取 0；国资取 1；上市取 2；风投取 3；银行系取 4
		收益率	数值变量
		股权上市	描述变量；未上市取值 0；上市取值 1
	运营稳健性	投资期限	数值变量
		债权转让	描述变量；支持债权转让取 1；不支持取 0
		投标保障	描述变量；无保障取 0；本息保障取 1；本金保障取 2；债权回购取 3
		综合评分	数值变量
	经营合规性	保障形式	描述变量；第三方担保取 0；平台垫付取 1；抵押保障取 2；信息中介取 3
		自动投标	描述变量；不支持自动投标取 0；支持取值 1
		资金存管	描述变量；无银行存管取 0；有银行存管取 1
		风险准备金	描述变量；无风险准备金取 0；有风险准备金取 1

（10）自动投标。这是网贷平台为方便用户竞标，提高平台回款效率的而设立的一种"投标工具"，自动投标的出现有效提升了投资者的投资决策效率。作为一种法律上的委托代理关系，自动投标也存在一定风险，尤其是与短期标结合后，高频交易模式下，易产生资金归集、期限错配问题，从而引发流动性风险。

（11）资金存管。是 P2P 网贷平台实现用户资金和平台自有资金有效隔离的方式。拥有资金存管服务的网贷平台在交易流程上更为规范、可信以及安全。

（12）风险准备金。侧面表征 P2P 网贷平台运营合规性的指标。网贷平台常用的一种风险保障模式，出现逾期项目时，网贷平台会优先启用风险准备金进行垫付，以缓解平台的流动性风险。

第 8 章　P2P 网络借贷信用风险评测方法和模型

8.1　信用风险评测方法与模型的研究回顾

8.1.1　信用风险评测方法与模型的演进历程

信用风险作为金融活动中最基本最重要的一类风险,由于其产生原因的复杂多维性,除了具有风险所固有的一些特征外,还具有系统性、内源性、隐蔽性、非对称性、累积性、突发性等自身基本特征,其损害效果亦具有较强的负外溢性、关联性、叠加性和马太性等。这一方面使得人们迫切需要对信用风险进行精确的识别,有效防范信用风险的发生;另一方面,信用风险的识别又存在较大难度。信用风险评测是准确识别和度量信用风险基本、有效的办法。它是针对影响信用风险的特征因素(指标),依据有关数据信息,采用科学的方法手段,对债务人的偿债能力和偿债意愿进行可视化描述和量化预测,以判断其违约行为发生的可能性大小。从评测对象看,分为企业类客户评测和消费类客户评测,前者主要从企业财务、行为特征、行业环境等维度建立指标体系,后者主要从个体特征、客户关系、历史信用等维度建立评测模型。从评测方法看,信用评测总体上采用定性分析与定量分析相结合的方法,并向风险度量模型方向发展。信用风险评测经历了主观评测方法和客观评测方法的发展历程,其演进大致可以分为四个阶段。

(1)定性分析阶段

1940 年以前,基本依据专家经验和主观分析来评估企业信用。即专家通过对债务人财务、经营、经济环境等信息的分析判断,得出评价结果,划分不同的信用等级。主要的分析方法有"5C"分析法、"5W"分析法、"5P"分析法、"LAPP"法和"CAMPARI"分析法等。其中,"5C"分析法是从借款人的品德(Character)、偿付能力(Capability)、资本实力(Capital)、担保(Collateral)和经营环境(Condition)五个方面分析信用风险大小(孙凤英,2008);"5W"分析法是从借款人(Who)、借款用途(Why)、还款期限(When)、担保物(What)及如何还款(How)五个方面分析信用风险大小;"5P"分析法是从借款人的个人因素(Personal)、目的因素(Purpose)、偿还因素(Payment)、保障因素(Protection)和前景因素(Perspective)五个方面进行分析

（孙凤英,2008）；"LAPP"法则是从借款人的流动性（Liquidity）、活动性（Activity）、盈利性（Profitability）和发展潜力（Potentiality）四个方面评估信用风险；"CAMPARI"分析法则从借款人的品德（Character）、偿债能力（Ability）、银行获得的贷款利润（Margin）、借款目的（Purpose）、贷款金额（Amount）、偿还计划（Repayment）和贷款保证（Insunrance）七个方面来评测信用风险。这些定性方法曾被广泛运用于欧美各国的商业银行等金融机构客户信用的评价中,至今仍然作为有效的信用评价理念和经验被金融机构所采用。

（2）基于财务指标的分析模型阶段

这类模型以财务指标为基础对其进行赋权,通过模型产生一个信用分值或违约概率,如果这个分数或概率超过一定值,借款人就会被判为高违约者（朱天星,2013）。基于财务指标的信用评分模型有 logit 模型、probit 模型、判别分析模型和线性概率模型等。目前运用较多的是 logit 模型,其基本思想是:选择一组财务变量指标,以此测算借款人的违约概率,这一概率服从 logit 分布,其累积概率分布在 [0,1]之间,进而将偿还贷款与违约区分开（林莉,2007）。使用 Logit 模型的要求之一是指标数据满足正态分布,若不满足,则可以采用 Logistic 函数。Logistic 回归不假设任何概率分布,且其判别的准确率高于判别分析法。1968 年,爱德华·阿特曼（Altman）将财务指标与判别分析结合起来进行研究,提出了 Z 评分模型,随后他又对 Z 评分模型进行改进,建立了 ZETA 信用风险模型,该模型以较强的预测能力被广泛应用于商业银行信用风险管理中。

循着这一思路,派生出了许多其他方法,如回归分析法、聚类分析法、因子分析法等。同时,一些学者开始运用人工智能理论、神经元网络理论等提高和区分信用风险的准确度和精度,在信用风险评测领域得到了广泛认可。

（3）综合性模型阶段

20 世纪 90 年代以来,国际银行界认识到信用风险对金融风险起着关键的影响作用,更加重视信用风险的科学量化评测问题,并开始探索运用数学工具来定量评测和管理信用风险,提出了更为复杂的信用评测系统。大体可以分为组合理论模型和违约模型两类,其区别在于组合理论模型是从历史数据中估计组合的未来违约分布,而违约模型是基于理论分析估计组合未来的违约分布（刘波,2007;孙维伟,2007）。JP 摩根的 Credit Metrics、KMV 法等均属于组合理论模型,Credit Risk+、Portfocio View 模型等均属于违约模型。

（4）基于机器学习方法的预测模型阶段

信息技术的商业化应用使人们能够对经济主体的行为进行更为科学和准确地刻画,机器学习方法逐渐成为一种更加灵活和有效的工具,以 BP 神经网络、支持向量机和决策树关联规则等模型为突出代表的机器学习方法逐渐被应用于信用风险的精确评测。机器学习方法由于能够使用一系列算法知识且能够比较灵活地适应不同类型样本,通过拟合不同样本的数据特征模型和构建不同行为发生的历史场景,跟随样本特征的变化对行为产生过程进行重新刻画,构建新的应用场景,因而,在预测风险行为时,不仅能对行为产生的过程进行描述,还能对预测行为做出动态调整,对样本行为做出准确预测。

　　基于网贷信用主体的历史交易信息,利用网络计算机技术能够深度挖掘出决策主体行为与特征影响因子间的内在关联性,对行为结果与影响因子间多重复杂的关系进行检索和重现,实现对样本主体行为科学、准确的预判。

8.1.2　理论界对 P2P 网络借贷信用风险评测的研究

8.1.2.1　国外理论界的相关研究

　　国外理论界对 P2P 网贷信用风险评测模型与评测方法的研究不多,对网贷信用风险的评测分析还主要依赖于传统金融信用风险度量方法,主要为多元判别分析、随机森林、BP 神经网络、支持向量机以及贝叶斯网络等模型。Mild 等(2015)采用丹麦网贷平台 Myc4 借款用户的贷款数据,运用线性判别回归模型评估网贷借款人信用风险,并进一步验证了该模型的有效性。Serrano-Cinc 等(2016)应用多元回归构建利润评分决策模型预测网贷借款人的违约概率,研究发现,基于利润评分决策模型获得的结果比传统信用评分模型得到的结果更精确。Malekipirbazari 和Aksakalli(2015)运用随机森林方法评估网贷信用风险,并将该方法与支持向量机、Logistic 回归和 k-最近邻分类器等机器学习方法进行对比分析,研究结果表明,与其他几种机器分类方法相比,随机森林的预测效果最优。Kumar(2012)构建贝叶斯分类模型评估网贷借款人的信用风险。Bekhet 等(2014)对比了神经网络模型和Logistic 回归模型在信用风险评估中的作用,研究结果发现,在评估准确率方面 Logistics 回归模型更高,但神经网络模型在识别潜在风险借款人方面效果更好。Hossein(2013)运用贝叶斯方法构建声誉模型,实证评估网贷借款人的信用风险。A. Byanjankar 等(2015)利用 Lending Club 网贷平台借款用户数据,通过构建 BP 神经网络模型对网贷借款人信用风险展开实证评估,研究结果显示,该评测方法在评估网贷信用风险方面具有较高的准确率。Danenas 和 Garsva(2015)构建了支持向量机模型的评估信用风险,并验证了该模型具有较高的预测准确率,但模型的稳定性欠佳。Harris(2015)将集群支持向量机方法(CSVM)应用于商业银行信用风险的评估,研究结果表明,较一般支持向量机而言,改进后的集群支持向量机模型在分类效果方面更精确。

8.1.2.2　国内理论界的相关研究

　　国内理论界对 P2P 网贷信用风险评测方法的运用也主要是以传统金融风险

度量模型为基础,并对模型做进一步的模仿和改进,对多种评测方法进行组合应用。都红雯等(2018)结合支持向量机模型和逻辑回归方法构建 SVM-Logistic 组合分类模型,对网贷借款人的信用风险进行实证评估,并对该组合模型与单分类方法在分类精度方面进行了对比分析,研究结果表明,组合分类方法的分类精度更高。古丁威等(2018)通过构建网贷平台与借款用户的双边演化博弈模型,研究 P2P 网贷平台信用风险,并指出该种评测方法能有效揭示和反映网贷平台信用风险的动态演绎过程。朱传进等(2017)将层次分析法与模糊数学方法进行组合应用,构建了模糊综合评价模型,实证评估网贷借款人的信用风险。沈霞(2017)综合因子分析方法和定性专家打分方法,构建定量指标与定性指标相结合的信用风险评级指标体系,并对我国 60 家具有代表性的 P2P 网贷平台进行信用风险评级。张成虎等(2017)通过构建基于借款人"软信息"的 P2P 网贷信用风险评级体系,结合层次分析法和实验室决策法对网贷借款人信用风险进行评级,表明该种方法的提出有效解决了当前网贷平台信用风险的测量困境。彭业辉(2016)采用转换数据最大似然估计法,将传统的 KMV 模型加以扩展,并对网贷平台的信用风险进行评级和预测。王丹、张洪朝(2016)基于模糊数学综合评价方法构建定量指标评测模型,同时基于专家评分表构造定性指标评测模型,对网贷平台信用风险展开量化研究。赵颖秀等(2016)构建基于粒计算与信息融合的综合评估模型研究网贷借款人的信用风险,并对该模型的有效性进行了实证检验。

从信用风险评价方法与模型的演进发展中可以看出,基于定性分析的传统信用分析方法主观性较强,难以对债务人的信用状况进行客观、一致的评价。尽管后来开发了以专家设计的标准化指标体系对债务人进行信用风险评价的打分卡,一定程度上提高了信用风险评级结果的一致性,但是仍然不能避免评价过程中的主观性。为了减少信用风险评测的主观因素,选择更适宜的评价指标,继费雪(Fisher)模型之后,现代数学方法、统计工具及大数据、人工智能等现代科技被逐渐运用到信用风险评测中,形成了许多较有价值的信用风险评测模型。下面选取其中几种科学性和应用性都较强的评测方法和模型进行讨论,然后在第 9 章对其中几种方法进行实证分析。

8.2　基于多元判别分析的信用风险评测模型

多元判别分析法是多元统计学的分支,它从变量中筛选出关键变量来建立判别函数,推导出错判率最小的判别模型,然后对评价对象所属类别进行判别。其中,建立判别函数是判别分析法的关键,常用的有距离判别法、费雪准则和贝叶斯(Bayes)判别法等(王小明,2005),以此为基础建立的信用风险评分模型主要有 A

评分模型、Z 评分模型、ZETA 评分模型、切塞尔信用评分模型等。

8.2.1　A 评分模型

"A 评分法"的基本思路是:首先将与债务人风险有关系的因素列出,然后依据它们对债务人偿债能力的影响大小进行赋值,最后进行加权平均,得到其确切的风险水平。A 评分模型认为,债务人的经营失败并不是突然发生的,而是有一个过程,即它首先出现一些经营上的缺点或不足。这些缺点和不足若得不到克服便会导致经营上的错误,而如果错误得不到纠正则会出现明显的破产征兆,此时债务人如果仍不能采取有效措施解决,将导致债务人最终破产。可见,对风险因素的处理是 A 评分模型的关键。按照这一思路,A 评分模型对各风险因素的评分分为满分和零分两种情况。该模型的临界值及其揭示的信用风险如下:

$$A\ 分值 = \begin{cases} [0,18] & 风险安全区/警戒区 \\ (18,25) & 正常风险区 \\ >25 & 高风险区 \end{cases}$$

8.2.2　Z 评分模型

Z 评分模型(Z-Score)于 1968 年由信用风险管理专家爱德华·阿特曼提出。该模型是通过获取健康企业与失败企业的样本数据,采取多元判别分析法构建的一种纯财务数据的多变量分析方法。模型的构建分两步:首先选择可以将健康企业与失败企业区分开的指标,其次计算每个指标的系数。阿特曼根据美国破产企业和非破产企业的 22 个会计变量和 22 个非会计变量,从中选择了 5 个财务指标作为模型变量,经回归分析,得出如下信用风险判别模型:

$$Z = 1.2X_1 + 1.4X_2 + 3.3X_3 + 0.6X_4 + 0.99X_5$$

其中:X_1、X_2、X_3、X_4、X_5 分别代表营运资本/总资产、留存收益/总资产、息税前收益/总资产、股权市值/账面债务总额、销售收入/资产总额。

Z 评分模型根据所选财务比率在预测企业经营失败方面的能力大小给予不同的权重,以计算出的加权和作为债务人的综合风险值,即 Z 值,将其与临界值对比,进而判断债务人的风险程度。根据对历史经营失败企业的统计分析,阿特曼得出一个适用于不同类型借款人的经验性风险临界数值 $Z_0 = 2.99$,$Z > 2.99$ 时,借款人不会违约;$Z < 1.8$ 时,借款人被划入违约组;$1.8 < Z < 2.99$ 时,判断失误的可能性较大,因此该区域为"灰色区域"。Z 值的临界值及其风险判别区域如下:

$$Z\ 值 = \begin{cases} <1.8 & 企业将会破产 \\ (1.8, 2.99) & 不确定区域 \\ >2.99 & 企业不会破产 \end{cases}$$

1995 年,阿特曼为了扩大 Z 记分模型的应用领域,对该模型进行了改进,提出了分别适用于非上市公司和非制造企业的 Z' 评分模型以及适用于新兴市场国家公司的 EMS(Emerging Mmarket Scoring)模型。本书不做赘述。

8.2.3　ZETA 信用风险模型

1977 年,阿特曼等人对 Z 评分模型进行改进,提出了第二代信用评测模型,即 ZETA 信用风险模型。新模型的变量由原来的 5 个增加到 7 个,适用范围更宽,对借款人是否违约的辨认准确度显著提高。新模型的表达式为:

$$ZETA = aX_1 + bX_2 + cX_3 + dX_4 + eX_5 + fX_6 + gX_7$$

式中,a、b、c、d、e、f、g 分别表示模型中 7 个变量的系数,X_1、X_2、X_3、X_4、X_5、X_6、X_7 对应的财务指标分别为资产收益率、资产收益率 5 年中变化的标准差、息税前收益/总利息支付额、留存收益/总资产、流动比率、普通股 5 年平均市值/长期资本额、资产总规模的对数。

由于新模型在变量选择、变量稳定性、样本开发技术方面都较 Z 评分模型有了明显的改进,因而对借款人的信用风险分辨能力更强。特别是预测的时间越长,新模型的准确性更高,从而较好地解决了预测年限越长预测结果越不准确的问题。

8.2.4　切塞尔信用评分模型

切塞尔(Chesser)将借款人分成守约和违约两大类,通过改进 Z 评分模型,建立了新的信用风险预测模型,据此区分这两类借款人履行债务合同概率的高低,进而判断其信用风险大小。切塞尔先后分析了四组 15 个财务比率指标,最后确定了模型中使用的六个财务比率。其模型如下:

$$Y = -2.0434 - 5.24X_1 - 0.0053X_2 - 6.6507X_3 + 4.4009X_4 - 0.0791X_5 - 0.1020X_6$$

其中,X_1、X_2、X_3、X_4、X_5、X_6 分别代表现金与有价证券之和与资产总额的比值、销售收入与(现金+有价证券)之比、息税前收益与资产总额之比、资产负债率、固定资产净值与净资本之比、净营运资本与净销售收入之比。

借款人严格履行债务合同的概率 p 为:

$$p = 1/(1 + e^{-Y})$$

若 $p > 0.5$,借款人被归入违约一类;若 $p \leqslant 0.5$,则借款人被归入守信一类。

利用该模型进行银行信贷管理,在违约前一年,违约行为能被预见的概率为 75%,在违约前两年,违约行为被预见的概率为 57%。因此,可将该结果直接用于商业银行信贷业务管理,对于预计在一年内可能产生违约行为的客户,只能发放一年以内的短期贷款。

信用评分类模型通过建立债务人信用分值与各财务变量之间的线性函数关系,模型简单,准确率高,是信用评价方法的重要创新,在国外被广泛应用。但这类评测方法也存在着不足:① 模型变量较少且对财务信息依赖性强,一旦财务数据不能真实反映变化中的债务人情况时,可能造成评价失真;② 债务人信用风险与财务变量之间是线性关系的假设,与实际状况有一定差距;③ 是静态模型,难以反映风险的动态变化,对评价结果的准确性和模型的判断能力可能会产生一定影响。

8.3　基于统计方法的信用风险评测模型

8.3.1　线性判别模型

最早将线性判别模型(Linear Discriminant Model,LDM)运用到信用评价系统的是大卫·杜兰德(Durand,1941)。该模型的基本原理是:有 m 个总体 $X_1,X_2,\cdots,X_m$,它们的分布函数分别是 $F_1(x),F_2(x),\cdots,F_m(x)$,均为 k 维分布函数,对给定的一个新样品,要判断它来自哪个总体。判别分析方法有许多种,如距离判别、贝叶斯判别、费歇判别等。以贝叶斯判别为例:

目标是总损失 $Loss$ 最小化: $Loss = L \int\limits_{x \in A_B} p(x \mid G)p_G \mathrm{d}x + D \int\limits_{x \in A_G} p(x \mid B)p_B \mathrm{d}x$

式中,x 为属性向量,x 所有可能值构成的集合为 A,被拒绝授信者的属性向量集为 A_B,被授信者的属性向量集为 A_G;L 表示因拒绝低风险者而引起的期望平均利润损失,D 表示因接受高风险者而引起的期望平均损失;p 表示概率,G 和 B 分别表示好和坏。

贝叶斯判别的解可以表示为 $A_B = \{x \mid q(G \mid x)/q(B \mid x) < D/L\}$,如果 $p(x \mid G)$ 和 $p(x \mid B)$ 为多元正态分布,则解可以简化为 $A_B = \{x \mid xw < C\}$,w 为权值向量(王静,2016)。

线性判别模型的优点是直观,易于理解,便于风险管理人员接受和掌握,当信用数据满足假设条件时,判别分析能达到最优的统计特性。它的不足在于:① 假设条件比较严格,即每组的均值向量、协方差矩阵是已知的或可以直接通过样本计算,每组的协方差矩阵是相同的。② 贝叶斯判别还需要假定变量服从正态分布,需要估计先验概率。先验概率的估计一般采用频率估计,使用频率估计时,如果样本面临的外部条件发生变化,先验概率的估计势必存在较大偏差。③ 理论性不完美,难以达到最佳评测效果。

8.3.2　Logistic 回归模型

8.3.2.1　模型的含义和基本原理

线性回归方法的应用虽然广泛,但不适用于两分类因变量和有序因变量。对数线性模型,如 logistic 模型可以解决这一问题。Logistic 回归的基本假设为似然比的自然对数是线性的,对于两分类因变量问题,Logistic 回归对训练样本要求是表示好、坏两类即可,但是结果却能得到精确的分值,实际上这个分值被认为是属于好(坏)的概率(邓俊,2007)。

Logistic 回归模型的基本假设是似然比的对数是线性的,即:

$$\ln\{L(X|H_1)/L(X|H2)\} = \beta_0 + \beta_T X$$

式中,H_1、H_2 分别表示两个类别,在信用评测中则是表示好与坏两类借款人;X 是属性向量,信用评测中则为与其借款人信用有关的特征和行为的变量;L 为似然函数,β_0,$\beta_T = (\beta_1\beta_2\cdots\beta_p)$ 为回归系数,即各项指标权重。

8.3.2.2 二项 Logistic 回归评测模型

二项 Logistic 回归模型作为一种判别分析模型,可以依据模型的回归,得出一个介于 0 和 1 之间的概率值,因而,该种方法可以用来对借款人的信用风险进行预测,实现对借款人信用风险的评价。二项 Logistic 回归模型的基本结构是以概率值作为响应变量,以影响因子作为模型的解释变量,建立解释变量与概率对数间的线性回归关系。对于 P2P 网贷信用风险的评测,构造的二项 Logistic 判别模型如下:

$$\mathrm{Ln}\left(\frac{p_i}{1-p_i}\right) = \partial + \beta_i x_i + \varepsilon_i$$

对其转换得到概率值:
$$p = \frac{\exp\left(\beta_0 + \sum_{i=1}^{n} \beta_i x_i\right)}{1 + \exp\left(\beta_0 + \sum_{i=1}^{n} \beta_i x_i\right)}$$

式中,p_i 为违约概率,x_i 为影响违约概率的解释变量,β_i 为待估参数,ε 为随机扰动项,通过信息量已知的样本数据求出模型待估参数 β_i 后,运用模型可直接测算出待预测样本的风险概率值,实现对样本风险行为的预测。

构造二项 Logistic 回归模型的具体步骤为:

首先,确定响应变量 y 和解释变量 x。根据本节的目的将响应变量 y 表示为网贷信用主体发生违约风险的概率,通常设定 y 取值为 1 时,表示贷后违约,y 取值 0 时,表示正常还款。解释变量 x 表示影响网贷借款主体贷后还款行为的各特征影响因子。

其次,描述性统计分析。依据统计的样本数据,测算出评测对象交易数据中被解释变量和解释变量的最小值、最大值、平均值、标准差以及方差等,分析判断出各指标变量的集中趋势情况。

再次,变量相关性检验。目的是确保变量之间不会出现严重的多重共线性问题。多重共线性的存在会使原本重要的解释变量被忽略,影响模型的显著性水平和预测准确率。

第四,确定回归方程。依据一定的统计拟合准则,对采集的样本数据进行二元

Logistic 实证回归,并在显著性水平上得出方程中各解释变量的回归系数,确定出最终的回归方程。

第五,对回归方程进行显著性检验。检验判定方程中各解释变量整体上是否与 Logit(p) 存在显著的线性关系,并进一步检验回归方程的拟合程度。

8.3.2.3　模型的优点

Logistic 回归方法在处理复杂结构的数据中有良好表现:一是 Logistic 回归是一种部分分布的样本分析,有着较高的稳健性。统计判别方法可分为完全分布、部分分布和分布无关假设。完全分布方法(或称参数方法)可以充分利用信息,效果最好,但前提是需要准确知道样本分布。若不知晓样本的准确分布,在分布无关方法(或者非参数方法)下,可以得到稳健的结果。部分分布方法则将两种方法结合起来,既能够充分利用样本的分布信息,而且能保证结果有一定的稳健性。二是适用于连续型和离散型或者两种混合型变量。这一点对于信用数据分析非常重要,也是相较于其他统计方法的最大优点(汪虹昱,2008)。三是 Logistic 回归方法本身提供了变量选择的标准和方法。四是在信用风险评测中,把训练样本(借款人)分成好、坏两类,就能得到样本(借款人)属于好或坏的概率。下一章我们将运用该模型进行实证评测分析。

8.3.3　Probit 回归模型

Probit 模型是指条件概率服从正态分布的二分类因变量模型,也称为 Normit 模型。该模型假设每一个样本 i 都存在一组变量 X,这些变量的线性组合可以使每个样本都得到一个分数,该分数代表某种内在变量或隐藏变量,在信用评测中,代表债务人违约的倾向(赵家敏等,2006)。用正态分布函数的反函数替换 Logistic 回归模型中的似然比对数函数,就构造出 Probit 模型:

$$N^{-1}(p_i) = w_0 + \sum_{j=1}^{p} w_j x_{ij}$$

式中,x_{ij} 表示个体 i 的第 j 个属性,w_j 为对应的指标权值,N^{-1} 为正态函数的反函数,p_i 为概率值。

Probit 模型的函数与 Logistic 模型的函数没有太大的差别,因而模型性能表现也几乎没有差别。

统计模型的优点是模型估计和应用相对简单,容易得到一致的评级结果。但也存在不足:① 模型是经验性的,难以解释模型的经济意义;② 统计模型主要采用当前时点的会计数据,随着时间的推移,模型所反映的统计关系有可能发生变化,因此在使用时必须加以验证;③ 模型中的变量是定量指标,难以对定性信息做出全面的评估;④ 统计模型所反映的统计关系也可能因行业而异,因而在使用时可能需要分行业对模型做出相应的估计(张贵清,2005)。

8.3.4 因子分析模型

8.3.4.1 模型的含义和原理

因子分析是对数据进行简化并降维的统计方法,用于处理众多指标之间的内部关系。其基本思想:基于变量间的相关性大小,对原始变量进行分组,使同组内的变量间相关性较高,不同组的变量间相关性较低,每组变量代表一个基本结构,并用一个不可观测的综合变量来表示,该基本结构就称为公共因子,以较少的几个公共因子来反映原始变量中的大部分信息(关海玲等,2012)。

因子分析法的基本模型可以表示为一个线性组合的形式,设 $X_1,X_2,\cdots,X_p$ 为 p 个观测指标,$F_1,F_2,\cdots,F_m$ 为新的 m 个综合评估指标,其中 $m<p$,则有线性组合:

$$
\begin{cases}
X_1 = a_{11}F_1 + a_{12}F_2 + \cdots + a_{1m}F_m + \varepsilon_1 \\
X_2 = a_{21}F_1 + a_{22}F_2 + \cdots + a_{2m}F_m + \varepsilon_2 \\
\vdots \\
X_p = a_{p1}F_1 + a_{p2}F_2 + \cdots + a_{pm}F_m + \varepsilon_p
\end{cases}
$$

用矩阵表示:

$$
\begin{pmatrix} X_1 \\ X_2 \\ \vdots \\ X_p \end{pmatrix} = \begin{pmatrix} a_{11} & a_{12} & \cdots & a_{1m} \\ a_{21} & a_{22} & \ddots & a_{2m} \\ \cdots & \cdots & & \cdots \\ a_{p1} & a_{p2} & \cdots & a_{pm} \end{pmatrix} \begin{pmatrix} F_1 \\ F_2 \\ \vdots \\ F_p \end{pmatrix} \begin{pmatrix} \varepsilon_1 \\ \varepsilon_2 \\ \vdots \\ \varepsilon_p \end{pmatrix}
$$

简记为:

$$
X_{p\times 1} = A_{p\times m}F_{m\times 1} + \varepsilon_{p\times 1} \text{ 或 } X_i = \sum_{i=1}^{m} A_{ij}F_j + \varepsilon_i (i=1,2,\cdots,p)
$$

式中,$F_1,F_2,\cdots,F_m$ 称为公共因子,$a_{ij}(i=1,2,\cdots,p;j=1,2,\cdots,m)$ 称为因子载荷,是第 i 个原始变量在第 j 个因子上的负荷,$\varepsilon_i(j=1,2,\cdots,p)$ 称为 $X_i(i=1,2,\cdots,p)$ 的特殊因子,表示原有变量不能被因子解释的部分,其均值为 0。

构造因子分析模型的步骤如下:

首先,对样本的原始指标进行标准化处理,以消除变量间在数量级和量纲上的不同,使变量在方向上保持一致,避免数据差异的大小。

其次,确定因子分析变量间的相关程度。因子分析是从众多原始变量中综合出少数几个具有代表性的公共因子,如果变量之间的相关程度较小,可能无法确定公共因子。因此,在提取公共因子之前需要检验原始观测变量之间的相关程度,通常采用 KMO 和 Bartlett 球形度检验等方法进行检验。

再次,在 KMO 和 Bartlett 球形度检验的基础上,提取公共因子,计算特征向量和特征值。通过对原始变量之间相互关系的分析,利用样本数据得出因子载荷矩阵,从中提取出数量较少的公共因子。

第四,因子变量的命名。通过对因子载荷矩阵进行分析,得到因子变量与原始变量之间的关系,对新的因子变量进行命名。为使得到的公共因子具有更强的解释性,通常需要进行因子旋转,一般采用方差最大的正交旋转方法,简化对因子的解释。

第五,计算各因子变量得分及综合得分。因子得分就是在因子确定之后,计算出各个因子在样本里的具体数值,将公共因子表示为原始变量的线性组合,针对各个标准化变量的因子载荷,求出各因子的得分状况,进而求出因子的综合得分,依据因子的综合得分来实现对样本的排序和评测。

8.3.4.2　模型的优点

因子分析模型主要用于变量较多的情况下,通过综合提取变量的潜在公共因子以实现降维目的。通常提取的公共因子数远小于原始变量的个数,因而通过因子分析法提取的公因子能够在简化数据的基础上,最大限度地反映原始变量的多维信息。因子分析模型在比较所有变量的内部依存关系后,达到以较少的"抽象"变量涵盖数据基本结构的目的,能够有效避免信息量的重复,并且它还能克服指标权重确定的主观性,较好地解决构建评价指标体系全面性和独立性的矛盾,因而能较好地支持决策。

8.4　基于机器学习方法的信用风险评测模型

8.4.1　决策树模型

8.4.1.1　决策树模型的含义和构造原理

决策树方法源于概念学习系统 CLS,其基本思想是将研究对象按一定的分割规则一分为二,两个子集按分割规则再一分为二,如此反复循环,直至合适的程度。该方法是计算机技术与统计学的成功结合(汪虹昱,2008)。递归分类树(RCT)、多元分类树 SUPPORT 算法、logistic 分类树、Poisson 分类树等均属于决策树方法。决策树方法在处理具有大量离散自变量(尤其是无序离散变量)的分类问题上,有着独特的优势,因而适合 P2P 网贷借款人和平台信用风险评测。

决策树方法采用一种非返回跟踪的分割方法将样本集递归分割成不相交的子集,对原始样本进行最优分割判别,以使期望误判损失达到最小。具体构造过程为:通过解释变量竞争分割,将整体样本空间分割成一系列更小的子空间。在决策树的每个分支中重复此过程,在预先选定的某种标准下,选择与响应变量相关性最强的解释变量进行分裂。决策树本质上是通过一系列既定的规则对数据集进行切分的过程,这种方法通常以最大收益期望或最低成本作为决策准则,利用树状图描述出每个方案的收益期望值,经过权衡比较做出决策。决策树模型输入的是一系列带有类别标记的数据集,输出的是一棵二叉树或者多叉树。决策树的构造流程是从根节点开始,自上而下进行递归分割,若训练集中的所有样本属于同一个类别,则将其作为叶子节点,以类别标记作为该节点的内容。否则,基于某种分割标准选择一个属性,按照属性的取值分布情况,将对训练集进行划分,形成若干个数据子集,保证每个数据子集上的所有样本在该属性上取值相同,依次递归处理各个子集。图 8-1 是借款者个人信用风险评测模型的一个典型例子。

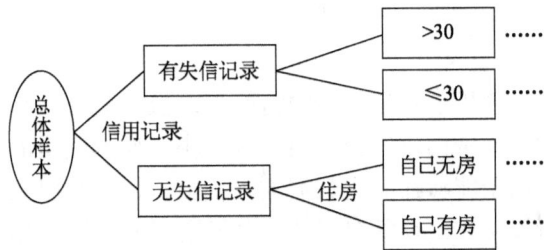

图 8-1 决策树模型构造例示

构造决策树的输入信息包括三类:① 原始观测样本的数据,包括用于训练和检验决策树构造的样本自变量和因变量数据;② 先验概率,先验概率是指总体空间中每一类样本出现的概率,信用评测用违约概率来度量;③ 错分成本,一类是 A 类("信用佳")样本错判为 B 类("信用坏")而发生的损失,属于机会成本损失;另一类是将 B 类样本错判为 A 类样本产生的损失,即呆账、坏账损失。

8.4.1.2 决策树模型的优点

运用决策树评测信用风险具有许多优点:① 不限定数据属性。连续型、离散型、带量纲和不带量纲的变量,均可用决策树方法。② 非参数方法对数据分布的要求也不高,这对于信用评测模型也十分合适。③ 决策树的构造过程就是变量选择的过程,当分类树被构造好之后,每一个最优分割规则的指标都对评测结果有显著影响的变量。④ 能直观地表现数据,逻辑判断过程在树结构中一目了然,易于风险管理人员接受。

8.4.2 梯度提升决策树模型

8.4.2.1 集成学习方法

集成学习作为一类新兴起的分析工具,由于能够使用一系列智能算法对问题进行灵活分析,并且能在先验知识不足的情况下仍具有较好的预测效果,因而能有效避免模型评测方法上的弊端。在信用风险分析领域,常用的集成学习方法主要有人工神经网络、随机森林、支持向量机以及决策树关联规则等。集成学习方法应用于分类的基本思想是:利用原始训练集 B 产生一系列差异性子数据集 B_i,利用生成的子数据集分别训练出基分类器 $M_1, M_2 \cdots, M_k$,每个基分类器依次对待分类样本进行分类,并最终返回组合分类机在特定合成策略下的组合分类结果。其基本运作流程如图 8-2 所示。

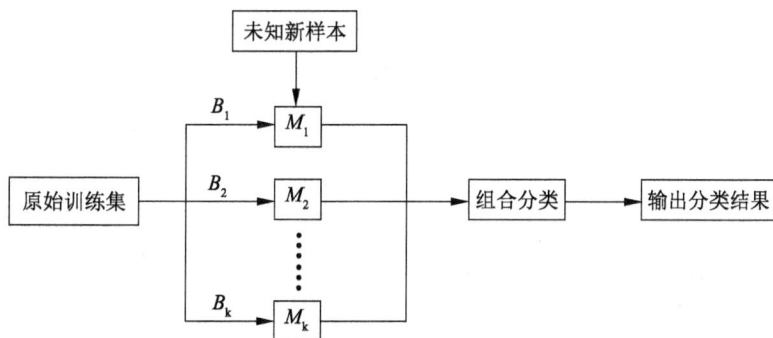

图 8-2 集成学习分类原理

8.4.2.2 GBDT 模型的含义和原理

梯度提升决策树(GBDT)方法是基于误差建立的累加评测模型。在 GBDT 模型中输入一组"类别"数据集,通过预先选择的分裂标准,穷尽各种可能的分割方式,最终输出一棵二叉树或者多叉树。在模型输出结果与实际样本值不一致时,以测量残差为基础,在残差减少的梯度方向建立一个新的模型(图 8-3),每棵树是以之前所有树结论以及残差为基准,反复迭代直至达到终止值,最终形成预测分裂规则群。

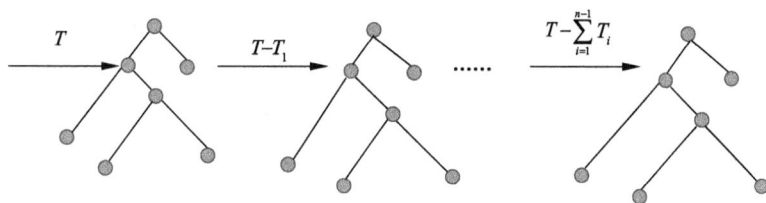

图 8-3 GBDT 模型评测原理图

从 GBDT 模型决策原理可以看出,第一棵决策树 T_1 训练的结果与真实值 T 的残差是第二棵决策树 T_2 训练优化的目标,而模型最终的结果是将每一棵决策树的结果进行累加取和:$\hat{T} = T_1 + T_2 + \cdots + T_n$。

8.4.2.3 GBDT 模型构造

在 GBDT 决策树模型中寻找最佳决策树的标准是使目标函数最优,其中目标函数包含两大部分:训练损失与正则化项。训练损失用以衡量模型对训练数据的预测性,是依据训练数据集构造的预测目标变量的函数。对于待分类预测样本,GBDT 算法的基本思想是:输入训练数据集$((X^{(1)}, y^{(1)}), (X^{(2)}, y^{(2)}), \cdots, (X^{(m)}, y^{(m)}))$,其中 m 为样本数量,$X^{(i)}$ 为第 i 个样本特征值,$y^{(i)}$ 为第 i 个样本类标签,首先,以标签均值作为第一步的预测值:

$$\mu = \frac{1}{m} \sum_{i=1}^{m} y^{(i)}$$

其次,计算每一样本残差:

$$\mathrm{d}Y^{(i)} = y^{(i)} - \mu$$

以得到的残差为第一棵树学习标准,以$((X^{(1)}, \mathrm{d}Y^{(1)}), (X^{(2)}, \mathrm{d}Y^{(2)}), \cdots, (X^{(m)}, \mathrm{d}Y^{(m)}))$作为第一棵树根节点,以此为基础训练出一个分类器,得到第一棵决策树,根据该决策树得到每一样本预测值,并更新每一样本残差:

$$\mathrm{d}Y_t = \mathrm{d}Y^{(t)} - \partial_k \times predict(tree_k, X^{(t)})$$

式中,∂_k 为学习率,反映损失函数减小步长,∂_k 过大在训练时容易产生震荡,模型难以完全拟合,精度欠佳;∂_k 过小会造成训练的时间过长,迭代次数过大,模型过于复杂,产生过度拟合的风险。∂_k 过大或者过小均会使模型的预测值偏离实际值,无法使损失函数达到最优,因而,回归时一般是将其与决策树数目一起调参,用以决定模型的拟合效果,通常给定一个较小的学习步长,使模型对不同的树更加稳健。$X^{(i)}$ 为第 i 个样本的特征值,$predict(tree_k, X^{(i)})$ 为第 k 棵决策树对第 i 个样本的预测值。以更新后的残差值$(\mathrm{d}Y_1, \mathrm{d}Y_2, \cdots, \mathrm{d}Y_m)$作为下一棵决策树的学习基准,重复此过程,直到损失函数趋于收敛,得到训练样本的最终分裂规则,对于待评测样本 j 的分类预测值为所有训练树预测值的累计和:

$$predict(X^{(j)}) = \mu + \partial \sum_{k=1}^{K} tree_k(X^{(j)})$$

在 GBDT 决策树中,常用均方误差训练损失函数与逻辑回归对数似然损失函数来拟合训练样本:

$$L(\theta) = \sum_{i} [y^{(i)} - h_{\theta}(X^{(i)})]^2$$

$$L(\theta) = \sum_{i} [y^{(i)} \ln(1 + e^{-h_{\theta}(X^{(i)})}) + (1 - y^{(i)}) \ln(1 + e^{h_{\theta}(X^{(i)})})]$$

式中,$h_{\theta}(X^{(i)})$ 为前 k 棵决策树对样本 i 的预测值之和:

$$h_{\theta}(X^{(i)}) = \mu + \sum_{i=1}^{k} predict(tree_k, X^{(i)})$$

对于信用风险分析的二分类模型损失函数主要选择逻辑对数似然损失函数,用类别的真实概率值与预测概率值的差来拟合损失。

逻辑对数似然函数的一般形式为:

$$\mathrm{Ln}\left(\frac{P_i}{1-P_i}\right)=f(X_i)$$

通过变换形式将其转换为概率值函数,即: $P_i(x_i)=\dfrac{e^{f(X_i)}}{1+e^{f(X_i)}}$

将逻辑对数似然损失函数对样本预测值求偏导,得到的梯度方向为每次训练完后的样本残差:

$$\frac{\partial L(\theta)}{\partial h_\theta(X^{(i)})}=y^{(i)}-P_i(h_\theta(X^{(i)}))$$

在 P2P 网贷信用风险评测中, y 为二分类变量,表示网贷还款的最终结果,一般 y 为 0 时,表示违约; y 为 1 时,表示正常还款, $X=(x_1,x_2,\cdots,x_m)$ 表示影响网贷违约行为的特征变量,对于训练数据集 X 输入样本值,通过模型得到估计值,经 Logistic 变换后得到相应的预测概率 $p(x)$,进而得到损失函数梯度残差 $g=y-p(x)$,依照该残差 g 往梯度减少的方向进行迭代,直到残差足够小,模型趋于收敛时,得到样本的最终分类结果。

在目标函数中,引入正则项主要是为了控制模型的复杂度,防止模型过度拟合,一般通过调整每棵决策树的最大叶子节点数以及树的最大深度等途径来实现。

8.4.2.4　应用思路

目前有关 P2P 网贷信用风险评测的研究大多停留在对信用风险评测指标进行的显著性分析上,没有考虑到不同样本之间各影响因素可能存在的量度差异,忽视了不同强度因素聚合时,也可能导致违约行为的产生。本书将在第 9 章,运用机器学习数据挖掘方法中的 GBDT 模型分别对网贷借款人和 P2P 平台的信用风险进行实证测度。

8.4.3　人工神经网络模型

8.4.3.1　人工神经网络模型释义

神经网络是一种模仿人脑信息加工过程的智能化信息处理技术。在人类所具有的逻辑性和直观性两种基本思维方式中,神经网络模拟的是人的直观思维,它的知识编码于整个权值网络呈分布式存储且具有一定的容错能力。在信用评测模型中,根据债务人属性和行为推导出其信用等级,实际上是一个分布式存储的信息并行协同处理的过程,因而适合用于信用评测。神经网络模型的类型较多,具有代表性的有自组织竞争型神经网络、BP 神经网络、多层感知器网络(MLP)、RBF 网络、

Hopfield 模型等。这里重点讨论自组织竞争型神经网络模型和 BP 神经网络模型的基本原理。

8.4.3.2 自组织竞争型神经网络模型

自组织竞争型神经网络,又称为无导师的神经网络,它可以通过自我学习自行调整网络的参数,只需要输入数据而不需要目标值,通过模型中内在的一些判别函数对输入函数进行转换,即可自行对输入数据进行分类。典型的自组织竞争型神经网络结构包括两层神经元(图 8-4):输入层和竞争层。输入层的每一个神经元存储输入向量的一个元素,竞争层的神经元根据判别函数对数据进行转换,各神经元通过竞争来获得对输入模式响应的机会,最后仅有一个神经元成为胜利者,并将与获胜神经元有关的各连接权值向着更有利于其竞争的方向调整。自组织竞争型神经网络具有在竞争时不改变拓扑结构的特点,并且模式分类输入空间的维数。

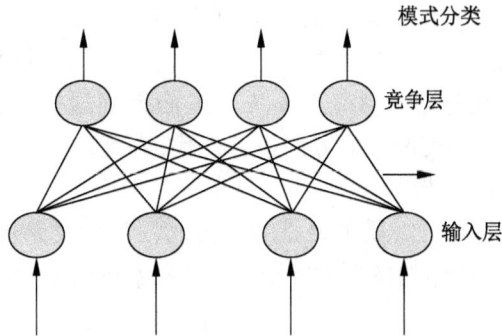

图 8-4 自组织神经网络结构

自组织竞争型神经网络的学习算法主要基于如下公式:

$$W_{ij}(t+1) = W_{ij}(t) + \eta(t)\left[(X_i - W_{ij}(t))\right]$$

对调整域内所有的神经元调整权值,$W_{ij}(t)$ 表示 t 时刻的向量,$\eta(t)$ 表示学习率,X_i 表示以随机的方式从数据集中抽取的各个样本,其中学习率 $\eta(t)$ 的计算公式如下所示,可看出 $\eta(t)$ 随时间的变化不断减小,$0 < \eta(t) < 1$。

$$\eta(t) = \frac{1}{t}$$

自组织竞争型网络训练结束是以学习率 $\eta(t)$ 是否衰减到 0 或者小于某个预设的较小阀值为条件,当每个输入通过判别函数确定的最佳神经元经过调整不再改变或者基本不变时结束输入与调整。

自组织竞争型神经网络模型可以根据输入数据的不同来划分不同的分类区域,因此对输入样本的输出分类有很好的效果。

8.4.3.3　BP 神经网络模型

BP 神经网络是基于误差反向传播算法的多层前馈网络,能够模拟人的神经系统进行思维活动,实现自主学习,属于经典的、成熟的人工神经网络模型(黄英婷,2006)。BP 神经网络具有输入层、中间层和输出层三层结构(图 8-5)。输入层的每一个神经元存储输入样本中的一个元素,输出层最后输出需要的目标值,而隐含层相当于一个"黑箱"模型,使得运行计算过程中不需要提前确定输入变量的权值、映射关系等,自主完成学习过程,处理大量的输入变量和输出变量,拟合出最贴近的映射关系,输出最合适的结果。

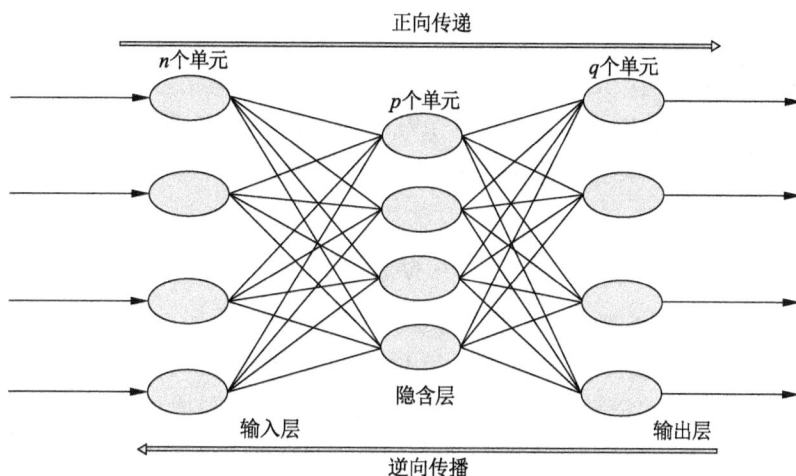

图 8-5　BP 神经网络的拓扑结构

BP 神经网络模型学习规则主要包括信息的正向传导过程和误差的反向传播过程两部分。

对从第 j 个输入到第 i 个输出的权值,输出层的权值变化有:

$$\Delta w2_{ki} = \eta \frac{\partial E}{\partial w2_{ki}} = -\eta \frac{\partial E}{\partial a2_k} \cdot \frac{\partial a2_k}{\partial w2_{ki}}$$
$$= \eta (t_k - a2_k) \cdot f2' \cdot a1_i$$
$$= \eta \cdot \delta_k i \cdot a1_i$$
$$\delta_{ki} = (t_k - c2_k) \cdot f2' = e_k \cdot f2'$$
$$e_k = t_k - a2_k$$

8.4.3.4　BP 神经网络模型的优缺点

相对于其他的信用评测方法,神经网络方法具有以下优势:① 得益于分布式存储与并行协同处理的优势,神经网络方法具有较强的自组织性、自适应性和自学习性,对于处理诸如信用评测一类的复杂系统较为有利(汪虹昱,2008)。② 神经网络模型较强的抗变换性,可以减轻因数据缺失而造成的预测失误。③ 对数据的分布要求宽泛,也不需要给出自变量与因变量之间的函数关系(张贵清,2005)。神经网络的这一属性使系统设计者能够超越信用评测中数据分布的要求假定和自变量之间复杂多元的相关关系严格约束问题。

然而,作为一门发展中的新学科方法,神经网络模型尚不够成熟,方法本身还存在一些缺陷:① 黑箱问题。模型的结构被掩盖在神经网络的拓扑结构中,难以解释各个变量和权重的由来(汪虹昱,2014)。② 不够成熟收敛。例如 BP 神经网络模型,即使是一个比较简单的问题,也需要几百次甚至上千次的学习才能收敛。③ 过度拟合。神经网络方法往往会过度地吸收训练样本中的信息,出现过度拟合,影响其鲁棒性。④ 冗余性较大。一般根据经验确定网络隐含层的层数及单元数,主观性较大,导致网络有较强的冗余性,也增加了网络学习的时间。

本书将在第 9 章详细讨论上述两种神经网络模型在网贷信用风险评测的具体应用。

8.4.4　基于数据挖掘方法的信用风险评测

8.4.4.1　数据挖掘方法的应用场景

随着网络信息化进程的推进,商业互联网化已逐渐成为一种新的市场营销模式,互联网技术使 P2P 网贷平台累积了海量的线上交易用户,形成了庞大的信息资源数据库,汇集了经济主体大规模的明细交易信息,通过对线上存储的交易数据进行监测分析来透析主体的行为偏好,已成为数字经济时代下商业决策的重要应用场景。

作为一种带有普惠金融特征的互联网金融形式,P2P 网络借贷的"长尾效应"使网络借贷群体具有更加分散和非结构化的特点。应用数据挖掘方法可以实现对这些非结构化数据内在信息的挖掘和融合,从大量不完全、有噪声、随机的历史信用数据中抽取出隐含在其中的信息和知识,建立网贷主体行为类别与行为影响因子间的关系视图,使隐含在其中的信用特征表现出来,实现对新样本个体行为的准确画像和预测。

8.4.4.2　数据挖掘方法评测信用风险的过程

以机器学习为基础的数据挖掘方法的引入有效解决了对网贷信用主体行为评测的困境,为准确评测主体的贷后行为提供了一种科学实用的测评方法。基于数据挖掘的 P2P 网贷信用风险评测过程,首先是确定评测目标,明确数据挖掘目的。P2P 网贷信用风险评测的目标是构建有效的信用评估模型,实现对 P2P 网贷相关主体信用行为的实时有效监测,其基本流程一般包括目标确定、数据选择与准备、模型构建以及结果分析等环节。

　　数据选择的目的是辨别出需要分析的数据集合,缩小处理范围,提高数据挖掘质量,经数据选择后得到的数据为知识发现的目标数据。数据准备过程包括数据清洗与整合转换环节。通过数据清洗除去冗余数据和缺失数据,通过数据整合转换将数据变换为数据挖掘工具所要求的形式和结构。规则挖掘是依据数据挖掘的任务,选择合适的数据挖掘模型,对数据中潜在的模式进行挖掘,并将其表示为易于理解的形式。知识评价是依据选定的模型,提取数据集中具有价值的信息,并采用可视化的方法和知识,将其应用于目标决策。基于数据挖掘的 P2P 网贷信用评测具体流程如图 8-6 所示。

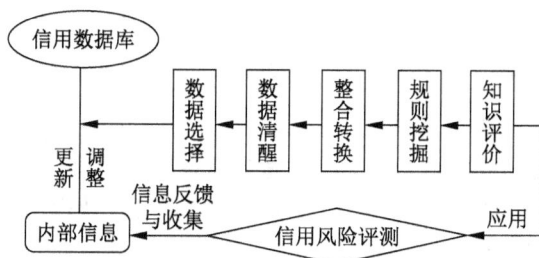

图 8-6　基于数据挖掘的 P2P 网贷信用风险评测过程

8.4.4.3　基于数据挖掘的网贷信用风险评测优势

　　P2P 网贷特殊的运营模式和机制使网贷主体的信用行为具有更大的不确定性,同时也增加了评测难度。与传统的信用评测模型相比,数据挖掘方法在处理数据方面具有独特性,因而用来评测 P2P 网贷信用风险具有以下明显优势:① 对数据结构没有特殊要求。网络信用环境下,网贷主体的信用行为受多重、复杂因素影响,既包括描述类的定性信息,也包含数值型的量化信息,数据分布广、容量大、结构复杂,运用传统的信用评测方法难以进行有效处理,借助数据挖掘方法能够有效实现对数据的发掘和过滤,对数据信息展开多维、多角度分析,尤其是对一些比较重要的描述性信息进行有效整合,实现对信息资源的高效利用和开采。② 实现快速、高效处理大规模数据。传统的信用评测方法在处理数据方面能力有限,适用于小规模样本数据。网络经济时代,“大数据”已经成为一种重要的市场资源,应用数据挖掘方法可以快速高效地处理这些庞大数据,实现对主体行为的自动判别,为交易各方的失信预防提供依据。③ 具有动态性。信用评价很容易受外部经济环境的影响,P2P 网贷线上交易环境使网贷借款人和 P2P 平台的信用行为具有较大突变性和不稳定性,传统的信用评测方法由于模型自身特点难以及时将外界环境变化反映出来,而数据挖掘方法可以实现自动更新数据,调整模型,对主体的贷后行为做出动态预测和调整跟踪。

第 **9** 章　P2P 网络借贷信用风险动态评测

9.1　P2P 网络借贷借款人信用风险评测

9.1.1　单一网络借贷平台借款人信用风险的评测——基于神经网络模型

9.1.1.1　样本数据的获得

我国 P2P 网贷平台数量众多,但质量参差不齐。为确保实证分析的有效性,最终选取了具备行业代表性、平台信息披露相对完善以及内部管理较为规范的人人贷平台用户数据作为评测网贷借款人信用风险的样本数据。在删除部分无效和缺失值后,从人人贷网贷平台共获取 522 条有效信用记录,随机抽取其中 512 条作为训练样本,编号 1 到 512,用于训练构建的自组织竞争型神经网络模型和 BP 神经网络预测模型;剩余的 10 条不同借款人信用记录,即编号 513 到 522 作为测试样本,用来检验模型的准确性。

9.1.1.2　评测指标的量纲处理

7.3.4 节构建的"P2P 网贷借款人信用风险测评指标体系"(表 7-6)既包含定量指标,又包含定性指标。为增强各评测指标数据之间的可比性,方便对所构建的风险评估模型进行数据的输入和计算,对各定性类的指标参照一定的标准进行有效量化处理,同时由于各评测指标的含义和性质不同,指标的单位和趋向也不同,为消除数据量纲对评测结果的影响,对各定量类指标也统一进行标准化处理。在对样本评测数据各指标进行量化处理的过程中,参照国内各大商业银行以及国内外具有代表性的 P2P 网贷平台借款人的评分标准,设计 P2P 网贷借款人信用风险测评指标量化表,各指标的具体取值情况如表 9-1 所示。

表 9-1　借款人信用风险评测指标量化表

主体特征	1	年龄	20 岁以下	20~30 岁	30~45 岁	45~55 岁	55 岁以上
		取值	6	8	9	8	7
	2	学历	高中以下	专科	本科	硕士及以上	—
		取值	1	3	4	6	—
	3	工作地域	西部地区	中部地区	东部地区	—	—
		取值	1	3	5	—	—
贷款情况特征	4	借款金额	0.3~0.5 万元	0.5~1 万元	1~2 万元	2~4 万元	4 万元以上
		取值	9	7	5	3	1
	5	借款利率	≤9%	10%	11%	12%	≥13%
		取值	8	7	6	5	4
	6	借款月数	3	6	9	12	15
		取值	8	7	6	5	4
		借款月数	18	24	—	—	—
		取值	3	2	—	—	—
偿付能力	7	房产情况	无房无房贷	有房有房贷	有房无房贷	—	—
		取值	2	4	6	—	—
	8	工龄	1 年(含)以下	1~3 年(含)	3~5 年(含)	5 年以上	—
		取值	2	4	6	8	—
	9	月收入	0.5 万元以下	0.5~1 万元	1~2 万元	2~5 万元	5 万元以上
		取值	2	4	6	8	10
信用信息	10	成功借款次数	1~2 次	3~5 次	6~8 次	9 次及以上	—
		取值	5	6	8	9	—
	11	逾期次数	0 次	1~2 次	3~4 次	5~6 次	7~9 次
		取值	10	9	8	7	6
		逾期次数	10~12 次	13~15 次	14~19 次	20~25 次	16 次及以上
		取值	5	4	3	2	1

信用信息	12	信用等级	HR	E	D	C	B
		取值	1	2	3	5	7
		信用等级	A	AA	—	—	—
		取值	8	9	—	—	—

依据表 9-1,对网贷借款人各评测指标进行量化。由于样本量较大,此处略去量化结果。

9.1.1.3 基于自组织竞争型神经网络模型的网贷借款人信用风险评测

(1) 神经网络设计

本节建立一个竞争层神经元个数为 2 的网络结构,将影响指标量化后作为该网络的输入变量,训练后会输出对应的分类结果。用 MATLAB 软件进行该神经网络的训练,多次训练后得到最优的权值和阈值,利用训练后的神经网络模型对测试数据进行仿真,MATLAB 软件中的神经网络工具箱创建自组织竞争型神经网络的调用格式为:

```
net = newc(PR, S, KLR, CLR);
net = init(net);
net. trainParam. epochs = 100;
net = train(net, P);
a = sim(net, P);
ac = vec2ind(a);
y = sim(net, T);
yc = vec2ind(y).
```

P 表示训练数据构成的矩阵,S 表示竞争层神经元的个数(对于预测网贷借款人贷后是否违约的情况,可以将竞争层神经元的个数确定为 2),T 表示目标预测数据构成的矩阵,y 是新数据训练后的分类结果。

(2) 训练过程及结果

利用 MATLAB 软件对训练样本进行训练并测试,训练结果进行整理后得到表 9-2。

表 9-2 训练样本结果

真实情况	训练情况	样本数	训练样本数
违约	违约	136	136
违约	未违约	24	24

真实情况	训练情况	样本数	训练样本数
未违约	未违约	262	262
未违约	违约	90	90
总计		512	512

从训练结果来看,自组织竞争型神经网络模型能对样本进行较好的学习和分类。160 个违约样本中训练结果预测出了 136 个违约,352 个未违约样本中训练结果预测出了 262 个未违约,总体分类效果不错,可以利用训练调整后的神经网络模型进行预测仿真。

(3) 仿真过程及结果

利用已经训练和调整后的神经网络模型,代入 10 组测试数据样本,其中 5 组为违约样本,5 组为正常还款样本,经 MATLAB 软件进行仿真后,得到以下仿真测试结果:

$$yc = \{2,2,2,2,1,1,1,1,1,1\}$$

其中数字 1 和 2 表示分类情况,并没有特定的数据含义,将表示数字为 1 的归为一类,数字为 2 的归为另一类,可以通过数据训练结果对应 1 和 2 的分类含义。从训练结果来看,可以确定数字 1 表示未违约情况,数字 2 表示违约情况,将仿真结果进行整理,可以得到表 9-3。

表 9-3　测试样本仿真结果

序号	实际	仿真	是否正确
513	违约	违约	正确
514	违约	违约	正确
515	违约	违约	正确
516	违约	违约	正确
517	违约	未违约	错误
518	未违约	未违约	正确
519	未违约	未违约	正确
520	未违约	未违约	正确
521	未违约	未违约	正确
522	未违约	未违约	正确

从仿真结果来看,5 个违约测试样本中能预测出 4 个违约,正确率 80%,而 5 个未违约样本则全部预测准确,表明仿真结果效果较好。

(4) 结果分析

通过 MATLAB 软件进行实证结果发现,自组织竞争型神经网络预测模型的分类预测效果较好,错误率不大。利用平台借款人的 15 个指标,依据训练好的模型可对借款人违约的可能性做出评测,对于违约可能性大的借款人,网贷平台可通过加强审核、发布风险提示等措施帮助投资者规避信用风险。

9.1.1.4　基于 BP 神经网络模型的 P2P 借款人信用风险评测

(1) 神经网络设计

建立一个单隐层 BP 网络结构,将影响指标量化后作为 BP 网络的输入变量,输出变量为借款人的信用等级,用 MATLAB 软件进行 BP 神经网络模型的训练,多次训练后得到最优的权值和阈值,利用该训练后的 BP 神经网络对测试数据进行仿真,测试建立的模型能否得出满意的输出结果。

利用 MATLAB 软件中的神经网络工具箱创建自组织竞争型神经网络,调用 trainlm 算法训练 BP 神经网络,然后利用训练后的 BP 神经网络模型对测试数据进行仿真。

(2) 训练过程及结果

利用 MATLAB 软件对训练样本进行训练并测试,在这次训练实验中,BP 神经网络只用了 26 次迭代就达到预期误差目标,收敛速度较快。图 9-1 和图 9-2 是训练过程曲线。

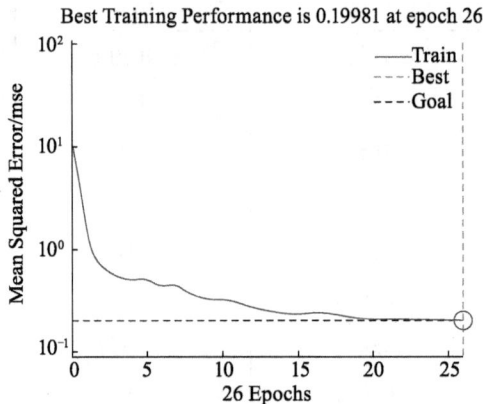

图 9-1　BP 神经网络训练步长图

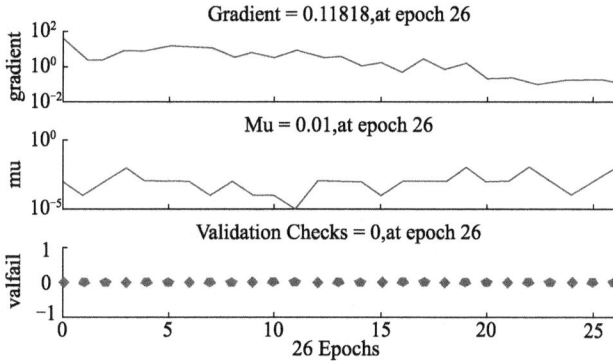

图 9-2 BP 神经网络模型训练误差图

图 9-3 是训练数据模拟后的离散分布图,从图中可以看出散点基本分布在目标斜线周围,拟合效果良好。

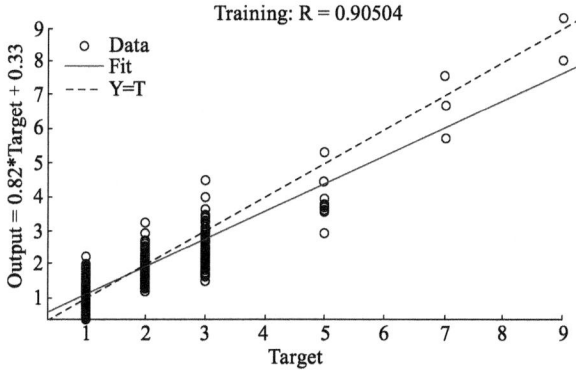

图 9-3 数据离散分布图

利用训练后的 BP 神经网络,先测试一下 512 组的训练数据,训练结果的真实值与预测值的拟合图如图 9-4 所示,总体误差图如图 9-5 所示,训练均方误差为 0.1188,可知拟合效果良好,基本在 ±0.5 以内,只有个别点不是很符合,总体达到了预测要求,因而可以利用该训练调整后的 BP 神经网络模型进行预测仿真。

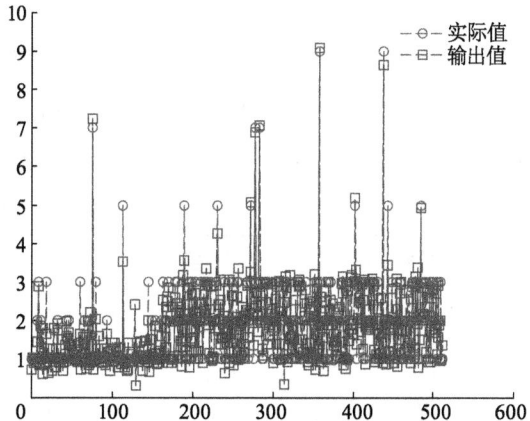

图 9-4 训练结果拟合图

BP 网络训练均方误差为 0.1188。

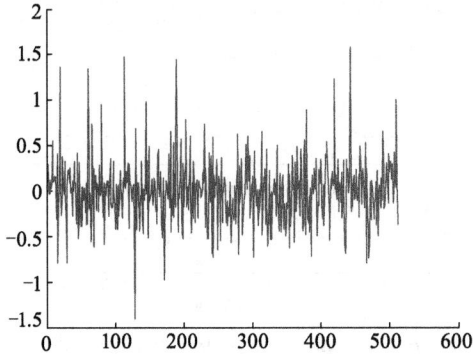

图 9-5 训练结果误差图

（3）仿真过程及结果

利用已经训练调整后的 BP 神经网络，代入 10 组测试样本，运用 MATLAB 软件仿真后，得到图 9-6 的仿真结果，仿真均方误差为 0.2154。

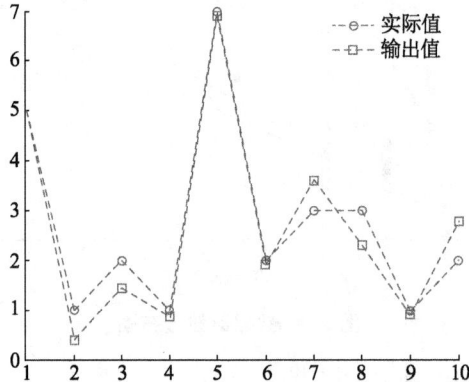

图 9-6 仿真结果拟合图

从图 9-6 可以看出拟合效果良好，总体预测趋势与真实值趋势相同，达到了预测要求，将仿真结果进行整理，可以得到表 9-4。

表 9-4 测试样本仿真结果

序号	实际值	预测值	差值
513	5	4.94	0.06
514	1	0.40	0.60
515	2	1.45	0.55

续表

序号	实际值	预测值	差值
516	1	0.86	0.14
517	7	6.89	0.11
518	2	1.92	0.08
519	3	3.59	-0.59
520	3	2.30	0.70
521	1	0.90	0.10
522	2	2.78	-0.78

从仿真结果来看,预测数据与实际情况基本一致,实际值与预测值的差基本小于1,误差控制在了合理的范围,仿真的效果较好。

(4)结果分析

通过MATLAB软件仿真发现,模型预测结果与实际情况基本一致,BP神经网络预测准确度较高,可以通过指标数据评测借款人的信用等级,从而判断借款人信用风险大小,为网贷平台改进信用风险管理和投资者进行投资决策提供重要依据。

9.1.1.5 两种神经网络评测结果的比较

通过模拟仿真,可以看出自组织竞争型神经网络预测模型和BP神经网络预测模型都可以很好地应用于P2P网贷平台借款人的信用风险评估,这两个模型的本质都是通过对512组借款人的信息数据进行训练和学习,不断调整各个神经元之间的权重,从而找到输入层与输出层之间的规律和关系,使这两个模型成功具备对借款人信用风险进行预测的评估能力。

(1)自组织竞争型神经网络模型效果

采用自组织竞争型神经网络方法,基于人人贷平台获取的522条数据进行训练和学习,然后用10条数据进行模型测试,结果显示违约测试样本预测的正确率为80%,未违约测试样本预测的正确率为100%,仿真结果表明,构建的模型预测效果较好。

(2)BP神经网络预测模型效果

采用BP神经网络模型进行预测,实际值与预测值的差基本小于1,仿真均方误差为0.2154,误差比较小,表明用BP神经网络模型预测出的借款人信用风险准确度较高。

(3)两种模型的比较与运用

自组织竞争型神经网络模型可以给出具体的预测结果,即违约或不违约。若根据该模型的预测结果进行风险判断,可能会出现完全相反的风险结果;而 BP 神经网络模型给出的预测结果是与借款人的信用等级相对应的值,可以根据该数值判断借款人的违约风险大小,但预测结果相对模糊。综合而言,两种模型都有各自的长处和不足,都有很好的预测效果。

P2P 网贷平台可以综合考虑两种模型的预测结果进行综合判断,若预测结果为"违约",则表明借款人的风险等级高,若预测结果为低信用等级,则表明借款人的风险等级高,综合这两方面的预测,网贷平台可以对可能会出现的违约情况进行预警,提前防范潜在的风险。

9.1.2　多网络借贷平台借款人信用风险测评——基于梯度提升决策树模型

9.1.2.1　样本选择、数据来源、测评指标及处理

与 9.1.1 节相同,选择行业代表性平台——人人贷,从人人贷网贷平台选取1500 名不同借款用户较为完整的贷款明细信息,其中 700 名为逾期还款用户,800名为成功还款用户,并将他们划分为模型训练数据集和模型测试数据集,710 个正常样本和 690 个违约样本用来训练模型,剩余 100 个样本用作模型测试数据集,以此对模型精度和稳定性进行检验。再从第三方网贷平台——网贷之家评级的百强网贷平台中,选取出 21 家具有代表性的 P2P 样本评测平台,并依次从各平台上选取若干借款人明细数据作为评测该平台借款人信用风险的样本数据,各评测样本数据统计时间为 2018 年 5 月至 2018 年 11 月,网贷借款人数据构成如表9-5所示。

与神经网络方法不同,梯度提升决策树(GBDT)方法在评测信用风险时,设定以概率值的形式输出。为使评测的结果更为简单、清晰,以概率中值 0.5 作为信用违约判断标准,低于概率中值的归判为违约,即在 GBDT 模型中,将正常还款的训练样本类标签设值为 1,表示未违约的概率为 100%,违约类样本类标签设值为 0,并将其概率输出值(未违约概率值)表示为其信用风险评测值。

测评指标体系为 7.3.4 节构建的"P2P 网贷借款人信用风险测评指标体系"(表 7-6),包括借款金额、借款利率、借款期限、月收入、工龄、房贷、逾期次数、信用等级、成功借款笔数、年龄、学历、工作单位性质等 12 个指标。

表 9-5　P2P 网贷借款人样本数据构成

网贷借款人模型训练与测试数据集		网贷借款人样本评测数据集	
样本平台名称	样本数据构成	样本平台名称	借款人容量
人人贷平台	网贷借款人 GBDT 模型训练数据集：710 个正常样本；690 个违约样本	宜人贷	100
		人人贷	115
		拍拍贷	100
		翼龙贷	150
		麻袋理财	101
		凤凰金融	237
		你我贷	404
		有利网	102
		团贷网	220
		投哪网	275
	GBDT 模型测试数据集：90 个正常样本；10 个违约样本	和信贷	461
		友金服	207
		博金贷	105
		捞财宝	110
		广州 e 贷	252
		合众 e 贷	279
		e 融所	111
		达人贷	208
		连资贷	101
		广信贷	280
		宜贷网	516
合计样本	1500	合计样本	4434

9.1.2.2　GBDT 模型参数设置

由于 GBDT 模型是以二叉树的结果出现,因而每棵决策树的最大深度 α 以及树的叶子节点数 β,不仅会影响模型的复杂度,而且也会导致模型过度拟合,影响预测准确率。因而,在实证分析过程中,需要不断调整对参数组的设置,以确定最优参数 α 与 β。采用对样本预测的 f_1 分值作为对模型预测准确率的评价,$f1$ 分值是统计学中用来衡量二分类模型精确度的一种常用指标。利用样本训练数据集来构造评测 P2P 网贷借款人信用风险的 GBDT 模型,得到了参数 α 与预测准确率之间的关系(图 9-7),其中,纵轴表示样本预测准确率,横轴为每棵决策树的最大深度,即树的最大层次变化。由图 9-7 可知,由 GBDT 模型训练出的样本预测准确率达到了 90% 以上,并且随着树最大深度的变化,模型的预测准确率也发生了明显改变,当在树的最大深度 8 时,模型的预测准确率最高,超过了 95.5%,而当树的最大深度超过 8 或者不足 8 时,模型的预估准确率均在 95.5% 以下,决策树的最优参数 α 为 8。

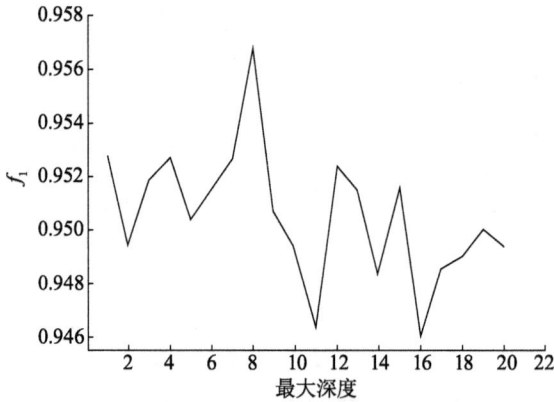

图 9-7 α 取值与模型预测准确率之间的关系

除了决策树最大深度会影响模型的预测准确率外,叶子节点数也会影响评测结果的准确性,因而,在模型测训阶段,需要调控好每棵决策树的叶子节点数 β。在实验过程中,通过反复调设参数得到了模型预测准确率与最大叶子节点数 β 之间的相互关系(图 9-8)。初期,随着叶子节点数的增加,模型的预估准确率也随之提高,但达到最大值后,随着决策树最大叶子节点数的进一步增加,模型预估准确率出现了反复调整式波动,当最大叶子节点数为 14 时,模型的预测精度最高,约为95.75%,因而模型确定的最优参数 β 为 14。

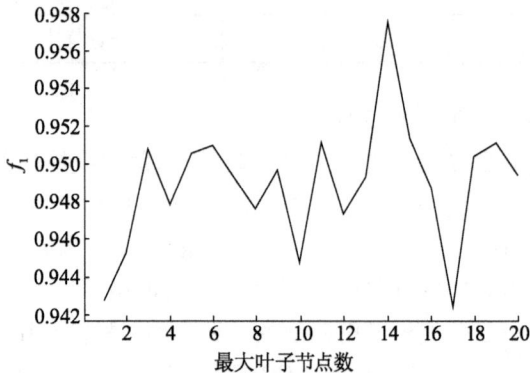

图 9-8 β 取值与模型预测准确率之间的关系

通过样本训练数据集调设好模型的最优参数 α 和 β 后,可进一步得到具有较高预估准确率的决策基分类器,每棵决策树均是在样本遍历前一期子树后残差的基础上建立而来,最终的预估结果是前期所有子树预估结果的累加和。应用 1400

个网贷借款人的历史贷款信息,最终产生了 200 棵具有较高预估准确率的子分类决策树(表9-6)。依据决策树数目与模型预估准确率间的关系,当累积决策树为135 棵时,模型的评测准确率最高,因而可取前 135 棵决策树作为构造 P2P 网贷借款人信用评测 GBDT 模型的基分类器。

表 9-6 模型预估准确率与梯度提升决策树列表

决策树编码	准确率	决策树编码	准确率	决策树编码	准确率	决策树编码	准确率
1	0.66379	51	0.95059	101	0.95589	151	0.95800
2	0.71306	52	0.95059	102	0.95595	152	0.95795
3	0.79799	53	0.95098	103	0.95607	153	0.95793
4	0.91679	54	0.95137	104	0.95607	154	0.95798
5	0.93401	55	0.95189	105	0.95632	155	0.95793
6	0.93045	56	0.95178	106	0.95636	156	0.95782
7	0.92997	57	0.95188	107	0.95646	157	0.95780
8	0.93457	58	0.95173	108	0.95634	158	0.95766
9	0.93717	59	0.95220	109	0.95648	159	0.95766
10	0.93598	60	0.95198	110	0.95650	160	0.95780
11	0.93812	61	0.95243	111	0.95668	161	0.95784
12	0.93773	62	0.95216	112	0.95693	162	0.95787
13	0.93915	63	0.95177	113	0.95693	163	0.95786
14	0.93822	64	0.95254	114	0.95687	164	0.95773
15	0.93843	65	0.95277	115	0.95704	165	0.95779
16	0.93791	66	0.95277	116	0.95696	166	0.95777
17	0.94048	67	0.95259	117	0.95723	167	0.95782
18	0.94034	68	0.95320	118	0.95739	168	0.95771
19	0.94046	69	0.95379	119	0.95752	169	0.95782
20	0.94196	70	0.95377	120	0.95750	170	0.95768
21	0.94149	71	0.95393	121	0.95775	171	0.95764
22	0.94336	72	0.95439	122	0.95775	172	0.95771
23	0.94346	73	0.95418	123	0.95775	173	0.95779
24	0.94493	74	0.95413	124	0.95798	174	0.95764
25	0.94441	75	0.95438	125	0.95811	175	0.95766
26	0.94441	76	0.95436	126	0.95805	176	0.95755
27	0.94570	77	0.95463	127	0.95795	177	0.95761
28	0.94520	78	0.95504	128	0.95798	178	0.95750
29	0.94532	79	0.95514	129	0.95798	179	0.95752
30	0.94601	80	0.95516	130	0.95804	180	0.95757
31	0.94574	81	0.95541	131	0.95798	181	0.95764
32	0.94588	82	0.95550	132	0.95791	182	0.95754

决策树编码	准确率	决策树编码	准确率	决策树编码	准确率	决策树编码	准确率
33	0.94578	83	0.95548	133	0.95812	183	0.95757
34	0.94555	84	0.95559	134	0.95825	184	0.95755
35	0.94598	85	0.95579	135	0.95827	185	0.95757
36	0.94689	86	0.95575	136	0.95811	186	0.95766
37	0.94676	87	0.95564	137	0.95807	187	0.95761
38	0.94703	88	0.95571	138	0.95789	188	0.95761
39	0.9470	89	0.95562	139	0.95768	189	0.95777
40	0.94755	90	0.95588	140	0.95746	190	0.95773
41	0.94752	91	0.95580	141	0.95754	191	0.95782
42	0.94716	92	0.95589	142	0.95770	192	0.95780
43	0.94832	93	0.95570	143	0.95773	193	0.95775
44	0.94832	94	0.95568	144	0.95779	194	0.95764
45	0.94954	95	0.95557	145	0.95784	195	0.95764
46	0.95004	96	0.95555	146	0.95788	196	0.95771
47	0.94991	97	0.95575	147	0.95788	197	0.95761
48	0.95034	98	0.95586	148	0.95787	198	0.95761
49	0.95087	99	0.95595	149	0.95780	199	0.95750
50	0.95093	100	0.95588	150	0.95779	200	0.95759

9.1.2.3 测评结果

依据 1400 个网贷借款人的训练数据集,调设好模型最优参数后,利用构造好的网贷借款人信用评测 GBDT 模型,分别对 21 个样本平台上借款人的信用风险进行实证评测。由于 GBDT 模型在评测信用风险时,输出的是单个微观主体的信用风险值,因而在衡量整个 P2P 网贷平台借款人的信用风险时,需对所取平台上若干样本借款人的信用评测结果进行一定的处理。以平台上各样本借款人贷款金额与对应的由 GBDT 模型评测出的各样本借款人信用风险值加权累和后的平均值,作为该平台借款人的信用风险评测值,用以衡量平台借款人的平均信用水平。经 GBDT 模型回归后,得到 21 家具有代表性的 P2P 网贷平台借款人的信用风险值、违约概率值等,具体结果如表 9-7 所示。

表 9-7 基于 GBDT 模型的借款人信用风险评测结果

平台名称	信用风险值	违约概率(%)	平台名称	信用风险值	违约概率(%)
宜人贷	0.996623	0.3377	友金服	0.910442	8.9558
人人贷	0.998251	0.1749	博金贷	0.960482	3.9518

平台名称	信用风险值	违约概率(%)	平台名称	信用风险值	违约概率(%)
拍拍贷	0.995626	0.4374	捞财宝	0.963454	3.6546
翼龙贷	0.986434	1.3566	广州 e 贷	0.947702	5.2298
麻袋理财	0.973718	2.6282	合众 e 贷	0.934017	6.5983
凤凰金融	0.970169	2.9831	e 融所	0.960257	3.9743
你我贷	0.945579	5.4421	达人贷	0.879672	12.0328
有利网	0.934651	6.5349	连资贷	0.906703	9.3297
团贷网	0.973516	2.6484	广信贷	0.834848	16.5152
投哪网	0.916212	8.3784	宜贷网	0.842078	15.7922
和信贷	0.879879	12.0121			

9.1.2.4　样本平台借款人信用风险等级排序

对样本平台借款人信用风险进行测度后,依据信用风险值的高低,鉴别评测对象的风险等级并排序。依据 GBDT 模型的评测特点,信用风险值越高,表明被评测对象的信用状况越好,因此,确定科学的风险等级划分标准成为有效衡量评测主体风险行为的重要前提。综合已有的相关信用风险评测文献,确定的信用风险等级划分标准如表 9-8 所示。

表 9-8　综合信用风险等级划分标准

风险等级(R)	信用风险值(F)	违约概率值(μ)
A+	$0.99 \leqslant F < 1$	$0 < \mu \leqslant 1\%$
A	$0.95 \leqslant F < 0.99$	$1\% < \mu \leqslant 5\%$
A−	$0.90 \leqslant F < 0.95$	$5\% < \mu \leqslant 10\%$
B+	$0.85 \leqslant F < 0.90$	$10\% < \mu \leqslant 15\%$
B	$0.80 \leqslant F < 0.85$	$15\% < \mu \leqslant 20\%$
HR	0.80 及以下	$\mu > 20\%$

依据 GBDT 模型测度出各样本 P2P 网贷平台借款人的信用风险值以及违约概率值后,依照确定的风险等级划分标准对各评测对象进行信用风险等级划分和排序,各样本平台借款人信用风险等级排序结果如表 9-9 和表 9-10 所示。

表 9-9　样本平台借款人信用风险等级排序

平台名称	借款人信用风险排名	信用风险等级	平台名称	借款人信用风险排名	信用风险等级
宜人贷	2	A+	友金服	16	A−
人人贷	1	A+	博金贷	9	A
拍拍贷	3	A+	捞财宝	8	A
翼龙贷	4	A	广州e贷	11	A−
麻袋理财	5	A	合众e贷	14	A−
凤凰金融	7	A	e融所	10	A
你我贷	12	A−	达人贷	19	B+
有利网	13	A−	连资贷	17	A−
团贷网	6	A	宜贷网	21	B
投哪网	15	A−	广信贷	20	B
和信贷	18	B+			

表 9-10　样本平台借款人信用风险等级分布

借款人信用风险等级	样本 P2P 网贷平台	占比(%)	合计占比(%)
A+	宜人贷、人人贷、拍拍贷	14.286	47.619
A	翼龙贷、麻袋理财、凤凰金融、团贷网、博金贷、捞财宝、e融所	33.333	
A−	你我贷、有利网、投哪网、友金服、广州e贷、合众e贷、连资贷	33.333	
B+	和信贷、达人贷	9.524	52.381
B	宜贷网、广信贷①	9.524	
HR	无	0	

9.1.2.5　测评结果的稳健性检验

利用网贷借款人训练数据集对借款人信用评测 GBDT 模型进行最优调设,构造出基分类规则后,通过 100 个测试数据集,其中包含 90 个正常类样本和 10 个违约类样本,将 GBDT 模型与信用评价领域常用的其他几种机器学习方法分类精度和稳定性进行比较。

---

① 样本数据统计时间为 2018 年 5 月—2018 年 11 月,宜贷网和广信贷尚未暴露风险问题。

（1）模型精度检验

使用原始训练数据集进行 10 折交叉验证，分析在测试数据集上的表现。在 10 折交叉验证中，将网贷影响变量数据集随机分成 10 个互不相交且数据量相等的子集。利用所有其他子集训练出的分类规则对每个子集进行评测，得到一个分类精度的交叉验证评估值，将 10 折交叉验证评估值的平均值作为由所有数据构建的分类系统分类精度的评测值，表 9-11 给出了随机森林、朴素贝叶斯、SVM、Logistic 以及 GBDT 五种分类模型的实验测试结果。

从预测效果来看，模型的平均预测精度几乎均在 85% 以上。五种方法中，GBDT 模型的分类预测精度最高，达到 89.848%；其次，Logistic、随机森林、朴素贝叶斯这三种模型的精度也均超过 85%，而 SVM 模型的分类准确率相比其他几种方法略低。由于 Logistic 模型要求样本间具有线性相关性，随机森林和朴素贝叶斯等模型又容易受属性取值的影响，而 GBDT 组合分类模型在延续了 Logistic 回归以及随机森林等模型较高预估准确率的基础上，能灵活地对线性及非线性类样本进行回归，同时还能有效避免不同属性类数据取值对于分类预测准确率的影响，因而，GBDT 模型的分类精度更高。

表 9-11　模型预估精度对比

模型	预测精度			方差
	最低值(%)	最高值(%)	平均值(%)	
随机森林	79.167	96.403	86.861	0.002966
朴素贝叶斯	77.686	94.444	85.039	0.003252
SVM	74.999	85.517	79.876	0.000813
Logistic	78.503	97.902	88.645	0.002435
GBDT	80.255	97.101	89.848	0.001581

进一步将 100 个测试样本数据集进行编号，编号 1-90 的 90 个样本为正常还款类样本，并在 GBDT 模型分类编码中赋值 1；编号 91-100 的 10 个样本为逾期类违约样本，并在 GBDT 模型分类标签中赋值 0。通过样本训练数据集调优 GBDT 模型后，输出在测试数据集上的结果（图 9-9、表 9-12）。由 GBDT 模型预测结果可知，在 90 个正常还款类样本中，仅 5 个样本发生了错误归判，85 个样本预测高度准确，而剩余的 10 个逾期类违约样本则全部得到了精准的预判。

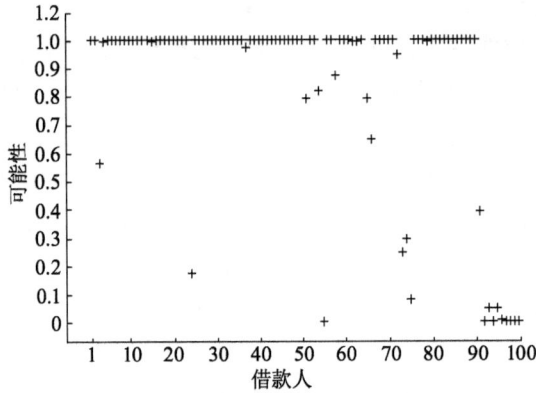

图 9-9　测试样本数据集预测结果分布图

表 9-12　测试样本数据集具体预测结果

编号	样本预测值	编号	样本预测值	编号	样本预测值	编号	样本预测值
1	0.999152	26	0.999594	51	0.790733	76	0.998346
2	0.998917	27	0.998706	52	0.998304	77	0.998872
3	0.565125	28	0.999451	53	0.999528	78	0.998357
4	0.996222	29	0.998346	54	0.816493	79	0.996273
5	0.998493	30	0.999344	55	0.001163	80	0.999399
6	0.999333	31	0.999154	56	0.999589	81	0.998861
7	0.999002	32	0.998682	57	0.997250	82	0.999277
8	0.997015	33	0.999311	58	0.873999	83	0.998629
9	0.997427	34	0.998917	59	0.999368	84	0.998706
10	0.999491	35	0.998858	60	0.998702	85	0.999474
11	0.999504	36	0.997831	61	0.999492	86	0.998918
12	0.999319	37	0.970950	62	0.994639	87	0.999154
13	0.999353	38	0.998615	63	0.996362	88	0.998792
14	0.997015	39	0.998342	64	0.9994554	89	0.99931
15	0.996273	40	0.999047	65	0.792430	90	0.999426
16	0.998943	41	0.999536	66	0.647311	91	0.392197
17	0.999540	42	0.999496	67	0.999511	92	0.001218
18	0.999440	43	0.999350	68	0.997427	93	0.048292

编号	样本预测值	编号	样本预测值	编号	样本预测值	编号	样本预测值
19	0.999051	44	0.996873	69	0.996660	94	0.000679
20	0.999379	45	0.997015	70	0.999323	95	0.047693
21	0.998837	46	0.996638	71	0.999321	96	0.007593
22	0.997738	47	0.998858	72	0.944876	97	0.001937
23	0.999053	48	0.996725	73	0.245945	98	0.000887
24	0.171800	49	0.999593	74	0.290884	99	0.000884
25	0.998042	50	0.998889	75	0.078971	100	0.001036

（2）模型稳定性分析

从上述几种常用分类预测模型交叉验证的方差结果来看，在模型预估稳定性方面：朴素贝叶斯模型的方差最高，因而模型稳定性欠佳；其次是随机森林模型和 Logistic 回归模型，这两种分类方法虽然均具有较高的预估准确率，但模型的方差都比较高，容易受样本的影响，且不够稳定；而 SVM 模型和 GBDT 组合分类模型的方差则相对较小，即样本变化对模型稳定性的干扰较弱，因而，模型在评测差异性样本时的输出结果也较为可信。

9.1.3　考虑社会网络因素的网络借贷平台借款人信用风险的评测

9.1.3.1　测评指标体系的构建及指标量化

7.3.4 节构建的"P2P 网贷借款人信用风险测评指标体系"（表 7-6），没有考虑借款人的社会属性。随着使用社交软件的用户越来越多，使用频率越来越高，借款人的社会属性逐步成为衡量其信用状况的重要参考。本节在表 7-6 的基础上，考虑借款人的社会属性，重新构建衡量 P2P 网贷借款人信用风险的指标体系，如表 9-11 所示。

为使评测指标能够更好地拟合建立的 Logistic 回归模型，需要将部分定性类或复杂变量进行有效的量化处理，结合各评测指标的特点，各特征指标量化处理结果如表 9-13 所示。

表 9-13　变量及其定义描述

变量类型	变量名称	变量描述	变量定义
借款人 社会网络	微博认证(x_1)	未进行微博认证	0
		已进行微博认证	1
	婚姻认证(x_2)	未进行婚姻认证	0
		已进行婚姻认证	1
	手机认证(x_3)	未进行手机认证	0
		已进行手机认证	1
	手机接收验证(x_4)	未进行手机接收验证	0
		已进行手机接收验证	1
借款人基本信息	年龄(x_5)	18~25 岁	1
		26~31 岁	2
		32~38 岁	3
		39 岁以上	4
	房产房贷(x_6)	无房产无房贷	1
		有房产有房贷	2
		有房产无房贷	3
	车产车贷(x_7)	无车产无车贷	1
		有车产有车贷	2
		有车产无车贷	3
借款特征	借款金额(x_8)	10000 元以下	1
		10000~30000 元	2
		30000~50000 元	3
		50000~80000 元	4
		80000~100000 元	5
		100000 元以上	6
	年利率(x_9)		

续表

变量类型	变量名称	变量描述	变量定义
平台信息	信用评级(x_{10})	HR	1
		E	2
		D	3
		C	4
		B	5
		A	6
		AA	7

9.1.3.2　研究假设

（1）借款人社会网络与违约概率

在 P2P 网贷交易过程中,引入借款人社会网络信息,可以使投资者对借款人信息的了解更为全面,判断其风险类型,做出合理的投资决策。此外,近亲朋友的参与也能有效约束借款人的贷后行为,降低违约的可能性。因此,对该评测指标做出以下假设:

假设 1:已进行微博认证的借款人违约概率较低。

假设 2:已进行婚姻认证的借款人违约概率较低。

假设 3:已进行手机认证的借款人违约概率较低。

假设 4:已进行手机接收验证的借款人违约概率较低。

（2）借款人信息与违约概率

借款人随着年龄的增长,资本积累更为充足,收入水平和风险倾向也会发生变化。而年龄较小的借款人通常不够成熟,更容易冲动消费而增加无法偿还贷款的可能性。此外,借款人如果拥有稳定的房产和车产,则代表其生活状况和经济状况良好,还款来源具有更高保障,因此做出以下假设:

假设 5:年龄较大的借款人违约概率较低。

假设 6:拥有房产的借款人违约概率较低。

假设 7:拥有车产的借款人违约概率较低。

（3）借款特征与违约概率

借款人的偿还能力是既定的,借款金额越高,借款人面临的还款压力就越大,无法承受还款压力时更容易发生违约行为。借款年利率越高,一方面,意味着借款人所需承担的融资成本越高,需偿还的本息金额越高,其违约的可能性也越高;另一方面,通常信用资质较差的借款人才愿意承担较高的融资成本,以此来吸引投资者投标,满足自己的融资需求。

假设8:借款金额越高,借款人违约概率越高。

假设9:借款年利率越高,借款人违约概率越高。

(4) 平台信息与违约概率

P2P 网贷平台对借款人的信用评级大多采用专家评分方式,由专家依据借款人的历史信息给出信用得分,再划分信用评级,借款人的信用评级很大程度上可以反映借款人的履约资信状况,有效降低信息不对称的影响。

假设10:信用评级较低的借款人违约概率较高。

9.1.3.3 数据收集整理及描述性统计分析

采用人人贷网站上的借款人信息作为研究样本,人人贷官网上设置独立的网页存储每笔散标信息,每一页面都对应唯一的编码 URL,在网络地址上可以直观地看到借款标的总额、还款期限、借款年利率、还款方式及借款人的基本信息、信用信息、工作信息、认证信息、资金运用情况、借款描述和其他相关信息等。首先,从人人贷平台官网上随机抓取 URL 编码自 192250 至 2322250 的借款人样本信息,初始样本共有 14310 个观测值。其次,进行简单随机抽样,设置随机抽取不重复样本的比例,最终共选取了 8240 个样本数据作为研究对象,其中违约样本数为 1146 个,非违约样本数为 7094 个。数据的描述性统计分析结果如表 9-14 所示。

表 9-14 变量描述性统计分析

样本及指标	个案数	最小值	最大值	平均值	标准差	方差
样本情况	8240	0	1.0	0.140	0.346	0.120
微博认证	8240	0	1.0	0.155	0.362	0.131
婚姻认证	8240	0	1.0	0.103	0.303	0.092
手机认证	8240	0	1.0	0.200	0.400	0.160
手机接收验证	8240	0	1.0	0.207	0.405	0.164
年龄	8240	1.0	4.0	2.830	0.926	0.858
房产房贷	8240	1.0	3.0	1.820	0.892	0.795
车产车贷	8240	1.0	3.0	1.410	0.797	0.636
借款金额	8240	1.0	6.0	3.170	1.548	2.398
年利率	8240	8.0	23.0	10.848	1.533	2.350
信用评级	8240	1.0	6.0	5.046	1.801	3.244
有效个案数	8240					

将贷款的还款状态设置为因变量,并设定 1 表示借款人发生违约情况,0 表示

借款人正常还款情况。由表 9-14 可知,样本情况平均值为 0.14,说明总样本中大约有 14%的借款人没有按期还贷,产生违约。

进行微博认证的借款人只占 15.5%,比例并不高,可能与人人贷平台将用户提供微博认证作为附加信用的方式有关;进行婚姻认证的借款人比例也不高,仅为 10.3%;而进行手机认证和手机接收验证的借款人占比则有 20%以上,可能与手机在网络借贷催收过程中的重要作用有关。

借款人的年龄的平均值为 2.83,说明样本借款对象年龄主要集中在 26~38 岁之间,以年青个体和中年个体为主;房产房贷的平均值为 1.82,表明多数借款人拥有房产而无房贷;而车产车贷的平均值小于 1.5,说明少数借款人拥有车产而无车贷。

借款金额的平均值为 3.14,说明借款人的贷款金额多数在 50000 元以上,低于 50000 元的贷款较少;年利率的最小值为 8%,最大值为 23%,表明样本的年利率在 8%至 23%之间波动。

借款人信用评级的平均值为 5.046,平均信用等级为 A,反映样本数据中借款人的信用资质水平较高。只有少数借款人的信用评级较低,违约风险高,这可能就是无法达到传统金融机构贷款要求的那部分借款人。

9.1.3.4　变量相关性检验

在应用 logistic 模型实证回归前,先对变量进行相关性检验,比较常用的指标相关关系分析方法主要有 Spearman 相关系数法、Kendall 相关系数法以及 Pearson 相关系数法等,由于 Spearman 相关系数法在刻画非线性和处理离散维度数据等方面具有独特优势,且不易受数据量纲和异常值的影响。因而,根据研究对象数据的特点,采用 Spearman 相关系数法对选取的借款人信用特征指标做相关性分析。Spearman 相关系数的绝对值大于 0.8,则说明变量间存在多重共线性,变量的 Spearman 相关矩阵检验结果如表 9-15 所示。

表 9-15　变量相关性检验

			违约情况	微博认证	婚姻认证	手机认证	手机接收验证	年龄	房产房贷	车产车贷	借款金额	年利率	信用评级
斯皮尔曼	违约情况	相关系数	1.000	-0.161**	-0.058**	0.208**	-0.150**	-0.015	0.021	0.046**	-0.216**	0.430**	-0.805**
		显著性(双尾)	0.000	0.000	0.000	0.000	0.000	0.165	0.059	0.000	0.000	0.000	0.000
		个案数	8240	8240	8240	8240	8240	8240	8240	8240	8240	8240	8240
	微博认证	相关系数	-0.161**	1.000	0.173**	0.022*	0.178**	-0.028*	-0.040**	-0.045**	0.012	-0.192**	0.165**
		显著性(双尾)	0.000		0.000	0.045	0.000	0.011	0.000	0.000	0.289	0.000	0.000
		个案数	8240	8240	8240	8240	8240	8240	8240	8240	8240	8240	8240

续表

			违约情况	微博认证	婚姻认证	手机认证	手机接收验证	年龄	房产房贷	车产车贷	借款金额	年利率	信用评级
斯皮尔曼	婚姻认证	相关系数	-0.058**	0.173**	1.000	0.194**	0.177**	0.011	-0.010	0.023*	0.002	-0.043**	0.030**
		显著性(双尾)	0.000	0.000	0.000	0.000	0.000	0.303	0.342	0.037	0.885	0.000	0.006
		个案数	8240	8240	8240	8240	8240	8240	8240	8240	8240	8240	8240
	手机认证	相关系数	0.208**	0.022*	0.194**	1.000	0.091**	-0.076**	-0.063**	0.031**	-0.209**	0.317**	-0.460**
		显著性(双尾)	0.000	0.045	0.000		0.000	0.000	0.000	0.004	0.000	0.000	0.000
		个案数	8240	8240	8240	8240	8240	8240	8240	8240	8240	8240	8240
	手机接收验证	相关系数	-0.150**	0.178**	0.177**	0.091**	1.000	0.034**	0.016	-0.041**	0.084**	-0.106**	0.162**
		显著性(双尾)	0.000	0.000	0.000	0.000		0.002	0.136	0.000	0.000	0.000	0.000
		个案数	8240	8240	8240	8240	8240	8240	8240	8240	8240	8240	8240
	年龄	相关系数	-0.015	-0.028*	0.011	-0.076**	0.034**	1.000	0.263**	0.079**	0.306**	0.227**	0.028*
		显著性(双尾)	0.165	0.011	0.303	0.000	0.002		0.000	0.000	0.000	0.000	0.011
		个案数	8240	8240	8240	8240	8240	8240	8240	8240	8240	8240	8240
	房产房贷	相关系数	0.021	-0.040**	-0.010	-0.063**	0.016	0.263**	1.000	0.283**	0.232**	0.210**	-0.017
		显著性(双尾)	0.059	0.000	0.342	0.000	0.136	0.000		0.000	0.000	0.000	0.118
		个案数	8240	8240	8240	8240	8240	8240	8240	8240	8240	8240	8240
	车产车贷	相关系数	0.046**	-0.045**	0.023*	0.031**	-0.041**	0.079**	0.283**	1.000	0.033**	0.116**	-0.081**
		显著性(双尾)	0.000	0.000	0.037	0.004	0.000	0.000	0.000		0.003	0.000	0.000
		个案数	8240	8240	8240	8240	8240	8240	8240	8240	8240	8240	8240
	借款金额	相关系数	-0.216**	0.012	0.002	-0.209**	0.084**	0.306**	0.232**	0.033**	1.000	0.231**	0.329**
		显著性(双尾)	0.000	0.289	0.885	0.000	0.000	0.000	0.000	0.003		0.000	0.000
		个案数	8240	8240	8240	8240	8240	8240	8240	8240	8240	8240	8240
	年利率	相关系数	0.430**	-0.192**	-0.043**	0.317**	-0.106**	0.227**	0.210**	0.116**	0.231**	1.000	-0.603**
		显著性(双尾)	0.000	0.000	0.000	0.000	0.000	0.000	0.000	0.000	0.000		0.000
		个案数	8240	8240	8240	8240	8240	8240	8240	8240	8240	8240	8240
	信用评级	相关系数	-0.805**	0.165**	0.030**	-0.460**	0.162**	0.028*	-0.017	-0.081**	0.329**	-0.603**	1.000
		显著性(双尾)	0.000	0.000	0.006	0.000	0.000	0.011	0.118	0.000	0.000	0.000	
		个案数	8240	8240	8240	8240	8240	8240	8240	8240	8240	8240	8240

注: ** 在 0.01 级别(双尾),相关性显著;* 在 0.05 级别(双尾),相关性显著。

根据 Spearman 相关矩阵,可以判断变量间基本不存在多重共线性,模型参数的估计结果在理论上不会产生严重偏差,因而所选的变量可以应用 logistic 回归模型做进一步的实证分析。

9.1.3.5　模型的检验

对实证模型系数的综合检验,从表 9-16 中可以看出,回归模型的似然比卡方统计量较大,而且显著性值接近 0,因此有理由拒绝原假设中回归系数为 0 的假设,证明所构建的回归模型整体显著。

表 9-16　模型系数的 Omnibus 检验

		卡方	自由度	显著性
步骤 1	步骤	6074.326	1	0.000
	块	6074.326	1	0.000
	模型	6074.326	1	0.000
步骤 2	步骤	43.305	1	0.000
	块	6117.631	2	0.000
	模型	6117.631	2	0.000
步骤 3	步骤	23.774	1	0.000
	块	6141.405	3	0.000
	模型	6141.405	3	0.000
步骤 4	步骤	8.422	1	0.004
	块	6149.827	4	0.000
	模型	6149.827	4	0.000
步骤 5	步骤	5.146	1	0.023
	块	6154.972	5	0.000
	模型	6154.972	5	0.000

表 9-17 是对模型的拟合优度的检验,包括 −2 对数似然、考克斯-斯奈尔 R^2 统计量和内戈尔科 R^2 统计量这三个指标。−2 对数似然值越小,说明模型的拟合程度越优;考克斯-斯奈尔 R^2 的取值范围不确定,可以起到一定的参考作用;内戈尔科 R^2 的取值范围为 $[0,1]$,与 1 越接近,说明方程的拟合效果越好。由表 9-17 可以得出,模型最后一个步骤的 −2 对数似然值较小,说明拟合效果比较理想。同时,步骤 5 的考克斯-斯奈尔 R^2 为 0.526,内戈尔科 R^2 为 0.950,结果均向 1 靠拢,进一步说明了实证模型具有较优的拟合效果。

表 9-17　模型汇总

步骤	−2 对数似然	考克斯−斯奈尔 R^2	内戈尔科 R^2
1	571.822[a]	0.522	0.942
2	528.516[a]	0.524	0.947
3	504.742[a]	0.525	0.949
4	496.321[a]	0.526	0.950
5	491.175[a]	0.526	0.950

a. 由于参数估算值的变化不足 0.001,因此估算在第 10 次迭代时终止。

　　进一步引入社会网络因素进行分析,模型的分类如表 9-18 所示,当分界值设为 0.5 时,回归模型的总预测正确率高达 99.3%,模型整体的预测能力较可靠。当对已有的实证样本进行预测时,在 7094 个实际未违约的客户中成功预测出 7076 个客户,预测正确率达到 99.7%;在 1146 个实际违约的客户中成功预测出 1109 个客户,预测正确率达到 96.2%,回归方程总体误判率较低,预测情况与实际情况之间呈现出高度吻合的状态,拟合效果较优。

表 9-18　引入社会网络因素时的模型分类表

实测			预测		
			违约情况		正确百分比[a]
			0	1	
步骤 1	违约情况	0	7069	25	99.6[a]
		1	32	1114	97.2[a]
	总体百分比				99.3[a]
步骤 2	违约情况	0	7069	25	99.6[a]
		1	32	1114	97.2[a]
	总体百分比				99.3[a]
步骤 3	违约情况	0	7071	23	99.7[a]
		1	37	1109	96.8[a]
	总体百分比				99.3[a]

实测		预测		
		违约情况		正确百分比[a]
		0	1	
步骤4	违约情况 0	7073	21	99.7[a]
	违约情况 1	37	1109	96.8[a]
	总体百分比			99.3[a]
步骤5	违约情况 0	7076	18	99.7[a]
	违约情况 1	43	1103	96.2[a]
	总体百分比			99.3[a]
a. 分界值为0.500。				

依据回归结果可以判断,所构建的logistic回归模型的显著性和拟合优度均较好,进一步通过静态判断准确率和动态判断准确率,比较在引入社会网络因素和未引入社会网络因素两种不同情形时的模型预测准确度。

9.1.3.6 社会网络因素对模型预测准确度的影响分析

(1) 静态判断准确率。在未引入社会网络因素的情况下,模型的静态判断准确率为86.6%(表9-19)。在引入社会网络因素的情况下,模型的静态判断准确率为99.3%(表9-20);由此可见,社会网络因素的引入明显提升了信用风险评价模型的预测效果。

(2) 动态判断准确率。借助ROC检验(受验者工作特征分析),分别计算在引入社会网络因素和未引入社会网络因素下模型的预测精度。ROC曲线中的对角参考线为机会线,ROC曲线与机会线之间的偏离程度越大,模型的预测功能越好。ROC曲线下方面积的取值范围为[0.5,1.0],一般认为面积在[0.5,0.7]区间内说明模型的预测精度较差,在[0.7,0.9]区间内说明模型的预测精度良好,而达到[0.9,1.0]的区间内说明模型的预测精度较优。

表 9-19　未引入社会网络因素时的模型分类表

步骤	实测		预测		
			违约情况		正确百分比[a]
			0	1	
步骤 1	违约情况	0	7093	1	100.0[a]
		1	1134	12	1.0[a]
	总体百分比				86.2[a]
步骤 2	违约情况	0	6616	478	93.3[a]
		1	621	525	45.8[a]
	总体百分比				86.7[a]
步骤 3	违约情况	0	6616	478	93.3[a]
		1	627	519	45.3[a]
	总体百分比				86.6[a]
步骤 4	违约情况	0	6616	478	93.3[a]
		1	625	521	45.5[a]
	总体百分比				86.6[a]

a. 分界值为 0.500。

动态判断准确率检验结果分别见图 9-10 和表 9-20、图 9-11 和表 9-21。

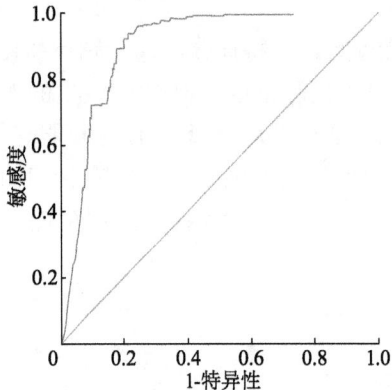

图 9-10　未引入社会网络因素时的 ROC 检验　　图 9-11　引入社会网络因素时的 ROC 检验

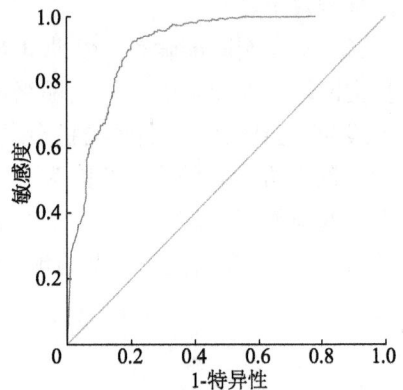

表 9-20　未引入社会网络因素时 ROC 曲线下方的区域

检验结果变量:预测概率

区域	标准误差[a]	渐近显著性[b]	渐近 95% 置信区间	
			下限	上限
0.902	0.004	0.000	0.895	0.909

检验结果变量 预测概率 至少有一个在正实际状态组与负实际状态组之间的绑定值。

a. 按非参数假定

b. 原假设:真区域 = 0.5

表 9-21　引入社会网络因素时 ROC 曲线下方的区域

检验结果变量:预测概率

区域	标准误差[a]	渐近显著性[b]	渐近 95%置信区间	
			下限	上限
0.911	0.004	0.000	0.903	0.918

检验结果变量 预测概率 至少有一个在正实际状态组与负实际状态组之间的绑定值。

a. 按非参数假定

b. 原假设:真区域 = 0.5

由图 9-10、表 9-20 和图 9-11、表 9-21 可以得出,未引入社会网络因素时的 ROC 曲线下方面积为 0.902,引入社会网络因素时的 ROC 曲线下方面积为 0.911,均大于 0.9,说明在这两种情况下所构建的模型预测效果都比较好。当引入社会网络因素后,ROC 曲线下方面积变为 0.911,模型的预测准确率又有一定程度的提升,这进一步证明了社会网络因素是构建借款人信用风险评价模型的重要因素之一,可以作为传统信用风险评价指标体系的有效补充,优化现有的信用风险管理体系。

9.2　P2P 网络借贷平台信用风险评测

9.2.1　基于因子分析法的 P2P 网络借贷平台信用风险评测

9.2.1.1　样本选择及数据来源

为有效评测 P2P 网贷平台的信用风险,从第三方服务平台——网贷之家网站上选取出 50 家上线时间较早、平台规模相对较大以及信息披露比较完善的 P2P 网贷样本平台。数据统计时间为 2018 年 5 月 1 日至 2018 年 5 月 31 日。

依据第 7 章构建的 P2P 网贷平台信用风险评测指标体系(表 7-9)(包括注册资本、平台背景、投资期限、收益率、债权转让、保障形式、投标保障、自动投标、综合评分、资金存管、风险准备金以及股权上市等 12 项指标)来评测 P2P 网贷平台的信用风险。数据来源于"网贷之家"网站。

9.2.1.2　相关性检验

首先对数据进行标准化处理,然后将处理后的数据进行 KMO 和 Bartlett 球形度检验(表 9-22)。根据 KMO 检验度量标准,KMO 检验统计量大于 0.5 时,所选取的数据样本适宜用作因子分析,由表 9-22 可知,各评测指标数据样本的 KMO 值为 0.623,同时 Bartlett 球形度检验中 Sig 值为 0,满足因子分析所要求的 p 值<0.05,因而经标准化处理后的指标数据可以进行因子分析。

表 9-22　KMO 和 Bartlett 球形度检验

取样足够度的 Kaiser-Meyer-Olkin 度量		0.623
Bartlett 球形度检验	近似卡方	164.778
	df	36
	$Sig.$	0.000

9.2.1.3　因子提取

在相关系数矩阵的基础上,进一步得到因子特征值、方差贡献率和累计方差贡献率(表 9-23)。根据因子分析的相关要求,提取主成分的贡献率达到 75% 以上为宜。按照这一标准,提取 4 个主成分,累计方差贡献率为 78.177%,保留了绝大部分原始变量的信息,足以解释原来 9 个指标变量所反映的主要信息。

表 9-23　解释的总方差

成分	初始特征值			旋转平方和载入		
	合计	方差的 %	累积 %	合计	方差的 %	累积 %
1	3.035	33.726	33.726	2.162	24.027	24.027
2	1.716	19.067	52.792	1.995	22.17	46.197
3	1.223	13.592	66.384	1.764	19.603	65.8
4	1.061	11.792	78.177	1.114	12.377	78.177

9.2.1.4　公共因子命名

为使提取出的公共因子具有更显著的作用,能更加充分地说明各评测指标所代表的含义,对公共因子进行 Kaiser 标准化的正交旋转,得到旋转成分矩阵。成分

1 包括运营时间、成交量和资金净流入,由于这三个指标都是衡量平台的运营状况,因此将成分 1 定义为平台运营因子;成分 2 包含平均每标借款金额和满标用时,由于这两个指标通常用来描述借款标的状态,因此将成分 2 定义为标的状态因子;成分 3 由平均借款期限和借款标数构成,这两个指标与借款信息有关,故而将成分 3 定义为借款信息因子;成分 4 包含平均借款利率和人均借款金额等指标,这两个特征变量一般反映借款人的贷款状态,因此将成分 4 定义为借款人影响因子。

9.2.1.5　因子得分

对原始指标数据提取出公共因子后,进一步运用 spss17.0 计算各评测平台的因子得分,具体结果见表 9-24。

表 9-24　样本平台因子得分

平台	因子载荷				因子得分				综合得分
	F_1	F_2	F_3	F_4	F_1	F_2	F_3	F_4	
陆金服	1.63482	−0.33889	0.22386	−1.09472	0.46	0.24	1.00	−0.13	1.57
红岭创投	3.54036	−0.13395	−1.05633	0.54216	0.62	0.00	0.51	−0.04	1.10
爱钱进	1.50537	0.83926	3.97944	−0.79473	−0.02	0.90	0.00	0.17	1.05
拍拍贷	2.15267	−0.62262	0.25776	1.0525	−0.25	1.33	0.06	−0.13	1.01
有利网	1.13379	−0.01936	1.2238	−0.78146	1.09	−0.04	−0.26	0.09	0.87
微贷网	1.74492	−0.00871	−1.13667	−0.94328	0.18	−0.03	−0.26	0.89	0.78
人人贷	2.0092	0.01268	2.04359	−0.23538	0.66	−0.18	0.06	0.17	0.72
你我贷	0.94321	−0.42021	0.18883	−0.14013	0.35	−0.01	0.31	−0.12	0.53
小赢网金	0.61938	−0.27565	−0.265	−0.89648	−0.08	0.41	−0.07	0.11	0.37
宜贷网	−0.27728	−0.59592	−0.28238	0.27561	−0.08	0.46	−0.12	0.09	0.36
轻易贷	−0.18884	−0.40329	−1.04651	−0.80961	−0.05	−0.14	0.39	0.10	0.30
银谷在线	−1.11047	−0.61747	1.32461	0.38246	0.50	−0.10	0.06	−0.17	0.29
小牛在线	−0.31586	−0.60044	−0.35367	−0.31119	−0.03	0.28	0.09	0.09	0.26
团贷网	0.64153	−0.4415	0.4504	0.23969	0.20	−0.13	0.11	0.04	0.22
向上金服	0.05624	−0.5555	1.19883	0.35173	0.02	−0.16	0.30	0.06	0.22
金信网	0.21767	0.59724	−0.31563	−0.23384	0.29	−0.12	0.05	−0.02	0.20
PPmoney	0.04686	−0.58064	−0.77232	−0.63032	0.07	0.17	−0.08	−0.04	0.12
信用宝	−0.60404	−0.69374	0.87371	0.21383	0.54	0.00	−0.29	−0.15	0.10
恒易融	−0.17229	−0.48342	1.55341	0.64505	0.07	0.30	−0.28	−0.09	0.00
洋钱罐	−0.90822	−0.48459	0.44251	0.18507	−0.10	0.16	−0.08	−0.01	−0.02
翼龙贷	0.6921	−0.19909	−0.77443	−0.313	−0.40	−0.04	0.34	0.06	−0.03

续表

平台	因子载荷				因子得分				综合得分
	F_1	F_2	F_3	F_4	F_1	F_2	F_3	F_4	
钱盆网	-0.62237	-0.64875	0.20983	0.44885	-0.01	-0.06	-0.05	0.07	-0.05
爱投资	-0.03619	-0.21158	-0.19195	0.45855	0.21	-0.06	-0.19	-0.05	-0.09
泰然金融	-0.36481	-0.48312	-1.14646	-0.95171	0.19	-0.08	-0.07	-0.14	-0.10
和信贷	-0.05219	3.16589	0.00046	1.05263	-0.34	-0.18	0.33	0.06	-0.12
信和大金融	-0.05618	0.34453	-0.83554	-0.77023	-0.19	-0.20	0.22	0.03	-0.13
易通贷	0.58197	-0.09362	-1.02111	5.59715	-0.02	0.10	-0.21	-0.12	-0.25
石头理财	-0.77273	-0.55061	-0.49363	-0.1209	-0.19	-0.18	0.05	0.07	-0.25
温商贷	-0.11313	0.97574	-0.30534	0.57762	-0.06	0.04	-0.24	0.01	-0.26
金联储	-0.26435	1.43388	-0.26526	0.69589	-0.44	-0.24	0.29	0.12	-0.26
91 旺财	0.21792	1.0593	-1.11818	-0.54137	-0.27	-0.05	-0.04	0.09	-0.28
人人聚财	-0.03258	-0.68515	-0.49869	-0.14264	-0.28	-0.14	0.11	0.03	-0.28
麦子金服财富	-1.954	-0.26782	1.32755	-0.09569	-0.09	-0.17	-0.07	0.04	-0.28
投哪网	-0.05387	-0.59178	-0.84084	-0.47853	-0.21	-0.11	0.11	-0.09	-0.30
积木盒子	-0.33392	-0.60896	-0.26667	-0.30359	-0.14	0.15	-0.16	-0.16	-0.32
合众 e 贷	-1.29113	-0.15058	1.3693	0.40225	-0.29	-0.21	0.10	0.06	-0.34
点融网	-0.09893	-0.57834	-0.28341	-0.7347	-0.01	-0.19	-0.13	-0.02	-0.35
网利宝	-0.24754	1.62761	-0.469	0.59295	-0.60	-0.08	0.33	-0.02	-0.36
钱爸爸	-0.20847	0.1246	-0.9718	0.09426	-0.10	-0.09	-0.15	-0.03	-0.37
笑脸金融	-0.57639	-0.436	-0.97152	-0.97525	-0.03	-0.16	-0.07	-0.12	-0.38
小诺理财	-0.45129	0.51276	-0.6461	-1.0254	-0.10	-0.17	-0.07	-0.05	-0.39
米庄理财	-0.81766	4.68381	0.24232	-0.80667	-0.10	-0.17	-0.09	-0.05	-0.41
融金所	-0.32091	0.56951	-0.30363	-0.04394	-0.18	-0.11	-0.13	-0.02	-0.44
汇盈金服	-0.32455	-0.30657	-0.57975	-0.21512	0.01	-0.16	-0.19	-0.10	-0.44
惠农聚宝	-0.59433	-0.3847	-0.50527	-0.12551	-0.02	-0.17	-0.21	-0.08	-0.47
友金服	-0.66912	-0.37068	0.42955	-0.59898	-0.24	-0.16	-0.12	-0.02	-0.54
中业兴融	-1.41685	-0.83895	1.14603	0.77873	-0.06	-0.11	-0.26	-0.13	-0.56
可溯金融	-0.64577	-0.35693	-1.00151	-0.41018	-0.20	-0.10	-0.25	-0.06	-0.62
有融网	-0.89264	-0.16151	-0.169	0.54625	-0.11	-0.14	-0.29	-0.15	-0.69
银湖网	-0.9491	-0.74618	0.40181	0.39132	-0.18	-0.12	-0.24	-0.15	-0.70

9.2.1.6　评测结果

（1）平台运营状况对信用风险具有较大影响,平台的运营状况直接关系到平台的资产负债情况,平台信用风险的直接表现为对平台流动性形成影响,即平台资不抵债时会出现提现困难等直观性风险问题。

（2）标的状态因子和借款信息因子是基于平台总体借款平均数据的指标,主要解释了平台主营产品的性质,即大额或小额借贷,长期或短期借贷,以及平台的人气状况等,二者对平台信用风险的影响较大。

（3）借款人的影响因子在对平台信用风险评测中的贡献率较低,即个人借款状况对平台正常运营的影响相对较小,其贡献率远低于平台自身运营状况及总体的借款状况。这是由于平台的信用风险与借款人个体的关联性不大,但与借款人整体的借款状态有较大关联。

9.2.2　基于梯度提升决策树方法的 P2P 网络借贷平台信用风险评测

9.2.2.1　P2P 网贷平台选取及数据说明

为有效评测 P2P 网贷平台的信用风险,从第三方服务平台——网贷之家网站上选取出 538 家 P2P 网贷平台,其中包含 297 家上线时间较早、平台规模相对较大以及信息披露比较完善的正常类运营平台和 241 家停业及问题类违约平台,运用梯度提升决策树方法,构造 P2P 网贷平台信用风险评测 GBDT 模型的训练样本集,并进一步应用已经调设好的 P2P 网贷平台信用评测 GBDT 模型对具有代表性的 21 家 P2P 网贷平台的信用风险进行评估。

测评指标体系为第 7 章构建的 P2P 网贷平台信用风险评测指标体系(表7-9),数据来源于"网贷之家"网站。

9.2.2.2　P2P 网贷平台信用风险评估的 GBDT 模型构造

利用选取的 538 家样本网贷平台训练数据集,构造评测 P2P 网贷平台信用风险的最优决策树模型,通过对模型参数组的值不断调优,得到了 P2P 网贷平台信用评测 GBDT 模型预测精度与模型最大深度和最大叶子节点数之间的关系(图9-12、图9-13)。由 GBDT 模型预测准确率与决策树层次变化关系图可知,树的最大深度过大或者太小均会降低模型的预测效率,当设定决策树的最大深度为 7 时,模型的预测准确率达到最高,约为 94.8%,因而确定网贷平台 GBDT 模型的最大深度为 7。其次,最大叶子节点数也会影响到模型的泛化能力,叶子节点数过多,使模型过于复杂,收敛过慢,拟合风险升高,当平台预构模型的最大叶子节点数为 10 时,模型的预测准确率最高,约为 93.7%,因而确定网贷平台 GBDT 模型的最大叶子点数为 10。

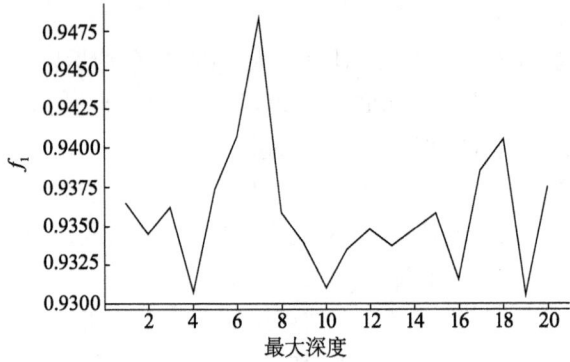

图 9-12　最大深度与模型预测准确率关系图

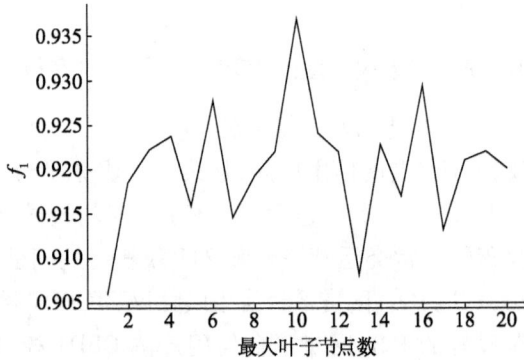

图 9-13　最大叶子节点数与模型预测准确率关系图

　　通过参数组调优的方法,调设好网贷平台信用评测 GBDT 模型决策树最大叶子节点数以及最大深度后,利用样本网贷平台训练数据集可进一步拟合出具有较高预测准确率的子分类决策树,依据网贷平台的训练样本集,模型最终训练出 150 棵具有较高预估准确率的子分类决策树(图 9-14)。由子决策树数目与网贷平台信用评测 GBDT 模型预估准确率间的关系图可知,当模型累积子决策树为 120 棵时,模型的评估精度最高,达到 94.29%,因而可取前 120 棵子决策树作为构造 P2P 网贷平台信用评测 GBDT 模型的基分类器。

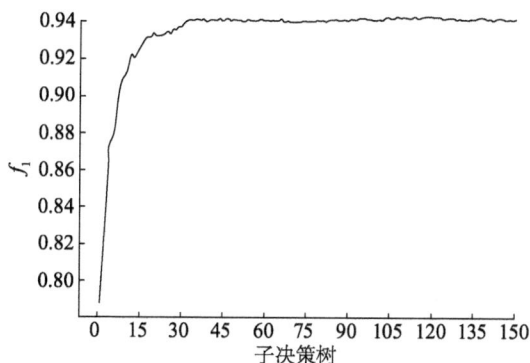

图 9-14　决策树数目与模型预测准确率间的关系图

9.2.2.3　P2P 网贷平台信用风险评估结果

运用样本 P2P 网贷平台训练数据集调设好网贷平台信用评测模型的最优参数后,利用构造好的 P2P 网贷平台信用风险评测 GBDT 模型,分别对选取的 21 家代表性样本评测平台的信用风险进行实证测评,经 GBDT 模型回归后,得到 21 家样本 P2P 网贷平台的信用风险评测值、违约概率值以及风险等级排序等。表 9-25给出了代表性样本 P2P 网贷平台的具体评测结果。

表 9-25　样本评测平台信用风险评测结果

平台 名称	信用 风险值	违约概率 （％）	风险 等级	平台 名称	信用 风险值	违约概率 （％）	风险 等级
宜人贷	0.993398	0.6602	A+	友金服	0.979282	2.0718	A
人人贷	0.994581	0.5419	A+	博金贷	0.987244	1.2756	A
拍拍贷	0.995788	0.4212	A+	捞财宝	0.976212	2.3788	A
翼龙贷	0.989095	1.0905	A	广州 e 贷	0.948485	5.1515	A-
麻袋理财	0.978456	2.1544	A	合众 e 贷	0.97333	2.667	A
凤凰金融	0.982108	1.7892	A	e 融所	0.988627	1.1373	A
你我贷	0.94548	5.452	A-	达人贷	0.891209	10.8791	B+
有利网	0.949819	5.0181	A-	连资贷	0.978529	2.1471	A
团贷网	0.989783	1.0217	A	广信贷	0.70439	29.561	HR
投哪网	0.968520	3.1480	A	宜贷网	0.71054	28.946	HR
和信贷	0.831697	16.8303	B				

9.3　P2P 网络借贷综合信用风险评测

9.3.1　样本选择及数据来源

与 9.2.2 一致,选择 21 家具有代表性的 P2P 网贷平台作为评估对象,包括宜人贷、友金贷、人人贷、拍拍贷、翼龙贷、麻袋理财、凤凰金融、你我贷、有利网、团贷网、投哪网、和信贷、博金贷、捞财宝、广州 e 贷、合众 e 贷、e 融所、达人贷、达资贷、广信贷、宜贷网。

数据来源同 9.2.2,本节不再赘述。

9.3.2　网络借贷综合信用风险评测指标权重的确定

利用网贷借款人和 P2P 网贷平台信用评测 GBDT 模型,分别对 21 家具有代表性的 P2P 网贷平台借款人信用风险和平台信用风险进行实证评测,并获得了相应的信用风险值与违约概率值。为进一步评测 P2P 网贷综合信用风险,需确定在综合信用风险中网贷借款人与 P2P 网贷平台各自的风险权重,这里采用熵值法原理来确定网贷借款人和 P2P 网贷平台的风险权值。

首先,以网贷之家提供的平台各指标数据作为 P2P 网贷平台评测指标原始数据,以平台样本借款人各指标的平均值作为平台网贷借款人评测指标的主要数据来源,获取平台借款人各评测指标的原始数据,对于部分指标值存在不全面和损失的情况,按照缺失值进行处理,依照上述指标数据获取方法,获得了 21 家具有代表性的 P2P 网贷平台各项信用评测指标的原始数据。

其次,为增强各评测指标数据之间的可比性,利用熵值法基本思想,对网贷平台各评测指标的原始数据进行标准化和归一化处理,以消除不同量纲、不同数量级对评测结果的影响。对指标原始数据标准化和归一化后,进一步计算出各评测指标熵值 e_j、反映信息量差别的信息冗余度 d_j 以及各评测指标的风险权重 ω_j,分别将属于网贷借款人和 P2P 网贷平台信用风险的指标权重进行加总,得到网贷综合信用风险中借款人和平台的权重,具体结果如表 9-26 所示。

表 9-26　熵值法计算的各指标熵值及权重

指标	指标名称	熵值 e_j	信息冗余度 d_j	风险权重 ω_j	权重
网贷借款人	借款金额	0.917278	0.082722	0.015039	0.65295
	借款利率	0.905156	0.094844	0.017243	
	借款期限	0.908673	0.091327	0.016604	
	逾期次数	0.328855	0.671145	0.122017	
	年龄	0.947551	0.052449	0.009535	
	月收入	0.919702	0.080298	0.014599	
	房贷	0.482261	0.517739	0.094128	
	工龄	0.509611	0.490389	0.089155	
	信用等级	0.221794	0.778206	0.141482	
	成功贷款笔数	0.475242	0.524758	0.095404	
	学历	0.865227	0.134773	0.024502	
	工作地域	0.927167	0.072833	0.013242	
P2P 网贷平台	注册资本	0.745492	0.254508	0.046271	0.34705
	平台背景	0.953277	0.046723	0.008493	
	投资期限	0.861978	0.138022	0.025093	
	收益率	0.978559	0.021441	0.003898	
	债权转让	0.807593	0.192407	0.034981	
	保障模式	0.787610	0.212390	0.038614	
	投标保障	0.209069	0.790931	0.143796	
	自动投标	0.967126	0.032873	0.005977	
	综合评分	0.929601	0.070399	0.012799	
	资金存管	0.983974	0.016026	0.002913	
	股权上市	0.866821	0.133178	0.024212	
	风险准备金	1	0	0.000003	

9.3.3　P2P 网络借贷综合信用风险评测结果

依据熵值法获得的 P2P 网贷综合信用风险中借款人和平台风险权重,结合由 GBDT 模型测算出的网贷借款人和 P2P 网贷平台信用风险值,进一步对样本 P2P 网贷平台的综合信用风险展开研究。分别将各样本网贷平台借款人和 P2P 网贷平台的信用风险值与其对应的风险权重进行加权累计,得到各样本 P2P 网贷平台的综合信用风险评测值以及对应的综合违约概率值,具体结果如表 9-27 所示。

表 9-27　P2P 网贷平台样本综合信用风险评测结果

平台名称	借款人信用风险值	借款人风险权重	平台信用风险值	平台风险权重	综合信用风险值	综合违约概率(%)
宜人贷	0.996623	0.65295	0.993398	0.34705	0.995504	0.446
人人贷	0.998251	0.65295	0.994581	0.34705	0.996977	0.3023
拍拍贷	0.995626	0.65295	0.995788	0.34705	0.995682	0.4318
翼龙贷	0.986434	0.65295	0.989095	0.34705	0.987358	1.2642
麻袋理财	0.973718	0.65295	0.978456	0.34705	0.975362	2.4638
凤凰金融	0.970169	0.65295	0.982108	0.34705	0.974312	2.5688
你我贷	0.945579	0.65295	0.94548	0.34705	0.945545	5.4455
有利网	0.934651	0.65295	0.949819	0.34705	0.939915	6.0085
团贷网	0.973516	0.65295	0.989783	0.34705	0.979161	2.0239
投哪网	0.916212	0.65295	0.968520	0.34705	0.934365	6.5635
和信贷	0.879879	0.65295	0.831697	0.34705	0.863157	13.6843
友金服	0.910442	0.65295	0.979282	0.34705	0.934333	6.5667
博金贷	0.960482	0.65295	0.987244	0.34705	0.969770	3.023
捞财宝	0.963454	0.65295	0.976212	0.34705	0.967882	3.2118
广州 e 贷	0.947702	0.65295	0.948485	0.34705	0.947974	5.2026
合众 e 贷	0.934017	0.65295	0.97933	0.34705	0.949743	5.0257
e 融所	0.960257	0.65295	0.988627	0.34705	0.970103	2.9897
达人贷	0.879672	0.65295	0.891209	0.34705	0.883676	11.6324
连资贷	0.906703	0.65295	0.978529	0.34705	0.931630	6.837
广信贷	0.834848	0.65295	0.70439	0.34705	0.789573	21.0427
宜贷网	0.842078	0.65295	0.71054	0.34705	0.796428	20.3572

依据 P2P 网贷综合信用风险评测模型,测度出各样本 P2P 网贷平台的综合信用风险值以及综合违约概率值后,依照确定的风险等级划分标准,对各评测对象进行综合信用风险等级划分和排序,各样本评测平台的综合信用风险等级排序结果如表 9-28 所示。

表 9-28　P2P 网贷平台样本综合信用风险等级排序

平台名称	借款人信用 风险排名	平台信用 风险排名	综合信用 风险排名	综合信用 风险等级
宜人贷	2	3	3	A+
人人贷	1	2	1	A+
拍拍贷	3	1	2	A+
翼龙贷	4	5	4	A
麻袋理财	5	12	6	A
凤凰金融	7	8	7	A
你我贷	12	17	13	A-
有利网	13	15	14	A-
团贷网	6	4	5	A
投哪网	15	14	15	A-
和信贷	18	19	19	B+
友金服	16	10	16	A-
博金贷	9	7	9	A
捞财宝	8	13	10	A
广州 e 贷	11	16	12	A-
合众 e 贷	14	9	11	A-
e 融所	10	6	8	A
达人贷	19	18	18	B+
连资贷	17	11	17	A-
宜贷网	21	21	21	HR
广信贷	20	20	20	HR

　　依照测度的网贷借款人和 P2P 网贷平台信用风险值对样本 P2P 网贷平台进行相应风险等级排序后,发现不同样本的 P2P 网贷平台、借款人和平台信用风险存在明显差异,资质较优、风险较低的 P2P 网贷平台也可能存在由于借款人风控不足而导致的高频违约风险,并且综合了网贷借款人和 P2P 网贷平台信用风险后,发现网贷综合信用风险排序较单纯的平台和借款人风险排序而言发生了明显改变。21 家样本评测平台中,8 家样本 P2P 网贷平台的综合信用风险排名较单独的网贷平台信用排名有了明显的上浮,而另外有 8 家样本 P2P 网贷平台的综合信

用排名则发生了显著下滑。

其次,在所有的样本评测平台中,3 家样本 P2P 网贷平台的综合信用风险相对较小,等级为 A+级别(表 9-29),分别为人人贷、拍拍贷和宜人贷;另有 7 家样本 P2P 网贷平台的综合信用风险等级为 A 级别和 A-级别,属于 B+级别的样本 P2P 网贷平台包含 2 家,分别为和信贷和达人贷。需特别指出的是,考虑了网贷综合信用风险后,两家代表性平台——宜贷网和广信贷的综合信用风险水平较为突出,综合信用风险等级为 HR 级,平台处于高风险边界运营①。

表 9-29　样本 P2P 网贷平台综合信用风险等级分布

综合信用风险等级	样本 P2P 网贷平台	占比(%)	合计占比(%)
A+	人人贷、拍拍贷、宜人贷	14.286	47.619
A	翼龙贷、麻袋理财、凤凰金融、团贷网、博金贷、捞财宝、e 融所	33.333	
A-	你我贷、有利网、投哪网、友金服、广州 e 贷、合众 e 贷、连资贷	33.333	
B+	和信贷、达人贷	9.524	52.381
B	无	0	
HR	宜贷网、广信贷	9.524	

---

① 说明:样本数据统计时间为 2018 年 5 月—2018 年 11 月,宜贷网和广信贷尚未暴露风险问题。

第10章　P2P网络借贷生态圈信用风险防控的征信环境建设

10.1　征信、征信系统与网络借贷征信系统

10.1.1　征信与征信系统的含义

征信,简言之,是指征集信用。我国2013年出台的《征信业管理条例》规定,征信业务是指对企业、事业单位等组织的信用信息和个人的信用信息进行采集、整理、保存、加工,并向信息使用者提供的活动。征信系统从广义上来说,是征信机构按一定规则合法采集企业、个人正面和负面的信用信息,通过信用信息基础数据库进行整理、保存和加工,有偿提供征信产品,帮助信息使用者了解交易对方信用状况的有机整体。从狭义上来说,征信系统是指信用信息基础数据库。征信系统的建立在为市场提供专业征信产品、服务和解决方案,消除市场交易者之间的信息不对称,提高金融运行效率,促进社会信用体系建设中,发挥着重要的基础性作用(李稻葵、刘淳,2016)。

10.1.2　我国征信系统分类

我国目前的征信系统大致分为三类:第一类是中国人民银行的征信系统。该征信系统目前是我国金融业中唯一由官方建立的具有权威性的信用数据库,既涉及自然人(个人)信用主体信息,也涉及法人(企业)信用主体信息,涵盖了所有商业银行、部分小贷公司、融资性担保公司、资产管理公司等客户的信用数据,也是覆盖面最广、数据规模最大的征信系统。第二类是企业自建的信用评估系统。属于私营数据库,主要满足自身的风险控制需要。通过收集借入者的资料,按照自建的风险控制标准,确定贷款人的信用等级以及违约可能性。例如,拍拍贷的魔镜系统,该系统建立在大数据的风控模型基础上。针对每一笔借款,风险模型都会给出一个风险评分,以反映对逾期率的预测。第三类是社会征信机构依法建立的信息数据库。服务对象主要是具有征信需求的企业和个人。该类型通过依法收集会员单位的信用信息以及企业和个人的社会信息,实现授信人信用信息共享。我国先后有34家第三方企业获得由人民银行颁发的企业征信牌照,包括芝麻信用、腾讯征信、前海征信、鹏元征信、中诚信等。

10.1.3　网络借贷的社会征信系统

网贷征信系统是随着网贷行业逐渐发展起来的社会化征信系统,外延上,它是我国征信系统的一个分支系统,也是我国社会信用体系的有机组成部分。当前,为网贷提供征信服务的主要是第三方机构。以上海资信网络金融征信系统(以下简称"上海资信")为例,该征信系统是由一家专业化的网贷征信服务机构开发,发展时间较长,加入该系统的 P2P 网贷较多,具有一定的代表性。上海资信机构成立于 1999 年 7 月,由人民银行征信中心旗下的上海资信有限公司推出,是一家个人征信与企业征信融为一体的社会征信机构。上海资信收录的个人信用信息包括个人基本身份信息,商业银行的各类消费信贷申请与还款记录,可透支信用卡的申请、透支和还款记录,移动通信协议用户的缴费记录,公用事业费的缴费记录,经济纠纷判决记录,交通违法处罚记录以及执业注册会计师的执业操守记录等。企业征信系统包括企业注册信息、年检等级、产品达标信息、税务等级信息、国有资产绩效考评信息、进出口报关记录、信贷融资记录和行业统计分析信息等。上海资信提供的征信产品和服务主要分为四类:一是个人信用报告,报告消费者个人信用信息的记录;二是个人信用风险评分,通过建立统计模型,对个人的信用信息进行量化评分;三是系列评分制,提供各类评分标准和个人信用评估报告;四是账户管理,提供信用卡群体账号的管理服务。上海资信采用封闭式的联盟会员单位共享模式,提供联盟内企业的借款信用信息共享,帮助业内机构防范借款人过度负债,降低坏账率、坏账损失。截至 2017 年 5 月 31 日,网络金融征信系统签约机构有 1049 家,共收录自然人 3000 万人,其中有借贷记录的自然人 1000 万人,借贷账户笔数为4000 万笔,借贷金额 4376 亿元,成功入库记录数 6 亿多条,日均查询请求近 12万笔。

10.2　P2P 网络借贷行业征信环境的建设现状

10.2.1　主要网络借贷征信平台的发展现状

当前,我国主要的互联网征信平台如下:一是上海资信的网络金融征信系统。该系统主要收集全国的网络借贷、小额贷款、消费金融、融资租赁等互联网金融及非银行金融信用信息,向合作机构提供个人征信共享服务、信用评级、征信增值产品开发等创新业务,并帮助网贷机构接入央行征信系统。二是安融惠众的小额信贷行业信用信息共享服务平台。该平台由北京安融惠众征信开发,旨在满足借款者黑名单信息共享的需求,设有借款者不良信息共享查询服务功能,采用传统的信用信息批量归集、定期更新和查询服务方式,使业内机构可以规范地将"借款者黑名单"信息在行业内、会员机构间进行披露和使用,从而起到防范授信风险、惩戒违约失信行为的作用。三是个人征信业务预备平台。2015 年 1 月,央行印发《关于做好个人征信业务准备工作的通知》,允许芝麻信用、腾讯征信等 8 家机构进行个人征信业务准备工作。以芝麻信用为例,该信用机构是蚂蚁金服旗下独立的第三方征信机构,通过云计算、机器学习等技术客观呈现个人的信用状况,在信用卡、消费金融等上百个场景中为用户、商户提供信用服务,其中主导产品是芝麻信用分,是根据采集的个人用户信息进行加工、整理、计算后得出的信用评分。2018 年 2 月,百行征信有限公司获得央行批准,成为我国第一家获得个人征信牌照的公司。该公司注册地为广东深圳,注册资本 10 亿元人民币,业务范围为个人征信业务。该公司由中国互联网金融协会(以下简称互金协会)牵头,与芝麻信用、腾讯征信、深圳前海征信、鹏元征信、中诚信征信、中智诚征信、考拉征信、北京华道征信 8 家机构共同出资成立。其中,互金协会持股 36%,其余 8 家机构分别持股 8%。2018 年 6 月,百行征信与 15 家互联网金融机构、消费金融机构在深圳签署了信用信息共享合作协议①。此 15 家机构将成为百行征信的首批接入机构,向百行征信系统全面、准确、及时地报送征信信息。百行征信将对信用信息进行采集、整理、保存和加工,并向接入机构提供信用信息查询及相关增值服务。百行采集的信用信息包括个人基本信息、信贷全流程信息,还包括信贷申请、批核、用信、还款和逾期等信息。通过对信贷信息的归集,为机构提供信息主体的贷款规模、逾期次数、逾期未还款金额等信息,这些信息将协助网贷平台和投资者判断借款人的还款意愿和还款能力,帮助其快速识别恶意借款不还的借款人,打破"数据孤岛",防止多头借贷。截至 2019 年 8 月,对接百行征信的平台有拍拍贷、宜人贷、人人贷、和信贷、桔子理财、玖富、积木盒子和你我贷共计 8 家平台,近 600 家网贷机构与百行征信签署了合作协议。随着越来越多的平台接入,互联网金融存在的个人征信空白将会被逐渐填补,因信息孤岛造成的"多头借贷"局面将逐渐被打破,"老赖"的违约代价也将大大提高,网贷生态环境将得到进一步改善。

10.2.2　P2P 网络借贷生态圈内征信行业现状

我国网贷生态圈内的征信行业已经取得长足进展。一是发展网贷征信已经成为社会共识。电子商务信用信息数据已经成为一类重要的信用信息来源,在中国征信体系建设中,社会各界已经充分认识到这一趋势,并积极地参与到网贷征信的

---

① 首批接入企业名单:重庆百度小额贷款有限公司、重庆三快小额贷款有限公司、重庆西岸小额贷款有限公司、重庆苏宁小额贷款有限公司、吉安市分期乐小额贷款有限公司、捷信消费金融有限公司、中银消费金融有限公司、招联消费金融有限公司、马上消费金融有限公司、苏宁消费金融有限公司、中原消费金融有限公司、一汽汽车金融有限公司、东风标致雪铁龙汽车金融有限公司、宜人贷、拍拍贷。

建设之中。二是生态圈内网贷征信企业已经初具规模。截至 2018 年 2 月,上海资信的网络金融征信系统累计签约机构 1127 家,共收录自然人 4760 万人,借贷记录数 15.1 亿条,日均查询量 17.7 万次。安融惠众的小额信贷行业信用信息共享服务平台累计签约机构 2398 家,共收录自然人 1129 万人。三是网贷征信的适用场景越来越宽泛。芝麻信用评分、腾讯信用评分等已经广泛应用到租车、购物、住宿等诸多领域,使消费者可以享受免押金服务,提高了社会的信用水平。

但是,我国网贷征信行业也面临诸多问题:一是网贷征信覆盖的广度和深度不足。互联网用户规模已经超过 7.72 亿人①,但互联网征信收录的自然人数量不到 1 亿人,尽管互联网金融发展迅速,但互联网征信覆盖的广度和深度明显不足。二是现有网贷征信数据的利用率较低。互联网经济的繁荣带来了海量的用户信息,消费者在不同网络消费场景下的注册、网购、物流、搜索和评论等信息被各类征信机构重复采集,造成征信数据的大量冗余以及信用数据的有效使用率下降。三是网贷征信缺乏有效的数据共享机制。目前各家数据服务商之间以邻为壑、数据污染、非法搜集、倒卖个人数据的现象较为严重,"数据孤岛"问题突出。网贷征信共享问题是当前我国社会征信行业发展亟待解决的问题。四是现有社会征信机构缺乏相应的行业规范标准和法律依据。当前,我国网贷征信数据共享改革正进入深水区,如何解决数据共享和运营模式成为行业关注的焦点。网贷征信数据涉及企业风险识别、控制、评估和预警等,是企业花费巨资打造的风控根基,在没有相应经济利益的激励下,征信企业不愿意将征信信息进行共享。央行推出的信联平台是对建立行业数据共享机制的一次尝试,其共享效果有待于实践的检验。信联如何解决数据源、运营模式等问题,受到市场的关注。如果共享机制设计不好,信息孤岛还会广泛存在。

10.2.3　P2P 网络借贷生态圈征信环境建设滞后的原因分析

如上所述,我国网贷征信现状不容乐观,网贷信用信息的法治建设还不完善,征信资源整合难度大,存在行业标准缺失以及个人隐私泄露等问题。解决这些问题,网贷征信共享系统是基础。从数据驱动的角度来看,共享系统发展滞后的原因主要有以下几个方面:

(1) 网贷征信需求多样化

网贷平台在其股东背景、业务类型和衍生模式上出现明显差异,导致征信需求水平不一。从网贷平台的股东背景来看,平台可以划分为上市公司、银行、国资企业、民营个体和风险投资公司五类平台。例如,银行系平台风险控制完善,出现问

---

① 　数据来源于第 41 次《中国互联网络发展状况统计报告》。

题极少,社会征信需求弱;民营系平台数量众多,风险控制能力弱,社会征信需求强。从网贷平台业务类型来看,平台业务包括信用贷款、房产抵押贷款、车辆抵押贷款、股权质押贷款、供应链金融、委托贷款、银行过桥、票据、融资租赁、配资、资产证券化、保理和艺术品抵押等①。网贷平台既可以是单一业务类型的平台,也可以是多业务类型的平台。业务风险控制水平不同,社会征信需求也就不同。以信用贷款为例,风险控制高度依赖信用风险控制,迫切需要社会征信系统。但对于以车辆抵押贷款为主的平台来说,一方面,贷款金额少,周期短,车辆抵押登记,安全性和流动性有保障;另一方面,车辆的保值性高,不会在短时间内出现急速贬值的情况,即使贷款逾期,抵押物也容易拍卖,以补偿贷款损失。这样就导致车贷平台对于社会征信需求不大。从网贷的衍生模式来看,网贷模式先后衍生出 P2C、P2B、P2G、P2N、P2F 等借贷模式。在这些衍生模式中,网贷征信需求已经由传统的金融机构征信需求向多元化转变,导致社会征信服务需求多样化。

（2）社会征信机构数量多与服务能力有限并存

如前文所述,随着互联网金融的兴起,我国征信机构大量涌现,新兴的电商巨头和传统的企业集团纷纷建立各自的征信平台,按照自己设计的场景,解决企业内部的征信问题,并附带提供相关的社会征信服务,但个性化设计远远无法满足整个互联网金融行业的发展需求。同时,社会征信机构数量多还容易导致征信行业内部竞争激烈,两极分化明显。前海征信、鹏元征信等企业发展时间长,处于社会征信行业的领导者地位,而新进的征信机构在从业人员和市场份额方面明显处于劣势。信息收集范围偏窄,历史数据积累有限,严重影响企业征信服务水平。因为社会征信机构并不是唯一的,不具备政府征信数据库的权威性和强制性,不同级别的社会征信数据服务费用不一样,网贷平台可以自由选择适合企业的征信系统,所以,新进的征信机构面临巨大的生存压力。为了吸引更多的网贷机构参与进来,降低服务价格是常见的一种手段,但是长此以往,征信机构无法提高征信数据的质量与企业的服务水平。而且,对于网贷平台而言,选择合适的征信机构也是左右为难的一件事情。不同征信系统的信用数据来源不同,带给企业风险控制水平的效果也不同。

（3）社会征信系统信息共享与利益分配的矛盾

互联网环境下,共享经济受到社会的广泛关注。社会征信系统的信息共享体现在信用数据资源的共享及利用。通过互联网作为媒介,各家社会征信系统以不同的方式付出和受益,共同获得信用信息的红利。但是,目前社会征信系统信息共享尚未实现,主要的问题集中在技术和利益分配上。在技术上,各征信机构依托自

---

① 资料来源:网贷之家。

有系统建立的信息标准体系之间互相不兼容。若想征信信息实现共享,就需要各个平台增加投资,对自有系统进行改造。在利益分配上,共享数据的数量和质量存在巨大差异,一家平台不愿意将自己的客户信用数据进行分享,因为信用数据是互联网金融企业的核心竞争力。征信机构规模有大小之分,信用数据数量和质量就会出现悬殊差异。每家平台都为此投入大量的资源,如果拱手让与自己的竞争对手,将会造成自己平台业务发展被动,市场份额下降,使自己处于市场竞争中的不利地位。社会征信系统共享是一种公共利益的体现,净化的是整个网贷行业的信用,甚至是整个社会的信用环境,但是单独的某一家征信机构没有能力,也没有动力搭建社会征信共享平台。

10.3　国外网贷征信概览

10.3.1　美国的网络借贷征信

10.3.1.1　总体概况

美国网贷征信模式具有服务效率高、信息共享程度高的特点。该模式采取市场化的方式运作,注重构建公正有效、市场主导的信用共享体系,形成了规模大、集中度高的征信行业。其中,全国性的个人征信公司仅有三家:Equifax、Experian、Trans Union(Artzrouni,2009),能够依据市场需求提供多样化产品。其余 1000 多家小型的征信公司面向特定的细分市场,为需求量较小的需求者提供服务。联邦贸易委员会(FTC)和消费者金融保护局(CFPB)负有个人征信机构的监管责任。

10.3.1.2　征信共享基础

美国信用信息的共享内容包括身份识别信息、贷款交易、偿还记录、与信用相关的公共记录(表 10-1)。美国信用共享注重以下几个方面:第一,规范标准化的数据格式。由私营征信机构组建美国消费者数据协会(CDIA),制定统一的数据报告格式(Metro1)和统一报告格式(Metro2),定期更新信用数据标准,并通过各家征信公司的长时间使用,实现数据格式的统一。第二,广泛使用数据黑盒。美国征信共享涉及个人数据采集、使用、披露。禁止共享个人敏感信息,如思想、宗教、健康、犯罪嫌疑等信息。这些个人信息被封闭在数据黑盒中,不允许过度使用或者滥用个人数据,进而对消费者隐私造成侵害。第三,注重信用数据的质量。由于个人征信涉及海量数据,纠正错误需要付出很大的成本。1970 年,美国出台《公平信用报告法》(FCRA)明确指出个人有权对不正确的信息提出异议,并要求信息的修改或者删除。第四,防范身份盗窃的影响。所谓身份盗窃是指非法获取他人账号,假冒他人身份使用信用信息以获得资格证明、商品或者服务。消费者成为获得更多自身信息并使自己成为防范身份盗窃的第一人。第五,采集线上和线下的信息。信用机构不仅可以从报纸、社区等线下收集消费者信用,也可以从互联网线上收集信息。

表 10-1　部分国家征信共享内容①

国家	法律	征信共享内容	禁止共享内容
美国	公平信用报告法	身份识别信息、贷款交易、偿还记录、与信用相关的公共记录	个人敏感信息(如思想、宗教、健康、犯罪嫌疑等)
英国	数据保护法	基本身份信息、信贷信息、公共信息(包括选民登记信息、破产信息、债务自愿协商安排、法院判决和行政管理部门决定等)	不能超过声明目的所要求范围,不允许共享敏感数据
日本	个人信息保护法	身份信息、个人经济状况(包括资产、负债、收入、支出和信用交易记录)、居住情况、职业等信息	个人隐私信息、包括宗教、政见、健康、犯罪记录等
韩国	信用信息使用与保护法	身份信息、信用交易信息(包括信用卡、担保、租赁等商业交易信息、退票、假证等信息)、债务信息、纳税信息、公共信息(包括法院判决、公共费用缴纳等)	国家安全及机密信息、企业商业机密、个人政治思想、宗教、私人生活等信息

10.3.1.3　征信共享机制的特点

美国信用共享机制具有以下几个特点:第一,信用风险定价统一。推行单一价格法,促进美国信贷征信市场的形成。《公平信用报告法案》规定在消费者信用市场上使用单一价格,也就是消费者的信用风险定价与地理位置无关。信用评分是统一市场下的重要征信衍生产品,是消费者信用报告的数字摘要,是自动化贷款决策的基础(刘新海,2016),是评估消费者违约风险的依据。第二,具备完整信用产业链。美国有 3 万个数据提供商,提供的数据包括公共信息和企业信息。全国性征信机构和专业征信机构共享这些数据,再由 FICO 和 SAS 等数据技术提供商进行数据挖掘,最后通过征信服务商向征信需求方提供征信服务,形成完整的征信产业链。征信机构巨型数据库一旦形成,具有规模效应,成为小型征信机构业务的依托。尽管三大征信机构的数据有 95% 相同,覆盖大约 90% 的人口(刘新海,2016),但由于数据处理方式的不同,最终的信用报告和信用评分也有所不同。专业征信机构聚焦于特定市场,进行更深度地调查,如就业、房租、电信缴费等。第三,数据

① 邱念坤.我国征信信息共享机制构建研究[J].西部财会,2014(2),48-50.

处理技术发达。在大数据的驱动下,以计算机人工智能为代表的信息技术使得数据处理维度更加丰富,评价结果更加稳定,评价效果更加理想。美国的征信共享数据库是通过不同的征信机构兼并重组而形成的巨型数据库,成为典型的集中式征信共享模式。第四,信用产品丰富。一是评分产品,包括综合信用评分、损失评分和定制化的风险评分等。其中,综合信用评分,用于预测偿付违约的可能性;损失评分,用于预测个人破产的可能性;定制化的风险评分,将使用者定制的风险评估模型运用于个性化的风险评估中。二是个人风险报告,包括信用价值评估、欺诈预警、决策支持和策略咨询。第五,数据使用收费。三大征信机构的分销商或者代理商按照批发价获取征信报告及不同信用机构的共享数据,并提供增值产品或评分服务。消费者可以免费获得信用报告一次,超过一次需要向征信机构支付服务费。

10.3.2 欧盟的网络借贷征信

10.3.2.1 总体概况

欧盟的个人征信模式属于政府驱动的公共征信模式,是主导个人权利保障的征信共享系统。欧盟的私营征信机构主要依托公共征信机构,例如中央银行。

10.3.2.2 征信共享基础

首先,保护个人数据黑盒。2016 年,欧盟通过《数据保护法》,旨在完善个人隐私数据保护,防范数据泄露和滥用,维护信息主体的合法权益,在保护人权与开放数据之间取得平衡。其次,提高数据黑盒的质量。保证个人对自身信用信息数据的所有权,允许信息主体有权更正和阻止错误信息的传导。如果信息有误,信用机构有责任更正。信息主体可以提出异议,如果认为信用不属实,可以举例反驳。例如德国的《联邦数据保护法》规定,个人数据的处理和使用必须征得本人的书面同意,同时将用途告知当事人,并且当事人有权获得自身信用信息并进行更改。

10.3.2.3 征信共享机制的特点

欧盟成员国中,私营征信机构与公共征信机构并存,互为补充,是典型的分散式征信共享模式。行业采取统一的标准,在数据采集、整理及发布上必须严格遵守相关法律。公共征信由政府协调各方面信息,建立信息数据库,容易形成规模,主要向金融机构提供,但是产品缺乏竞争力。

10.4 数据驱动下网络借贷征信系统共享制度设计

10.4.1 数据驱动内涵

数据驱动概念来源于计算机软件工程中的数据驱动测试,即黑盒测试,是把测试对象看作一个黑盒子。利用黑盒测试法进行动态测试时,工程师仅仅需要测试软件产品的功能,不需测试软件产品的内部结构和处理过程(陆惠恩,2017)。借助这种理念,在数据驱动下网贷征信把借款者信用看成一个黑盒子,通过共享机制全面提供借款者的信用信息。数据驱动侧重征信的功能性。数据和数字技术是21 世纪的重要基础设施。各国政府应利用数据技术创新,大力发展中小企业和高附加值服务业,尤其是公共部门、卫生保健、科教方面的服务业,以此促进生产力增长和提升社会福利(OECD,2017)。因而,随着推动数据驱动因素在网贷行业的普及,借贷双方将会获得数据驱动带来的预期收益。

10.4.2　数据驱动下网络借贷征信系统共享的先决条件

实现数据驱动的网贷征信共享应满足以下先决条件:一是统一数据标准。需要从国家和行业层面着手,尽快构建统一的数据标准体系,规范互联网征信机构信用信息的采集、传播和处理途径,以此提升基础数据的质量和处理能力。二是扩大数据范围。积极指导各类新型征信机构采集的信用数据纳入征信系统,扩大征信系统的采集范围,进一步实现新型征信机构与传统金融服务行业的信息共享。海量数据是网络贷款征信的基础,数据驱动下网络贷款征信将不同部门的数据进行整合,在数据技术的辅助下,加工成为有效的征信基础数据库,为相关企业和个人提供信用评估服务,提高全社会的信用评估效率和准确性。三是保障数据质量。鼓励有条件的大型网贷机构联合数据技术服务商创建互联网征信平台,自主开发数据驱动的方法,挖掘数据价值的潜力,更加准确地评估客观风险,为投资决策判断提供依据。

10.4.3　数据驱动下网络借贷征信系统共享制度设计的目标原则

(1)数据驱动的标准化。借鉴美国模式,数据驱动进行标准化(图 10-1),从标准化查询开始到标准化信用反馈,中间就是数据黑盒。对于查询者而言,征信共享系统就是信用数据黑盒,无法获得其中的细节信息。在数据驱动下的征信系统中,统一的征信查询能够充分发挥市场中征信数据的价值。数据驱动技术构建的数据黑盒,有利于客户资料的保密和消费者权益的保护;有利于社会征信企业提升管理水平,打造规模化和专业化的核心竞争力;有利于市场效率的提高,减少不同机构反复进行信用评估和查询,节约社会资源。

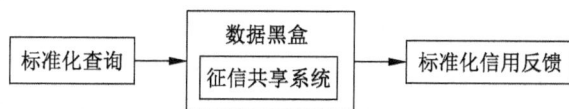

图 10-1　数据驱动的标准化框图

(2)数据驱动技术的多样化。随着人工智能、云计算等技术的不断发展,数据驱动技术能够对海量数据进行挖掘并得出有价值的数据。为满足征信需求的多样化,不同的数据驱动公司可以侧重自己的领域,开发和研究数据挖掘产品,并且彼此产生竞争。当网贷平台需要评估借款者信用时,其提供标准化查询需求来筛选数据驱动技术服务商。在市场竞争环境下,数据驱动技术服务商一定是在借款者所在的细分市场中最合适的数据挖掘技术服务商,能够帮助网贷平台准确评估借款者的违约风险,为放贷者提供决策参考。如果数据驱动技术服务商的服务水平有限,导致放贷者遭受超过行业的平均损失水平,数据驱动技术服务商就会面临被淘汰的风险。对于数据驱动技术服务商而言,需要满足客户多样化的信用评估需求,而且评估结果需要标准化。客户的需求可能是多样的,数据驱动技术服务商的产品是单一的,这就要求数据驱动技术服务商具有强大的数据挖掘能力,遵守征信法律法规,满足客户的多样化需求。

（3）数据经济价值的产业化。产业化有利于解决大型平台不愿意共享数据、小型平台缺乏数据的问题。建立一条从征信需求者、数据技术服务商到数据供应商的产业链,在规定时间内按照数据的质量和使用频率支付给数据供应商数据使用费,可促进整个社会征信行业的市场化,实现数据技术驱动下数据价值的最大化。

10.4.4　数据驱动下网络借贷征信共享系统的宏微观基础

10.4.4.1　宏观基础

经济学理论中的萨伊定律表明供给创造需求,经济一般不会发生任何生产过剩的危机,产品生产本身能创造自己的需求。商品交换意味着买的行为必须对应一种卖的行为。一种商品的支付增加,就等同于需求的增加。萨伊定律运用到征信市场上,征信的供给必须与需求匹配。但是这个机制经常失效,需求常常不能匹配供给。原因在于出借人首先会分解这些人的信用,而不会将资金借给愿意支付溢价的借款人。因为高额的利率容易导致逆向选择,导致出借者违约。同时,高额的借款费用提高了违约的可能性。信用报告的目的在于弥补这些信用问题,提供信用数据,帮助出借者甄别借款者的真实目的,预测未来的行为,对违约风险进行定价。

10.4.4.2　微观基础

网贷征信共享系统依赖于经济微观个体。征信共享系统主要依赖三个方面:一是底层数据的标准化。有价值的数据是经过清洗、标准化的数据。统一的数据标准和统一的信用数据成为数据共享的基础。二是数据市场供给交易机制,分类规定数据交易。第一类是限制交易数据,包括医疗数据和个人隐私数据;第二类是或有交易数据,在特定场合下经数据主体同意,可以交换数据;第三类是无限制交易数据,主要是社会公开的数据,包括司法执行数据、公开查询可获得数据。三是数据的合法性,包括微观数据取得合法、使用合法、规范性等。四是数据使用的对价。共享并不意味着无偿使用,即使是政府官方数据也应提供使用费用,因为数据的收集、加工和整理需要成本。无偿使用无法促进企业提供高质量数据,不利于数据提供者的优胜劣汰。数据使用由微观定价决定,在不同场景下,数据是无形资产,是网贷共享首先需要解决的问题。

10.4.5　数据驱动下网络借贷征信共享系统的运行模式

数据驱动技术是建立在大数据的基础上,应用于网贷征信共享系统的数据收集、清洗、转换、整合、存储、挖掘和报告等各个环节。数据驱动技术推动数据的资产化以及数据的智能化,创造出数据价值,提升风险评估水平,获得数据价值回报。数据驱动技术要求数据采集和清洗的快捷性,最新的数据资产化后价值最高,商业价值最大。数据驱动技术能够对最新数据及时反馈,提高整个网贷征信共享系统的快速反应能力,降低整个行业内信息不对称的概率。同时,数据驱动技术要求从共享的大数据中发现规律性价值,并能够按照征信需求确定分析对象,选择最优的方法,统计分析数据,帮助客户管理和识别风险,做出投资决策。数据驱动下网贷征信共享系统按其功能划分为数据资产化采集、数据智能化挖掘和征信报告产品三个部分,并不断跟踪和提高数据质量(图 10-2)。

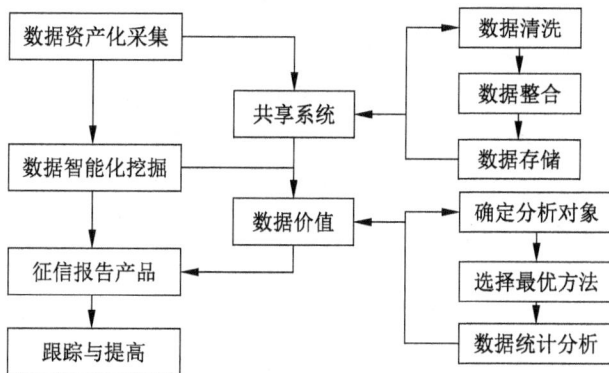

图 10-2　数据驱动下网贷征信共享系统的运行模式

10.4.5.1　数据资产化采集

建立网贷征信共享系统的第一步是数据采集。每家网贷平台都会采集并且加工客户数据,既包括借款者财务收入、家庭状况等硬信息,也包括借款者相貌、社交言论等软信息。这些信息需要经过采集者的一次清洗,征信共享系统的二次清洗,才能奠定数据价值的基础。只有经过征信共享系统反复检验,并且为征信供给决策具有贡献度的信息才会被纳入共享系统,征信报告的使用者才会支付信息对价,实现数据的资产化。

10.4.5.2 数据智能化挖掘

数据驱动的核心在于数据智能化挖掘。最常用的方法包括聚类、分类特征选择、相关性分析等。通过人工智能等数据挖掘方法,实现数据的交叉验证,判断授信主体的信用状况和信用发展趋势,协助出借者做出正确的决策。到了互联网时代,智能识别技术发展迅速,涌现出行为模式识别法、决策树算法、集群支持向量机、利润得分法、助长树方法、BP 神经网络法、粒计算与信息融合法、模糊综合评价法等识别技术。这些技术能够提供知识表示和决策支持,帮助借款者进行风险评估。

10.4.5.3 征信报告相关产品

征信报告产品是标准化产品,其通过数据驱动技术测算潜在风险,为出借者提供高效、便捷和准确的产品。数据驱动下的网贷征信报告产品提供有价值的借款者信用分析报告。利用智能化挖掘技术,征信报告可以根据使用者的需求围绕某一主题进行数据挖掘,充分利用共享数据,挖掘出符合借款者需求的特征,从而评估潜在的风险特征。

10.4.6 数据驱动和数据共享下网络借贷征信产业链

10.4.6.1 信息要素分配的重要性

按要素分配是指在市场经济条件下,根据各种生产要素在生产经营过程中发挥贡献的大小,使用者按照一定比例,对生产要素的所有者支付相应报酬的一种分配方式。网贷行业中,征信信息成为创造财富和价值的主要资源,是一种战略资源和生产要素。征信的作用代表不确定性的减少,风险的下降。根据马克思的劳动价值理论,征信信息本质上是网贷平台信息的劳动成果。征信直接或者间接地参与平台的价值创造。一方面,征信信息提高了信用风险识别水平,网贷平台风险识别能力大大提升;另一方面,征信信息降低了网贷平台的运营成本和信息不对称程度,使得信用创造更有效率。征信共享对信用价值具有放大效应。在相同的时间内,征信共享创造的价值大于征信独占。其实这种价值放大效应就是来源于信息劳动成果。信息劳动成果创造了信用和知识,大大提升了行业的信用水平,并使得网贷风险识别更加智能化,同时也极大防范了借款者的违约行为,提高了信息劳动成果的使用效率。一方面,借款者通过了解和掌握自身的征信状况,提升了信用意识,增加信息劳动成果的价值;另一方面,信用意识提高能更好地帮助借款者利用自身信用,再次或多次使用信用,形成复杂的信息劳动成果,创造出更多价值。

征信要素对于网贷经营活动中的影响集中在征信技术降低了借贷双方之间的信息不对称程度,增强了借款者的守信意识,减少了借贷市场的外部交易成本和内部协商成本。依据新制度经济学理论,交易成本是指在建立商品交易过程中,没有被考虑到而损耗掉的成本。通过征信共享可以大大增进借贷交易双方的信息沟通,减少网贷平台的交易成本。因此,征信要素已经成为网贷平台的生产要素,甚至是核心竞争力。网贷平台可以通过学习征信要素降低交易成本,创造企业效益。

10.4.6.2　征信共享系统在信用产业链上的重要地位

征信产业链的产生与网贷行业的劳动分工相联系,产业链产生的本质是网贷行业的劳动分工,网贷平台为了节省成本而选用征信服务以达到自身效用的最大化。依据网贷企业的组织形式和共性特征,产生了社会征信产业的内部分工,从而形成产业链。基于征信共享系统的产业链,行业信用资源的整合以征信共享系统为核心,将不同类型的网贷平台联系起来,促进信息流与信用流的整合,实现征信信息的效用最大化。基于征信共享系统的产业链涵盖巨大的借款者群体,大量信息的汇集可以降低产业链信息之间的不对称程度。基于征信共享系统的产业链改变了社会信用的积累模式,促进了批量化和专业化的开发,提供了综合性的产业集群服务。

10.4.6.3　征信产业链的构成

征信产业链是一个共生的信用生态圈,各个经济主体通过供给与需求关系紧密联系在一起,创造价值,分享利润。各个经济主体业务关系紧密,并进一步形成商业信用关系,大幅降低交易成本,使得有关产业链上游的信用收集和加工、产业链下游的信用使用和监督等费用大大减少。在数据驱动下的网贷征信共享系统中,从征信需求者到数据供应商,形成一条完整的信用产业链(图 10-3)。一方面,征信查询者向数据技术商付费,可以获得征信共享系统的查询机会。当数据技术商向共享信用系统提交查询要求时,共享系统按照一定的规则,选择最优的数据供应商,并根据数据的使用情况为其查询支付一定费用,将查询结果反馈给共享系统,然后反馈给数据技术服务商,再由数据技术服务商提供征信报告,也可以提供特定领域的信用评估报告。另一方面,数据技术服务商需要定期收集征信使用的实际效果,通过收集信用的使用情况,向征信使用者支付一定比例的费用。数据技术供应商根据借款者的信用情况,检验共享系统中的数据合理性。最后,更新数据供应商数据或者对数据供应商优胜劣汰地选择。可见,双向付费方式建立了从征信需求者到数据提供者的基本产业链。

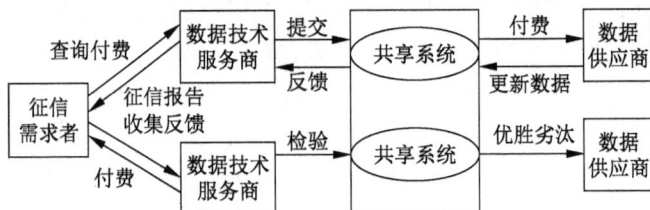

图 10-3　数据驱动和数据共享下网贷征信产业链示意图

在此基础上,基本产业链还可以不断向产业链上游拓展(图 10-4),将征信需求者细化为专业金融机构。数据服务商并不与专业金融机构直接发生征信业务,而是通过代理机构获得高质量的征信客户,例如美国的 Credit Karma。一方面,代理机构付费给数据技术服务商,批量购买征信数据,以低于市场价格的成本获得征信数据查询机会。另一方面,对获得的征信数据按照专业金融机构的偏好进行客户挖掘,主动将优质客户提供给不同的专业金融机构,获得匹配专业金融机构的客户营销收入。同时,对每个客户或者征信个人提供免费的征信服务,让更多人时刻关注自身的征信状况,提高征信的数据质量,并通过代理机构获得优质的金融服务,降低融资成本。

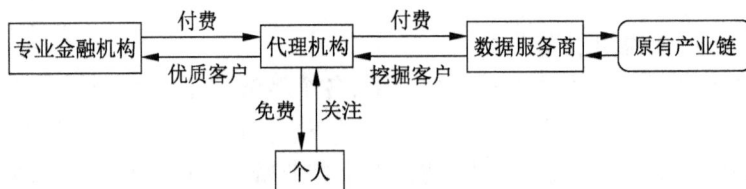

图 10-4　网贷征信产业链向上游延伸示意图

10.4.7　数据驱动下网络借贷征信共享系统信用数据的定价

10.4.7.1　信用数据定价的决定因素

信用数据使用的定价与数据来源密切相关。对于数据来源,主要是指征信原始数据的生产者,包括政府部门和企业生产的数据,其中,政府部门的数据是在管理相关社会领域活动时生产并公布的数据。例如,工商企业注册信息数据、失信被执行人数据等,是国内公开的数据来源,此类数据可以通过查询政府相关部门网站或者统计年鉴获取。该类数据具有以下特点:一是权威性。数据由政府管理部门直接发布,是进行社会管理的需要。二是公共品属性。在社会管理过程中,政府发布的数据是公共信息,是社会管理需要的信息,由专职部门独立统计,各个部门都可无偿使用。三是公益性。政府公布的数据有益于社会的发展,涉及国家安全、商业机密和个人隐私的数据都不会对外公布。而企业的信用数据是指企业在生产经营过程中生产并保存的数据。例如,消费者信息数据、产品使用数据、信贷记录等,是企业内部的数据,此类数据一般为企业内部所掌握,不会对外公布。该类数据具有以下三个特点:一是财产性。数据成为企业管理的核心资源,涉及企业产品营销、质量和服务多个方面。二是私有性。企业数据直接来源于企业生产过程,受到企业管理者的保护。三是利益相关性。数据是企业的无形资产,是企业的隐形利益。信用数据的定价还与数据质量密切相关,每一家信用平台都希望获得高质量的数据。网贷数据质量的高低主要取决于信息、技术和管理等因素。数据记录并反映企业微观活动,每一家信用平台根据企业实际业务保留数据记录,但是在具体数据创建、获取、传输、加工和使用上,技术水平和管理能力都是不同的,因此,不同企业记录的信息存在巨大差异性。

10.4.7.2　信用数据收费的合理性问题

信息劳动成果需要支付的成本:一是违约者的暴露成本。主要表现在借款者违约后给网贷平台带来的居间费用损失、出借者本金和利息损失、平台声誉损失等。二是信用信息的维护成本。主要表现在网贷平台需要购置信息数据库,聘请专业人员开发、建设和维护数据库,防范数据篡改和非法侵入等。对于政府部门公布的数据,社会各界可以无偿使用,并不需要支付信用数据的使用费用。但是如果这些数据经过数据服务商加工整理,并系统全面地提供数据服务时,要获得这些信用数据就必须支付服务费用。这些服务费用包括数据的收集、加工、存储等相关费用。也就是说,即使数据本身是公开的,但数据服务收费是合理的。而对于企业的数据,其个人信用数据的获取渠道十分狭窄,一方面依靠借款者自行申报,另一方面依靠企业征集。对借款主体信用数据的征集工作,不仅占据企业大量的人力物力,也会造成企业一定的运营成本压力,而且所取得的数据只会在企业内部或者关联企业范围内使用,在没有激励措施的情况下,企业不愿意共享自己的数据,突破这一范围。社会信用数据不同于央行征信数据,央行征信中心的成功,在于所有受认可的放贷机构需强制上传信息,这样才能建立起统一的共享数据库。而对社会征信机构而言,缺乏直接管理的行政约束力,只能做到谁使用谁上传,且使用多少上传多少,无法强制约束所有数据进入共享系统。举例来说,假设 1 个月内,一家互联网金融机构发生信贷记录 1 万笔,但只有 100 笔使用了机构征信产品,结果因为缺少征信强制收集规定,只有 100 笔记录进入到征信数据库,也就是只有 1% 的覆盖率,难以做到真正意义的共享。可见,企业信用数据不同于政府部门数据,建设网贷征信共享系统,离不开对企业的激励。因此,允许企业信用数据收费才能促进行业发展,收费具有一定的合理性。

10.4.7.3 数据驱动下的网贷征信共享系统信用数据定价方式

考虑到数据来源和数据质量的影响,信用数据定价成为网贷征信共享系统建设的难点。如果定价恰当,能够激励企业积极参与网贷征信共享系统的建设,促进互联网金融信用的集聚。如果定价不合理,信息孤岛问题依然很难得到解决,征信共享难以实现。

(1)按照时间长短进行分类。一是限时的收费方式。限定信用数据的收费时间段,覆盖信用数据建设开发成本之后,转化为公共征信信息,这有利于社会信用资源共享,有利于信用作为一种特殊公共品价值的实现,进而有利于建立信用社会。二是无限时的收费方式。按照市场机制和供需规律,依据信息要素和质量收取服务费用,有利于激发信用数据建设者的热情。但也可能出现重复建设、数据保护等问题,不利于节约社会资源,实现社会共享。

(2)按照提取方式进行分类。一是浮动比率收费方式。设定最高、最低或者中间的佣金比例,允许在此基础以下、以上或上下区间浮动。二是单一固定收益分成收费方式。预先规定应得的收益分成,按期支付,收益在整个投资期内不变。

(3)按照使用进行分类。一是按查询次数的收费方式。以央行征信查询为例,个人每年查询 3 次(含 3 次)以上的,每次收取服务费 25 元,每年前两次免费。二是按使用时间期限的收费方式。在使用期限内,缴纳一定费用,无限制使用征信数据的收费模式。三是按使用场景的收费方式。按照不同的交易场景,收取差异性费用。

10.4.8 我国网络借贷征信信息共享的实现条件

10.4.8.1 妥善处理网贷数据驱动与个人隐私保护的关系

网贷的发展建立在个人信用数据基础上,个人信用的收集、加工、存储和使用等都会涉及个人隐私或者个人权利。在数据驱动理念的指引下,数据供应商将涉及个人隐私的内容封闭成数据黑盒,外部数据技术加工无法获得内部信息,只是提供合法、标准的数据接口,在法律法规内界定个人隐私的数据边界,保护征信主体的合法权利,提高征信服务的数据质量,平衡网贷行业风险防控与个人权利保护之间的关系。

10.4.8.2 建立以政府为主导、三级分层的网贷征信系统

统筹社会征信资源,满足网贷征信多样化需求。网贷社会征信系统建设是一项系统工程,三层系统的建设有助于整个网贷行业的发展。第一层系统是建立以政府为主导的社会征信系统。信用环境是社会经济发展的基础环境。政府参与社会征信系统建设,审核和监督社会征信机构信息的真实性,确保信息数据的权威

性。同时提供金融、司法、工商等多渠道宝贵数据,极大地丰富了网贷征信数据来源。第二层系统是以社会征信机构和行业协会为主体的社会征信系统。专业化细分社会征信机构功能,防止征信机构各自为政和重复建设征信系统,形成社会征信的合力,减少信用数据的大量重复。互联网金融协会设立征信机构,通过采集互联网金融企业信贷信息开展征信活动,促进整个行业的征信建设。第三层系统是网贷平台自身的征信系统。一般而言,网贷企业的征信系统与业务系统是交织的,是企业风险管理的基础,也是整个网贷社会征信系统的数据来源。网贷平台自身的征信系统关系到整个系统的质量,是征信系统的微观基础。

10.4.8.3　建立大型征信机构主导的信息共享体制

在全社会认识到社会征信系统巨大作用的前提下,改变网贷企业自愿接入社会征信系统被动的局面,只需要通过行业法规制度强制接入大型社会征信系统就可以完成。打破大小网贷企业利益束缚,丰富征信渠道,扩大征信体系的覆盖面,实现整个行业,甚至是整个社会的征信共享。网贷平台无论规模大小,必须接入统一的大型社会征信系统,实现行业风险管理水平的整体提升。加快建设互联网金融征信行业标准,形成协会成员信用信息共享机制,实现有偿征集和使用信用信息。按照一定的制度,收取征信服务费用,用于企业运营和建设。信息共享进一步扩大了征信数据的范围,改善了社会信用环境,对于整个行业的发展,乃至于社会经济的进步都是举足轻重的。

10.4.8.4　鼓励征信机构差异化发展

网贷的差异化业务需要不同的征信产品,包括欺诈预警、价值评估、风险评级、指数化服务等。当前我国征信公司开发的个人征信报告远远无法满足行业的多元化需要。差异化的征信产品能够不断提高征信机构适应市场的能力,推动征信行业的发展。

10.4.8.5　倡导征信机构规模化发展

网贷征信行业具有规模放大效应。在共享体系中增加一则有效信息,就相当于每个使用机构同时增加了一则有效信息,信息以广播的方式向共享体系内传导。征信机构共享机制越完善,网贷平台收集贷款人信息的成本越低,逆向选择可能性越小,风险控制成本大幅下降。同时,征信机构也会获得数据规模扩大带来的人均绩效上升和产品质量提高。

10.4.8.6　提高全社会对网贷征信的认知水平

随着网贷的快速发展,全社会需要迫切提高对征信基础性和重要性的认识。社会化网贷征信不但可以完善借贷风险控制体系,保障投资者资金的安全性,而且可以净化民间金融的信用环境,减少恶性非法集资事件的发生频率。在我国金融市场化改革过程中,网贷行业殷切需要整合各种信息资源,降低高额的征信成本,利用征信体系对借款者进行有效的信用评估和风险评估,有效防范网贷信用风险,提高行业的征信能力,促进互联网金融的健康发展。

10.5　P2P 网络借贷接入社会征信系统效果评估——以人人贷为例

为了克服网贷的弊端,我国尝试建立社会征信系统,旨在帮助 P2P 网贷平台防范借款人过度负债、降低平台坏账率,从而减少坏账损失。尽管社会征信系统有着良好的设立初衷,但是经过两三年的发展,网贷的社会征信系统发展缓慢,主动加入该系统并定期上报数据的网贷平台寥寥无几。人们不禁要问,接入社会征信系统是否能够得到满意的效果?为什么平台接入征信的积极性不高?本节尝试回答这一问题,首先讨论当前征信系统现状,其次分析征信的理论,并提出研究假设,再运用 Wilcoxon 秩和方法对典型案例进行检验,最后得出结论和建议。

10.5.1　研究假设

首先,基于 P2P 网贷行业征信系统与平台风险管理理论,提出假设 1。

假设 1:加入社会征信系统后,受信与授信双方的信息不对称问题改善,交易成本下降,违约风险显著变化。

其次,金融体系的稳定与健康发展建立在信用的基础上。信用是金融的前提,不论是现实还是虚拟的金融体系,都需要建立在一套规范、健康、可持续发展的征信体系下。征信系统的重要性主要体现在两个方面,一方面是强化风险控制。健全的 P2P 网贷征信体系关系到投资者的利益,关乎互联网金融的稳定性与可持续发展。在互联网金融的大时代背景下,完善我国网贷征信制度是整个市场经济体制的时代要求。另一方面是提高社会信用意识。健全的征信数据范围伴随人们的消费习惯而不断扩充,人们的日常生活今后也可能被纳入征信的范围,如通信、火车逃票、偷税漏税等。网贷征信为多元立体化的征信架构提供了可能,人们不再逃避承担信用成本。因此,每个人都会在信用良好的环境下生活,个人会自觉遵守社会群体效应,良好的信用环境培育出更多的潜在客户,如此不断地良性循环将促进整个社会拥有良好的信用环境。基于以上分析,本文提出假设 2。

假设 2:加入社会征信系统后,社会信用意识提升,网贷市场规模扩大,发展水平显著变化。

10.5.2　实证分析

10.5.2.1　实证方法

由于样本容量较小,无法假定数据的正态分布特点,本节选用非参数检验法中的 Wilcoxon 秩和检验方法,检验上述假设。Wilcoxon 秩和检验是由 Wilcoxon 于 1945 年提出的。1947 年,Mann 和 Whitney 对 Wilcoxon 秩和检验进行补充,得到 Wilcoxon-Mann-Whitney 检验。当两个独立样本来自正态分布和具有相同方差时,我们可以采用 t 检验比较均值差异性。但当这两个条件都不能确定时,我们常替换 t 检验法为 Wilcoxon 秩和检验。考虑 P2P 网贷平台加入社会征信系统前后的两个样本的均值是否出现显著差异,可以建立检验的原假设,$H_0 : M_b = M_a$;备择假设,$H_1 : M_b \neq M_a$。其中,b 代表加入社会征信系统之前的样本,a 代表加入社会征信系统之后的样本,M 表示样本算术平均数。然后将两个样本混合起来,并按照从小到大顺序排序。如果 H_0 为真,a 样本将会比较均匀地分布在混合顺序样本中。令 $W_b = \sum\limits_{i=1}^{m} R_i$,$W_b = \sum\limits_{j=1}^{n} R_j$,其中,$m$、$n$ 表示样本 b 和 a 的数量,R 代表在混合样本中所占位置的名次,也就是秩。W 表示样本的秩和。令统计量 $T_b = \dfrac{(m+n)(m+n+1)}{2} - T_a$。在 $m \leqslant n \leqslant 10$ 的情况下,可以通过查正态分布表,得到相应的 P 值,并与秩和检验表中显著性水平下的临界值对比。如果在临界值范围内,则两样本差异不显著;否则,两样本有显著差异。在 $m > 10$,$n > 10$ 时,T_b 近似均值为

$$N\left(\frac{(m+n)(m+n+1)}{2}, \sqrt{\frac{mn(m+n+1)}{12}} \right)$$ 的正态分布。令统计量 $Z = \dfrac{T_b - \dfrac{m(m+n+1)}{2}}{\sqrt{\dfrac{mn(m+n+1)}{12}}}$,

采取 Z 检验,得出检验结论。

10.5.2.2　样本数据来源

本节样本数据来源于人人贷网站,数据的时间范围为人人贷平台 2012 年第一季度到 2017 年第一季度共 21 个季度,通过历史成交额和坏账率两个指标来进行验证(表 10-2)。其中,历史成交额最小值为 6562 万元,最大值为 2764387 万元,均值为 797424 万元;坏账率最小值为 0.23%,最大值为 1.43%,平均水平为 0.54%。

表 10-2　描述统计量

统计量	N	极小值	极大值	均值	标准差
历史成交额(万元)	21	6562	2764387	797424	873279
坏账率(%)	21	0.23	1.43	0.54	0.35

10.5.2.3　实证结果

为检验人人贷平台接入上海资信的效果,对人人贷在 2013 年 6 月接入上海资信前后的坏账率和历史成交额进行整理,并利用 Stata12 软件进行 Wilcoxon 秩和检验,评估社会征信系统对该平台运营的实际效果。

(1)坏账率显著性检验。以人人贷 2013 年 6 月接入上海资信前的坏账率为一个独立样本,与 2013 年 6 月接入上海资信后的坏账率对比,进行 Wilcoxon 秩和检验。实证结果如表 10-3 所示,$|Z| = 2.379$,Z 的绝对值大于 1.96,故拒绝原假设,接受备择假设,即接入社会征信系统前后的坏账率差异显著,接入上海资信后坏账率在统计学上与接入前的坏账率显著的不同。从实际样本数据来看,2012 年至 2013 年 6 月,人人贷的坏账率急速上升,这对借贷平台的发展有着十分严重的影响。在 2013 年 6 月接入网络金融征信系统后,从 2013 年第三季度开始,坏账率开始明显下降,并持续下降,最后保持在 0.2% ~ 0.3% 的低水平,说明征信系统对坏账率的下降起到显著作用。

表 10-3　坏账率在接入上海资信前后的检验结果

时间	变量	样本量	均值(%)	标准差	秩和	期望	Z 值(p 值)
征信前	坏账率	6	0.872	0.204	96.5	66	
征信后	坏账率	15	0.412	0.04	134.5	165	2.379(0.0174)

(2)成交变化量显著性检验。以人人贷 2013 年 6 月接入上海资信前的成交变化量为一独立样本,与 2013 年 6 月接入上海资信后的成交变化量对比,进行 Wilcoxon 秩和检验。实证结果如表 10-4 所示,$|Z| = 3.273$,Z 的绝对值远大于 1.96,故拒绝原假设,接受备择假设。说明人人贷在接入上海资信之后,不但坏账率得到下降,降低了企业的损失,人人贷的历史成交额也大幅度上升。这是由于接入上海资信之后,借贷规则更加规范,借贷平台更加安全,人人贷良好的企业形象吸引了更多的借款人和被借款人加入,历史成交额不断上升,人人贷也因此成为 P2P 网贷平台的领先者。

表 10-4　成交变化量在接入上海资信前后的检验结果

时间	变量	样本量	均值(万元)	标准差	秩和	期望	Z 值(p 值)
征信前	成交量	5	16030	21012	15	52.5	
征信后	成交量	15	178512	32442	195	157.5	−3.273(0.001)

10.5.3 实证结论

以人人贷平台作为典型案例,发现网贷平台在接入社会征信系统后,坏账率和平台成交量发生显著变化,说明网贷平台接入社会征信系统以后具有改善网贷平台风险管理水平的作用,并且得到了令人满意的效果。但是为什么网贷平台接入社会征信系统的积极性不高,有待进一步的研究。

第11章 我国 P2P 网络借贷监管政策解析与信用风险管控现状检视

P2P 网贷行业发展的过程也是我国 P2P 网贷监管政策逐步建立完善的过程。2015 年 7 月,国家十部委发布《关于促进互联网金融健康发展的指导意见》(简称《指导意见》),对网贷行业的市场定位、网贷平台的性质以及网贷运营等互联网金融的若干问题进行了规范和指引,是包括 P2P 网贷在内的互联网金融发展的纲领性文件。自此以后,P2P 网贷行业监管的政策法规建设快速推进。以 2016 年 8 月颁布实施的《网贷信息中介机构业务活动管理暂行办法》(简称《暂行办法》)为开端,之后陆续出台了《网贷信息中介机构备案登记管理指引》(简称《备案指引》)、《网络借贷资金存管业务指引》(简称《存管指引》)、《网贷信息中介机构业务活动信息披露指引》(简称《信息披露指引》)等监管文件。上述政策法规一起构成了 P2P 网贷行业"1+1+3"(一个指导意见、一个暂行办法和三个指引)监管体系,标志着我国 P2P 网贷行业步入有法可依、有章可循的新阶段。然而,监管政策法规的出台,并不意味着网贷行业便能够自发地走上规范、良性的轨道。本章首先对"1+1+3"监管政策法规进行解析,然后以此监管政策体系为参照,对我国 P2P 网贷生态圈信用风险管控现状进行较为深入系统的检视,最后对国外先进的网贷监管经验进行介绍。

11.1 "1+1+3"监管政策体系内容解析与思考

11.1.1 "1+1+3"监管政策体系内容解析

11.1.1.1 《指导意见》的监管原则

为使 P2P 网贷从野蛮式增长实现规范化发展,被称为互联网金融"基本法"的《指导意见》确立了"依法监管、适度监管、分类监管、协同监管、创新监管"的原则。首先,依法监管是根本,互联网金融属于新生事物和新兴业态,其监管已不适用传统金融监管模式,因此,需要制定契合互联网金融的专门法律法规来规范其发展,使监管有法可依、有章可循。其次,适度监管是核心,P2P 网贷作为普惠金融与互联网技术相结合的产物,既缓解了中小企业融资难的困境,又丰富了中小投资者的投资渠道,因此对其监管应在包容发展与过度监管中寻找平衡,允许其在合理范围内自由发展。第三,分类监管是方法,互联网金融在发展中已衍生出多种金融业态,如互联网支付、网络借贷、股权众筹融资等,各金融业态有不同的业务边界和准入条件,因此,需要根据主要发展方向实施分类监管,明确各监管主体,落实监管责任,保障平台合法运营。第四,协同监管是特色,P2P 网贷具有跨区域、跨领域、跨市场的特征,并且具有明显的负外部性,因此,中央、地方两级监管部门应协调配合,各司其职,既分工明确,又加强沟通、协作,形成有效的监管合力,避免监管真空。最后,创新监管是理念,互联网金融虽然本质上仍是金融,但其业务模式有别于传统金融,因此需跳出传统金融监管模式的思维框架,努力创新监管手段和方式,以增强监管的针对性和有效性。

11.1.1.2　《暂行办法》的监管内容

2016 年 8 月 24 日,银监会等四部委联合发布的《暂行办法》是首部针对 P2P 网贷行业的监管法规,被业界称为网贷"基本法",共八章四十七条,其主要内容概括起来主要有以下几个方面:

(1)界定了网贷内涵,明确了网贷活动基本原则,强调了网贷平台信息中介的定位。《暂行办法》明确将网贷平台定位于信息中介,在这一属性的定位下,P2P 网贷平台不能自我融资,不能构筑资金池,自然不能聚集公众资金,因而仅能提供网络借贷信息服务,而不提供担保、资金期限转换等信用中介服务,这意味着 P2P 网贷平台主要为借款人和投资者提供信息中介服务,借贷风险由投资者自行承担。实际上,P2P 网贷平台作为信息中介,具有不同于一般信息中介的特质,这种特质主要表现在 P2P 网贷平台功能的金融属性上,正是由于 P2P 网贷平台携带金融基因而附带金融属性致使这种信息中介不同于一般的纯信息平台,可将其理解为金融信息中介,以保障将其纳入金融类业务进行监管的正当性。

(2)明确网贷监管机制,坚持底线思维,促进各方协同合力监管。首先,强调机构本质属性,加强事中、事后行为监管。P2P 网贷平台虽然被定位于信息中介,但其业务却涉及资金融通和金融风险,因此需加强事中事后行为监管,净化市场环境,保护投资者合法权益。其次,坚持底线监管思维,实行负面清单管理。通过负面清单的方式界定网贷平台业务边界,明确十三条行为红线(网贷平台不能从事的十三种禁止性业务),支持合法合规的创新性业务,打击和取缔非法违规的网贷业务,同时加强信息披露,防范系统性风险。再次,创新监管方式,实行联动协同监管。按照《指导意见》和"双负责"的监管原则,《暂行办法》明确银保监会及其派出机构负责对网贷业务活动实施行为监管,制定网贷业务活动监管制度;地方金融局负责本辖区网贷机构监管,如备案管理、规范引导、风险防范和处置工作等,中央与地方各自发挥优势,形成监管合力。

（3）加强业务管理和信息披露，保护投资者合法权益。《暂行办法》要求 P2P 网贷平台进行备案管理，以实现行为监管和实质性监管。同时，为防止信贷风险过于集中，制定小额分散的业务规则，即制定同一借款人在网贷平台借款余额的上限。为保障透明公开的市场环境，《暂行办法》还要求网贷平台充分披露平台自身信息、借款人信息、借贷项目信息等重要信息，实行合格的投资者制度，完善纠纷解决途径，最大限度保护投资者合法权益。

（4）规定客户资金和网贷机构自身资金实行分账管理，由银行业金融机构对客户资金实行第三方存管，资金存管机构与网贷机构明确各方责任，以防范平台欺诈、侵占、挪用客户资金风险。

11.1.1.3 《备案指引》的监管内容

2016 年 11 月 28 日，银监会办公厅、工业和信息化部办公厅、工商总局办公厅印发的《备案指引》共四章二十三条，其主要内容概括起来包括以下几个方面：

（1）规定 P2P 网贷平台须遵循"工商注册——地方金融监管备案——经营许可申请——银行存管"的备案顺序，备案过程中就平台的合规性进行一定筛选，进而对网贷行业设立相对统一的准入门槛。

（2）明确企业经营范围，引导平台合规运营。《备案指引》指出，需要备案的 P2P 网贷平台的经营范围必须具有"网络借贷信息中介"字样，重申网贷平台作为信息中介的法律地位。网贷平台合法合规经营是备案登记的必要条件，要求机构业务流水清晰，不得设立资金池，企业借款额度不得超过 100 万，个体借款额度不得超过 20 万等。

（3）对新旧 P2P 网贷平台区分管理，灵活采取监管措施。对于新设立的平台，《备案指引》规定，在完成工商登记注册、领取企业法人营业执照后，应于 10 个工作日内向工商登记注册地的地方金融局申请备案登记。对于发展状况不一的既有平台，则严格要求其进行分类处理；对合规类机构的备案登记申请予以受理；对整改类机构，则要求在其完成整改并经有关部门认定后，再受理其备案登记申请。

（4）明确 P2P 合规化路径，完善备案登记后管理。P2P 合规化流程为：工商管理部门修改经营范围为"网络借贷信息中介"→地方金融局进行备案→通信主管部门办理增值电信经营业务经营许可证→落实银行资金存管。

11.1.1.4 《存管指引》的监管内容

2017 年 2 月 23 日，银监会发布的《存管指引》共五章二十九条，其主要内容概括起来包括以下几个方面：

（1）明确网贷平台与商业银行合作网贷资金存管业务的基本原则，在《暂行办法》基础上进一步提高对平台资质及职责的要求。《存管指引》继续恪守客户资金与机构自有资金分账管理的资金存管机制,并从机构设置、业务系统、内部管理、支付结算等多个角度界定了存管银行的职责边界,存管银行依据客户指令或授权办理网贷清算支付业务,并与平台共同进行资金对账,以防范网贷机构非法挪用客户资金的风险。

(2)明确委托人的身份职责和应遵守的各项义务。《存管指引》明确 P2P 网贷平台作为委托人,将完成备案登记、取得增值电信业务经营许可作为资金存管的前置条件。同时要求网贷平台在系统开发、信息披露、数据提供、客户服务等方面履行职责,且只能指定一家存管人作为资金存管机构,不得利用存管银行进行营销宣传和信用背书。

(3)明确存管人的身份资质、技术能力和履职要求。存管人的身份限定为商业银行,并具有自主管理能力和运营安全高效的网贷资金存管业务技术系统。存管人为 P2P 网贷平台、投资者和借款人分别开设账户,实现资金分账管理。商业银行作为资金存管人,不对网贷资金本金及收益予以保证或承诺,不对网贷资金的运用风险承担责任。

(4)明确资金存管业务的操作规则和保障措施。《指引》对网贷资金存管的业务模式、合同内容、系统接口、信息报告等相关细则进行了规范,同时明确存管账户设置要求,确保客户的资金安全。设置过渡期安排、不得变相背书、平等商定服务费用三项保障措施。

11.1.1.5 《信息披露指引》的监管内容

2017 年 8 月 25 日,银监会印发的《信息披露指引》共四章二十八条,其主要内容概括起来包括以下几个方面:

(1)提出了互联网金融从业机构、平台运营、项目的信息披露要求。将平台资金存管、还款代偿、逾期率、财务报表、经营信息、信用信息、借款用途等信息列入强制披露指标,以期实现机构自身透明、客户资金流转透明、业务风险透明三大目标。同时,《信息披露指引》贯彻"穿透式"原则与"分级分类"理念,明确要求从业机构按照业务的实质开展信息披露,若其包含多种业务,则按不同业务类型、规模、风险差异分别披露信息。

(2)明确了网贷机构信息披露的原则与方式。要求网贷信息披露应遵循"真实、准确、完整、及时"的原则。P2P 网贷平台应在其官方网站及提供网贷信息中介服务的网络渠道显著位置设置信息披露专栏,展示信息披露内容,并保证各渠道之间披露的信息内容一致。

(3)明确网贷平台应向公众披露的信息内容。应披露的信息内容包括网贷平台备案信息(备案登记信息、电信业务经营许可信息、资金存管信息、风险管理信息等)、网贷平台组织信息(工商信息、股东信息、组织架构及从业人员概况等)、网贷平台审核信息(上年度财务审计报告、合规性审查报告等);借款人基本信息包括借款人主体性质(自然人、法人或其他组织)、借款人所属行业、借款人收入及负债情况等;项目信息包括项目名称和简介、借款金额、借款期限、借款用途、还款方式、年化利率、起息日、还款来源、还款保障措施等。

(4)强调信息披露及时透明,注重保护投资者合法权益。平台应在每月前5个工作日内,向公众披露截止于上一月末经网贷机构撮合交易的借贷信息,在遇到突发状况时,应在发生之日起48小时内向公众披露事件起因、目前的状态、可能产生的影响和采取的措施,以让投资者和监管机构及时了解平台的经营情况。

11.1.2　对现行监管政策的几点思考

"1+1+3"新监管体系明确了网贷行业监管主体、备案登记制度、借贷资金存管、信息披露要求等各项工作,标志着我国 P2P 网贷行业迈入规范发展的新阶段。然而,笔者通过对一些网贷平台的调研和研究,认为现行网贷监管政策尚存在改进和完善之处,以下是针对网贷行业现行监管体系的几点思考:

(1)去担保化不宜一刀切

投资的安全性始终是 P2P 投资者关心的核心问题。《暂行办法》中明确提出平台去担保化,然而"去担保化"或者摒弃刚性兑付,可能会扩大网贷安全性不足与投资者对安全性需求之间的矛盾。我国投资者尤其是 P2P 网贷投资者格外关注投资资金本息的安全保障,要求平台去担保化的限制性规定可能在一定程度上抑制网贷投资需求,从而影响网贷投资者规模的稳定增长,进而给平台交易规模、合格网贷平台良性经营乃至网贷行业持续发展造成不利影响。因此,我们认为,坚持网贷平台自身担保的监管规定十分及时和必要,但也不宜一刀切,而应在降低贷款人风险与控制贷款平台风险之间谋求平衡。一方面,可以允许信用等级高的网贷平台根据自身的特点、注册资本等情况,选择是否提供担保,以及若提供担保应明确具体的担保方案,其担保方案可以是将担保比例控制在借款总额度的一定比例以内,或限于一定比例的自有资本可覆盖范围的保障金模式,或者与违约率挂钩并设有预警机制的浮动模式等。同时,自行担保的平台都应经过监管部门审批并接受严格的日常监管。另一方面,应积极鼓励网贷平台创新担保模式,如允许网贷平台与第三方专业担保机构或保险公司开展合作,通过市场化担保保险机制分担投资者风险。这既可以促进网贷平台改进风险管控水平和经营管理水平,增强风险转嫁能力,又能增强对网贷投资者合法权益的保护,提振投资者信心,增强网贷市场活力,促进普惠金融的繁荣发展。

　　（2）谨防中央与地方监管不同步

　　《暂行办法》明确"双负责"监管原则,银监会及其派出机构负责网贷业务活动的行为监管,地方金融局负责机构监管,涉及两个监管主体,容易造成中央与地方监管不同步的现象,以至出现新的监管盲区。中央层面,由银保监会牵头的各监管部门通过制定一系列监管政策法规,明确平台性质,严格审核网贷平台,敦促网贷资金存管,强制平台披露信息,实行穿透式监管。地方层面,各地金融监管部门对网贷平台的资质审核较为宽松,导致一些网贷持牌机构经营非相关业务,可能引发牌照转手,为非法借贷业务提供便利的现象。虽然中央监管机构制定监管实施准则,但各地区在政策落实上存在差异,容易产生监管盲区甚至监管套利。目前,P2P 网贷采用备案制,但备案指引只列示基本信息的备案,其具体执行主要由各地方金融监管机构负责。由于各地区行政执法力度和金融市场环境不同,各地监管机构对网贷平台的监管态度有较大差别,导致各地备案标准不一致。比如上海、北京要求存管银行必须属地化,深圳要求提交银行资金存管协议以及平台公司账户信息,广西要求提交公司内部控制相关管理办法,而广东则相对来说较为宽松。中央与地方以及各地区之间监管的不同步,容易导致监管滞后,甚至滋生腐败,引发不正当竞争,污染网贷市场环境。因此需要进一步完善监管协调机制,调动中央和地方的积极性,形成监管合力,同时各地方监管机构出台配套措施时,应在平台资质审核与监管政策执行上与中央保持高度一致性,避免因省施策、因城施策现象的发生。

　　（3）保障各当事人的合法权益。

　　P2P 网贷发展初期,由于无准入门槛、无行业标准、无政府监管,成为"三无产品",导致网贷行业良莠不齐。虽然自 2015 年以来,各监管政策逐步落地,但《暂行办法》仅将网贷平台定位于信息中介性质,并没有设置具体的市场准入门槛,且只根据网贷平台提供的信息搜集、信息公布、资信评估、信息交互、借贷撮合等服务来判断投资风险大小,没有引入量化指标,在市场准入时市场主体的主观意识占主导。为保证 P2P 网贷市场的活跃性和低风险性,监管机构应考虑量化市场准入门槛,如对网贷平台的注册资本、内控机制、管理人员和工作人员的职业素养以及技术应用等方面提出具体要求,从源头上提高平台资质,控制网贷风险。

　　随着监管趋严,一些违法违规机构逐步退出网贷市场,虽然《暂行办法》要求网贷机构在解散或破产前妥善处理存续的借贷业务,但在平台资本实力弱化的条件下,这些监管规定显得苍白无力,投资者的合法权益难以得到保障。从近几年发生的风险事件看,多数网贷平台破产倒闭后会向投资者宣称在 1～2 年内偿还资金,但实质上是为平台实际控制人携款出逃做掩护。所以,在市场出清时,为防范风险扩散,应妥善处理存续合同问题。如监管部门可制定市场退出的具体方式,或者单独设立相关的资产管理机构来直接负责网贷平台破产后的资金清算问题,亦可以要求网贷平台建立投资者风险基金,在投资者受损时给予一定的补偿。

(4)应允许更多合格金融机构参与网贷资金存管业务

《存管指引》将存管人限定为商业银行,但系统对接是银行进行资金存管的首要障碍。如果银行为平台开发定制化系统,不仅复用性差,而且会耗费较多的资源;如果开发标准化的统一入口,则会因各网贷平台技术水平与原有系统存在差异,导致对接效率低下。据笔者调查了解,目前部分商业银行仍对网贷资金存管持观望态度,大型商业银行在接受存管时对平台资质要求较高,以免承担不必要的风险。所以,在资金存管上,建议监管部门可以允许引入第三方支付机构,由其负责系统对接,减轻银行负担,提高银行开展资金存管业务的积极性。

(5)进一步完善征信体系,避免征信数据匮乏,造成数据孤岛

加强数据供应是解决数据匮乏的主要途径,增进数据共享是破除数据孤岛的有效手段。要进一步完善征信体系建设,以征信建设促信息供给、促信息共享,尽快解决征信数据匮乏和征信数据孤岛问题。为此,一要强化数据隐私保护意识和数据驱动共享并重的理念。既要重视数据隐私保护,尊重公民的隐私权,又要善于利用数据驱动方法,隐藏公民的敏感信息,保护共享参与者的合法利益。二要建立数据的有偿使用制度,鼓励科技型企业有偿使用和共享数据,同时促进公共征信数据库的建设,借助人工智能技术,提升共享数据的管理价值。三要鼓励合规数据供应商依法接入征信系统,扩大有效数据的供给。依法保护数据提供商的利益,按照法律规定严格控制数据的复制和备份。加强数据集成加工制作,提高数据的使用效率,发挥征信系统净化信用环境的功能。四要建立严格的数据共享监管制度,规范数据的使用行为,禁止违法使用信用数据,使征信孤岛数据转变为促进经济发展的重要支撑。总之,只有积极地采取各种措施,妥善处理数据隐私保护和数据共享,打破在此过程中的各种障碍,才能解决征信数据匮乏和数据孤岛的问题,促进互联网金融征信体系的发展。

11.2　行业自律组织

良好的监管体系必然包含自律和他律。在新监管体系下,P2P 网贷行业自律也尤为重要。通过行业协会,一方面可以使监管政策更好地落实,推动政策落地。另一方面,能够做好会员服务,收集行业合理诉求和意见,反馈给监管部门,让监管更符合实际,更能解决行业的痛点。

2015 年 7 月,中国互联网金融协会成立,旨在组织、引导和监督我国互联网金融的发展,此后又下设网贷行业委员会,负责 P2P 网贷行业的自律管理。随着网

贷行业监管逐渐常态化,各地也纷纷成立地方性网贷自律协会(表 11-1)。

表 11-1 部分地区互联网金融自律组织①

省市地区	批准时间	组织名称	会员数 (P2P 网 贷行业)	规章制度
全国性组织	2015/07	中国互联网金融协会	65	《网络借贷信息中介机构业务活动管理暂行办法(征求意见稿)》《P2P 网络借贷风险专项整治工作实施方案》印发网络借贷资金存管业务指引的通知
北京市	2014/12	北京市网贷行业协会	11	《北京市互联网金融风险专项整治工作实施方案》
广东省	2014/05	广东互联网金融协会	10	《关于开展广东省 P2P 网络借贷信息中介机构自律检查的通知》《广东省网络借贷信息中介机构业务退出指引》(试行)
	2015/04	广州互联网金融协会	21	《网贷备案实施细则征求意见稿》《广东省网络借贷信息中介机构业务退出指引》(试行)
	2015/07	深圳市互联网金融协会	21	《互联网金融从业机构反洗钱和反恐怖融资管理办法》(试行)
上海市	2015/10	上海互联网金融协会	8	《网络借贷信息中介机构备案登记管理指引》《关于印发网络借贷资金存管业务指引的通知》

　　山东、天津、江西、辽宁等省也成立了网贷自律组织,表 11-1 只列举了交易量较大、会员数较多的北京、上海和广东三省作为行业自律组织的代表。通过分析发现,我国网贷行业自律组织具有以下共性:① 会员主体与资格准入不够明确。以《北京市网贷行业协会章程》为例,会员主体是在中国境内依法登记注册的网贷企业及相关服务机构,其中"相关服务机构"并未指明具体的机构(邓建鹏,2017)。但从其公布的会员名单来看,不仅包括 P2P 网贷机构,还包括提供法律、会计、咨

---

　　① 资料来源:网贷之家。

询等服务的相关中介服务机构。② 协会组织结构较为复杂,人员规模较大。以广东互联网金融协会为例,会员大会是其最高的权力机构,每年至少召开一次,相关协议通过表决产生。会员大会下设理事会,由会长单位、常务副会长单位、副会长单位、理事单位、秘书长组成,是会员大会的执行机构,在会员大会闭会期间领导本协会开展日常工作,对会员大会负责。北京市网贷行业协会组织架构与之类似。③ 条文不够细化,执行力度不足。2013 年 12 月,上海市网络信贷服务业企业联盟曾发布过《网络借贷行业准入标准》,以规范上海市网贷行业的健康发展。但据了解,该标准并未发挥其应有的作用,并且北京、广东等地网贷协会的章程也仅涉及会员终止程序的规定,在会员违规担责方面没有明确规定。

虽然我国已经有不少地区成立了行业自律组织,但其发挥的作用却难以评估。尤其是近年来网贷行业"爆雷"事件频发,表明迫切需要加强行业自律机制建设。

11.3 我国 P2P 网络借贷风险管控现状的检视

11.3.1 我国 P2P 网络借贷风险外部监管的检视

11.3.1.1 外部监管取得的成效

随着监管细则的落地,不少平台从大额标的、债权转让等业务的清理整顿,到银行存管的上线,再到信息披露的完善等各方面仍然在积极进行整改,整体上看,在以下几个方面取得了阶段性成效:

(1) 为了满足《暂行办法》有关消化大额资产的要求,网贷行业在资产端和资金端都有所作为。一是资产端转型已成为行业热潮。2016 年来,大量平台在监管要求下转型或加码小额分散类资产,以企业贷款、房屋抵押贷款、保理等业务为主的大额资产已被陆续整改,消费金融和汽车金融成为他们优先选择和激励竞争的战场,农村金融市场被进一步拓展。例如,在消费金融方面,在线批量获取资产已渐呈趋势,现金贷如火如荼,P2P 消费金融交易规模出现井喷,2018 年 10 月达到 3400 亿元,同比增长 6 倍;在汽车金融方面,截至 2018 年 11 月,以车贷为主营业务且仍在正常运营的平台至少有 600 家,且仍在继续增加。二是资金端也迎来了很大的变动。网贷平台引入机构资金的情况开始增多,主要表现为平台完全放弃自有 C 端资金,以生产资产为主或是将自有 C 端资金与机构资金混合运营。

(2) 越来越多的平台开始积极对接银行存管系统。截至 2018 年 10 月,已有 59 家银行开展 P2P 网贷平台的资金存管业务,775 家正常运营的网贷平台(占同期正常运营网贷平台总量的 48%)与银行签订了直接存管协议。随着网贷资金存管业务测评的开展,不少存管银行也积极申请参加测评,并根据监管要求对存管系统进行整改。

（3）在高标准的《信息披露》行业监管及自律管理要求下,平台已增加或者调整了信息披露的内容。从网贷之家 2018 年 10 月评级的百强平台的情况看,几乎所有的平台均在其官方网站的显著位置设置了信息披露专栏。专栏内容主要包括平台备案信息披露、组织信息披露、审核信息披露、撮合信息披露等。其中 69 家平台设置了地方金融监管部门登记备案的信息专区,比如微贷网等网贷平台对其备案信息进行了简单介绍;90% 以上的平台在其官网披露了平台的工商信息、股东信息、组织架构及从业人员概况等;60% 的平台在其官网上披露一年度财务审计报告,其中有 41 家平台披露了具体的财务数据,包括负债表、利润表等具体数据;最理想的是,基本上所有平台都披露了自己的运营报告,达到监管要求。截至 2018 年 10 月末,已有 122 家机构接入登记披露平台,累计登记合同 14741 万份,意味着这些平台的相关信息可以在协会上被查询。此外,中国网贷行业协会持续推进商业银行资金存管的测评工作,截至 2018 年 11 月末,共有 42 家商业银行通过资金存管测评,其中建设银行、招商银行、华夏银行等 27 家银行对外披露其存管网贷平台信息,共涉及网贷机构 523 家。

11.3.1.2　外部监管的不足

虽然"1+1+3"网贷监管体系已经建立,但由于网贷行为是一项新型金融市场活动,加之相关监管法规出台的仓促性,新监管体系尚未完全落实到位,暴露出一些明显问题。

（1）监管体系尚不完善。目前"双负责"的监管体系在规范行业发展和防范风险方面起到了重要作用,但也存在中央层面监管部门之间的协调问题,以及地方政府与中央金融监管机构在金融监管方面的协调问题。首先,P2P 网贷在银保监会主管的情况下,其他部门（如公安部、网信办等）也有监管权限,多头监管下容易导致监管空白。其次,仍需要考虑如何处理好地方政府与中央金融监管机构之间的监管协调问题。一方面,地方政府必然对地方金融监管机构的独立性产生影响,会导致不同地方之间进行监管竞争、地方实施的监管措施与中央的监管目标相互矛盾。另一方面,地方金融监管权责不对等,如地方地府没有地方法人金融机构的监管权限、地方政府获取的信息不充足等等,导致地方政府处于被动管理状态（方芳,2018）。

（2）行业准入条件不明确。P2P 网贷准入规则采取注册备案制,但实践中《备案指引》对平台的资料要求并不严苛,所要求的资料主要是平台基本信息资料。同时,备案登记申请是由地方金融局进行审核,会存在一定行政区域的审核差异,且有可能存在不严格执行既定法律规则的情况,如有些地方政府权力寻租或者出于经济保护的原因进行变相审批。

（3）网贷平台相关的财务监管指标缺乏统一规范,且没有验证其所披露信息真假的可靠方法。目前,虽然有许多网贷平台公开其运营数据(如累计成交金额、逾期坏账等),但计算方法并不统一,导致不同平台之间难以进行横向对比。此外,网贷平台所披露信息的真实性尚待检验,若存在虚假披露现象,则会损害广大投资者的利益(汪静,2018)。

（4）存续合同问题尚未解决。《暂行办法》提及了业务暂停与终止的相关问题,但在缺乏严格规范的背景下,多数平台在面临解散、撤销或破产等问题前已经没有足够的财力与人力去处理存续的借贷业务,以致平台倒闭后,投资者血本无归。

（5）银行资金存管的落实存在障碍。系统对接是 P2P 资金实行银行存管的主要障碍。首先,银行与单个平台直接沟通开发的系统较为定制化,复用性较差,难以满足不同平台的多样化需求;其次,即使银行在综合多样化需求后,开发了统一的标准化对接口,但对接效率还会因平台自身的技术水平和原有的系统匹配度而受到影响,如原来存在资金池情况的系统涉及整改,原来采用第三方支付存管系统的账户体系要进行转移,没有接口的要开发相应接口等。据统计,有 45% 的平台还没有实现与银行存管的对接,且存在收费不透明与资金杠杆、资金挪用等风险。

（6）征信体系不健全。我国的征信系统并不完善,信用数据主要来源于央行的大数据库,且平台也并未纳入央行的征信系统,无法共享个人和企业的信用数据。大部分机构只能购买第三方征信报告,这种方式不仅增加了运营成本,而且无法做到信息全覆盖。此外,具有公信力的商业化征信机构数量少之甚少,市场上为 P2P 网贷平台提供征信服务的机构还存在未被官方所认可的涉及个人隐私等方面的问题,并存在一部分利用"爬虫"等非法手段盗取数据的不法机构。

（7）行业协会自身不足。虽然网贷领域已成立了许多行业自律组织,但自律组织在行业管理上并未发挥重要作用。一方面,行业协会对会员外部行为的监管氛围尚未形成,缺少完备的运营原则。P2P 网贷机构加入行业协会的主要目的是增信,借以获得客户的关注和信任,对于协会所提出的信息披露、资金存管、清理违规存量业务等要求反应不积极,落实力度不大。另一方面,行业协会自身缺少有效的内部管理。从现有的 P2P 行业自律规则来看,在会员主体与资格准入的规定上仍不够明确,行业自律章程普遍不够细化,且执行不力。

11.3.2　我国 P2P 网贷内部控制措施的检视

11.3.2.1　内部控制建设取得的成效

新监管框架的建立和实施有效促进了 P2P 网贷平台风险控制制度的建设,具体表现在：

（1）部分平台的资金托管取得了积极进展。实现清结算分离是互联网金融平台安全合规的一个重要标志，而清结算分离的基础便是实行资金的第三方托管。银行托管具有方便快捷的优势，能够满足网贷平台发展的需要。在资金托管给银行后，平台不经手项目资金，在未经用户的许可、授权或法律规定的情况下，无权动用相关资金，从而能有效防范平台建立资金池挪用资金的风险，保障了资金安全。目前已有 600 多家网贷平台在银行完成了存管业务。

（2）资质审核和信用评级建立了自身标准。一些大平台在信息审核时需要借款人提供身份证明、联系方式、工作证明、收入证明以及不动产产权、动产产权、学历、技术职称证明等信息在内的个人信息，还收集其消费记录以及社交人品等信息。待借款人资质审核通过后，平台通过对借款人的四大类信息，即个人信息、工作信息、资产信息和征信信息进行系统的信用分析，得到借款人的信用总分和每一大类的评分后，根据评分结果划分信用等级，信用等级低的借款人将没有资格进行网贷。

（3）风险保障模式不断创新。P2P 网贷根据自身的发展需求逐渐创新风险保障模式，创新的模式主要有以下三种：其一，由借款人提供担保。即借款人在申请借款时，提供如车辆、房屋、股权等形式的足值担保物，以抵押或质押方式保障投资者的未来债权；其二，由合作机构提供担保。担保机构与平台达成合作，担保投资者的投资本金，承担借款人的违约代偿责任。平台由此可以减轻自身的刚性兑付压力，分散风险，进而提高自身实力；其三，由平台提取风险准备金。平台按固定金额持有或按业务收入比例方式提取一定的资金设立风险准备金账户，用于借款逾期或违约时偿付投资者。

11.3.2.2　内部控制措施的不足

虽然我国 P2P 网贷平台在风险控制方面取得了长足进展，但在运作中还存在着明显缺陷。

（1）风险管控上存在明显漏洞。一是缺乏风险隔离，资金运作不够透明。多数平台未实现借贷资金与自有资金的有效隔离，出现非法的平台自融现象。平台将通过虚构融资项目吸引的借贷资金流入自有资金池或合作的资金托管第三方，其经营行为缺乏制度约束，客户资金安全也得不到正规银行机构资金存管、托管协议的保障。二是风控体系不完善。从资金来源的角度看，目前，平台对投资者资金来源缺乏严格审查，纵容部分投资者利用网贷平台开展洗钱活动，将非法资金合法化。从资金流向角度看，平台耽于高昂的监控成本压力，未对借款人真实的资金用途及流向做到充分监控，致使某些借款人利用违规处罚措施的制度漏洞，将借款资金用于高风险或非法领域,极大地提高了逾期还款乃至违约的风险。而多数平台采用资金池的运作方式使得其自身缺乏必要的风险缓释资本,资金流动性不足,极易因个别项目的逾期回款导致兑付危机,乃至资金链断裂。

(2) 信息透明度有待提高。一方面,风险准备金披露不规范。多数平台不能全面披露风险准备金的提取方法、金额、托管银行等关键信息。风险准备金是反映平台风险控制程度的重要方式,但平台不规范的披露方式难以满足投资者直接查询风险准备金当前状况的需求,进而影响平台业务的经营。另一方面,项目信息透明度有待完善。当前我国各网贷平台在项目信息公开上存在描述模糊、描述方式单一、披露信息匮乏等问题,另有一些平台为保护融资方隐私将部分资料设置为仅注册会员可看,这在一定程度上限制了潜在投资者的选择。

(3) 业务品种有待丰富创新。由于网贷平台发展的总体水平不高,平台对自身定位不够明确,尤其对行业细分不够清晰,网贷平台业务结构和产品种类单一,多数平台以提供企业经营贷款为主,平台间业务同质化严重,缺乏自身特色。同时,一些平台基于安全性考虑,主要提供投资期限不超过 1 年的短期贷款,增加了融资企业的融资环节和交易成本。

11.4 国外 P2P 网贷监管经验及其借鉴

P2P 网贷源于国外,西方主要发达国家都形成了各自的监管模式。由于各国对 P2P 金融的定位不一样,导致监管模式有所差异。下面以英、美、德、法等国的监管经验为主进行介绍。

11.4.1 英国 P2P 网络借贷监管经验

英国 P2P 网贷监管经历了由宽松到严格的阶段性转变。2005—2011 年间,英国网贷市场既没有行业自律也没有政府监管,只是将 P2P 网贷界定为消费者信贷,由英国公平交易管理局(OFT)暂时监管(杨咸月,2017)。2011 年起,英国网贷监管体系开始逐渐完善。

11.4.1.1 自律性协会

2011 年 8 月,英国成立最早且规模较大的 3 家网贷平台 Zopa、RateSetter、Funding Circle 联合成立了网贷行业自律性协会——P2P 金融协会(P2PFA)。该协会致力于制定高标准的行业准则,并提出了《P2P 金融协会运营原则》(表11-2)。随后,一些 P2P 网贷平台陆续入会。英国网贷行业拥有较强的自律性,P2P 金融协会一方面保障了 P2P 行业的创新性,另一方面对 P2P 行业的发展起到了很好的引导和规范作用(杨咸月,2017)。

表 11-2　P2P 网贷行业运营原则

协会 10 项运营原则	协会 10 项运营细则
高级管理人员	平台董事至少有一位认可代理人
最低运营资本	不低于一定数额的英镑和 3 个月运营成本较高值
客户资金规则	单独存放银行,安排会计公司审计
信用风险管理	设置风险管理政策并备案
反洗钱措施	遵循反洗钱法规,建设加入反洗钱协会
平台报告及规则	健全合同条款,公开违约率,审核借款,向信用评级公司申请"软浏览"
信息披露	要求平台明确告知商业模式、延期违约评估方式、推广无误导,符合广告标准的相关规定,公平清晰
投诉管理	明确投诉管理办法,保障公平,及时解决
系统建设	建立安全适合的 IT 系统
破产管理	设置破产后续管理现有合同的计划

英国作为 P2P 网贷行业的发源地,其行业自律体系较为完善,主要通过《P2PFA 内部治理章程》《P2PFA 会员资格标准》和《P2PFA 协会原则》来加强协会内部管理,规范会员外部行为,引导英国 P2P 网贷行业的健康发展。以上三部章程明确了 P2PFA 协会的宗旨、组织架构、具体管理职责和会员的准入与退出管理机制。P2PFA 旨在引导会员合规发展,降低行业信用风险;在组织架构上仅设置董事会,负责管理协会事务;在会员准入方面也较为严格,入会机构应存续超 6 个月,且在信用风险、操作风险方面符合要求。

11.4.1.2　监管机构

2014 年 3 月,OFT 被撤销,英国金融市场行为监管局(FCA)接管了 P2P 网贷的监管权力,并于当月出台了监管法规——《关于网络众筹和通过其他方式发行不易变现证券的监管规则》,明确将 P2P 网贷与 P2B 网贷共同界定为"借贷型众筹"和"投资型众筹",并一同纳入监管范畴,且从事以上两类业务的平台需要取得 FCA 授权。此外,该法规在最低营运资本、信息披露等方面对网贷平台做出了 7 项规定。

英国 P2P 网贷市场由 FCA 和 P2PFA 联合监管,FCA 监管侧重于宏观层面,较多地关注整个网贷市场的规范发展,P2PFA 的自律管理则偏重于中观和微观层面,尤其是 P2P 网贷平台的经营体系。

11.4.1.3　对借款人和投资者的监管

英国具有较为完善的个人信用评分制度,所以在监管上更注重借款人资质审核与投资者保护两个方面。首先,严格审查借款人资质。英国网贷平台多采用实名认证、考察信用评级的方式审核借款人,也有平台为确保借款人具有偿还债务的能力,会进一步调查其收入情况。其次,加强投资者保护。在 2019 年 6 月 FCA 发布的 P2P 网贷监管新规中,强调投资者对 P2P 贷款的投资最高不超过其总可投资资产的 10%,并且要求所有 P2P 网贷平台在产品销售前对投资者进行测试,确保其达到合格投资者的标准。

11.4.2 美国 P2P 网络借贷监管经验

11.4.2.1 网贷监管套用现有的监管体系

美国没有专门的 P2P 网贷监管机构和监管法规,而是根据业务类型对应不同的监管机制。适配 P2P 网贷的美国现有监管体系中,主要监管机构是美国证券交易委员会(SEC),协同监管机构有联邦贸易委员会(FTC)、消费者金融保护局(CFPB)和联邦存款保险公司(FDIC)。美国将 P2P 网贷行业归类于证券业,适用证券业监管法案。证券监管强调市场准入和信息披露,电子商务监管强调信息保护和交易安全,消费者权益监管强调消费者公平和隐私保护。对应的监管法案如表 11-3 所示。

表 11-3 美国 P2P 网贷市场适配的联邦金融监管法案

监管类型	监管要求	监管法案
证券监管	市场准入、信息披露	《证券法》《蓝天法案》
电子商务监管	信息保护、交易安全	《统一电子交易法案》《电子商务转账法案》
消费者权益监管	消费者公平、隐私保护	《诚信借贷法》《公平信任报告法案》《平等信用机会法》

11.4.2.2 协同监管机构

美国网贷行业的协同监管机构包括联邦贸易委员会(FTC)、消费者金融保护局(CFPB)以及联邦存款保险公司(FDIC),它们旨在保护消费者权益。FTC 的主要职责是处理 P2P 网贷平台欺诈事件、负责与 P2P 相关消费者投诉案件的处理。CFPB 主要负责 P2P 金融消费者投诉案件数据资料的收集与整理,并有责任监管与 P2P 网贷相关消费者投诉案件的审理。FDIC 主要负责监督 P2P 网贷平台关联银行的承保、平台流经银行的款项。美国虽然没有专门针对网贷行业的监管机构和法规,但拥有多部门协同监管体系,现有法律基本能够覆盖 P2P 网贷的业务经营活动范围。参照证券业监管框架来监管网贷行业,严格的市场准入和信息披露虽然有利于强化 P2P 网贷市场的规范性,但忽视了 P2P 作为金融创新形态的灵活性,一定程度上限制了 P2P 网贷的发展。

11.4.2.3 主要监管措施

首先,较高的准入门槛。网贷平台需要在联邦和州进行登记,且要求提供大量证明文件,缴纳数百万美元的登记费;网贷借款人需要达到平台要求的最低信用标准,如 Prosper 要求借款人的信用评分不得低于 640 分;网贷投资者则要求必须拥有 100 万美元以上的净资产(不包括住所价值),或者上一年的个人收入超过 20 万美元。严格的市场准入,既可以在源头控制平台的资质,也可以降低借款人的违约率,保障各当事人的合法权益。其次,严格的信息披露制度。SEC 要求平台注册时提供防控风险的措施等全面信息,且平台必须定期披露财务状况及重大事项,形成持续的信息公开披露机制,借款人披露的信息包括借款人年龄、工作、学历、收入、信用等级等。最后,完备的退出机制。美国监管机构允许网贷平台设立 SPE(特殊目的的公司)以实现破产隔离,当 P2P 网贷平台面临破产时,SPE 作为第三方机构可以接管、继续经营,保障投资者的投资不受损失。

11.4.3 德国 P2P 网络借贷监管经验

跟美国类似,德国没有设立专门的 P2P 网贷监管机构,而主要将 P2P 网贷平台界定为银行类金融机构,通过现行的相关法规来规范 P2P 网贷发展。德国 P2P 网贷监管的独特之处在于强调 P2P 网贷平台与银行的合作,具体表现在两个方面:① 由于德国 P2P 网贷的主要模式是债权转让,因此,德国相关法律规定了债权转让模式的操作步骤,即先由商业银行将资金借给借款人形成债权,然后银行直接将债权拆分转让给投资者,或者银行通过网贷平台将债权间接转让给投资者。这种模式具有明显的特点,即必须通过商业银行放贷形成债权,债权转让时只能拆分数额,不得拆分期限。② P2P 网贷的"简单"居间模式被禁止,即 P2P 网贷平台不能作为资金借贷中介,而只能作为信息中介来单纯地撮合借贷双方完成借贷交易(纪海龙,2016)。

11.4.4 法国 P2P 网络借贷监管经验

法国 P2P 网贷和众筹都属于"参与性融资"范畴,网贷平台统称为众筹平台,其监管主要涉及金融市场管理局(AMF)和金融审慎监管局(ACPR)。2013 年 5 月,AMF 与 ACPR 联合发布了《众筹业务指引》,对于某类业务是否需要遵守 AMF 的相关要求、是否需要向 ACPR 申请信贷牌照做出了明确规定,并对互联网的金融模式进行了边界划分(陈雪杰,2014)。《参与性融资法令》界定了借贷型众筹(P2P 网络借贷)、捐赠型众筹和股权投资型众筹三大业务模式,创立了参与性融资中介和参与性投资顾问两种金融服务中介牌照。该法令针对 P2P 网贷的业务规范主要涉及 P2P 网贷平台设立注册、P2P 网贷平台运作流程、借贷人信息和借款用途等动态信息披露,产品备案制管理中小微企业及个人等融资主体等。此外,法国对于 P2P 网贷投资者的利益保护具有相对完善的机制,要求平台应具备相应的专业能力和风控能力。在网贷监管中,ACPR 主要负责机构准入和个体行为监管,AMF 主要负责众筹行业规范,二者具有明确的职能分工和监管协调(杨咸月,2017)。

11.4.5　国外监管经验对我国的借鉴

从英、美、德、法四国 P2P 网络借贷监管实践看,各国国情不同,网络借贷监管各具特色和优势,无论是英国政府监管与行业自律相互结合、相互补充的模式,还是美、德、法注重政府监管的模式,对完善我国 P2P 网络借贷监管都具有较强的借鉴和启迪意义。概括起来,上述国家对我国 P2P 网络借贷监管的主要借鉴之处有以下几点:

(1)明确政府监管主体责任,同时重视行业自律性监管,建立政府监管机构、行业自律组织的协同监管机制。

(2)实行宽严相济的市场准入制度。为保障新兴网贷市场的活力和秩序,应对 P2P 网贷平台实行较为严格的注册登记或备案管理,对 P2P 网贷平台的注册资本、经营条件、高管人员资质等设置明确的准入要求,量化网贷平台的准入条件,明确 P2P 网贷机构的业务范围,同时考虑创新业务发展,设置差异化的准入要求,防止劣质平台混入网贷市场。

(3)建立完备的网贷信息披露制度,将网贷平台、借款人、网贷业务信息以及其他网贷相关信息进行充分披露,增强网贷市场的透明度。

(4)建立完备的网贷市场退出机制。如在平台解散、被撤销或破产时,设立特殊目的公司以实现平台资产隔离,或接管、继续经营平台,保障网贷行业的平稳发展。

(5)建立网贷投资者保护机制,有效保障网贷投资者或网贷消费者的合法权益。

第12章 我国 P2P 网络借贷生态圈信用风险的防控策略

前述研究表明,最近几年来,虽然我国监管部门加大了对 P2P 网贷行业的整治力度,监管体系已初具雏形,但由于过去野蛮式发展过程中滋生的乱象多而复杂,加之 P2P 网贷行业本身的内在缺陷,网贷市场信息不对称现象比较突出,一些监管措施不能及时落实到位,网贷行业生态圈内生风险依然突出,特别是前期积累起来的违规违法行为尚未得到根本治理,以致出现 P2P 集中"爆雷"事件,给投资者、P2P 网贷行业形象乃至社会造成极大的损害。仅 2018 年 6—7 月,"爆雷"的 P2P 网贷平台就高达 308 家,其中提现困难和停业占比较高,问题平台累计涉及的投资人数超过 110 万,占总投资人数的 6.2%,涉及贷款额约为 777.6 亿元,占行业贷款余额近 8%。频发的"爆雷"事件进一步引发了投资者、存管银行以及公众对 P2P 网贷行业的恐慌,银行对于开展网贷资金存管业务的态度更为谨慎,部分银行开始收缩网贷资金存管业务。截至 2018 年 12 月,累计问题平台数量高达 2696 家,占平台总数的 40%。由此表明,我国 P2P 网贷行业的内控建设和外部监管亟待进一步完善和落实。本章立足于我国 P2P 网贷风险管理现状,针对当前我国 P2P 网贷风险管控的现状和前述研究结论,借鉴国外网贷监管先进经验,结合已出台的 P2P 网贷监管体系,提出我国 P2P 网贷信用风险的协同防控机制和多重防控策略。

12.1 P2P 网络借贷生态圈内核心主体信用风险的防控策略

12.1.1 网贷借款人信用风险的防控策略

12.1.1.1 健全借款人信用审核机制

信用风险是网贷生态圈面临的首要和主要风险。借款人作为 P2P 网贷的三大核心主体之一,是网贷信用风险的主要制造者和引发者。网络信用环境下,网贷平台对借款人信用资质的审核主要依赖于借款人线上提交的各项信息,信息不对称导致借款人信用信息真实性较难保障,致使网贷平台难以准确、全面地评估网贷借款人的真实信用水平。为了有效降低网贷借款人的信用风险,需加强对借款者信用资质的审核,完善其信息与信用审核机制。一是完善借款人信用信息审核办法。网贷平台在审查借款人信用资料时,不仅需要关注借款人的职业、收入、固定资产等信息,还应当强制要求借款者提供完整的个人征信报告、据实的银行贷款、信用卡消费等情况,其中结合借款人的信用记录应重点考察借款人的历史逾期和信用资质等信息。二是线下线上结合审验借款人的身份。线下通过与增信服务机构展开合作,对借款人及关联人的背景进行详尽的调研,对借款者身份的真实性进行验证;线上积极开发智能身份识别、人脸识别及活体检测技术,对借款者身份进行二次核验,防止借款人提供虚假身份信息、冒用他人身份信息进行恶意欺诈和骗贷等行为。三是线下线上结合测评借款人信用。借款人信用等级对其贷后行为具有重要影响,在对借款者身份审核后,利用收集的信息,线下通过专业性的信用评级机构对借款者信用资质进行初次人工测评;线上积极运用现代科技手段,创新网贷信用评级方法,积极运用人工智能技术推动网贷行业反欺诈领域的完善,依托"大数据""云计算"及"区块链"等现代信息技术,搭建多层级、高精度的信用评测"云模型",通过多层交叉评估,构建精准的借款人线上智能评级体系,综合线上与线下双重信用评级机制,实现对借款人信用资质的有效审核。

12.1.1.2　建立全程信用风险管理机制

借款人借贷交易过程包括彼此相互关联的借前、借时、借后三个主要环节。借款人信用风险大小与这三个环节的风险管控水平高低具有密切的关系。因此,建立全程信用风险管理机制,紧盯借贷交易过程中各环节可能发生的信用风险,做到借前有效预防、借时有效识别和借后精准监测,能有效防控信用风险。首先,借贷交易发生前,应实行严格的借款人信用审核机制,将不合格的借款人或者怀有不良动机的借款人排除在网贷大门之外,以有效抑制风险,将风险扼杀在萌芽状态。其次,建立借时风险识别、分级授信和差异化撮合机制。对通过信用审核的借款人,应依据其属性特征、借款用途、信用等级等因素进行分级分类,进一步判明借款人的风险承担能力和未来的违约概率,并据以实行分级授信和差异化的撮合机制,对不同借款者匹配相应的借款标的、借贷期限、借款利率和借款额度,以科学地分散风险,有效控制风险总水平。最后,建立借后风险动态监测机制。在借贷成交后至借款到期前的整个过程中,是借款人违约风险滋生的关键环节,因此,网贷平台应建立起科学的借后风险动态跟踪监测机制,对借款人资金使用情况以及借款人生产、经营、工作、生活等状况进行分时段的动态跟踪了解。同时,借鉴商业银行贷款五级分类方法,根据不同时段掌握的借款人信息,对借款风险进行分类,针对可疑及以下等级的不良借款及时采取措施予以化解,将风险扼杀在萌芽状态。

12.1.2　P2P 网络借贷平台信用风险的防控策略

12.1.2.1　完善平台内部治理结构,健全内部控制机制

作为网贷生态圈内的第二类核心主体,P2P 网贷平台既是网贷信用风险的诱发者,又是网贷信用风险的重要防控者。P2P 网贷平台的运营稳健性与其内部治理密切相关,因而,有效防范和降低平台信用风险,必须着力完善平台内部的治理结构,健全内部控制机制。一是强化平台信息的中介职能。当前网贷监管虽已明确了平台的信息中介职能,但仍存在不少 P2P 网贷平台为了快速扩张业务规模,在其发展过程中向投资者承诺本息保障,利用平台资金从事期限错配、流动性转换等信用中介功能,致使平台经营稳定性受到影响。为有效降低平台的信用风险,应坚持平台的信息中介定位,促使信息服务成为业务核心,弱化平台资金担保和信用中介功能。二是完善平台内部组织架构与内控机制。网贷平台应按照现代公司治理的要求,建立适合自身行业特征与发展需求的内部组织架构,保障自身的健康运行。对于大型网贷平台,应当按照现代公司的治理结构,建立完善的职能层、管理层与决策层三级组织架构,对于小型初创型平台,应当依照精简高效原则,整合冗余部门,实行扁平化管理,建立规范的经营管理体制和运行机制。但不论哪类平台,其内部组织架构都应包括业务营运部、项目部、风控部、资金财务部、业务拓展部、支持保障部等部门。在此基础上,明确划分平台内部各部门的职权,不仅在职能上要相互协调衔接,还要相互制衡、相互监督,确保公司安全顺畅运营。三是加强资金监测、落实平台资金存管。通过构建有效的平台风险预警监测体系,实现对平台潜在风险的及时发现和处置;要严格按照资金存管的监管要求,通过与商业银行等第三方存管机构展开合作,将客户资金与平台自有资金进行有效隔离,防止由于平台内部操作不当引发平台信用风险。四是加强平台信息安全管理。网贷平台的虚拟开放性使网贷资金交易和个人信息安全面临较大挑战,传统信息的认证方式存在个人信息易被非法商业爬取和冒用等风险,因此,网贷平台应加大对技术系统的投入,积极应用现代化技术升级网贷信息认证方式,如结合动态口令认证、语音识别等,进一步加强对用户身份的识别,同时不断提升资金交易过程中的信息加密技术,提高资金转账过程中的信息安全度。五是努力打造平台差异化优势。目前,P2P 网贷行业同质化问题很严重,为了提高核心竞争力,平台在不断提高贷款业务中细分服务的质量来为借贷双方提供更多个性化服务的同时,应当对不同规模、不同行业的企业提供不同的贷款产品,或根据地方经济情况提供富有区域特色的贷款产品,以提高产品的创新能力,加强平台品牌建设,提升平台影响力。

12.1.2.2　建立健全平台内部风控体系

网贷平台应秉持信息中介地位,牢固树立"稳健运营,审慎控量"的发展理念,

根据自身的机构属性和经营特征,建立独特的内部风险控制体系。

(1) 健全借款人信用风险甄别机制

网贷借款人通常是传统融资市场中的长尾群体,其本身的信用度不高、偿债能力弱,因而,建立科学严格的风险甄别机制,准确识别借款人信用风险显得尤为重要。该机制包括以下三个方面:一是严格的借款人信用信息审核机制,应从基础信息、偿债能力、历史信用状况、借款目的、借款条件等方面对借款人进行尽职调查、审核、鉴别,防止劣质借款人混入网贷市场。二是借款人信用等级测评机制。要根据影响借款人信用风险的特征因素,运用科学的信用评级技术建立内部信用评测系统,以准确判断借款人的信用度。三是建立借款人资金跟踪监测制度。建立借款人借贷资金电子台账,建立借贷资金运动轨迹和使用状况的实时监测机制,及时反馈借款人的信用变动状态,实现对借款人风险的动态管控。

(2) 建立网贷投资者风险审核机制

作为网络借贷中的债权主体,投资者金融投资知识的丰富程度、风险意识及风险偏好等有可能成为网贷信用风险的催化剂,特别是随着 P2P 网贷交易量和参与主体的增多,P2P 网贷平台极有可能成为不法分子进行洗钱的场所和工具。因此,为了控制网贷风险,避免平台自身遭受损失,同时也为了保护投资者利益,有必要建立投资者风险审核机制。该机制的核心内容就是建立涵盖投资者收入状况、投资经验、投资风格、投资目的、风险承受能力等要素的风险评估体系,对投资者进行分级评定,根据分级为其撮合匹配对应的借款标。具体而言,对风险偏好型投资者,为其匹配期限较长、回报较高、额度较大、风险较高的借款项目;对风险规避型投资者,则为其配置期限较短、回报率较低、违约风险较小、额度小而散的借款项目。

(3) 建立逾期借款风险损失化解与转嫁机制

借款人违约风险损失发生后,为应对资金断裂、流动性风险以及平台自身倒闭等关联风险的发生,网贷平台要从以下方面建立逾期借款风险损失化解与转嫁机制:一是建立逾期借款支付机制。主要是通过建立平台风险准备金、适当的催收机制等措施来增强逾期借款的垫付能力与催收成功率,进而增强平台的公信力。二是建立坏账风险转移机制。在平台"去担保"的监管要求下,平台可考虑通过与外部担保机构和保险公司的合作来转嫁风险损失,也可以通过建立坏账准备金制度来增强自身的坏账消化能力。三是建立贷款重组机制。这一机制具体包括对逾期借款进行展期、同意借款人增添保证人或担保物、债券转让等手段。

12.1.2.3 完善信息披露机制,增加平台运行透明度

P2P 网贷平台不仅要完善内部治理,健全风险管控体系,而且要适应监管要

求,加强平台信息披露机制建设,完善信息披露内容,增强平台运作透明度,使借款人、投资者和监管者能从中获得有价值的信息,减少信息不对称问题。《暂行办法》明确了平台是信息披露的重要责任主体。《信息披露指引》要求,网贷平台需向公众披露包括备案信息、组织信息、审核信息、撮合交易信息四大项共 24 小项内容的信息,向出借人披露借款人信息、项目信息、项目风险评估及可能产生的风险结果和已撮合未到期项目的有关信息。中国互联网金融协会发布的《互联网金融信息披露个体网络借贷》(T/NIFA1-2017)团体标准要求,信息披露项为 126 项,其中规定强制披露的信息有 109 项。虽然对平台的信息披露规则和内容提出了十分明确的规定和规范,但目前真正落实的平台只占少数,截至 2018 年 6 月,接入新旧版互联网金融登记披露服务的平台仅为 237 家。网贷平台对信息披露的监管要求落实迟缓,平台信息披露不全面且比较分散,如大多数平台的信息披露散布在平台网站的各个栏目,如"关于公司""安全保障""运营数据"等,不便于投资者全面系统地获取信息,这就导致投资者在选择平台时难以进行有效对比,不能做出合理的投资决策,也给借贷项目留下了风险隐患。因此,P2P 网贷平台应严格按照监管机构和行业自律组织有关信息披露的规定和标准要求,遵循真实性、准确性、完整性、及时性和可比性原则,切实建立完善的信息披露机制,向投资者、借款人、监管机构、其他网贷参与者及社会公众披露信息。一是逐步完善平台的信息披露专栏设置,统一各个板块的披露内容。网贷平台应当在其运营界面的醒目位置设置信息披露专栏,并在信息披露专栏内分设反映其运营资质和产品信息的各子信息披露版块,在各子信息版块内按照统一口径和要求对各运营指标和产品信息进行披露,重点对借款人信息和标的产品可能存在的风险进行提示,并定期对披露版块内的内容进行更新,提高平台信息的披露程度和水平,增强投资者对信息的可获取性,从而做出正确的投资选择。二是引入第三方审计机构对平台披露信息内容进行核查、计算和监督,帮助平台按照统一口径披露信息,实现披露信息的标准化,为监管部门提供可靠的监管依据,使信息披露内容真正实现有法可依,提升平台信息披露的规范化水平。

12.1.2.4 与传统金融机构构建互利多赢的合作模式

网贷平台在符合监管政策与合规运营的基础上,需不断创新平台风险控制模式,积极与传统金融机构展开合作,提升平台的风险控制水平。一是深化与商业银行的合作内涵。当前,网贷平台与商业银行间的合作主要集中在资金存管方面,网贷平台应以此为契机,深化与商业银行合作的形式和内容,如在产品创新、风险管理、营销渠道、客户资源等方面,两者通过密切合作,实现优势互补。二是创新担保模式。鉴于"去担保化"的监管要求和现有担保机制本身存在的缺陷,网贷平台应积极探索在已有的风险准备金模式以外谋求与保险公司的合作,将保险保障模式嵌入网贷安全保障体系,实现平台担保模式的创新。这一模式使保险公司的资金流需求与 P2P 网贷投资端供给实现了有效对接,不仅符合《指导意见》中鼓励金融机构与互联网企业合作的理念,而且满足了网贷平台在不得提供增信服务监管规定下的资金担保需求,有助于提升平台的抗风险能力。在合作模式上,网贷平台与保险公司既可以在资产端进行产品合作,也可以在销售端进行渠道合作;合作险种上,在已有的账户安全险和借款人人身意外险合作的基础上,积极开拓、不断延伸险种合作范围,如开展关于借款人履约保证险、"跑路"险、"爆雷"险等业务。通过深度合作,不仅能给保险公司带来新业务,为网贷平台带来更多融资项目,更重要的是能发挥保险保障网贷平台资金安全的作用,实现账户资金安全保障的全覆盖。总之,在"去担保化"的大背景下,这种创新模式不仅有利于增强网贷平台的风险转嫁能力,满足投资者对于网贷行业资金安全性的需求,而且有助于推动保险行业在"互联网+"背景下实现转型升级,实现双赢局面。

12.1.2.5 切实落实网贷资金存管

2017 年 2 月发布的《存管指引》,明确商业银行作为网贷资金存管机构的权利、义务及免责条款。但是,随着相应的政策约束,银行存管的成本也在增加,并且面对平台问题不断攀升的情况,商业银行也因惧怕承担责任而放慢资金存管的步伐,部分银行甚至选择了退出存管业务。为此,作为网贷资金的托管人,网贷平台应顺应监管部门的要求,积极与商业银行开展资金存管合作,实现客户资金与平台自身的有效隔离,夯实网贷资金的安全基础,增强自身化解和抵御流动性风险、挤兑风险的能力。

12.1.3 网络借贷投资者防控信用风险的策略

网贷投资者是 P2P 网贷生态圈内的第三类核心主体,他既是网贷资金的融出者,又是信用风险的主要承担者。投资者良好的风险意识和防范风险的能力,有助于减少网贷信用风险发生的可能性。因此,网贷投资者掌握信用风险策略十分必要。首先,投资者要加强学习,通过学习更多的投资知识和技能,知晓网贷借款规律,增强识别网贷投资产品、问题平台和问题借款人风险的能力,在投资决策前能主动规避风险。其次,正确处理投资风险与收益的关系。要在自身风险承受能力范围内有机匹配投资风险与收益,做到在风险既定的前提下追求更高的收益率,或者以更低的风险获得稳定的收益。投资者应不断丰富自身的投资经验,提高自身的心理成熟度,做到理性投资,减少盲目跟风,避免为追求高收益而招致严重的信用风险行为的发生。再次,增强信息获取和组合投资的能力,从而有效判别风险、分散风险。要善于根据借款人的基本材料、信用记录、财务状况、资金用途等大量信息来判别其在借贷期限内的偿债意识和能力,也要善于根据平台的基本情况(公司的营业执照、税务登记证、组织机构代码、业务营业许可证、网站信息安全认证等)、平台运行数据(平台的成交额、还款额、待收款数据、收益率、垫付或风险准备金、满标时间、坏账率、逾期率、逾期列表及黑名单等)、风险提示(借款者违约风险、政策风险)等多种信息判断 P2P 网贷平台的信誉度和可靠性,避免掉进风险陷阱。最后,在投资过程中,要善于运用投资组合技巧,将自身投资资金分散于不同的借款者及不同产品、期限、偿还期的项目上,最大限度地减少投资风险及其可能带来的损失。

12.2　P2P 网络借贷生态圈外监管主体信用风险的防控策略

完善的监管体系是实现对 P2P 网贷行业有效监管的制度性保障。我国 P2P 网贷行业从快速发展到步入行业振幅、调整阶段的过程中,迫切需要有更加健全有效的监管体系对其进行规范和引导,以实现网贷行业生态圈的良性循环和可持续、高质量地发展。尽管我国网贷监管的政策法规体系已经初步建立起来,但整体上看,其完善程度、有序监管程度、监管水平、监管效果等尚有较大的改进和提升空间。

12.2.1　政府监管机构层面网贷信用风险的防控策略

12.2.1.1　健全 P2P 网贷监管的体制机制

(1)设立互联网金融监管协调机制和职能部门

P2P 网贷信用风险频发的一个重要原因是分业监管体系与互联网金融跨界经营的制度性错配。总体而言,我国金融监管尚处于分业监管或从分业监管向混业监管过度的阶段,混业监管还处于探索期,经验明显不足,导致各有关监管部门在 P2P 网贷监管的过程中容易产生监管信息不对称、不同步、不协调等现象。从银保监会内设机构看,该会设立的 27 个职能部门中,并未设有互联网金融监管部门,对互联网金融监管的各个职能分散于各相关职能部门中,这势必影响网贷监管的专业化水平,网贷监管力量薄弱且难以形成合力,最终影响网贷监管的能力和效率。因此,要从根本上解决监管的体制性缺位和制度性错配问题,避免"铁路警察,各管一段"情况的再度发生,首先,应在国家层面统筹建立由中央银行、金融监管机构、工信、公安、工商、网信等部门以及地方金融管理部门共同参与的监管协调机制,协调各部门的监管权限和职责范围。其次,应整合银保监会内部各相关内设机构的互联网金融监管职能,设立互联网金融监管部门,专司包括 P2P 网贷在内的互联网金融监管职能,切实提升 P2P 网贷监管的能力、水平、韧性和质量。强化跨界、混业和套利等活动引发的风险监管,将 P2P 网贷发生的各个风险点和风险行为及时地置于有效的监管之下,真正实现对 P2P 网贷从投资者到平台再到借款人全过程的穿透式监管。

(2)建立分级监管体制

针对网贷监管中存在的监管盲区与监管混乱等问题,应本着中央与地方相结合的原则,实行中央统管、地方监管的方式,建立体系结构清晰、权责明确的分级监管体制,形成三层监管机制。第一层级是由银保监会为主组成的中央协调监管机制。银保监会负责对网贷平台业务活动制定统一的规范发展政策措施和监管法规,指导地方金融局监管网贷行业;工信部负责监管网贷平台业务活动涉及的电信业务;公安部负责网贷平台业务活动的安全,打击网贷金融违法犯罪行为;国家网信办负责监管金融信息服务、互联网信息内容等业务(熊诗丽,2016)。第二层级是地方金融监管,由地方金融局负责本辖区网贷平台的备案管理、规范引导和风险防范、处置,指导本辖区网贷行业的自律组织;工商部门负责本辖区网贷平台的注册管理。该层级直接对接市场监管。第三层级是行业协会自律管理,由行业协会对平台经营行为和业务活动进行规范,通过行业信息共享平台,建立行业授信共享机制和联防机制,制定统一的行业标准,强化平台道义监督与风险警示作用,该层级对接自律性监管。在 P2P 网贷的具体监管过程中,进一步加强机构监管与协会自律性监管的统筹协调,在机构监管基础上,充分发挥行业协会的作用,建立柔性监管体制和长效监管机制。

12.2.1.2 推进 P2P 网贷监管的制度建设

(1)建立健全平台市场准入与退出机制

过去,由于我国 P2P 网贷行业监管法规滞后,绝大部分平台均在无准入门槛、无行业标准的情况下进入并发展起来,导致网贷行业良莠不齐、鱼龙混杂,其中不乏纯粹为了非法融资、套取资金的问题平台。为了保证网贷平台的活跃度,提高网贷行业的整体质量和声誉,防范风险,应建立和完善 P2P 网贷平台的准入与退出制度。首先,通过建立主发起人机制,对主发起人进行资质限定,从平台注册资本、从业人员资质、风控能力及技术水平等方面进行门槛限制,保证网贷平台及从业人员质量。2016 年 11 月发布的《备案指引》,明确规定了平台申请设立时需提交的 9 大项备案材料,但对一些重要的备案项目,比如出资额、股权结构等没有提出明确的量化要求。其次,建立健全良性退出机制。对有问题的网贷平台及时进行关闭或破产清算,将其淘汰出市场,防止风险扩散,净化网贷生态圈。但是,任何 P2P 网贷平台的市场退出行为都必须在监管部门的直接监管下依法公开进行,如依法向社会公布退出的原因、方式和相关制度等,以保证退出行为具有足够的透明度。

同时,借鉴英国金融行为监管局建立的平台"生前遗嘱"制度,通过设立统一的专项平台或者引入第三方资产管理公司对接破产平台存续业务,形成平台良性退出机制。

（2）推动网贷资金存管制度贯彻落实

第三方资金存管制度是指网贷平台在第三方金融机构开设专门账户,将投资者、借款人和担保人的资金存入其中,实现正常业务的资金流动,即使网贷平台先行垫付资金,也要接受金融机构的监管。《存管指引》的出台从制度上隔离了网贷平台的营运资金与客户资金,使网贷平台无法以任何理由和方式接触客户资金,保障了客户的资金安全及平台服务的独立性和经营的合规性,能有效防范网贷平台私设资金池、挪用客户资金、卷款跑路甚至介入非法集资或者商业诈骗等行为的发生,有利于监管部门对网贷融资的监测分析。但是,当前该项制度的推行存在一定障碍,效果不甚明显。对此,监管部门应从以下两方面加大网贷资金存管制度的推进力度:一是要求存管机构——商业银行建立完善有效的平台审核机制和完备的风险防范机制,严格规定平台资金存管后,平台的所有交易合同必须在银行备案,对网贷交易双方的资金变动进行实时监控。二是优化 P2P 网贷平台资金的存管模式。现行《存管指引》规定,一家平台只能委托一家商业银行进行资金存管,这种规定给商业银行业务的开展带来不便,也会抬高小平台资金的存管门槛,从而不利于存管制度的实施。因此,建议对现行存管规定进行适当调整,即允许网贷平台选择第三方支付+商业银行的双系统存管模式。这是因为,第三方支付机构与 P2P 网贷平台等互联网金融机构具有较长时间的业务合作关系,能为平台资金的存管提供较为完整的支付通道、技术支持、系统运行等服务,有利于提高银行与平台之间的技术对接和决策效率,降低存管银行因改进系统和为每位投资者建立存管账户而增加的较高成本,从而有利于调动商业银行和第三方支付机构开展资金存管业务服务的积极性,推动网贷资金存管制度的顺利实施。

（3）建立网贷平台的日常监管制度

监管部门应强化对网贷平台的日常监控力度,从网站技术结构、信息安全以及日常业务交易、资金流动等各个方面进行监控和监督,一旦出现问题,这些监管数据可作为立案举证的依据供公安部门执法时使用(邱一波,2017)。同时,可通过监测数据建立预警检测指数模型,据以进行事前预警和监管,减少因平台严重逾期、"跑路"对投资者、存款人及相关网贷主体合法权益的侵害,阻止网贷信用风险扩散、传导。

12.2.1.3　多方合力推进网贷信息披露制度全面实施

信息不对称是滋生网贷行业乱象、造成网贷信用风险的基本原因,建立并实行严格的信息披露制度是规范网贷市场行为、防范网贷信用风险的首要制度举措。银保监会发布的《披露指引》和中国互联网金融网络协会发布的网贷信息披露标准,为规范网贷行业信息披露提供了政策制度依据和技术标准。然而,当前信息披露制度实行的覆盖面和效果均不尽如人意,需要监管部门、行业协会及其他社会组织等各方主体形成合力,切实推进网贷信息披露制度落地见效。一是网贷自律组织应通过制定行业自律公约,督促网贷平台遵照相关监管政策制度规定的披露项目内容和技术标准,真实、及时、准确、规范地披露信息,协助监管部门对网贷平台进行动态监管。在信息披露过程中,一些比较敏感的信息(如财务信息、借款逾期情况等),各家网贷平台的披露意愿不强,即使披露也可能存在虚假信息。对此,行业协会应制定奖惩规定,增强平台的披露意愿。二是引入审计机制压实网贷平台的信息披露责任和义务,促进完善的业务报告和信息披露体系的形成。第三方审计机构因具有较强的专业性和公信力,由其对网贷信息披露进行审计,能对网贷平台的资产状况、资金流向等进行客观监督。由于审计机构审核采用的网贷信息口径一致、标准统一,保障了网贷平台之间信息的较强可比性,为实现监管的精准化、规范化提供了可靠依据。同时,第三方审计能帮助监管层深入了解网贷行业的发展状况,制定更加切实可行的政策,实现对网贷平台的有效监管,提高监管的规范化水平。

12.2.1.4 创新监管手段,提升监管的质量和效率

P2P 网贷中信息技术的运用使风险具有较强的隐蔽性,传统的金融监管手段已经无法适应新形势下网贷行业发展的监管需要。因此,加强监管与现代科技的融合,以现代科技装备监管,促进监管手段创新变革,对于提升监管质量和效能,防控网贷信用具有十分重要的意义。监管机构应当积极主动适应和把握现代科技及金融科技飞速发展的趋势,持续强化监管科技的应用,提升对网贷风险态势的感知与防范能力。要充分利用大数据、云计算、人工智能、区块链等技术,开发实时数据集成系统和自动化监管系统,提高网贷信用风险的动态监测能力,实现对 P2P 网贷风险的精准监控与识别,科学预测风险的变化趋势,将风险控制在可预期的容许幅度和范围内。

12.2.2 行业自律组织层面网络借贷信用风险的防控策略

12.2.2.1 确立 P2P 网贷行业运营原则,规范会员外部行为

我国的网贷行业可借鉴英国丰富的行业自律管理经验,参考其所提出的信息披露、破产管理、投诉管理等十项原则。在会员运营方面建立多重审查机制,具体有:平台高级管理人员至少有一位认可代理人;平台设置最低运营资本;客户资金单独存放银行,并安排会计公司审计;建立风险管理政策并备案;定期发布报告,报

告内容包括健全合同条款、公开违约率、审核借款、向信用评级公司申请"软浏览";按规定披露商业模式、延期违约评估方式、投诉管理办法、破产后续管理计划等信息,从而确保会员平台安全性,降低后期风险。

12.2.2.2 完善 P2P 网贷行业协会内部管理体制

一方面,严格会员准入标准,最大可能地将会员主体范围限定在从事 P2P 业务的网贷平台,从而规范会员的外部行为,保证协会内部决议的独立性。在准入标准上,行业协会内部对平台设置"要求明示——资格筛选——调研审查——表决通过"的准入体系,严格考察会员的风险能力及信息透明度,要求会员在申请阶段作如实说明。另一方面,细化并明确违规处理制度机制。对待会员投诉,协会应进行客观、严格的调查,既要保障消费者权益,也要充分尊重违规会员,允许其做出申辩,既要严格按照违规处理规章制度做出处理决定,也要保护合规会员的名誉权。对于违规会员的处理,轻微违规可借鉴英国做法由协会内部直接消化,不公开,必要时也可进行评级调整;重大违规和会员除名则要通过公告等方式告知消费者,以保证信息的公开透明。

12.3 P2P 网络借贷信用风险传导的协同防控策略

12.3.1 基于网络借贷生命周期的信用风险协同防控策略

网贷生态圈发展演化呈现行业周期性,具有规律和特点,信用风险协同防控策略应紧密结合网贷行业的生命周期来采取和实施。一般而言,行业的生命周期是指行业从出现到完全退出社会经济活动所经历的时间,大致划分为幼稚期、成长期、成熟期和衰退期四个发展阶段。在网贷生态圈中,每个阶段的种群之间都会自发形成协同风险防控体系。协同风险防控是指不同的种群主体相互协调、共同完成任务、达成风险防控的目的。协同机制之所以重要,源于协同的特殊功能。首先,静态地看,协同就是不同个体、不同种群的行为主体发挥功能互补、资源整合的作用,从而形成一个整体并发挥系统功能。网贷生态圈中的平台、担保、保理、第三方支付、征信等各个主体从属于不同的领域,由不同的部门主管。由于风险具有叠加、连锁等特点,往往会影响很多相关领域,其处置应对也需要相关领域主管部门的相互配合。因此,只有各个部门相互之间积极配合,形成一个有效的风险处置协同系统,才能实现综合防范风险的目的。其次,动态地看,不同行为主体之间通过协同能够减少摩擦、协调行动,发挥系统整体功能的放大与优化的作用。例如,一些重大风险事件之所以处置应对得当,往往是各方面各个监管主体协调配合有力的结果(李雪峰,2019)。

每个阶段的网贷都有不同的特点,应当根据各个阶段采取对应的信用风险协同防控策略。在生态圈中,协同防控策略主要分为两类:一类是演化策略,通常是通过试错的方法来发展新生事物,这一点与生物进化原理具有共性,所选择的新生事物构成生态圈的一个部分;另一类是净化策略,生态圈个体需要接受生态圈整体的检验,风险、制度、政治因素等均会对生态圈个体的选择产生影响,模拟自然界生物进化规律,物竞天择,优胜劣汰,剔除不利于生态圈发展和社会进步的因素和个体。在网贷生命周期各个阶段采取的信用风险协同防控策略分别为初级演化策略、初级净化策略、高级演化策略和高级净化策略。

12.3.1.1 初级演化策略

初级演化策略是网贷幼稚期阶段采取的信用风险协同策略。在网贷行业的幼稚期阶段,网贷企业诞生,网贷行业从无到有,此时行业规模小,准入门槛低。在传统的金融环境下,金融体系中没有适合新生事物的风险防范体系,没有针对网贷的监管措施,风险的防范依靠企业自身的选择。初级演化策略强调,如果群体中绝大多数个体选择进化稳定策略,那么小的突变者群体就不可能侵入这个群体。或者说,在网贷生态圈中,突变者群体要么改变策略选择进化稳定策略,要么退出系统并在进化中消失(杨中华,2013)。在幼稚期发展阶段,大量不同商业模式的网贷企业出现,担保、保理、存管、支付等关联生态圈种群随之兴起,投资者及大量社会资金涌入 P2P 行业。不同种群之间相互理解、相互支持配合,逐步建立协同机制,完成生态圈信用风险的防控工作。一个完善的协同机制会让这些拥有不同视角、不同层面的种群更好地相互理解、彼此主动配合互补,形成防范信用风险的合力。在幼稚期阶段,网贷产品尚未成熟,市场增长率较高。在幼稚期内,各类监管规则都是既定的传统规则,没有针对网贷行业的规则。初级演化策略依赖于企业自身的演化以及新生种群,最终或化解信用风险,或积聚爆发,或被生态圈淘汰。由于在幼稚期,各种监管制度都在摸索过程中,社会经济对新生事物表现得比较宽容。在宽松的监管环境以及政府对金融创新的包容支持下,网贷生态圈迅速扩展,各类种群不断丰富,网贷市场中充满各种新发明的产品。但是,并不是所有的风险都可以通过初级演化策略顺利化解,随着网贷生态圈的进一步发展,行业内必然集聚大量的信用风险。

12.3.1.2 初级净化策略

初级净化策略是网贷成长期阶段采取的信用风险协同策略。在成长期阶段,行业已经形成并快速发展。各类规章制度陆续出台,监管力度不断加大,企业合规成本不断上升,准入资质成为新进入者的障碍。网贷企业的各类风险已经开始暴露。在初级演化策略下,并非所有损害社会和生态圈长远发展利益的种群都会被淘汰,其中一些种群通过各种途径侥幸幸存下来。但是对于生态圈的健康发展来说,这类种群必须被淘汰。实施初级净化策略时,需要在协同中采取协调行动予以支持。针对每一项风险防控任务,应该明确规定由哪个部门牵头、哪些部门配合,行动中临时出现的问题应依据什么原则进行处置(李雪峰,2019)。例如,由"多头借贷"产生的信用风险应当由"信联"牵头,网贷平台、担保公司、借款者、存管银行、地方金融监管局、公安和法院部门配合,依据借款者资产情况和网贷监管原则进行处置。通过净化策略将一些违规、不合法的个体或者种群强制剔除生态圈,维护生态圈的长期稳定发展。在成长期阶段,初级净化策略的目的在于降低生态圈的整体信用风险,重新构建生态圈种群合理的关系。在完成生态圈净化后,种群得到更健康的发展,从而进入下一个演化周期。

12.3.1.3　高级演化策略

高级演化策略是网贷成熟期采取的信用风险协同防控策略。在成熟期发展阶段,生态圈系统基本形成,生态圈内各个种群能够相互协同,网贷平台信息中介功能能够正常发挥,信用风险控制趋于有效。在这一阶段,行业规模相对稳定。网贷企业信用贷款余额变动和利润增长幅度较小,行业竞争更激烈。一些网贷平台因投资回报率不满意而退出行业,一小部分实力较强的网贷平台主导行业,行业集中度显著提高。随着时代、技术等因素的发展,生态圈内种群寻求进一步扩展的空间,金融创新不断涌现,行业风险再一次积聚。

12.3.1.4　高级净化策略

高级净化策略是网贷衰退期采取的信用风险协同防控策略。在衰退期阶段,网贷市场达到饱和状态,这是技术和运营模式被模仿后出现的替代品市场。行业规模和活跃度随各家网贷平台从该行业的退出而下降,该行业可能不复存在或被并入其他新兴行业。在衰退期阶段应实施高级净化策略,防止侵犯投资者权益,保障平台企业有序退出,化解存量风险。

12.3.2　构筑防控 P2P 网络借贷信用风险的三道防线

12.3.2.1　第一道防线——净化网贷生态环境

信用是维系网贷生态圈正常运行的基本机制之一。网贷信用环境是社会信用大环境中的重要一环。由于我国社会信用体系尚不健全,社会信用环境总体上呈现出良好的发展趋势,但在某些环节和领域的信用环境仍显恶化,加上网贷行业自身发展时间较短,网贷信用生态环境令人担忧。特别是一些庞氏借款者和金融骗局在初级演化策略下,无法通过生态圈而主动淘汰,必须采取净化策略将背信者剔除出生态圈。从 2015 年开始至今,国家层面的"1+1+3"网贷监管框架初步建立并逐步实施,地方网贷监管法规亦陆续颁布实施,网贷平台合规成本不断上升,大量违规网贷平台倒闭,这正是净化策略作用的必然结果。净化网贷生态环境的目的在于遏制生态圈环境恶化,主动暴露行业风险行为,全面控制、治理和消除各类风险因素,努力改善和保护 P2P 网贷生态环境,使网贷生态圈更好地满足借贷市场的需要。运用仿生学的理论和方法,在更好地利用网贷生态资源的同时,深入认识破坏网贷生态环境的根源及危害,重新构建生态圈种群合理的关系,净化网贷生态圈环境,促进网贷生态圈内种群的协调发展,降低生态圈的整体信用风险。当网贷生态环境经过净化,各种风险违约行为由于缺少滋生土壤会自行在生态圈内消失,这有利于从根本上防止网贷信用风险的发生和传导。

(1)建立规范高效共享的网贷征信系统

通过第 10 章的讨论,我们已经知道,征信是互联网金融的"定海神针",是网贷生态圈风险控制中最核心和最基础的部分。征信系统是网贷信用环境建设的中心环节,它能有效缓解网贷生态圈的信息不对称问题,对失信者形成挤出效应,降低信用风险发生的概率。从网贷征信体系建设状况看,虽然中国人民银行为百行征信颁发了全国第一张个人征信业务牌照,目前这家唯一的个人征信持牌机构已与120 余家互联网金融、消费金融机构签订了信用信息合作共享协议,但是,百行征信接入的消费类、持有网络小贷牌照的互联网金融等金融新业态机构的数量有限,接入的网贷机构则更少,且民营商业征信业务发展时间不长,征信活动开展面临较多困难。在此情况下,P2P 网贷平台自身通过线上、线下渠道采集和处理的信息,由于成本很高,很容易将这些数据视作商业机密而据为己有,自然构成征信数据共享的障碍,形成信息孤岛。因此,要在已有征信体系建设的基础上,多方发力,各方联动,建立起规范、高效、共享的网贷征信系统。要达到这一目标,当前最紧迫的任务是要解决以下几个核心问题:第一,立法明确信用信息标准及网贷征信接入央行征信系统的条件。目前,P2P 网贷征信缺乏统一的技术口径或标准,网贷平台想要接入央行征信系统,无论是从法律法规上还是实际操作上都存在较大障碍。应当结合《信息披露指引》《暂行办法》对披露信息内容的规定及 P2P 网贷平台信息中介的性质定位,修订《征信业管理条例》或出台相关法规,制定网贷征信信息的统一技术标准,规定网贷机构或持牌个人征信机构接入央行征信系统的条件和方式。第二,明确网贷平台接入央行征信系统的路径。目前,仅有百行征信获得央行核发的牌照,百行征信接入的网贷平台很少。因此,央行应进一步放开准入限制,让更多符合条件的商业征信机构参与网贷征信市场,通过网贷平台、征信机构等相关主体的充分竞争,增强其征信数据的经营能力。在此基础上,促进 P2P 网贷平台之间的信息共享,将网贷平台信息接入持牌征信机构数据库,持牌机构通过对各家平台征信数据质量进行分析,对其征信能力做出评级,央行据此筛选达标的网贷平台,对其放开接入权限,允许符合条件的网贷平台进入央行征信系统提供和查询所需信息。第三,充分利用大数据、云计算等现代科技手段,提升网贷征信的全面性、及时性和功能性,在央行征信系统接入的基础上,进一步扩大网贷征信的渠道和范围,建立覆盖央行征信数据、政府其他部门信用信息、网贷征信数据、消费金融数据以及互联网其他商业信用数据的社会信用信息共享系统,实现信用信息的互联互通,将网贷生态圈信用风险置于完善的征信数据环境监测之中。

（2）构建防控网贷信用风险滋生传导的常态化机制

一是健全网贷日常监管机制,加强对网贷平台、借款人的日常监控,从平台网站技术结构、信息安全以及日常业务交易等各个方面进行全方位监控(邱一波,2017),同时运用大数据等先进技术建立网贷平台风险突发预警机制,对网贷平台严重逾期、"跑路"和"爆雷"等重大风险事件做到早发现、早处理,将其扼杀在摇篮之中,有效阻止网贷生态圈风险向圈外溢出演变为社会风险。二是建立网贷市场反欺诈预警机制。建立互联网金融欺诈反欺诈系统有利于尽早发现借款人恶意欺诈风险。建立统一的情报收集和数据处理中心,构建数据反欺诈系统框架,集中对各种数据进行检测识别,筛选出异常数据并进一步处理分析。建立互联网金融反欺诈联动机制有利于充分调动各方力量,全方位监控和防范互联网金融风险。同时,建立网贷反欺诈风险预警指标,可为今后建设网贷反欺诈系统积累数据和经验。建立跨平台、跨行业、跨区域的反欺诈联盟,并运用这些风险预警指标建立数据模型,嵌入投资者保护系统,实现系统自动过滤筛查识别欺诈的风险系数,最终实现利用技术手段提高对区域内网贷欺诈的识别率,提高网贷风险管理水平,净化网贷生态圈环境。三是建立网贷失信者的联合惩戒机制。对于发现的违法违规经营平台应当从严从快处置,持续压降全国网贷从业机构数量和存量业务规模。对于以各种不同花样骗取投资者信任和投资者资金的平台,应当给予严厉打击。同时,深入推进线下投融资机构整治,坚决取缔非法金融机构。通过网贷征信信息公开和共享,建立跨平台、跨部门、跨地区、跨领域的联合惩戒机制,促进不同部门之间防控网贷信用风险的协同、配合与衔接,形成政府各相关监管部门协同联动、行业组织自律管理、网贷主体积极参与、投资者和社会舆论广泛监督的共同防控格局,对网贷违法、失信者实施多部门联合惩戒,最大限度挤压失信者的生存和活动空间,彻底扭转投资者诉求难、维权难、找失信者更难的局面,切实优化网贷生态圈,使信用风险失去滋生、蔓延的土壤。

12.3.2.2 第二道防线——筑牢网贷信息流和资金流安全网

P2P 网贷活动是以网贷平台为中心,资金为纽带,信用为链条,循着信息流展开的。在网贷资金的流动过程中,信息和资金的管控水平及其变化状态,不仅极大地影响网贷信用风险的滋生,而且直接影响网贷信用风险的传导速度和波及范围。

因此,筑牢网贷信息流和资金流安全网,是有效防控信用风险在网贷生态圈传导的关键环节。

(1)着眼信息同步的协同防控

建立信息同步对于净化生态圈具有非常重要的作用,有助于减少信息不对称问题,推动社会资源的重新配置,促进信息监管体系的形成(吴海鹏,2018)。在网贷企业信用评价的基础上,借助共享信息平台的大数据分析,信息同步可以获取融资借款者的交易数据,对多头信用风险和虚假交易提早预警(康翠玉,2018)。信息同步可以持续识别、监测、评估网贷平台信息业务活动的合规性和风险状况,及时进行风险提示和预警,督促网贷平台接入管理措施,合理管控风险。信息同步内容涵盖网贷平台用户管理、档案管理、信息报送等。加快制定和完善网贷企业内部信息标准,加强支撑信息联动的网络平台建设,改善网络系统,实现各部门、整体平台的稳步推进,做到信息早共享、源头早发现、风险早预警、监管早防控,提高信用风险的联防水平与能力。

(2)着眼资金存管的协同防控

现行银行存管制度规定由商业银行对客户资金实行第三方存管,对客户资金进行管理和监督,但从运行情况来看,银行重收费,轻监督;重合规,轻保障。银行存管并未实现对投资者资产最大保护。预警措施要求银行承担更强的第三方监管职能。在资金转移过程中,资金转移的路径应当是透明化的和可追踪的。通过银行存管,由银行实时向投资者报告每一份投资的资金去向,真正实现点到点的投资,真正实现 P2P 的功能,而不是由网贷企业报告资金去向,或者以保护借款者隐私为由隐藏投资去向。投资者可以实时到银行查询资金的使用情况。银行存管应当切实发挥资产监管功能,帮助投资者掌握资产去向。资金联动意味着每笔资金的流向都是受到监管的,所有资金的去向都是可记录的。一旦中介者的行为构成重大风险,所有资金的流向都可以追溯,所有转移资金都可被银行系统冻结,并最大限度地保护投资者的资金安全。资金联动的协同防控力求做到明确投资者资金是如何转出的,这样就可以按照原路返回到投资者手中。对于银行账户资金的协同防控,完全可以通过这种方法追回;对于诈骗者将资金用于购买资产,则需要冻结相关账户名下资产,进行拍卖;对于诈骗者挥霍的资金,则会构成投资者的损失。资金联动的协同防控机制的目的是极大限度地记录投资者每一笔资金的去向,并在发现诈骗的第一时刻,冻结并追回投资者资金。

12.3.2.3　第三道防线——建立投资者权益保护与羊群行为防控机制

(1)建立投资者权益保护机制

一是在地方金融局域网贷行业组织设立网贷投资者保护机构。遇到纠纷时,由该机构协调投资者与平台间达成处理协议,在协商不能的情况下,进一步寻求其他保护手段以保障投资者合法权益的实现。二是建立互联网金融消费者权益保护法。通过立法强制规定网贷投资者的合法权益,对于损害网贷投资者权益的行为依法进行处罚,同时对市场准入、交易主体权利义务、法律责任等方面进一步规范。三是完善网贷交易纠纷处理机制,增加网贷纠纷处理的途径和效率,如第三方介入调停、在线争议咨询、相关部门现场帮助维权等。

(2)建立网贷投资者羊群行为发生的防控机制

一是切实落实信息披露监管指引,强制 P2P 网贷平台和投资者如实准确披露自身有效的信息,给投资者提供一个充分有效的信息作为投资决策的参考依据。二是建立覆盖全社会的全天候网贷征信系统平台,使网贷投资者能够随时随地方便地获取自己所需要的网贷平台和借款人的征信信息,减少"信息盲点",依据掌握的信息进行投资,有效避免羊群行为的发生。三是力促 P2P 网贷平台增强风险意识,加强风险管控,最大限度减少质量差、信息不对称的借贷项目进入 P2P 网贷市场,有助于减少羊群行为的发生。四是通过多种渠道和丰富多样的载体为网贷投资者学习金融投资知识、分享和总结投资经验、增强识别投资风险能力提供更多平台和机会,从而理性地进行投资决策,减少盲目跟风和羊群行为。

12.3.3　网络舆情协同防范机制

当今信息网络社会,违约舆情传播速度快、范围广,容易对债权人情绪产生影响。一旦避险情绪在 P2P 网贷市场上升并相互传染,必将导致羊群行为的发生,而且将进一步演化成为违约舆情危机,对投资者信心、P2P 网贷平台的风险控制及社会稳定产生恶劣影响。因此,应建立金融监管、工商、信管、公安、互联网金融协会和网贷平台等相关部门主体共同组成的网络舆情协同防范机制,及时阻断网贷违约信息和不良信息的传播,有效控制网贷信用风险在网贷生态圈的传导以及由网贷生态圈内向圈外的传播。网络舆情协同防范机制应涵盖舆情爆发潜伏期、初期和中后期三个阶段。

(1)在违约舆情爆发潜伏期,有效控制舆情的传播强度。一是加强网络舆情预警。网络舆情预警是指从危机事件出现征兆到危机开始造成可感知损失的这段时间内,化解和应对危机所采取的必要、有效行动。加强网络舆情预警可以增加 P2P 网贷平台应对危机事件的时间,防止违约舆情的爆发。二是加强与投资者的沟通。建立 24 小时投诉或咨询热线电话,开辟绿色通道,对投资者的投诉和举报等建立常态化的沟通机制。及时发布 P2P 官方正式调查的相关事件的真实材料,坚决制止和打压不切实际的、不负责任的,甚至捏造的负面信息传播,稳定投资者的心理预期,引导网络舆论沿着正确导向传递。

（2）在违约舆情爆发初期,有效控制新增投资债权转让的数量。尽早有效控制新增投资债权转让的数量是化解债权危机的重要途径。一是建立债权转让人工审核机制。建立危机应急机制,采取人工管制措施,保护债权人合理的流动性需要,抑制恐慌性抛售,降低网络舆论对债权人造成的损失。二是启动平台应急治理。利用自有风险准备资金、第三方担保机构资金和政府救助资金进行救市。回购市场上的高溢价债权,维护市场的流动性需求。三是鼓励债权人回购债权。在违约舆情传染初期,债权人回购债权可以稳定市场情绪,降低羊群行为的发生概率。四是捍卫市场信心。面对负面舆情,政府部门要迅速及时地进行事件调查并发布权威公告,以正视听,避免谣言等负面舆情的扩散;同时,向担保机构、相关合作银行发送公函,请这些机构发表担保声明,履行担保契约,维护市场信心。

（3）违约舆情传染中后期,有效提高平台公司治理水平。如果平台无法对网络舆论做出令投资者或债权持有人满意的解决方案,违约舆情将导致 P2P 平台被迫关闭,清偿债务。如果平台可以在违约舆情爆发初期控制住局势,违约舆情将不会传染进中后期。度过违约舆情传染危险的 P2P 网贷平台应加强平台公司的治理能力建设。"打铁还需自身硬",建立完善的风控体系和提高自身公司治理水平将是一项长期而艰巨的任务。

12.4　网络借贷生态恢复力提升策略

12.4.1　网络借贷生态恢复力的含义

如前所述,P2P 网贷生态圈由生态主体、客体及其所处的环境构成。生态主体包括网贷平台、相关服务机构、监管机构、网贷产品和服务供求主体(投资者与借款人)、行业自律组织等。生态客体包括投资品、借款、借贷合约、互联网平台技术、存管产品和结算服务等网贷产品及服务。网贷生态环境是作用和影响网贷生态主体的各种因素的总和,这些因素包括网贷生态主体和客体运行、生存与发展的政治、经济、文化及社会环境等(孙东亮,2016)。网贷生态主体、客体与环境之间相互适应、协调并能够承受来自内外部风险的冲击,网贷生态圈就会处于均衡,否则就会失衡,危及生态圈的稳健、安全及可持续发展。网贷生态恢复力就是指网贷生态系统能够维持自身系统机体功能,具有自发协调和恢复能力,这种能力足以使其抗击外部冲击和抚平内部扰动,保持网贷生态圈系统的均衡和稳定。

12.4.2　网贷生态恢复力的提升对策

网贷生态恢复力与网贷生态圈主体、客体及其所处的环境具有密切的关系。在自然生态系统中,生物多样性越高,生态系统的自我恢复能力就越强,但生态系统恢复到原来复杂状态的过程就越艰难。可见,生物多样性深刻影响着自然生态系统的恢复能力(陆岷峰,2019)。同样,网贷生态圈的结构复杂程度直接影响着其自身的恢复能力。从当前我国网贷生态圈运行的实际状况来看,网贷生态圈的恢复力应通过提升网贷主体、客体及环境的生态恢复力来达到。一是提升网贷主体生态恢复力。完善网贷市场运行机制和模式,建立灵活有效的网贷市场信息反馈机制,完善网贷市场的结构与功能,加快网贷平台的规范化建设和品牌建设,健全金融监管体系,积极引导网贷市场服务机构,促使网贷市场主体努力改善经营管理方式以满足网贷融资需求主体的多样化需求,提高网贷市场主体的可持续增长力和竞争力。监管机构要秉持包容审慎监管的理念,针对 P2P 网贷这一新金融形态的运行特点和发展规律,制定宽严相济的监管政策,增强网贷行业的稳定性和可持续性,发挥其在优化普惠金融资源配置中的作用,在持续发展中不断实现网贷生态圈新的动态均衡。二是提升客户对网贷客体生态恢复力。针对网贷市场潜在的多样化需求,努力开发和拓展网贷产品和服务,提高服务质量,降低网贷资金的交易成本,提升客户对网贷产品和服务的满意度和美誉度。对网贷信息、网贷产品和工具,网贷平台技术、现金管理、资金存管与结算服务等网贷客体,可通过采用精益六西格玛的管理方式,持续改进网贷客体服务的效率及质量,消除网贷交易中的干扰因素及造成网贷交易风险的影响因素,深入分析相关信息,发掘不稳定因素,然后依托网贷信息共享平台,拓宽网贷信息收集、分析和传播渠道,加强网贷资金存管、支付、结算服务的技术系统建设,建立金融生态失衡预防机制,促进网贷生态平衡。三是提升网贷环境生态恢复力。网贷生态环境是在一定时间和空间范围内,在各利益关联方之间及网贷生态圈群体与环境之间,通过资金流转和能量循环而相互作用的关系和要素总和。要提升网贷环境的生态恢复力首先必须认识、掌握和遵循网贷行业的发展规律,从而探索与这一规律相适应的网贷生态圈可持续发展的方式与制度建设路径。在网贷生态恢复力的提升过程中,要注重树立网贷生态意识,积极培育网贷生态圈产业链,优化网贷生态环境,使之与网贷市场需求产生互动效应,与监管机构及其他网贷主体和客体形成耦合链条,从而更好地把握和预测网贷生态失衡的趋势,有效规避网贷信用风险。要达到这一目标,建立科学合理的监管机制至关重要。监管机制要确保网贷生态环境在稳健有序的条件下进行,力求避免网贷行业的系统性风险,监管机制要为网贷生态环境的发展营造健康良好的基础(孙东亮,2016)。为此,适度的监管能保持网贷生态活力、激发网贷市场生态潜能。因此,应改善金融调控监管机制,树立网贷生态的法治理念,深化网贷监管制度改革,在已有"1+1+3"监管体系的基础上进一步优化网贷监管的体制、机制和政策制度,减少监管盲区,增强监管的针对性、有效性和穿透性,推动网贷金融资源的流动和优化配置,切实提升网贷生态恢复力。

参考文献

（一）英文文献

[1] Cai S, Lin X, Xu D, et al.Judging online peer-to-peer lending behavior：A comparison of first-time and repeated borrowing requests[J].Information & Management,2016(07):857-867.

[2] Guo Y,Zhou W,Luo C,et al.Instance-based credit risk assessment for investment decisions in P2P lending[J].European Journal of Operational Research,2016(02):417-426.

[3] Pokorn M,Sponer M.Social lending and its risks[J].Procedia-Social and Behavioral Sciences,2016(01):330-337.

[4] Ahlin C,Waters B.Dynamic microlending under adverse selection:Can it rival group lending[J].Journal of Development Economics,2016(01):237-257.

[5] Wei S.Internet lending in China:Status quo,potential risks and regulatory options [J].Computer Law & Security Review,2015(06):793-809.

[6] Rogers B.The social costs of uber[M].Philadelphia:Temple University Legal Studies Research Paper,2015.

[7] Tomczak J M,Zięba M.Classification restricted boltzmann machine for comprehensible credit scoring model[J].Expert Systems with Applications,2015(04):1789 -1796.

[8] Emekter R,Tu Y,Jirasakuldech B,et al.Evaluating credit risk and loan performance in online Peer-to-Peer (P2P) lending[J].Applied Economics,2015(01): 54-70.

[9] Mild A,Waitz M,Wckl J.How low can you go? — Overcoming the inability of lenders to set proper interest rates on unsecured peer-to-peer lending markets[J]. Journal of Business Research,2015(06):1291-1305.

[10] Serrano-Cinca C,Gutiérrez-Nieto B,López-Palacios L.Determinants of default in P2P lending[J].PLoS ONE,2015(10):1-22

[11] Malekipirbazari M, Aksakalli V. Risk assessment in social lending via random forests[J]. Expert Systems with Applications, 2015(10):4621-4631.

[12] Miller S. Information and default in consumer credit markets: Evidence from a natural experiment[J]. Journal of Financial Intermediation, 2015(01):45-70.

[13] Belk R. You are what you can access: Sharing and collaborative consumption online[J]. Journal of Business Research, 2014(08):1595-1600.

[14] Prahalad C K, Ramaswamy V. Co-creationg experiences: The next practice of value creation[J]. Journal of Interactive Marketing, 2014(13):5-14.

[15] Gonzalez L, Loureiro Y K. When can a photo increase credit? The impact of lender and borrower profiles on online peer-to-peer loans[J]. Social Science Electronic Publishing, 2014(02):44-58.

[16] Bekhet H A, Eletter S F K. Credit risk assessment model for Jordanian commercial banks: Neural scoring approach[J]. Review of Development Finance, 2014(01):20-28.

[17] Marques A I, Garcia V, Sanchez J S. A literature review on the application of evolutionary computing to credit scoring[J]. Journal of the Operational Research Society, 2013(09):1384-1399.

[18] Lin M, Prabhala N R, Viswanathan S. Judging borrowers by the company they keep: Friendship networks and information asymmetry in online peer-to-peer Lending[J]. Management Science, 2013(01):17-35.

[19] Lin M, Viswanathan S. Home bias in online investments: An empirical study of an online crowdfunding market[J]. Management Science, 2013(05):1393-1414.

[20] Vedala R, Kumar B R. An application of Naive Bayes classification forcredit scoring in e-lending platform[C]//2012 International Conference on Data Science & Engineering (ICDSE). IEEE, 2012.

[21] Jefferson D, Stephan S, Lance Y. Trust and credit: The role of appearance in peer-to-peer lending[J]. Review of Financial Studies, 2012(08):2455-2484.

[22] Lee E, Lee B. Herding behavior in online P2P lending: An empirical investigation [J]. Electronic Commerce Research & Applications, 2012(05):495-503.

[23] Yum H, Lee B, Chae M. From the wisdom of crowds to my own judgment in microfinance through online peer-to-peer lending platforms[J]. Electronic Commerce Research & Applications, 2012(05):469-483.

[24] Maug E, Naik N. Herding and delegated portfolio management: The impact of relative performance evaluation on asset allocation[J]. Quarterly Journal of Finance,

2011(02):265-292.

[25] Oikawa K.A simple model of herd behavior[J].Journal of Public Economic Theory, 2011(03):797-817.

[26] Bachmann A,Becker A,Buerckner D,et al.Online peer-to-peer lending——A literature[J].Journal of Internet Banking and Commerce,2011(02):1-18.

[27] Magee J.Peer-to-peer lending in the United States:surviving after Dodd-Frank [J].North Carolina Banking Institute Journal,2011(01):139-174.

[28] Jarrow R A. Credit market equilibrium theory and evidence: Revisiting the structural versus reduced form credit risk model debate[J].Finance Research Letters,2010(01):2-7.

[29] Devin G P,Justin R S. What is in a picture? Evidence of discrimination from Prosper.com[J].Journal of Human Resources,2011(01):53-92.

[30] Verstein A.The misregulation of person-to-person lending[J].UC Davis Law Review, 2011(02):112-126.

[31] Brandes U,Lerner J,Nick B,et al.Network effects on interest rates in online social lending[J].Informatik,2011(10):4-7.

[32] Puro L,Teich J E,Wallenius H,et al.Borrower decision aid for people-to-people lending[J].Decision Support Systems,2009(01):52-60.

[33] Shen D, Krumme C, Lippman A. Follow the profit or the herd? Exploring social effects in peer-to-peer lending[C] //IEEE Second International Conference on Social Computing.IEEE,2010.

[34] Hildebrand T, Puri M, Rocholl J. Skin in the Game: Evidence from the online social lending market[J].Ssrn Electronic Journal,2010(12):1-37.

[35] Kim H S,Sohn S Y.Support vector machines for default prediction of SMEs based on technology credit[J].European Journal of Operational Research,2009(03):838-846.

[36] Weiss G N F,Pelger K,Horsch A.Mitigating adverse selection in P2P lending-empirical evidence from Prosper.com [J/OL].2010-07-19. https://ssrn.com/abstract=1650774.

[37] Herzenstein M,Dholakia U M,Herzenstein M,et al.Strategic herding behavior in peer-to-peer loan auctions[J].Journal of Interactive Marketing,2010(01):27-36.

[38] Collier B C,Hampshire R.Sending mixedsignals:multilevel reputation effects in peer-to-peer lending markets[C] //Proceedings of the 2010 ACM conference on Computer supported cooperative work.ACM,2010.

[39] Klafft M. Online peer-to-peer lending: A Lenders' perspective[J]. Social Science Electronic Publishing,2009(02):81-87.

[40] Berger S C, Gleisner F. Emergence of financial intermediaries in electronic markets: The case of online P2P lending [J]. Social Science Electronic Publishing, 2009(01):39-65.

[41] Duan W,Gu B,Whinston A B.Informational cascades and software adoption on the internet:An empirical investigation[J].MIS Quarterly,2009(01):23-48.

[42] Barasinska N.The role of gender in lending business:Evidence from an online market for peer-to-peer lending[C] New York:The New York Times,2009:1-25.

[43] Krumme K A, Herrero S.Lending behavior and community structure in an online peer-to-peer economic network[C] //International Conference on Computational Science & Engineering.IEEE Computer Society,2009.

[44] Sviokla J.Breakthrough ideas:Forget citibank-borrow form Bob [J].Harvard Business Review,2009(02):19-40.

[45] Herrerolopez S.Social interactions in P2P lending[C] //Workshop on Social Network Mining & Analysis.DBLP,2009.

[46] Artzrouni M.The mathematics of Ponzi schemes[J].Mathematical Social Sciences, 2009(02):190-201.

[47] Brown M, Jappelli T, Pagano M. Information sharing and credit: Firm-level evidence from transition countries[J].Journal of Financial Intermediation, 2008 (02):151-172.

[48] Wang H,Greiner M,Aronson J E.People-to-people lending:The emerging E-commerce transformation of a financial market[J].Lecture Notes in Business Information Processing,2009(36):182-195.

[49] Lin M, Prabhala N R, Viswanathan S.Judging borrowers by the company they keey:Social networks and adverse selection in online peer-to-peer lending[R]. Washington:University of Maryland,2009.

[50] Freedman S,Jin G Z.Do social networks solve information problems for peer-to-peer lending? Evidence form Prosper. com [R]. College Park, MD: NET Institute,2008.

[51] Ashta A, Assadi D.Do social cause and social technology meet? Impact of web 2.0 technologies on peer-to-peer lending transactions[J/OL].2008-10-09. http :// ssrn. corn/abstract= 1281373.

[52] Michael K.Peer-to-peer lending:Auctioning micro credits over the internet.Pro-

ceedings of the International Conference on Information Systems［J］.Technology and Management,2008(02):1-8.

[53] Herzenstein M,Andrews R L,Dholakia U M.The democratization of personal consumer loans? Determinants of success in online peer-to-peer lending communities ［J］. Bulletin of the University of Delaware,2008(01):274-277.

[54] Klafft M.Peer-to-peer lending:auctioning microcredits over the Internet［C］// Proceedings of the International Conference on Information Systems, Technology and Management.IMT,2008.

[55] Ravina E.Beauty,Personal characteristics,and trust in credit markets［M］.New York:NY,2007.

[56] Heng S,Meyer T,Stobbe A.Implications of Web 2.0 for financial institutions:Be a driver,not a passenger［J］.E-conomics,2007(01):1-10.

[57] Lis T,Shiue W,Huang M H.The evaluation of consumer loans using support vector machines［J］.Expert Systems with Applications,2006(04):772-782.

[58] Baesens B,Van Gestel T,Stepanova M,et al.Neural network survival analysis for personal loan data［J］.Journal of the Operational Research Society,2005(09):1089-1098.

[59] Avery R B, Calem P S,Canner G B.Consumer credit scoring:do situational circumstances matter? ［J］.Journal of Banking and Finance,2003(04):835-856.

[60] Ferrara l,Kin e.Groups and reciprocity:a model of credit transactions in Ghana ［J］.American Economic Review,2003(05):1730-1751.

[61] Jappelli T,Pagano M.Information sharing,lending and defaults:Cross-country evidence［J］.Journal of Banking & Finance,2002(10):2017-2045.

[62] Bikhchandani S,Sharma S.Herd behavior in financial markets［J］.IMF Staff Papers, 2000(03):279-310.

[63] Brynjolfsson E,Smith M D.Frictionless commerce? A comparison of Internet and conventional retailers［J］.Management Science,2000(04):563-585.

[64] Francesco L,Benedikt S.Economic simulations in Swarm:Agent-based modeling and object oriented programming［M］.Social Science Documentation Publishing House,2000.

[65] Tan Y H,Thoen W.Toward a generic model of trust for electronic commerce［J］.International Journal of Electronic Commerce,2000(02):61-74.

[66] West D.Neural network credit scoring models［J］.Computers & Operations Research,2000(11):1131-1152.

[67] Jianakoplos N A, Bernasek A.Are women more risk averse? [J].Economic Inquiry, 1998(04):620-630.

[68] Wallace N.Another attempt to explain an illiquid banking system: The diamond and dybivg model with sequential service taken seriously [J]. Federal Reserve Bank of Minneapolis Quarterly Review, 1988(12):3-16.

[69] Pålsson A M.Does the degree of relative risk aversion vary with household characteristics? [J].Journal of Economic Psychology, 1996(06):771-787.

[70] Pagano M, Jappelli T.Information sharing in credit markets[J].The Journal of Finance, 1993(05):1693-1718.

[71] Udry C.Risk and insurance in a rural credit market: an empirical investigation in Northern Nigeria[J].Review of Economic Studies, 1994(03):495-526.

[72] Banerjee A V.Quarterly journal of economics[J].A Simple Model of Herd Behavior, 1992(03):797-817.

[73] Welch I.Sequential sales, learning, and cascades[J].Journal of Finance, 1992(02):695-732.

[74] Hope K, Stiglitz J E.Imperfect information and rural credit markets: puzzles and policy perspectives[J].The World Bank Economic Review, 1990(03):235-250.

[75] Scharfstein D S, Stein J C.Herd behavior and investment[J].The American Economic Review, 1990(03):465-479.

[76] Diamond D W, Dybvig P H.Bank runs, deposit insurance, and liquidity [J]. Journal of Political Economy, 1983(91):401-419.

[77] Morin R A, Suarez A F.Risk aversion revisited[J].The Journal of Finance, 1983(04):1201-1216.

[78] Kermack W O, McKendrick A G.A contribution to the mathematical theory of epidemics[J].Proceedings of the Royal Society of London A, 1927(772):700-721.

[79] Serrano-Cinc C, Begoa C.The use of profit scoring as an alternative to credit scoring systems in peer-topeer (P2P) lending[J].Decision Support Systems.2016(89):113-122.

[80] Kumar S.Bank of one: empirical analysis of peer-to-peer financial marketplace. [EB/OL].http://aisel.aisnet.org/amcis2007/305.

[81] Hossein.The invisible value of information systems: reputation building in an online P2P lending system[R].Work Paper, 2013.

[82] Byanjankar A, Heikkila M, Mezei J.Predicting credit risk in peer-to-peer lending in neural network approach [C] Computational Intelligence, 2015IEEE

Symposium, IEEE 2015.

[83] Danenas P, Garsva G. Selection of support vector machines based classifiers for credit risk domain[J]. Expert Systems with Applications, 2015(06):3194-3204.

[84] Harris T. Credit scoring using the clustered support vector machine[J]. Expert Systems with Applications, 2015(02):741-750.

[85] Jeremy C. Stein. Information production and capital allocation: Decentralized versus hierarchical firms[J]. The Journal of Finance, 2002(05):1891-1921.

[86] Zhang Y, Jia H, Diao Y, et al. Research on credit scoring by fusing social media information in online peer-to-peer lending[J]. Procedia Computer Science, 2016, 91:168-174.

[87] Puro L. Borrower decision aid for peer-to-peer lending[J]. Decision Support Systems, 2010(01):53-60.

[88] Pope D G, Sydnor J R. What's in a picture? Evidence of discrimination from Prosper. Com [J]. Journal of Human Resources, 2008(01): 53-92.

[89] Larrimore L, Jiang L, Larrimore, et al. Peer-to-peer lending: The relationship between language features trust worthiness, and persuasion success[J]. Journal of Applied Communication Research, 2011(39):19-37.

[90] Dorfleitner G, Priberny C, Schuster S. Description-text related soft information in peer-to-peer lending-evidence from two leading European platforms[J]. Journal of Banking & Finance, 2016(64):169-187.

[91] Greiner M E, Wang H. Building consumer-to-consumer trust in E-finance Marketplaces: An Empirical Analysis[J]. International Journal of Electronic Commerce, 2010(02):105-136.

[92] Collier B, Hampshire R. Sending mixed signals: Multilevel reputation effects in peer-to-peer lending markets. CSCW, Savannah, USA. 2010.

[93] Burtch G, Ghose A, Wattal S. Cultural differences and geography as determinants of online pro-social lending[J]. Mis Quarterly, 2014(03):773-794.

[94] Yang X. The role of photographs in online peer-to-peer lending behavior[J]. Social Behavior & Personality An International Journal, 2014(03):445-452.

[95] Ming D L, Sharkey A J. Out of sight, out of mind? Evidence of perceptual factors in the multiple-category discount[J]. Organization Science, 2014(01):171-184.

[96] Lin M, Prabhala N R, Viswanathan S. Judging borrowers by the company they keep: Friendship networks and information asymmetry in online peer-to-peer lending[M]. INFORMS, 2013.

［97］ Luo B, Lin Z. A decision tree model for herd behavior and empirical evidence from the online P2P lending market［J］. Information Systems and e-Business Management, 2013（01）:141-160.

［98］ Ramcharan R, Crowe C. The impact of house prices on consumer credit: Evidence from an internet bank［J］. Journal of Money, Credit and Banking, 2013（06）:1085-1115.

［99］ Burtch G, Ghose A, Wattal S. The hidden cost of accommodating crowdfunder privacy preferences: A randomized field experiment［J］. Management Science, 2015（05）:949-962.

［100］ Liu D, Brass D J, Lu Y, et al. Friendships in online peer-to-peer lending: pipes, prisms, and relational herding［J］. Mis Quarterly, 2015（03）:729-742.

［101］ Malekipirbazari M, Aksakalli V. Risk assessment in social lending via random forests［M］. Pergamon Press, Inc. 2015.

［102］ Xu Y, Luo C, Chen D Y, et al. What influences the market outcome of online P2P lending marketplace? A cross-country analysis［J］.Journal of Global Information Management, 2015, 23（3）:23-40.

［103］ Cai S, Lin X, Xu D, et al. Judging online peer-to-peer lending behavior:A comparison of first-time and repeated borrowing requests［J］. Information & Management, 2016（07）:857-867.

［104］ Robert B, Robert M Z. "A Road to Peace and Freedom": The international workers order and the struggle for economic justice and civil rights［J］.The American Historical Review,2019 （01）: 279-280.

［105］ Klafft M,Spiekermann S. Reverse procurement and auctions for consumers［J］. Wirts Chaftsin for Matik,2006（01）: 36-45.

［106］ Briola D, Micucci D, Mariani L. A platform for P2P agent-based collaborative applications［J］.Software: Practice and Experience,2019（03）: 549-558.

［107］ Yan X B, Wang J, Chau M. Customer revisit intention to restaurants: Evidence from online reviews［J］. Information Systems Frontiers,2015（03）:645-657.

（二）中文文献

［1］ 杨立,赵翠翠,陈晓红.基于社交网络的 P2P 借贷信用风险缓释机制研究［J］. 中国管理科学, 2018（01）:47-56.

［2］ 窦新华,张玥,周方召.P2P 网贷平台营运风险评价及影响因素研究［J］.管理现代化,2018（01）:105-110.

［ 3 ］张文远,邢航.基于进化博弈的 P2P 平台与投资人的行为及仿真分析［J］.统计与决策,2018(08):52-55.

［ 4 ］吴庆田,罗璨,陈宜瑄.P2P 网贷平台特征与平台运营的稳健性——基于中国1706 家 P2P 网贷平台的证据［J］.金融理论与实践,2018(04):62-70.

［ 5 ］杨彦龙.新规视角下 P2P 网贷监管研究［J］.武汉金融,2018(02):27-32.

［ 6 ］汪静,陈晓红,杨立.P2P 网贷平台信息披露水平、投资人信任与投资风险［J］.中国经济问题,2018(03):106-121.

［ 7 ］夏越.契约环境、朋友圈网络与借贷行为——基于 P2P 网络借贷微观数据的研究［J］.中国经济问题,2018(03):122-135.

［ 8 ］李玺,李应博,马一为.我国 P2P 网贷监管中政府治理创新研究［J］.西南金融,2018(04):23-31.

［ 9 ］彭承亮,何启志.P2P 网贷平台信用风险形成机制与防范［J］.重庆交通大学学报(社会科学版),2018(01):88-95.

［10］冯博,叶绮文,陈冬宇.P2P 网络借贷研究进展及中国问题研究展望［J］.管理科学学报,2017(04):113-126.

［11］廖理,张伟强.P2P 网络借贷实证研究:一个文献综述［J］.清华大学学报(哲学社会科学版),2017(02):186-196,199.

［12］赵沁乐.P2P 行业的信用风险［J］.中国金融,2017(02):56-57.

［13］郑迎飞,陈晓静,辛苑.中国 P2P 网贷利率决定——基于跨平台横截面数据的实证研究［J］.当代财经,2017(04):47-56.

［14］陈清,林峰润.描述性信息对借款人逾期率的影响研究——基于 P2P 网络借贷平台的分析［J］.宏观经济研究,2017(03):137-145.

［15］刘洋,王会战.互联网视角下我国民间借贷的风险评价与控制——以 P2P 平台为例［J］.宏观经济研究,2017(03):146-157.

［16］杨建辉,林焰.基于自动控制视角下的 P2P 平台风险监管研究［J］.管理现代化,2017(04):109-112.

［17］蔡文学,罗永豪,张冠湘,等.基于 GBDT 与 Logistic 回归融合的个人信贷风险评估模型及实证分析［J］.管理现代化,2017(02):1-4.

［18］常振芳.P2P 网贷创新与监管问题研究［J］.经济问题,2017(07):53-57.

［19］裴平,郭永济.基于贝叶斯网络的 P2P 网贷借款人信用评价模型［J］.中国经济问题,2017(02):29-41.

［20］崔瑜.金融市场风险交叉传染机制与防控策略研究——基于医学 sirs 传染病模型［J］.南方金融,2017(02):3-13.

［21］刘曦子,陈进,王彦博.互联网金融生态圈构建研究——基于商业生态系统视

角[J].现代经济探讨,2017(04):53-57.

[22] 陆岷峰.互联网金融生态系统构建探析[J].企业研究,2017(01):50-53.

[23] 侯兆辉.我国互联网金融模式下的征信体系建设研究[J].征信,2017(04):40-44.

[24] 邓建鹏,王佳婧.英国P2P网贷行业内部治理模式及借鉴[J].清华金融评论,2017(01):97-99.

[25] 刘健,陈剑,廖文和,等.基于风险偏好差异性假设的动态决策过程研究[J].管理科学学报,2016(04):1-15.

[26] 田国强,赵禹朴,宫汝凯.利率市场化、存款保险制度与银行挤兑[J].经济研究,2016(03):96-109.

[27] 李稻葵,刘淳,庞家任.金融基础设施对经济发展的推动作用研究——以我国征信系统为例[J].金融研究,2016(02):180-188.

[28] 王正位,向佳,廖理,等.互联网金融环境下投资者学习行为的经济学分析[J].数量经济技术经济研究,2016(03):95-111.

[29] 刘奕,夏杰长.共享经济理论与政策研究动态[J].经济学动态,2016(04):116-125.

[30] 陈晓红,靳馥境,林永会.基于实验研究法的P2P投资行为分析[J].科研管理,2016(11):71-79.

[31] 程华,杨威.投资者风险偏好、平台行为选择与P2P监管[J].经济理论与经济管理,2016(10):16-24.

[32] 于晓虹,楼文高.基于随机森林的P2P网贷信用风险评价、预警与实证研究[J].金融理论与实践,2016(02):53-58.

[33] 徐英军.互联网消费信贷债权线上证券化的风险控制[J].金融理论与实践,2016(02):72-77.

[34] 陈虹,马永健.P2P网贷行业利率定价模式研究[J].当代财经,2016(05):45-56.

[35] 李琪,王振.P2P网贷平台风险和标的风险的辨析[J].上海金融,2016(10):92-95.

[36] 孙小华.P2P网络信贷下债权转让模式的合法性探讨[J].法制与社会,2016(08):93-94.

[37] 张立炜.网络关注度对P2P平台成交量的影响——基于百度指数的实证研究[J].投资研究,2016(06):130-148.

[38] 滕磊.担保机制下网络贷款信用风险传导机理研究[J].浙江金融,2016(09):9-15.

［39］李思瑶,王积田,柳立超.基于生存分析的 P2P 网络借贷违约风险影响因素研究[J].经济体制改革,2016(06):156-160.

［40］朱富强.演化经济学面临思维转向:从生物演化到社会演化[J].南方经济,2016(03):86-102.

［41］董梁,胡明雅.基于 Logistic 回归模型的 P2P 网贷平台新进借款人信用风险研究[J].江苏科技大学学报(社会科学版),2016(03):102-108.

［42］霍江林,刘素荣.P2P 网贷平台借款人信用风险评估研究[J].金融发展研究,2016(12):43-47.

［43］郑云峰,朱珍.我国 P2P 网贷行业乱象:表现、根源与监管[J].江苏师范大学学报(哲学社会科学版),2016(03):143-147.

［44］姚凤阁,隋昕.P2P 网络借贷平台借款人信用风险影响因素研究——来自"拍拍贷"的经验依据[J].哈尔滨商业大学学报(社会科学版),2016(01):3-10.

［45］王晓.我国 P2P 网络借贷的信用风险研究——基于去担保趋势下人人贷数据实证研究[D].成都:西南财经大学,2016.

［46］李东荣.互联网金融生态圈应更安全包容[N].联合时报,2016-11-04(04).

［47］廖理,吉霖,张伟强.借贷市场能准确识别学历的价值吗?——来自 P2P 平台的经验证据[J].金融研究,2015(03):146-159.

［48］吴佳哲.基于羊群效应的 P2P 网络借贷模式研究[J].国际金融研究,2015(11):88-96.

［49］郭海凤,陈霄.P2P 网贷平台综合竞争力评价研究[J].金融论坛,2015(02):12-23.

［50］闫春英,张佳睿.完善我国 P2P 网贷借贷平台风险控制体系的策略研究[J].经济学家,2015(10):78-83.

［51］卢馨,李慧敏.P2P 网络借贷的运行模式与风险管控[J].改革,2015(02):60-68.

［52］胡强,万幼清,王洁琼.P2P 网络借贷风险传导机理研究——以东方创投案为例[J].财会通讯,2015(31):15-18.

［53］刘征驰,赖明勇.虚拟抵押品、软信息约束与 P2P 互联网金融[J].中国软科学,2015(01):35-46.

［54］唐艺军,葛世星.我国 P2P 网络信贷风险控制实证分析[J].商业研究,2015(10):64-72.

［55］俞林,康灿华,王龙.互联网金融监管博弈研究:以 P2P 网贷模式为例[J].南开经济研究,2015(05):126-139.

［56］顾慧莹,姚铮.P2P 网络借贷平台中借款人违约风险影响因素研究——以

WDW 为例[J].上海经济研究,2015(11):37-46.

[57] 王长江,杨金叶.P2P 网络借贷的风险与监管模式研究[J].经济纵横,2015 (04):98-102.

[58] 李渊琦,陈芳.我国 P2P 网贷的风险分析及监管对策[J].上海金融,2015 (07):78-81.

[59] 肖曼君,欧缘媛,李颖.我国 P2P 网络借贷信用风险影响因素研究——基于排 序选择模型的实证分析[J].财经理论与实践,2015(01):2-6.

[60] 李昌荣,胡斐斐,毛顺标.借款人在 P2P 小额贷款市场中的信用行为——基于 博弈论的分析[J].南方金融,2015(09):28-34,9.

[61] 廖理,李梦然,王正位,等.观察中学习:P2P 网络投资中信息传递与羊群行为 [J].清华大学学报(哲学社会科学版),2015(01):156-165,184.

[62] 张成虎,牛浩远.基于不完全信息动态博弈的 P2P 网络借贷行为研究[J].河 南师范大学学报(自然科学版),2015(03):16-20.

[63] 郑胜华,丁元杰.基于生态系统观的互联网金融研究——以杭州市下城区为 例[J].浙江工业大学学报(社会科学版),2015(03):261-267.

[64] 王梦佳.基于 Logistic 回归模型的 P2P 网贷平台借款人信用风险评估[D].北 京:北京外国语大学,2015.

[65] 潘锡泉.我国 P2P 网贷发展中蕴含的风险及监管思路[J].当代经济管理, 2015(04):49-53.

[66] 潘庄晨,邢博,范小云.信用风险评价模型综述及对我国 P2P 网络借贷平台的 借鉴[J].现代管理科学,2015(01):15-17.

[67] 李敏芳,田晨君.基于因子分析法的我国 P2P 网贷平台评级研究[J].湖北经 济学院学报(人文社会科学版),2015(06):37-40.

[68] 廖理,李梦然,王正位.聪明的投资者:非完全市场化利率与风险识别——来 自 P2P 网络借贷的证据[J].经济研究,2014(07):125-137.

[69] 王会娟,廖理.中国 P2P 网络借贷平台信用认证机制研究——来自"人人贷" 的经验证据[J].中国工业经济,2014(04):136-147.

[70] 陈庭强,何建敏.基于复杂网络的信用风险传染模型研究[J].中国管理科学, 2014(11):1-10.

[71] 陈冬宇.基于社会认知理论的 P2P 网络放贷交易信任研究[J].南开管理评 论,2014(03):40-48,73.

[72] 王千.互联网企业平台生态圈及其金融生态圈研究——基于共同价值的视角 [J].国际金融研究,2014(11):76-86.

[73] 魏鹏.中国互联网金融的风险与监管研究[J].金融论坛,2014(07):3-9,16.

[74] 温小霓,武小娟.P2P 网络借贷成功率影响因素分析——以拍拍贷为例[J].金融论坛,2014(03):3-8.

[75] 傅彦铭,臧敦刚,戚名钰.P2P 网络贷款信用的风险评估[J].统计与决策,2014(21):162-165.

[76] 陈秀梅.论我国互联网金融市场信用风险管理体系的构建[J].宏观经济研究,2014(10):122-126.

[77] 李建军,赵冰洁.互联网借贷债权转让的合法性、风险与监管对策[J].宏观经济研究,2014(08):3-9.

[78] 张圣忠,庞春媛,李倩.供应链违约风险传染度量模型[J].科技管理研究,2014(14):167-170,175.

[79] 罗斯丹,王苒.我国加强 P2P 风险的监管研究[J].经济纵横,2014(09):28-31.

[80] 萧超武,蔡文学,黄晓宇,等.基于随机森林的个人信用评估模型研究及实证分析[J].管理现代化,2014(06):111-113.

[81] 樊云慧.P2P 网络借贷的运营与法律监管[J].经济问题,2014(12):53-58.

[82] 曾江洪,杨帅.P2P 借贷出借人的羊群行为及其理性检验——基于拍拍贷的实证研究[J].现代财经(天津财经大学学报),2014(07):22-32.

[83] 陈福集,陈婷.基于 seirs 传播模型的网络舆情衍生效应研究[J].情报杂志,2014(02):108-113,160.

[84] 谈超,孙本芝,王冀宁.P2P 网络借贷平台的羊群行为研究——基于 Logistic 模型的实证分析[J].南方金融,2014(12):30-37+53.

[85] 赵璐,陈永丽.我国互联网金融发展探析[J].宏观经济管理,2014(05):53-55.

[86] 朱晓峰,陈楚楚.我国 P2P 网络借贷的信号博弈分析[J].南京工业大学学报(社会科学版),2014(02):127-132.

[87] 王嵩青,田芸,沈霞.征信视角下 P2P 网贷模式的信用风险探析[J].征信,2014(12):49-52.

[88] 曹亚廷.P2P 网贷与征信系统关系研究[J].征信,2014(11):15-18.

[89] 吕前冲.自组织神经网络及其混合模型在时间序列预测上的应用[D].长沙:中南大学,2014.

[90] 欧缘媛.我国 P2P 网络借贷信用风险影响因素研究[D].长沙:湖南大学,2014.

[91] 游翔兰.基于博弈论的 P2P 平台借贷行为研究[D].长沙:湖南大学,2014.

[92] 缪莲英.P2P 网络借贷中社会资本对违约风险影响研究——以 Prosper 和拍

拍贷为例[D].泉州:华侨大学,2014.

[93] 周慧.互联网金融背景下的新金融生态系统及风险管理体系[N].金融时报,
2014-11-14(06).

[94] 李悦雷,郭阳,张维.中国 P2P 小额贷款市场借贷成功率影响因素分析[J].
金融研究,2013(07):126-138.

[95] 马源源,庄新田,李凌轩.股市中危机传播的 sir 模型及其仿真[J].管理科学
学报,2013(07):80-94.

[96] 陈霄,丁晓裕,王贝芬.民间借贷逾期行为研究——基于 P2P 网络借贷的实
证分析[J].金融论坛,2013(11):65-72.

[97] 杨胜刚,朱琦,成程.个人信用评估组合模型的构建——基于决策树-神经网
络的研究[J].金融论坛,2013(02):57-61,67.

[98] 谢平,邹传伟.互联网金融模式研究[J].金融研究,2012(12):11-22.

[99] 艾金娣.P2P 网络借贷平台风险防范[J].中国金融,2012(14):79-81.

[100] 张玉亮.突发事件网络舆情的生成原因与导控策略——基于网络舆情主体
心理的分析视阈[J].情报杂志,2012(04):54-57.

[101] 马莉莉,李泉.中国投资者的风险偏好[J].统计研究,2011(08):63-72.

[102] 谢尚宇,周勇.次贷危机中的传染机制研究和策略分析[J].管理评论,2009
(02):121-128.

[103] 刘志明,刘鲁.微博网络舆情中的意见领袖识别及分析[J].系统工程,2011
(06):8-16.

[104] 王继晖,李成.网络借贷模式下洗钱风险分析及应对[J].金融与经济,2011
(09):9-11.

[105] 毕宏音.网络舆情形成与变动中的群体影响分析[J].天津大学学报(社会科
学版),2007(03):270-274.

[106] 林永军.金融生态建设:一个基于系统论的分析[J].金融研究,2005(08):
44-52.

[107] 徐诺金.论我国的金融生态问题[J].金融研究,2005(02):35-45.

[108] 张发,宣慧玉.重复囚徒困境博弈中社会合作的仿真[J].系统工程理论方法
应用,2004(02):112-115,119.

[109] 周小川.完善法律制度 改进金融生态[N].金融时报,2004-12-07.

[110] 李群,宣慧玉.基于 Agent 仿真技术在经济建模中的应用[J].系统工程理论
方法应用,2001(03):221-225.

[111] 陆岷峰,葛和平.基于"政产学研用金"协同创新的网络金融生态圈构建研究
[J].兰州学刊,2018(02):142-150.

[112] 谢平,邹传伟,刘海二.互联网金融监管的必要性与核心原则[J].国际金融研究,2014(08):3-9.

[113] 贾丽平.比特币的理论、实践与影响[J].国际金融研究,2013(12):14-25.

[114] 禹钟华,祁洞之.大国博弈中的国际货币体系演化——兼论中西博弈理念及其文化渊源[J].国际金融研究,2013(10):13-19.

[115] 禹钟华,祁洞之.对全球金融监管的逻辑分析与历史分析[J].国际金融研究,2013(03):41-48.

[116] 杨东.P2P 网络借贷平台的异化及其规制[J].社会科学,2015(08):88-96.

[117] 陆海天,雷震.中国 P2P 网贷平台违约停业原因分析与监管建议[J].清华金融评论,2016(08):95-99.

[118] 何平平,蒋银乔,胡荣才.网络借贷 P2P:利差是否包含违约风险隐含信息?——来自人人贷交易数据的实证分析[J].金融经济学研究,2016(03):27-37.

[119] 莫易娴.国内 P2P 网络借贷平台发展模式比较分析[J].开发研究,2014(03):126-130.

[120] 谈超,王冀宁,孙本芝.P2P 网络借贷平台中的逆向选择和道德风险研究[J].金融经济学研究,2014(05):100-108.

[121] 陈清,张海军,胡星.利率风险、违约风险与净利差——基于门限回归的实证分析[J].南京审计大学学报,2017(05):89-101.

[122] 王嵩青,沈霞.征信服务与新疆"四化"建设发展的调查[J].征信,2014(04):58-61.

[123] 刘洪彬,郑超丹.P2P 网贷信用风险的产生机制、识别与防控文献综述[J].经营与管理,2015(12):107-110.

[124] 张强,顾珏,陈林子.我国 P2P 平台违约风险防范方式研究[J].扬州大学学报(人文社会科学版),2016(03):64-68.

[125] 张致宁,张甙.P2P 网络贷款利益相关方决策行为研究[J].统计与决策,2018(16):56-60.

[126] 古定威,丁岚,骆品亮.P2P 网贷平台信用风险控制的演化博弈分析[J].研究与发展管理,2018(03):12-21.

[127] 魏明侠,赵艳.基于博弈模型的 P2P 网络借贷行业风险机理研究[J].金融监管研究,2018(12):83-97.

[128] 徐淑一,彭玉磊,王奕倩.互联网金融监管对 P2P 借贷平台有效吗——基于人人贷平台大数据的实证检验[J].金融学季刊,2018(04):21-68.

[129] 张卫国,卢媛媛,刘勇军.基于非均衡模糊近似支持向量机的 P2P 网贷借款

人信用风险评估及应用[J].系统工程理论与实践,2018(10):2466-2478.

[130] 李杰,刘露,Chao-Hsien Chu.P2P网络借贷借款人违约风险影响因素研究[J].商业研究,2018(09):45-54.

[131] 彭红枫,徐瑞峰.P2P网络借贷平台的利率定价合理吗?——基于"人人贷"的经验证据[J].金融论坛,2018(09):61-80.

[132] 熊建宇.P2P网络借贷风险管控实证研究[J].西南金融,2017(06):66-71.

[133] 全颖,敬然.P2P网贷借款人信用风险预警研究[J].中国流通经济,2019(02):120-128.

[134] 储雪俭,李聘飞.供应链金融信用风险扩散防控机制研究[J].金融发展研究,2017(02):63-67.

[135] 谢人强.P2P网贷行业信用风险控制研究[J].科技和产业,2016(02):146-148.

[136] 潘爽,魏建国.P2P网贷平台的信用风险及其分散机制设计——基于信号传递模型[J].财会月刊,2017(11):88-91.

[137] 赵成国,李萌.委托代理、信号传递与P2P网贷平台信用风险演化[J].企业经济,2018(12):130-135.

[138] 周利国,何卓静,蒙天成.基于动态Copula的企业集团信用风险传染效应研究[J].中国管理科学,2019(02):71-82.

[139] 廖天虎.论P2P网贷的刑事法律风险及其防范[J].中国政法大学学报,2018(01):156-169,209.

[140] 郑超丹,施向伟.建立三位一体信用借贷机制,防控P2P网贷信用风险[J].经营与管理,2017(06):18-21.

[141] 朴铭实.互联网金融风险与防范[J].税务与经济,2017(03):52-55.

[142] 陈庭强,王磊,曾倩茹.基于银企信用网络的交易对手风险传染研究[J].金融发展研究,2019(02):32-38.

[143] 张春强,鲍群,盛明泉.公司债券违约的信用风险传染效应研究——来自同行业公司发债定价的经验证据[J].经济管理,2019(01):174-190.

[144] 刘红忠,毛杰.P2P网络借贷平台爆发风险事件问题的研究——基于实物期权理论的视角[J].金融研究,2018(11):119-132.

[145] 刘征驰,雷淳,周莎.长尾需求下P2P网络借贷平台的职责、工具与手段——基于"拍拍贷"的微观借贷证据[J].软科学,2018(10):119-123.

[146] 范超,王磊,解明明.新经济业态P2P网络借贷的风险甄别研究[J].统计研究,2017(02):33-43.

[147] 蒋彧,周安琪.P2P网络借贷中存在地域歧视吗?——来自"人人贷"的经验

数据[J].中央财经大学学报,2016(09):29-39.

[148] 刘艳春,崔永生.供应链金融下中小企业信用风险评价——基于 SEM 和灰色关联度模型[J].技术经济与管理研究,2016(12):14-19.

[149] 孙奕驰,洪玲.公司治理风险的影响因素分析——基于结构方程模型[J].财会通讯,2011(24):134-136.

[150] 肖会敏,侯宇,崔春生.基于 BP 神经网络的 P2P 网贷借款人信用评估[J].运筹与管理,2018(09):112-118.

[151] 刘鹏翔.P2P 网贷平台借款人信用风险的影响因素分析——以拍拍贷平台为例[J].征信,2017(03):71-76.

[152] 曾江洪,李文瀚,陈玺慧.P2P 借款的损失能挽回吗? ——基于拍拍贷的实证研究[J].科研管理.2016(08):48-57.

[153] 陈冬宇,郑海超.我国 P2P 网贷市场的羊群行为及其决策理性研究[J].管理评论,2017 (01):3-11.

[154] 赵礼强,刘霜,易平涛.我国 P2P 网络借贷平台的信用评级研究——来自"网贷之家"的证据[J].金融理论与实践,2018(08):58-63.

[155] 南洋,徐鹏.P2P 网贷平台的信息验证与借贷效率研究——来自"网贷之家"行业评级数据的实证检验[J].软科学,2018(03):123-127.

[156] 单鹏,王越,邓颖璐.P2P 网贷平台综合实力评级设计与研究[J].宏观经济研究,2017(01):115-127.

[157] 刘巧莉,温浩宇,Hong Qin.P2P 网络信贷中投资行为影响因素研究——基于拍拍贷平台交易的证据[J].管理评论,2017(06):13-22,52.

[158] 王伟,纪金言,邓伟平.P2P 网贷平台风险与平台特征——来自中国 54 家平台的经验证据[J].河北经贸大学学报,2017(03):56-64.

[159] 王重润,孔兵.P2P 网络借贷平台融资效率及其影响因素分析——基于 DEA-Tobit 方法[J].河北经贸大学学报,2017(05):54-60.

[160] 徐荣贞,郭甜甜.基于改良 CRITIC 法的 P2P 平台信用风险影响指标研究[J].西部经济管理论坛,2018(02):40-44.

[161] 都红雯,卢孝伟.基于 SVM-Logistic 组合模型的 P2P 借款者信用风险评估——以微贷网为例[J].生产力研究,2018(10):31-36,63.

[162] 朱传进,朱南.P2P 网贷借款人信用风险模糊综合评价——基于模糊数学理论的视角[J].金融理论与实践,2017(06):60-65.

[163] 沈霞.我国 P2P 网贷平台信用评级研究[J].征信,2017(03):51-56.

[164] 张成虎,武博华.中国 P2P 网络借贷信用风险的测量[J].统计与信息论坛,2017(05):110-115.

[165] 李思明,肖忠意.社交朋友网络资本与P2P网贷行为选择研究[J].上海金融,2016(04):47-52.

[166] 李浩然,严复雷,杨胜麟.行为金融视角下的P2P网贷投资人行为特征研究——来自"人人贷"的证据[J].西南金融,2017(10):64-69.

[167] 高霖晗,王大洲.中国P2P网络借贷中的制度信任研究[J].金融理论与实践,2016(06):39-45.

[168] 徐荣贞,王华敏.基于超网络模型的P2P网贷集群化研究[J].金融经济学研究,2018(04):65-76.

[169] 李从刚,童中文,曹筱珏.基于BP神经网络的P2P网贷市场信用风险评估[J].管理现代化,2015(04):94-96.

[170] 罗方科,陈晓红.基于Logistic回归模型的个人小额贷款信用风险评估及应用[J].财经理论与实践,2017(01):30-35

[171] 高觉民,赵沁乐.P2P网络借贷平台信用风险——博弈视角下声誉机制的混同均衡[J].南京财经大学学报,2017(02):96-108.

[172] 周宇.金融危机的视角:P2P雷潮的深层形成机理[J].探索与争鸣,2019(02):109-116,144.

[173] 陈游.我国网贷监管现状及对策探讨[J].西南金融,2018(10):53-57.

[174] 张国昌.P2P网贷、同业拆借和资本市场的风险传染效应研究[J].新金融,2018(06):46-50.

[175] 方芳,李聪.中国P2P网络借贷内生与派生风险监管探究[J].新金融,2018(07):45-50.

[176] 叶湘榕.P2P借贷的模式风险与监管研究[J].金融监管研究,2014(03):71-82.

[177] 汪静,陈晓红,杨立.P2P网贷平台信息披露水平、投资人信任与投资风险[J].中国经济问题,2018(05):20.

[178] 韦起,张强.我国网贷平台对商业银行风险溢出效应的实证研究[J].金融评论,2015(06):10.

[179] 肖怡.我国P2P网贷平台触及非法集资犯罪红线的研究[J].法学杂志,2019(01):26

[180] 赵毅.P2P网贷平台的监管边界探究——以金融消费者保护为宗旨[J].山东社会科学,2014(12):30-33.

[181] 夏喆,邓明然,黄洁莉.企业风险传导进程中的耦合性态分析[J].上海管理科学,2007(01):4-6.

[182] 魏小雨.互联网平台经济与合作治理模式[J].黑龙江社会科学,2017(01):

105-111.

[183] 杨咸月,朱辉.中国 P2P 网贷市场亟待长效机制建设——来自英、美、德、法四国经验[J].上海经济,2017(11):25.

[184] 邓建鹏,王佳婧.英国 P2P 网贷行业内部治理模式及借鉴[J].清华金融论,2017(01):5.

[185] 孙晶,王俊,杨新军.社会-生态系统恢复力研究综述[J].生态学报,2017(12):5.

[186] 葛怡,史培军,徐伟,等.恢复力研究的新进展与评述[J].灾害学,2010(09):20.

[187] 陈勇.中国互联网金融研究报告(2015)[M].北京:中国经济出版社,2015.

[188] 零壹研究院·中国 P2P 借贷服务行业白皮书(2014)[M].北京:中国经济出版社,2014.

[189] 零壹研究院·中国 P2P 借贷服务行业白皮书(2015)[M].北京:东方出版社,2015.

[190] 零壹财经·零壹智库.中国 P2P 借贷服务行业发展报告(2017)[M].北京:中国经济出版社,2018.

[191] 零壹财经·零壹智库.中国 P2P 借贷服务行业发展报告(2018)[M].北京:中国经济出版社,2019.

[192] Peter Renton.Lending Club 简史[M].第一财经新金融研究中心译.北京:中国经济出版社,2013.

[193] 王家卓,徐红伟.中国网络借贷行业蓝皮书(2017)[M].北京:清华大学出版社,2017.

[194] 黄震,邓建鹏.P2P 网贷风云:趋势、监管、案例[M].北京:中国经济出版社,2015.

[195] 杨涛,李鑫,王铼.真实的 P2P 网贷:创新、风险与监管[M].北京:经济管理出版社,2016.

[196] 谢平,陈超,陈晓文.中国 P2P 网络借贷:市场、机构与模式[M].北京:中国金融出版社,2015.

[197] 中国互联网络信息中心(CNNIC).中国互联网发展报告(2019).

[198] 黄国平,伍旭川.中国网络信贷行业发展报告(2014—2015)[M].社会科学文献出版社,2015.

[199] 杨立.基于社交网络的 P2P 借贷信用风险管理研究[M].北京:经济科学出版社,2015.

[200] 芮晓武,刘烈宏.中国互联网金融发展报告(2013)[M].北京:社会科学文献

出版社,2014.

[201] 罗明雄,侯少开,桂曙光.P2P 网贷[M].北京:中国财政经济出版社,2016.

[202] 水名岳,符拓求.中国式 P2P 网贷[M].上海:东方出版中心,2016.

[203] 陈小辉,卢孔标,洪涛.P2P 网贷平台全面风险管理体系建设实践[M].重庆:重庆出版社,2015.

[204] 徐荣贞,姚伟,展望.金融生态视角下系统性风险研究[M].天津:南开大学出版社,2017.

[205] 李鸿,夏昕.P2P 借贷的逻辑[M].北京:机械工业出版社,2016.

[206] 胡世良.互联网金融模式与创新[M].北京:人民邮电出版社,2015.

[207] 宿玉海,徐立.山东 P2P 网络借贷平台风险及对策研究[M].济南:齐鲁书社,2018.

[208] 程维,柳青,张晓峰.滴滴:分享经济改变中国[M].北京:人民邮电出版社,2016.

[209] 刘新海.征信与大数据[M].北京:中信出版社,2016.

[210] 朱淑珍.金融风险管理[M].北京:北京大学出版社,2015.

[211] 叶谦,常胜生.征信时论与实务[M].北京:高等教育出版社,2015.

[212] 徐诺金.金融生态论:对传统金融理念的挑战[M].北京:中国金融出版社,2007.

[213] 吴明隆.结构方程模型:AMOS 的操作与应用.第 2 版[M].重庆:重庆大学出版社,2010.

[214] 马知恩,周义仓.常微分方程定性与稳定性方法[M].北京:科学出版社,2001.

[215] 马知恩,周义仓,王稳地.传染病动力学的数学建模与研究[M].北京:科学出版社,2004.

[216] 叶世清.征信的法理与实践研究[M].北京:法律出版社,2010.

[217] 威布尔,王永钦.演化博弈论[M].上海:上海人民出版社,2006.

[218] 李俊丽.中国个人征信体系的构建与应用研究[M].北京:中国社会科学出版社,2010.

[219] 经济合作与发展组织.数据驱动创新:经济增长和社会福利中的大数据[M].北京:电子工业出版社,2017.